马克思主义学术文丛　赵剑英　总主编

马克思主义哲学自我革命

许全兴　著

中国社会科学出版社

图书在版编目（CIP）数据

马克思主义哲学自我革命/许全兴著．—北京：中国社会科学
出版社，2009.12
ISBN 978 – 7 –5004 – 8020 – 4

Ⅰ．马…　Ⅱ．许…　Ⅲ．马克思主义哲学 – 发展 – 研究 –
中国　Ⅳ．B27

中国版本图书馆 CIP 数据核字（2009）第 124946 号

责任编辑　冯春凤
责任校对　石春梅
封面设计　大鹏工作室
技术编辑　王炳图

出版发行　中国社会科学出版社
社　　址　北京鼓楼西大街甲 158 号　　　邮　编　100720
电　　话　010—84029450（邮购）
网　　址　http：//www.csspw.cn
经　　销　新华书店
印　　刷　北京君升印刷有限公司　　　装　订　广增装订厂
版　　次　2009 年 12 月第 1 版　　　　印　次　2009 年 12 月第 1 次印刷
开　　本　710×980　1/16
印　　张　24.5　　　　　　　　　　　插　页　2
字　　数　398 千字
定　　价　49.00 元

出版前言

马克思主义的诞生是人类思想史上一件划时代的大事。一百六十多年来，马克思主义的真理性，业已通过对人类历史影响的深度和广度得到充分的检验和证明。在当今纷繁复杂的各种思想体系中，只有马克思主义才能对全球化条件下当代资本主义社会的内在矛盾从理论和方法上给予深刻的揭示和说明，只有当代中国的马克思主义才能给中国的发展道路从理论和方法上提供科学的论证和指引。近代以来的中国历史和发展实践表明，当代中国发展问题的关键在于必须坚持和发展马克思主义，坚持中国特色社会主义理论体系。这是中华民族走向伟大复兴的光明之路。

马克思主义是发展的科学。当今世界格局和经济政治秩序正在发生前所未有的深刻变化，诸多全球性问题纷至沓来。当代中国改革发展也正处于关键阶段，社会利益结构正在发生深刻调整，资源生态环境承载的压力巨大并付出了沉重代价，主流价值观念和意识形态面临重大冲击，党的执政方式与能力面临复杂而严峻的考验。这些重大的现实课题，迫切需要我们大力推进理论创新，不断赋予当代中国马克思主义鲜明的实践特色、民族特色、时代特色。对于广大马克思主义理论工作者而言，坚持马克思主义基本原理与把握中国国情和时代特征紧密结合起来，加快推进马克思主义中国化的步伐，为中国特色社会主义事业的健康发展提供正确的理论支持，无疑是一项光荣而重大的历史使命。

马克思主义研究事业的繁荣和发展，绝不仅仅体现为马克思主义研究成果数量的增加和研究队伍以及机构规模的扩大，而更应体现在关于马克思主义基础理论研究和重大现实课题研究所取得的重大进展上。本文丛旨在推出高质量、高水平的马克思主义理论研究创新成果。在选稿标准上，坚持基础研究和现实研究的统一，坚持思想性、学术性与实践性的统一，坚持马克思主义中国化、时代化、大众化的统一，倡导求真、创新、严谨、平实的学风和文风。希望《马克思主义学术文丛》成为我国马克思主义理论研究与创新成果的展示平台，期盼广大读者对该文丛予以积极关心、支持与指导！

中国社会科学出版社总编辑　赵剑英

2010 年 3 月 2 日

目　　录

自序 ……………………………………………………… （ 1 ）

上篇　马克思主义哲学的自我反思

一　马克思主义哲学的发展与危机 ………………………… （ 3 ）

（一）应正视马克思主义哲学发展中有失败 ………… （ 3 ）

（二）马克思主义哲学发展中的两次高潮，两次低潮 ……… （ 6 ）

（三）当前马克思主义哲学发展与危机并存 ………… （12）

二　马克思主义哲学为何被教条化 ………………………… （14）

（一）马克思主义哲学被教条化是危机的主要内因 ……… （14）

（二）马克思主义哲学被教条化的社会原因 ………… （16）

（三）马克思主义哲学被教条化的思想原因 ………… （19）

（四）马克思主义哲学被教条化的认识论原因 ……… （20）

（五）马克思主义哲学被教条化的历史文化原因 ……… （22）

三　历史地看待马克思主义哲学 …………………………… （25）

（一）马克思恩格斯创立了辩证的历史的唯物主义 ……… （25）

（二）辩证唯物主义和历史唯物主义体系的形成 ……… （29）

（三）马克思主义哲学需要自我革命 ………………… （35）

四　马克思主义哲学自我革命的内涵 ……………………… （41）

（一）马克思主义哲学研究方法的革命 ……………… （42）

（二）马克思主义哲学对象的革命 …………………… （46）

（三）马克思主义哲学内容的革命 …………………… （54）

（四）马克思主义哲学体系的革命 …………………… （60）

（五）马克思主义哲学功能的革命 …………………… （64）

　五　马克思主义哲学家的自我革命 ……………………………（68）

中篇　马克思主义哲学自我革命与中国化

　一　"马克思主义哲学中国化"的提出及其内涵 …………（77）
　　（一）"马克思主义中国化"提出的文化背景 ……………（77）
　　（二）"马克思主义中国化"提出的实践背景 ……………（84）
　　（三）毛泽东对马克思主义中国化的全面阐述 …………（87）
　　（四）学术界对"马克思主义中国化"的讨论 …………（95）
　　（五）对马克思主义中国化内涵理解上的偏颇 …………（97）
　　（六）应十分重视马克思主义哲学的中国化 …………（101）
　二　马克思主义哲学中国化的成就 …………………………（104）
　　（一）毛泽东哲学——马克思主义哲学中国化的典范 …（104）
　　（二）中国哲学家对马克思主义哲学中国化的贡献 ………（114）
　　（三）新时期马克思主义哲学中国化的成就 …………（135）
　三　马克思主义哲学与中国传统哲学的相结合 …………（142）
　　（一）马克思主义哲学与中国传统哲学相互关系的
　　　　　历史考察 ……………………………………………（142）
　　（二）马克思主义哲学与中国传统哲学相互关系的
　　　　　理论分析 ……………………………………………（148）
　　（三）马克思主义哲学与中国传统哲学相结合的实质
　　　　　及其结合形式 ………………………………………（153）
　四　继承和弘扬中国哲学基本精神 …………………………（158）
　　（一）中国哲学精神的诸种说法 ………………………（158）
　　（二）如何界定中国哲学精神 …………………………（161）
　　（三）刚健有为，自强不息 ……………………………（161）
　　（四）经世致用，实事求是 ……………………………（163）
　　（五）阴阳互补，辩证思维 ……………………………（166）
　　（六）民贵君轻，以人为本 ……………………………（167）
　　（七）大同理想，止于至善 ……………………………（170）
　　（八）"和"真是中国哲学的精髓吗？ …………………（172）
　五　吸取中国哲学认识主体修养论 …………………………（176）

（一）重视认识主体修养是中国哲学认识论的特点 ……… （176）

（二）认识主体立场的修养，"公生明，偏生暗" ……… （181）

（三）认识主体态度的修养，"诚则明" ……………… （183）

（四）认识主体思维方法的修养，虚与壹则明 ………… （185）

（五）认识主体情感的修养，"静则明" ………………… （187）

六　吸取中国哲学中"时"的观念 …………………………… （190）

（一）"时"是中国哲学的一个重要范畴 ……………… （190）

（二）中国哲学"时"的内涵 …………………………… （194）

（三）中国哲学"时"的特点 …………………………… （197）

七　警惕传统文化消极因素的渗入 ………………………… （200）

下篇　马克思主义哲学自我革命与当代化

一　实践理论的若干问题 …………………………………… （211）

（一）物质本体论与实践本体论之争 …………………… （212）

（二）应重视改造世界的研究 …………………………… （219）

（三）世界应是什么，实践的观念 ……………………… （226）

（四）改造世界实践活动的组织、实施和监控 ………… （232）

（五）实践结果的评估，实践的合理性 ………………… （233）

（六）改造世界的根本规律 ……………………………… （238）

二　创新问题三则 …………………………………………… （240）

（一）创新应成为一个哲学范畴 ………………………… （241）

（二）创新与个性自由 …………………………………… （246）

（三）创新与冒险精神 …………………………………… （250）

三　直觉新论 ………………………………………………… （256）

（一）西方哲学直觉论 …………………………………… （256）

（二）中国哲学直觉论 …………………………………… （269）

（三）直觉综合论 ………………………………………… （288）

四　情感新论 ………………………………………………… （300）

（一）中国哲学情感论 …………………………………… （300）

（二）西方哲学情感论 …………………………………… （304）

（三）马克思主义哲学情感论 …………………………… （310）

（四）情感综合论 ……………………………………（313）

五　意志新论 ………………………………………………（318）

　　（一）意志在认识世界和改造世界过程中的作用 ……（318）

　　（二）意志的界定 ………………………………………（324）

　　（三）应重视意志的研究和意志的锻炼 ………………（330）

六　马克思主义哲学是自由哲学 …………………………（337）

　　（一）对德国古典哲学自由精神的继承和发展 ………（337）

　　（二）自由精神是马克思主义的基本精神 ……………（346）

　　（三）在自由问题上的深刻教训 ………………………（347）

　　（四）哲学是自由之哲学 ………………………………（353）

结束语　中国哲学的第三次大综合 ………………………（359）

　　（一）中国哲学的第一、二次大综合 …………………（359）

　　（二）20 世纪中国哲学的三次革命 …………………（360）

　　（三）现代中国哲学思想来源上的缺陷 ………………（362）

　　（四）新的世纪需要新的第三次大综合 ………………（365）

后记 …………………………………………………………（371）

自　序

　　受毛泽东"改造哲学体系"思想的影响和启发，在"文化大革命"结束后，我就认为，马克思主义哲学在发展中出现了困境，遇到了严峻的挑战，摆脱困境的唯一出路是解放思想，坚持和发扬科学精神和批判精神，冲破教条主义的禁锢，进行自我革命，以适应时代的发展。之后，这一问题始终萦绕在我脑际，不断地思考着、关注着马克思主义哲学的研究和讨论。但那时，我的教学和科研的任务是毛泽东哲学、中国现代哲学史，因而对它只是一般地关注而已，未能进行专门研究。1992年，我由北京大学哲学系调到中共中央党校哲学教研部。因教学任务和行政工作（先后任哲学教研部副主任、主任）的需要，我拓宽了自己的学术领域，开始马克思主义哲学的研究。十多年来，陆续发表了与这一课题相关的论文《二十世纪中国哲学的三次革命》、《马克思主义哲学对象之我见》、《马克思主义哲学的自我革命》、《马克思对德国古典哲学自由精神的继承和发展》、《当代中国需要个性解放》、《意志简论》、《情感新论》、《马克思主义哲学与中国哲学相结合的思考》等20余篇。2003年，本人完成了国家社科基金课题《毛泽东与孔夫子——马克思主义中国化个案研究》，此后便把主要精力转向研究马克思主义哲学自我革命课题，并在2004年获准为国家社科基金项目。本书是该课题的最终成果，是对该课题以往研究的一个拓展、深化，也是对自己30多年研究的一种总结。

　　"马克思主义哲学自我革命"，是一个颇有争议的命题。在有的学者看来，马克思主义哲学是无产阶级的科学世界观和方法论，现行的辩证唯物主义和历史唯物主义体系虽然有种种缺点和问题，但其基本原理、基本精神是正确的。因此现在的任务不是提出建立马克思主义哲学的新体系或新形态，而只是补充、完善已有的体系。依据这种认识，当然不会赞成马克思主义哲学自我革命。笔者认为，马克思主义哲学自诞生以来取得了伟大的胜利，但它的发展同一切事物的发展一样，不是一条直线，而是曲折的、复杂的，有发展、高潮，也有危机、低潮。通过历史反思，本书论述了马克思主义哲学发展史上两次高潮与两次低潮的过程和当前处于发展与危机并存的现状；论述了教条主义是造成马克思主义哲学危机的主要内因和马克思主义哲学被教条化的原因；论述了要历史地看待马克思主义哲学的演变，既要反对盲目肯定一切，又要反对盲目否定一切。本书论证了马克思主义哲学自我革命的必要性，指出：在从科学技术、生产力、生产方式、工作方式、交往方式、生活方式到上层建筑、意识形态、思维方式、价值观念等社会生活各个方面发生深刻的大变革时代，倘若我们固守 20世纪 30 年代苏联哲学教科书的体系，不与时俱进，不进行自我革新，那我们的哲学就脱离了时代，脱离了生活，脱离了人民，就会被时代所抛弃，被生活所抛弃，被人民所抛弃，就会成为无人理睬的僵死教条。

本书阐述了马克思主义哲学自我革命的内涵，指出：马克思主义哲学自我革命，不是要否定自己的辩证的、历史的唯物主义的基本原理和基本精神，而是作为发展环节的一种辩证的自我否定，是革教条主义的命，用一百多年来人类实践的新经验、自然科学和社会科学的新成果、数千年来的中国哲学的珍贵品来丰富自己，发展自己，使自己具有时代特点和民族特点的辩证的、历史的唯物主义的新体系和新形态。有些学者，有意无意地用西方现代哲学（最流行的莫过于海德格尔哲学）来诠释或取代马克思主义哲学，背离了辩证的、历史的唯物主义的基本原理和基本精神，这当然是我们所反对的。当代中国马克思主义哲学的体系和形态，无疑是多样的，千姿百态的，把某一种体系和形态定于一尊是不妥的。同样，作为当代中国化马克思主义哲学的体系和形态，无论有其怎样的个性和特点，但其辩证的、历史的唯物主义的基本原理和基本精神则是一致的，否则就不成其为马克思主义。

笔者认为，哲学是哲学家的对象化存在，有什么样的哲学家就有什么样的哲学。马克思主义哲学自我革命的关键是哲学家的自我革命。哲学家要解放思想，确立独立自主的人格；要关注时代的重大课题和人民的命运，善于总结新的实践经验；要拓宽知识面，善于吸取和总结中外自然科学、哲学社会科学的最新成果；要加强对中国哲学的学习和研究，善于总结和概括中国哲学的优秀遗产。

任何哲学都与产生它的民族有着血肉的联系。哲学不仅有时代性，更有民族性。哲学是一个民族智慧的结晶和民族精神的灵魂。马克思主义哲学是世界历史的产物，人类文明的成果，但它主要是西方哲学的总结和概括。马克思主义哲学来到具有悠久历史文化遗产的中国，不仅要与中国现实的革命运动相结合，而且要与中国的历史文化相结合，逐渐做到中国化。马克思主义哲学中国化是它进行自我革命的重要内容。

长期以来，我国理论界、学术界对马克思主义中国化内涵的理解存在着偏颇，即只注重马克思主义与中国现实实际的相结合，忽视了与中国历史文化相结合。这种理解上的偏颇直接导致许多马克思主义理论家、哲学家不重视中国历史、哲学、文化的学习和研究。造成这种状况的原因之一是没能全面地认识"马克思主义中国化"命题提出的背景。学术界主要是从中国革命实际运动和马克思主义在中国传播和发展视角来阐述"中国化"命题的提出，而忽视了文化运动的背景。本书认为，"中国化"命题提出，不仅是中国革命实际运动的必然、马克思主义在中国传播和发展的必然，也是五四以来新文化运动的必然。笔者发掘了一些鲜为人知的史料，较为详细地阐述了"中国化"命题提出的文化背景。在毛泽东阐述"马克思主义中国化"命题之前，延安理论界、文化界已普遍地认识到，五四以来的新文化运动忽视了对中国优秀历史文化遗产的继承；中国共产党应是中国优秀传统文化的继承者和发扬者，"新文化要中国化民族化"，"马列主义要具体化中国化"。笔者认为，毛泽东在中共中央六届六中全会上对"中国化"的阐述，既吸取了理论界、文化界的认识成果，突出了要继承"从孔夫子到孙中山"的珍贵的历史遗产，又总结了中国革命的经验教训，要求"马克思主义在其每一表现中带着它必须有的特点"，赋予了"中国化"新的内涵，具有经典性，成为党的思想理论建设和文化建设的重要指导方针。本书对"马克思主义中国化"的内涵做了全面的阐述，指出马克思主义不仅要与中国的现实实际相结合，而且要与中国历史、中国哲学文化相结合。

本书简要阐述了毛泽东哲学对马克思主义哲学中国化的贡献和中国特色社会主义理论（包括邓小平理论、"三个代表"重要思想、科学发展观）所蕴涵的中国化的马克思主义哲学；简要阐述了李达、艾思奇、冯定、杨献珍、张申府、张岱年、冯契等哲学家为马克思主义哲学中国化所作的贡献。笔者一方面充分肯定我国的马克思主义哲学教科书十分注重吸取毛泽东哲学思想、中国特色社会主义理论所蕴涵的哲学思想及总结我国革命和建设的经验的优点；另一方面又尖锐地指出，我国的马克思主义哲学家对中国传统哲学知之不多，我国现行的马克思主义哲学教科书对中国传统哲学的优秀成果的吸取很不够，我国的马克思主义哲学教科书体系没有完全摆脱洋哲学的气味。

在马克思主义哲学与中国传统哲学的相结合上，我国理论界、学术界具有代表性的做法是，在论述马克思主义哲学原理时引证一些中国古典哲学著作中的语录，以证明"原理"的真理性和普遍性。这种做法实际上是把丰富的中国传统哲学当作马克思主义哲学原理的"注释和证明"，而未能全面正确认识马克思主义哲学与中国传统哲学的相互关系，未能把握两者相结合的本质。针对这种错误，笔者从历史和理论两方面简明扼要地论述了马克思主义哲学与中国传统哲学的相互关系，阐明两者结合的实质和形式。本书指出，马克思主义哲学与中国传统哲学的结合大致可分为五个方面：一是对中国哲学基本精神的继承和弘扬；二是对中国传统哲学中与马克思主义哲学相通、相契合的内容的吸取和发挥；三是对中国哲学中特有的而马克思主义哲学中鲜有论及，甚至没有论及的合理思想、命题和概念的吸取和改造；四是从中国的唯心主义、形而上学哲学中吸取合理的有价值的内容；五是总结和吸取中国哲学发展的经验教训。本书强调，马克思主义哲学与中国传统哲学相结合，决不仅仅是在讲马克思主义哲学原理时引用一些中国古代哲学语录、成语典故，而是要继承和弘扬中国哲学的基本精神、中华民族的民族精神、中华民族的灵魂，要用中国哲学中特有的珍贵元素来丰富和发展马克思主义哲学。中国化的马克思主义哲学应是中国哲学的总结和概括，是当代中华民族的精神和中华民族的灵魂的最主要的体现者。本书通过对中国哲学基本精神、中国哲学认识主体修养论、中国哲学直觉论、中国哲学中的"时"等"案例"研究，具体说明马克思主义哲学对中国哲学的继承和发展。本书在这方面的阐述既有新的观点，又有较丰富的史料，具有开创性。

中国哲学，既有优秀传统，也有不良传统。本书指出，在马克思主义哲学中国化过程中要警惕中国传统哲学中的消极因素的渗入。

马克思主义哲学自我革命最根本的是要总结和概括我国革命和建设，尤其是改革开放以来的新经验，总结和概括社会主义在苏联及东欧兴衰的历史经验，总结和概括科学技术革命的新成果，总结和概括20世纪世界经济政治文化发展的新情况、新问题和新经验，吸取当代世界哲学及社会科学的新成果，从体系到内容要当代化，使中国化马克思主义哲学具有当代的新形态①。

马克思主义哲学的当代化，可以分不同的层次、方面：一是对原有的基本概念、范畴、原理给予当代的新的阐释；二是增加一些新的概念、范畴、原理；三是内在的结构和体系的当代化；四是从具体原理到体系都要体现当代的时代精神。笔者认为，当前，发展马克思主义哲学的重点不应放在哲学体系的建构上，更不应放在对经典文本的读解上，而是要放在内容的创新上，放在一些长期被忽视而在现实中又十分重要的问题上，如实践问题、价值问题、人的问题、生产力革命和科学技术革命问题、认识方式和思维方式的变革问题、创新问题、非理性问题、文化问题、真善美三者统一问题等。近30多年来，我国哲学界对这些问题都有广泛的研究，有些方面取得了重大的成果。本书仅对哲学界少有涉及的改造世界规律、创新问题、直觉问题、情感问题、意志问题、自由问题等做一点儿稍为深入的研究，力图综合中外哲学的成果，填补这方面的空缺。虽说是前人成果的综合，但其中不乏有个人的新见，也为读者提供较有价值的史料。

如对改造世界规律的研究。本书认为，马克思以前的哲学只研究世界是什么，人们怎么认识世界，求得真理，而不研究世界应是什么，如何改造世界，以不断满足人的需要，不断扩大人的自由。马克思主义哲学的重点不在"世界是什么，如何认识，求得真理"；而在"世界应是什么，如何改造，争得自由"。受传统观念的影响，马克思主义哲学只注重由实践到认识的研究，而对由认识到实践的过程，即对如何改造世界的问题鲜有阐述。本书对由理论的观念（即对一般规律的理性认识）转化为实践的观念（即改造世界的方案、蓝图、计划、政策、步骤等），再将改造世界的实践的观念付诸实践，对象化为新的人化世界的

---

① 笔者最初用的是"马克思主义哲学的现代化"。"马克思主义哲学的现代化"的命题并非是笔者提出的，笔者使用这一命题无非是说，当代的马克思主义哲学决不能停留在马克思、恩格斯、列宁、毛泽东的形态，而必须与时俱进，体现当代的时代精神，具有当代的新内容、新形态。在进行匿名评审鉴定时，有位专家提出："一般会把'现代化'理解为社会层面的现代化，而不是作者表达的马克思主义哲学现代化"。确实"现代化"一词最初是指社会发展过程中的一种进程和状态，现在仍主要是在这种意义上使用。当然"现代化"一词也有泛化的使用，如"中国传统哲学的现代化"。笔者认为，这位专家的意见是对的，"当代化"比"现代化"更切合本书的内容，故现将"现代化"改为"当代化"。

过程做了具体的、深入的理论阐述。

又如对创新问题的研究。本书认为，创新是人类自觉能动性的集中体现，人类实践本质上是创新的，创新是当代时代精神的重要内容。创新应是马克思主义哲学的一个范畴。针对我国现状，本书着重阐述了创新需要个性自由，创新需要冒险精神这一观点。

再又如对自由的研究。长期以来，苏联和我国的马克思主义哲学史著作在阐述马克思主义哲学与德国古典哲学关系时，只讲马克思恩格斯对黑格尔的辩证法和费尔巴哈唯物主义的继承和发展，不讲对德国古典哲学的自由传统的继承和发展，忽视了马克思主义哲学中的自由精神。本书以确凿的史料说明，马克思恩格斯的"自由人联合体"的思想是对德国古典哲学自由传统的继承和发展；"自由人联合体"的思想不是马克思主义的个别观点，而是马克思主义的价值理想，是贯彻马克思主义的基本精神，马克思主义哲学是自由之学。本书总结了马克思主义发展史上有关自由问题的"左""右"两种错误的历史教训，阐述了自由思想的现实意义，指出自由是社会主义的本质要求，没有自由就没有社会主义。

真正的哲学是时代精神的精华，民族的灵魂。哲学的变革，既是社会变革的先导，又是社会变革的总结。本书认为，荀子对先秦哲学做了中国哲学史上第一次大综合，王夫之在明清之际对中国哲学做了第二次大综合，当代中国马克思主义哲学自我革命，实质上是中国哲学史上的第三次大综合。这次大综合，是在立足于当代中国和世界的现实基础上的马克思主义哲学、中国传统哲学和世界哲学（主要是现代西方哲学）的综合创新。当代中国需要有荀子、王夫之那样的哲学家来完成这一历史课题。

哲学是有党派性的，马克思主义哲学是无产阶级的哲学。本书所论的问题具有鲜明的现实性和针对性。本书基本倾向是批评"左"的教条主义，主张解放思想、与时俱进、进行自我革命；但同时也严肃指出，要警惕用实践本体论来替代物质本体论的错误倾向，警惕把马克思主义人道主义化的错误倾向，警惕用矛盾调和论来阉割马克思主义辩证法的革命的批判精神的错误倾向。本书对不同观点提出的质疑、批评，是学术性的，是对观点而不是对人，目的是为了在争鸣中求得真理。

古人说："易则易知，简则易从。"（《周易·系辞上》）"简易"的论著，既容易为人掌握，又容易为人践行，从而能久远流传下去。在"信息爆炸"的时代，要大力提倡"简易"的文风。中国化马克思主义哲学应是通俗化的、大众化的。遗憾的是现在相当多的有关马克思主义哲学的论文和著作，语言晦涩，句式欧化，不易读懂。本书在文风方面，力戒洋八股，反对烦琐哲学，少说陈言，尽力做到言之有物，文约义丰，语言流畅，通俗易懂，有可读性。本书虽属哲学的基础性的研究，但不追求体系的建构。因此，为一般研究者知晓的内容尽可简略，甚至不讲。本书力求提出一些新的见解、思想，提供一些有价值的史料和信息。本书的绝大部分内容，即使对非专门的哲学研究者也是易懂和有益的。

　　本书的阶段性成果已得到学术界同人的肯定。在发表的与本书相关的15 篇论文中，有 2 篇为《新华文摘》转载（《马克思对德国古典哲学自由精神的继承和发展》，《中共中央党校学报》2005 年第 3 期，《新华文摘》2005 年第 23 期转载；《马克思主义哲学与中国哲学相结合的思考》，《南京大学学报》2006 年第 3 期，《新华文摘》2006 年第 17 期转载），有10 篇为人大报刊复印资料、《中国社会科学文摘》和《高等学校文科学术文摘》等转载。2006 年 4 月，应马克思主义理论研究和建设工程项目"马克思主义哲学教科书"编写组的邀请，笔者为编写组的顾问、首席专家和成员（其中有汝信、侯树栋、袁贵仁、杨春贵、李景源等）及南京大学哲学系的部分师生做了题为"马克思主义哲学与中国哲学相结合的思考"的学术报告，得到与会专家和师生们的热情肯定，对编写哲学教材有所启迪。

　　本书的课题立项书对研究的"预期价值"是这样写的："虽说'马克思主义哲学自我革命'是本人提出的新命题，但马克思主义哲学体系的改造、马克思主义哲学的创新、马克思主义哲学变革等问题一直是 30 多年来研究者们关注的重点，而且取得了令人欣喜的成果。因此，本课题不妄言有原创新的成果，不去构造什么完整的体系，而只是在某些方面提出自己多年来思考的一孔之见，希冀对发展中国的马克思主义哲学有所助益。"本书是笔者以往多年研究成果的拓展和深化。本课题最终成果是否达到了"预期价值"，请同行和广大读者评说。

　　不足是显而易见的：笔者因知识构成上的褊狭和精力的有限，故对马克思主义哲学当代化的研究是零散的、不系统的，对许多更为重要的哲学问题未能进行深入的研究。这也是今后应继续做的工作。

马克思主义哲学的自我革命正在进行中，是一项未完成的工程。本人愿和学界同仁继续这一工程。

许全兴

2007 年 12 月 25 日

上　篇

马克思主义哲学的自我反思

一　马克思主义哲学的发展与危机

当前，无论是中国还是世界，都处于深刻的大变革时期。作为时代精神体现的马克思主义哲学同样正处于自我变革之中。马克思主义哲学的自我变革并非始于今日，而早在 20 世纪 50 年代就开始了。马克思主义哲学的自我变革有着深刻的历史根源，是历史的必然，并非是为了哗众取宠而故意标新立异。为了说明这一点，有必要对马克思主义哲学发展史做一简要回顾。

（一）应正视马克思主义哲学发展中有危机

马克思主义及其哲学在 19 世纪 40 年代诞生之时曾被看做是在欧洲游荡的一个幽灵，信从者寥寥。在 20 世纪，它经历过辉煌的胜利，也遭受了挫折。在 21 世纪，它依然是影响人类社会发展的最有生命力的思潮，是中国共产党人和其他共产党人的指导思想。自诞生以来的 160 多年，马克思主义及其哲学总的来说是在不断地发展、前进。但这种发展、前进并非是直线的，并非是从一个胜利走向另一个胜利，而是复杂的、曲折的，中间有危机、甚至失败。长期以来我们对其发展的历史有片面的理解，只承认发展、胜利，不承认有危机、失败。在有的人看来，谁要是承认有危机、有失败，那就是对马克思主义失去了信心①。这是一种教条，第一，不符合历史实际；第二，不符合辩证法；第三，不利于正确总结历史经

---

① 　在我们党的历史上，在第三次"左"倾路线时期，非常强调集中，不能讲不同的话。"比如'失败'这两个字就是讲不得的，事实上是失败了，可是不能讲失败，如果讲了，你就是机会主义。"毛泽东：《在中共中央政治局扩大会议上的总结讲话》（1956 年 4 月 28 日），《毛泽东文集》第 7 卷，人民出版社 1999 年版，第 51 页。

验，变失败为胜利，推动历史的前进。其实，发展过程中的失败，带有必然性，并不只是消极的，它也是一种财富，没有失败就没有成功。成功的经验要总结，失败的教训更要总结。成功的经验告诉我们应怎么做，失败的教训告诉我们不应怎么做。毛泽东曾说过："研究中国党的历史，不仅要研究胜利的历史，也要研究失败的历史。只有经过很多痛苦，才能取得经验。不要把错误认为单纯是耻辱，要看作同时是一种财产；不能说错误路线没有用处，它是有很大的教育意义的。"① 对失败，采取不承认主义，认为共产党、马克思主义不会失败，不能失败，这不是马克思主义的态度。

在 20 世纪 90 年代初，苏共垮台，苏联解体，东欧剧变，资本主义复辟，苏联历史发生大倒退。对此，西方资产阶级欣喜若狂，欢呼资本主义的胜利，有的人甚至狂言：马克思主义死亡了，社会主义彻底失败了，资本主义是人类社会的最终形态，历史终结了。许多人在驳斥西方资产阶级的上述谰言时说：苏联剧变，是斯大林社会主义模式的失败，教条主义的失败，并不是马克思主义的失败，科学社会主义的失败。另一些人则从另一视野说：苏联剧变，是戈尔巴乔夫新思维的破产，是修正主义、民主社会主义的失败，不是马克思主义、社会主义的失败。这两种说法都是在批判对马克思主义的攻击，旨在保卫马克思主义。这两种说法都有一定的道理，但似乎也有可商榷之处。

苏共垮台、苏联资本主义复辟的原因是十分复杂的、多方面的：既有外因，也有内因；既有远因，又有近因；既有客观上的原因，又有主观上的原因；既有经济上的原因，又有意识形态上的原因，如此等等。任何片面的、简单化的认识都不可取。

就外因而言，主要有：一是第二次世界大战后资本主义国家科学技术革命迅猛发展，社会矛盾相对缓和，经济获得了较为稳定的发展，在经济、军事、科技、教育等方面比社会主义国家占有明显优势，资本主义还有活力，还没有到垂死之时。二是西方帝国主义对社会主义国家软硬兼施，大力推行"和平演变"战略，采用政治、经济、军事、外交、文化等各种手段，千方百计想搞垮社会主义。

就内因而言，既有客观因素，又有主观因素。客观因素主要是苏联的

---

① 毛泽东会见日本共产党中央政治局委员志贺义雄一行的谈话（1961 年 6 月 21 日）。

前身俄国是一个经济、政治、文化相对不够发达的军事封建帝国主义国家，苏联在建立社会主义制度后虽然经济、科学、技术、教育、文化等方面有了很大发展，成为欧洲第一强国、世界第二大国，但由于原有基础差，因而就整体的水平而言仍落后于西方。再有，俄罗斯历史中有着深厚的封建专制主义传统，而这种传统在不知不觉中广泛而深刻地影响到共产党和新生的社会主义制度，成为社会前进中的严重障碍。

主观因素主要是执政的共产党自身出了问题。这是剧变、倒退的根本原因。共产党自身的问题也很复杂，既有近因，又有远因，既有理论、路线上的问题，又有体制、制度上的问题。近因主要有：领导集团在指导思想、理论、路线、方针和政策上的错误，屈服于国际帝国主义的压力和国内反社会主义势力的压力，右倾、投降、叛变。远因主要有：长期的教条主义，思想僵化，高度集权的体制，官僚主义，特权腐败，逐渐形成了脱离群众的贵族阶层，人民群众的物质文化生活得不到满足，从而引发全面的社会危机。远因中自然也还有1956年后修正主义思潮的滋长、蔓延，最后形成了戈尔巴乔夫的新思维。总之，苏联剧变的主观原因主要是苏共领导集团离开了马克思主义的基本精神，执行了一条错误的路线。就此而言，苏共垮台、苏联资本主义复辟确实并不是马克思主义失败，它们的责任应由教条主义、修正主义来承担。某些人由苏联剧变而得出马克思主义、社会主义死亡了的结论是完全错误的，是一种历史的短视。

马克思主义及其哲学的发展同一切事物的发展一样，不是直线，而是曲线，有高潮，也有低潮；有发展，也有危机；有胜利，也有失败[1]。在很长的历史时期内，马克思主义在一些国家的胜利只是暂时的胜利，而不是最终的胜利，不要因一时的胜利而忘乎所以，以为是最终胜利。马克思主义在一些国家的失败也只是暂时的失败，而不是彻底的失败，不要因暂时的失败而灰心丧气，更不能动摇、变节。胜利后骄傲了，忘乎所以，胜利就会变成危机、失败的起点。失败了，危机、困难重重，但能认真反思，总结教训，切实改正，失败就会转化为成功，成为胜利的起点。我们

---

①　从人类认识史，尤其是从科学史讲，危机、失败是理论创新的前提。美国著名科学史专家托马斯·库恩从科学发展史中得出这样的认识：科学发展过程中出现的"危机是新理论出现的前提条件"，危机要求理论创新，"新理论好像是对危机的一个直接回答"。《科学革命的结构》，北京大学出版社2003年版，第71、69页。

应以这样的观点来回顾总结马克思主义及其哲学发展史，应从马克思主义及其哲学自身来总结其发展的经验与教训。

（二）马克思主义哲学发展中的两次高潮，两次低潮

回顾马克思主义哲学诞生以来160多年的历史，我们发现，其中有过两次高潮，两次低潮。

19世纪40年代中期，马克思恩格斯在哲学领域进行了革命，创立了辩证的历史的唯物主义哲学，为无产阶级提供了认识世界和改造世界的科学世界观、方法论和价值观。马克思恩格斯运用新的哲学指导工人运动和革命实践、从事自己的科学研究（政治经济学、军事学、自然辩证法等）与同形形色色的反马克思主义思潮的斗争，进一步丰富、发展和完善了自己的哲学思想。这一新的哲学世界观从诞生之日起就很快在工人运动中传播，并由西欧传到了俄国，传到了美洲。1848年的欧洲革命和1871年的巴黎公社革命验证了马克思主义的正确，推动了马克思主义的发展。到恩格斯逝世前，马克思主义及其哲学在工人运动中取得了指导地位。1890年5月1日（五一劳动节），恩格斯在为《共产党宣言》德文版写序言时说："它（宣言）无疑是全部社会主义文献中传播最广和最具有国际性的著作，是从西伯利亚到加利福尼亚的所有国家的千百万工人共同的纲领。"在序言的最后，恩格斯动情地写道："'全世界无产者，联合起来！'当四十二年前我们在巴黎革命即无产阶级带着自己的要求参加的第一次革命的前夜向世界上发出这个号召时，响应者还是寥寥无几。可是1864年9月28日，大多数西欧国家中的无产者已经联合成为流芳百世的国际工人协会了。……今天我写这个序言的时候，欧美无产阶级正在检阅自己第一次动员起来的战斗力量，他们动员起来，组成一支大军，在一个旗帜下，为了一个最近的目的，即……在法律上确立八小时正常工作日。今天的情景定会使全世界的资本家和地主看到，全世界的无产者现在真正联合起来了。如果马克思今天还能同我站在一起亲眼看到这种情景，那该多好呵！"① 完全可以认为，19世纪后半期是马克思主义及其哲学胜利的凯歌进行时期。

---

① 恩格斯：《〈共产党宣言〉1890年德文版序》，《马克思恩格斯选集》第1卷，人民出版社1995年版，第264—265页。

　　但胜利中潜伏着危机。19 世纪末 20 世纪初，资本主义由自由发展阶段向垄断阶段转变，生产力得到迅速发展，经济出现了相对繁荣，资本主义民主制进一步完善，阶级矛盾和社会矛盾出现了相对缓和。在这种形势下，马克思主义发生了分化，内部出现了修正主义。在恩格斯逝世后不久，作为恩格斯遗嘱的两个执行人之一、德国社会民主党的理论家伯恩斯坦起来公开修正马克思主义。今天看来，伯恩斯坦有些观点不能说都错，如：强调马克思主义的批判精神；资本主义出现了稳定发展，还没有到崩溃的时期；社会主义包含个人自由的基本原则，包含人道主义等。但就其总体来看，伯恩斯坦确实有背离马克思主义的错误，尤其是在哲学上。他缺乏哲学修养，不懂马克思及黑格尔的辩证法，认为："黑格尔辩证法是马克思学说中的叛卖性因素，是妨碍对事物进行任何推理正确考察的陷阱。"① 当时的德国，新康德主义盛行，而把黑格尔当作一条死狗。伯恩斯坦力图用新康德主义来补充马克思主义，把马克思主义人道主义化，阉割其革命的精神。考茨基当过恩格斯的秘书，与恩格斯一起整理马克思的剩余价值学说史的手稿，是第二国际的大理论家。考茨基曾写过一些解释、宣传马克思主义的著作，也曾批判过伯恩斯坦，但他很快就站到伯恩斯坦一边，共同修正马克思主义。考茨基同样不懂哲学，不懂辩证法。他甚至说："马克思没有宣布任何哲学，而是宣布了所有哲学的终结。""我并不把马克思主义理解为任何哲学，而是把它理解为一种实验科学，即一种特殊的社会观。"② 他用庸俗进化论来取代革命辩证法，掩盖矛盾、回避矛盾、调和矛盾，而不是揭露矛盾、分析矛盾，最后堕落成为帝国主义战争辩护的社会沙文主义者。第二国际理论家哲学认识水平十分低下，这是一大教训。恩格斯逝世后，他身边最亲近的两位理论家，也是第二国际的理论家、领导人起来修正马克思主义及其哲学，这无疑是危机，而且是十分严重的危机。

　　胜利中潜伏着危机，同样，危机中也酝酿着发展。克服了危机，战胜了修正主义和其他错误思潮，马克思主义哲学的发展就会出现新的高潮。19 世纪末 20 世纪初，落后的俄国逐渐成为当时世界矛盾的焦点和革命的中心。俄国的马克思主义者，最初是普列汉诺夫、紧接着是列宁，举起了

---

① 伯恩斯坦：《社会主义的前提和社会民主党的任务》，三联书店 1973 年版，第 75 页。

② 转引自普·弗兰尼兹基《马克思主义史》，三联书店 1963 年版，第 205 页。

马克思主义的旗帜，反对第二国际哲学修正主义，捍卫和发展了辩证唯物主义和历史唯物主义。列宁把马克思主义创造性地运用于俄国，并领导俄国人民取得了十月社会主义革命的胜利，开辟了人类历史的新纪元。列宁在辩证法、认识论、社会基本矛盾理论和国家与革命学说等方面有重大贡献，但他对人的问题、自由问题少有论述。十月革命的胜利，是马克思列宁主义的胜利，也是马克思列宁主义哲学的胜利。1927 年，德波林在纪念十月革命胜利十周年的文章中就专门论述了这一点，说明十月革命的胜利是辩证唯物主义的胜利。继列宁之后，在斯大林领导下，苏联人民将一个落后的俄国建设成为欧洲第一、世界第二的社会主义的现代化强国，在第二次世界大战中成为反法西斯的主力，为人类和平事业做出了伟大贡献。尽管社会主义、马克思主义在俄国（苏联）的胜利付出了巨大的代价，尽管后来社会主义、马克思主义遭到失败，资本主义得到了复辟，历史走了回头路，但在 20 世纪上半期，社会主义、马克思主义在俄国（苏联）实践上的胜利是一个无可置疑的历史事实。它对人类社会发展所起的伟大推动作用也是无法否认的。

　　实践上的胜利推动着理论的发展。在 20 世纪 30 年代初，苏联的哲学工作者以俄国革命和苏联建设的经验为基础，对马克思、恩格斯、列宁、斯大林的哲学观点加以系统化，集体编著哲学教科书，构建了辩证唯物主义和历史唯物主义的逻辑体系。以今天的眼光看，这一体系自然有诸多缺点，但历史地看，它毕竟是马克思主义哲学史上第一个较为完整的教科书体系，提出了一些新的概念、新的思想，是一个进步，一个发展，有其意义，不可简单否定（详细评价见后面）。1938 年发表的斯大林的《论辩证唯物主义和历史唯物主义》与哲学教科书比，是一个退步。斯大林的著作存在着割裂世界观与方法论的统一；不讲实践论；只讲对立面的斗争，不承认对立面的同一；否认社会主义社会生产力与生产关系之间仍有矛盾；不讲经济基础与上层建筑之间的矛盾；不讲人、自由、民主、人道等等缺陷。由于个人崇拜，斯大林的著作定于一尊，原有哲学教科书中许多有价值的思想被弃置不顾，苏联哲学家按斯大林的体系重新编写教科书。教条主义、个人崇拜窒息了马克思主义的生命力。由此苏联哲学出现了停滞甚至倒退。斯大林哲学理论上的形而上学、轻视实践、不讲人的问题等错误是导致苏联经济、政治等体制的僵化和实践上失误的重要思想理论根源。但在斯大林在世时，这些错误为胜利所掩盖，有的甚至被说成是对马克思主义哲学的发展。

今天来看，马克思主义及其哲学在苏联的胜利潜藏着很大的危机。由于俄国特殊的历史条件使得社会主义首先在俄国取得胜利，同样，由于俄国的特殊的历史条件使得苏联的社会主义带有难以避免的先天不足和弱点。旧沙皇俄国是一个军事封建帝国主义，缺乏自由、民主传统，相反，专制主义却根深蒂固。旧俄国现代生产力不发达，小生产者在国民中占优势，小生产习惯势力在工业化和农业集体化后依然普遍存在。再加上苏联是第一个社会主义国家，无经验可借鉴。从外部环境看，新生的社会主义国家为国际资产阶级所包围，面临着生死存亡的激烈斗争。这样，在苏联的社会主义中渗进了一些封建专制主义和小生产者的东西，如阶级斗争扩大化，个人崇拜，教条主义，不注重公民的人权、自由、民主，不重视民主政治建设和法制建设，等等。苏联的社会主义胜利是付出了巨大的代价取得的。潜伏在苏联社会内的危机在斯大林逝世后日益暴露出来。在1956年召开的苏共二十大上，赫鲁晓夫批评斯大林，揭开了盖子，启开国际共产主义运动中解放思想的闸门。之后不久，国际共产主义运动中的两个大党——中共与苏共出现严重分歧，先是内部争论，进而打笔墨官司，公开论战，直至发展到开枪开炮，边境武装冲突。马克思主义及其哲学的发展进入了公开的严重危机时期。

1956年苏共二十大后，苏联哲学界公开批评教条主义，批评斯大林哲学，实际上开始了马克思主义哲学的自我革命。1958年出版的由苏联科学院哲学研究所编的教科书《马克思主义哲学原理》同斯大林时期的教科书相比，已有很大的不同。此后，苏联哲学研究所差不多每隔十年左右修订一次教科书，每次修订都有新的内容，如人的问题、科学技术哲学、文化哲学等新的内容不断补入。应承认，在20世纪50—80年代期间，苏联哲学曾取得了重大进展。对苏联哲学家们取得的成果我们必须加以重视，切不可因苏联解体而弃之不顾。

另一方面，我们也应清醒地看到1956年后苏联哲学界仍存在着严重的问题。从大的方面讲主要有以下四方面：

一是在处理哲学与政治关系上，继续着哲学为现行政治（实际上是党的主要领导人的讲话）做解释、论证、辩护的传统，哲学失去了独立精神和批判精神，成为政治的婢女。先是为赫鲁晓夫的"创造性"马克思主义做论证，之后为勃列日涅夫的发达社会主义做论证，最后替戈尔巴乔夫的新思维做论证，鼓吹他们是如何创造性地发展了马克思列宁主义。这种鼓吹直至苏共垮台。他们的哲学教科书和著作、文章讲的似乎都是真理，但实际上脱离了人民，脱离了生活。

二是长期没有突破辩证唯物主义与历史唯物主义上下两大篇的体系，对实践论没有足够的重视，对对立统一规律没有足够重视。在 20 世纪 60 年代，当时东德的哲学家曾编过一本试图打破辩证唯物主义与历史唯物主义分成上下两篇的有自己特点的教科书。苏共长期以老子党自居，这一点在理论、学术领域也有反映。东德的哲学教科书与莫斯科的版本不一致，出版后遭到莫斯科的反对。迫于压力，东德人只能收回，重新编写教科书，回到辩证唯物主义与历史唯物主义的旧体系。

三是在批判阶级斗争扩大化时走向阶级斗争熄灭论，否认社会主义社会仍然有阶级、阶级斗争，否认社会主义社会坚持无产阶级专政的必要性，提出全民党、全民国家的理论。

四是在纠正不重视人、不重视人道主义的倾向时出现了抽象人性论、抽象人道主义和把马克思主义人道主义化的倾向。马克思主义人道化的思潮最后演变、发展成戈尔巴乔夫的"以全人类共同价值高于一切为核心"的新思维。

苏共垮台，苏联解体，盛行一时的戈尔巴乔夫新思维遭到了彻底破产，被扫进了历史垃圾堆，马克思主义哲学也被它的敌人打翻在地，处于被批判的地位。马克思主义哲学的自我革命在苏联以失败而告终。这方面的教训值得我们总结、记取。在俄罗斯，马克思主义及其哲学遇到了前所未有的危机。摆脱危机，再次走向胜利，这将是一个很长的历史过程。但我们相信，不管路程多长，世界上第一个社会主义国家、列宁主义的故乡最终将会走向社会主义，马克思主义将会再一次在俄国取得胜利。

十月革命的重大意义之一是在西方无产阶级与东方被压迫民族之间架起了桥梁，极大地鼓舞和推动了殖民地半殖民地人民的革命运动。20 世纪上半叶，马克思主义在苏联取得胜利的同时在东方半殖民地半封建的中国也取得了重大胜利。以毛泽东为代表的中国共产党人抵制了斯大林的教条主义，把马克思主义与中国具体实际相结合，形成了中国化的马克思主义——毛泽东思想，取得了新民主主义革命的胜利和社会主义改造的胜利。在哲学上，毛泽东把马克思主义哲学、中国革命和建设的经验、中国传统哲学的精华这三者冶于一炉，形成了毛泽东哲学思想，丰富和发展了马克思主义哲学。在苏共二十大之前，毛泽东对斯大林在中国革命上的错误主张进行了抵制。他讲过，他有三肚子火（第二次国内革命战争时期的"左"倾、抗日战争初期的"右倾"和解放战争时期的不准革命及"铁托式的胜利"），但他没有公开批评斯大林的错误。在苏共二十大之后，他虽然不同意赫鲁晓夫的做法和全盘否定的态度，但认为赫鲁晓夫批评斯大林，揭了盖子，解放了思想。与赫鲁晓夫不同，毛泽东是哲学家，他固然也批评斯大林的政治错误，但重点则放在哲学上，批评斯大林的主观主义和不懂辩证法，尤其是不懂辩证法的核心——对立统一规律，注重从哲学上总结革命和建设的经验教训。他批评斯大林时期遗留下来的哲学，批评苏联哲学界的形而上学。1956 年和 1957 年，他先后发表了《论十大关系》和《关于正确处理人民内部矛盾的问题》两著作，对社会主义社会的矛盾问题进行了初步的、全面和系统的阐述。在 20 世纪 60 年代前期，他提出辩证法的规律只有一个，恩格斯三个规律的提法和斯大林四大特征的提法不妥；哲学就是认识论；物质可以变精神，精神可以变物质。他明确提出改造现行哲学体系的任务，要求马克思主义哲学进一步的中国化。可以讲，毛泽东是马克思主义哲学自我革命的首倡者。

马克思主义及其哲学在中国的胜利同时也潜藏着危机。这种危机是同探索适合中国特色社会主义道路的实践相联系的，也同苏共二十大后国际共产主义运动出现的危机相关。首先是 1957 年"反右派"运动严重扩大化，社会主义民主遭到严重破坏，阶级斗争扩大化理论和修正主义是主要危险的观点由此开始形成；紧接着是"大跃进"和人民公社化运动，主观主义、平均主义和空想思想使社会主义事业遭受严重破坏；1959 年的庐山会议，错误批判彭德怀等同志，党内民主遭受严重破坏；十年"文化大革命"，天下大乱，党和社会出现更大的危机。这种状况，直到毛泽东逝世、"文化大革命"结束。所以，毛泽东虽然提出改造哲学体系的任务，但他本人由于在社会主义的大试验中陷入迷误，因此不可能完成这一任务。

"物极必反。""左"的错误发展到极端必然要求加以纠正。1978 年召开的中共十一届三中全会，拨乱反正，中国社会主义事业进入了改革开放的新时期。中国的马克思主义发展也随之进入一个新的阶段。在解放思想的大潮中，反思"文化大革命"，反思"中国社会主义实践"，反思"国际共产主义运动"，反思"苏联东欧剧变"，反思"社会主义在苏联的兴衰"，反思"马克思主义哲学发展史"，马克思主义哲学在反思中进行着真正的自我革命。

（三）当前马克思主义哲学发展与危机并存

今天，就世界范围而言，虽然狂叫马克思主义死亡了的人已大为减少，马克思在千年之交时被西方媒体评为千年伟人，马克思主义研究在复苏，马克思主义在社会主义国家依然显示着它的强大生命力，但总体而言，今天社会主义运动、马克思主义依然处于低潮，还处在危机之中。马克思主义要在世界范围内走出低潮，摆脱危机，还要很长的时间。

在我国，情形有所不同。改革开放以来，在邓小平领导下，中国的马克思主义者拨乱反正，逐渐形成了中国特色社会主义理论，中国的社会主义事业欣欣向荣，取得了举世公认的成就。马克思主义在中国取得了新的胜利，形成了邓小平理论、"三个代表"重要思想、科学发展观。就马克思主义哲学而言，三十多年来同样取得很大的成绩。在哲学的研究方法、研究对象、研究内容等方面出现了革命性的变革，出现了百家争鸣的态势，开始形成不同的学派。可以认为，改革开放以来的三十多年，是新中国成立以来马克思主义哲学发展最好的时期，但能否说马克思主义哲学已摆脱了危机呢？看来还不能说。马克思主义哲学还没有完全走出危机。

当前马克思主义哲学的危机，首先表现为信仰危机：相当多的人不相信马克思主义哲学，原来曾相信过的人中也有一些人抛弃了自己的信仰。这中间既有党员干部、一般知识分子，也有理论工作者、马克思主义哲学的研究者和教育者。极少数文化保守主义者公开攻击马克思主义，鼓吹用儒学取代马克思主义，要儒化中国，儒化共产党。也有的人醉心于现代西方资产阶级哲学，视马克思主义哲学为旧履，弃之不顾。青年学生对马克思主义哲学不感兴趣，相当多的人上哲学课只是为了取得学分，真正相信的只是一部分。

其次是马克思主义哲学的学科地位显著下降，被边缘化。独尊马克思主义哲学，贬黜其他学科自然是不对的，但在纠正这种错误时走向另一极端也不妥。在教学中，马克思主义哲学课的学时在削减。哲学无用论盛行。以第一志愿报考大学哲学系的学生甚少。

再次是研究队伍堪忧。一部分人受传统观念束缚很深，知识陈旧，不易接受新的东西。另一部分人则受西方现代哲学的影响很深，用萨特、海德格尔、阿尔都塞、哈贝马斯等人的现代西方哲学来读解马克思，马克思主义哲学的基本精神被阉割。即使坚持马克思主义哲学方向的研究者也存在着知识构成的严重缺陷。多数研究者对马克思主义哲学以外的其他哲学学科（如中国哲学、外国哲学、科技哲学、伦理学、美学等）知之不多。马克思主义哲学研究者们的这种状况难以适应时代的要求。

总之，在当代中国，马克思主义哲学正处于发展与危机并存时期。要完全摆脱危机还有很长的路要走，还需哲学家和全体哲学工作者做长期的艰苦努力。

二 马克思主义哲学为何被教条化

马克思主义及其哲学在发展中出现曲折、危机，其原因是十分复杂的。

从世界范围来看，第二次世界大战结束后，西方资本主义国家处于强势，科技革命迅猛发展，经济发展较为稳定，社会矛盾相对缓和，而社会主义国家则处于弱势，在生产力、科学、技术、教育、军事等方面不如西方发达国家。斯大林在农业集体化、党内斗争、肃反、民族关系等方面犯的严重错误，损害了社会主义的声誉。这种情况势必影响到人们的信仰，容易使一部分人怀疑社会主义，迷信资本主义。

从国内来看，我国正处于由农业社会向工业化、现代化社会的转变时期，我们在实践上的失误直接影响着人们对社会主义、马克思主义的态度。毛泽东时代几次重大失误的消极影响至今犹存，成为某些人反对马克思主义、社会主义的口实。改革开放以来，我国的经济、科学技术、教育、文化等各项事业发展迅速，人民的物质文化生活有了很大的改善，综合国力有了极大提高，社会主义的优越性正在显示出来。社会主义现代化建设的成就、"中国奇迹"有利于马克思主义、社会主义信念的加强。但另一方面，我们也应正视党内腐败、两极分化、道德滑坡、社会治安形势严峻、社会矛盾的凸现等问题。这些问题又影响到人民大众，尤其是青年学生对共产党、社会主义、马克思主义的看法。事实胜于雄辩，一个实际行动胜于一打纲领。只有实践上的成功才能从根本上消除马克思主义的信仰危机。实践上的严重失误是马克思主义信仰危机的根本原因，而实践上失误的认识原因还要从我们对马克思主义的理解和运用上去找。

（一） 马克思主义哲学被教条化是危机的主要内因

从人类认识史看，一种学说在其发展过程中之所以发生危机，根本的原因是由于它自身的僵化，不能解释社会发展、自然发展和科学实验中出现的新现象、新事物，不能满足现实的需要，结果与现实发生了尖锐的矛盾、冲突。马克思主义哲学危机的发生，从其自身来讲主要是由于自身的教条化、僵化，导致脱离了实际、脱离了人民、脱离了时代。

马克思主义哲学从它产生之日起就是教条主义的敌人。马克思在创立自己学说时就明确地说："新思潮的优点就恰恰在我们不想教条式地预料未来，而只是希望在批判旧世界中发现新世界。""所以我不主张我们竖起任何教条主义的旗帜。"① 马克思恩格斯针对将他们的学说教条化的倾向反复说，他们的学说不是教条，而是行动的指南。他们也随形势的变化而修正、发展自己的思想。

列宁在同第二国际修正主义的斗争时并没有忽视反对教条主义。他在帝国主义和无产阶级革命时代发展了马克思主义及其哲学，他并没有把自己的思想教条化。斯大林没有把马克思、列宁的思想教条化。要是他把马克思、列宁的思想教条化，那他就不可能把落后的俄国建成世界上第一个社会主义国家。他发表了许多批评教条主义的言论。直至晚年，他还说："马克思主义不承认绝对适应于一切时代和时期的不变的结论和公式。马克思主义是一切教条主义的敌人。"② 可是，斯大林却把自己的思想变成了教条。他的《论辩证唯物主义和历史唯物主义》发表后，苏联哲学家把斯大林的哲学说成是马克思列宁主义哲学的"顶峰"，按照斯大林的体系重新编教材。

众所周知，毛泽东同教条主义进行了不懈的斗争，才取得了中国革命的胜利。他说，中国革命是违背斯大林意志取得的。他对教条主义做了更为深入全面的批评，但他也重犯了斯大林的错误，他不教条别人，却同样把自己的思想教条化了，结果导致理论和实践的失误。

总之，可以认为，在 20 世纪，虽然有第二国际的修正主义，有赫鲁晓夫、戈尔巴乔夫的修正主义，但导致马克思主义发生危机的主要思想根源则是马克思主义队伍中的教条主义。是教条主义窒息了马克思主义的生

---

① 马克思：《M 致 R》（1843 年 9 月），《马克思恩格斯全集》第 1 卷，人民出版社 1956 年版，第 416 页。

② 斯大林：《马克思主义和语言学问题》，《斯大林选集》下卷，人民出版社 1979 年版，第 538 页。

命力。列宁说过，无政府主义是对机会主义的一种惩罚。我们同样可以说，修正主义是对教条主义的一种惩罚。教条主义走向反面，从根本上否定马克思主义，搞修正主义。

既然马克思主义是教条主义的敌人，那它为什么会被教条化？它是怎样被教条化的？这中间有何经验教训？怎样才能避免教条化？这些是值得深思的问题。

（二）马克思主义哲学被教条化的社会原因

马克思主义被教条化有多方面的复杂原因。

首要的是社会方面的原因。

教条，本是指宗教的信条。教条具有盲从、独断、绝对、唯一的特性。教会要求教徒盲目地、绝对地、无条件地信奉和遵守教条。教会把信徒对教条的任何怀疑、异议、背离视为异端，加以谴责、判罪直至处死。教条主义是从"教条"一词中引申出来的。凡是将某种学理变成类似宗教教条的做法，或用宗教徒对待宗教信条的态度来对待某种学理，就称之为教条主义。因此，教条主义是同迷信、盲从、个人崇拜、专制连在一起的。

马克思主义被教条化，这同个人崇拜密切相关。杰出人物在历史上有着伟大的作用。在历史的转折关头，杰出人物有时会对社会发展的速度、走向有决定性的作用。因此，杰出人物受到人们的崇敬、爱戴是一种正常的社会现象。但这种崇敬过了头，就会变成对个人的盲目迷信与崇拜。个人崇拜的结果：一是会把崇拜的对象神化，把人变成神，变成无所不知、无所不能的神人，绝对真理的化身，历史命运的主宰者。二是广大的崇拜者泯灭了自己的个性，泯灭了自我，把自己的命运寄托于崇拜的对象上，窒息了自己创造历史的主动性、积极性。个人崇拜在历史观上说是个人创造历史的唯心历史观。对无产阶级领袖人物的个人崇拜，必然导致把马克思主义教条化。因为领袖的话，句句是真理，必须执行，后人只能解释和发挥。谁要是提出了新的不同的见解，那他就是离经叛道，异端邪说，就是修正主义。谁也不能说领袖有错误，谁要是说了，那就是冒犯领袖，就是大逆不道，反对马克思主义，轻则受到冷遇，重则受到处罚、坐牢以至杀头。马克思主义被教条化是同对无产阶级领袖人物的个人崇拜直接相关的。

马克思、恩格斯反对个人崇拜，反对对他们本人的过分的赞颂，"厌恶一切个人迷信"，"摒弃一切助长个人迷信的东西"①。列宁也讨嫌对他个人的颂扬。这种情况，到斯大林时期就不同了。斯大林欣赏、提倡对他的个人崇拜。在斯大林看来，对他的崇拜是整个苏联国家利益的需要②。赫鲁晓夫虽然批判对斯大林的个人崇拜，但他也欣赏对自己的歌功颂德。毛泽东曾反对对自己的歌功颂德，批评斯大林搞个人崇拜。但在晚年，他也欣赏个人崇拜，在中国掀起了狂热的造神运动。他也认为，对他个人崇拜是党的事业的需要。当林彪一伙搞过头了时，他又讨嫌起来，要求降温。个人崇拜在苏联、中国之所以能普遍、持久地存在，这同两国原有的社会基础有关。

个人崇拜是过去几千年人类社会所留下的腐朽遗产。个人崇拜是专制制度的产物。在高度集权的封建专制制度下，皇帝具有至高无上的权力，臣民无条件服从皇帝，臣民无独立自主的人格。个人崇拜在小生产者中间也有它的社会基础。马克思曾精辟地指出，小农人数众多，他们的生活条件相同，但他们彼此间并没有发生各种各样的关系，而彼此间互相隔开。他们不能以自己的名义来保护自己，他们不能代表自己，一定要别人来代表他们，从上面赐给他们雨水和阳光③。中国早期马克思主义者李大钊也指出：农民不知自己起来革命可以救自己，因此，"'从来没有什么救世主，不是神仙亦不是皇帝，谁也解放不了我们，只靠自己救自己'这一类歌声，应该常常吹入他们的耳鼓"④。在生产力低下的自然经济条件下，在封建专制制度下，小生产者不可能确立自己的独立自主的人格，有的只

---

① 马克思：《致威廉·布洛斯》（1877年11月10日），《马克思恩格斯全集》第34卷，人民出版社1972年版，第289页。

② 1946年12月23日，斯大林在同《斯大林传略》的作者谈话时说："这部传记中颂扬的东西太多，吹捧个人的作用。读者看完这部传记后该怎么办？得跪下对我顶礼膜拜。""马克思主义不需要你们这样去教育。""这是在把人培养成奴隶。"他把人民崇拜的斯大林同自己加以区别。一次，他在批评自己儿子时怒气冲冲地说："你以为你是斯大林的儿子？""你以为我是斯大林？"他用手指着自己的画像说："他才是斯大林。"《并不神秘的斯大林》，《苏维埃俄罗斯报》1998年1月15日。引自《马克思主义研究》1999年第4期。

③ 见马克思《路易·波拿巴的雾月十八日》（1852年），《马克思恩格斯选集》第1卷，人民出版社1995年版，第677—678页。

④ 李大钊：《鲁豫陕等省的红枪会》（1926年8月8日），《李大钊文集》上，人民出版社1984年版，第871页。

是奴性、依赖性。西方资本主义社会，经历了资本主义商品经济的发展和启蒙运动，个性的独立性普遍得以确立，因此，在西方社会虽然也会发生有部分人群对某些人物（如影星、歌星、球星甚至政治人物）的追捧、以至迷信，但不易发生全社会的普遍的持久的个人崇拜。在社会主义国家，由于特殊的历史条件，个人独立自主人格的普遍确立需要有一个过程，小生产者的习惯势力也不易一下子消除，因此个人崇拜这一人类社会长期遗留下来的腐朽遗产存在的社会条件不会在短期内消失。即使像清朝的末代皇帝溥仪在大赦释放出来后，有的人见了后还向他跪拜磕头。毛泽东在1970年12月18日同斯诺谈话时说："要人们去克服三千年迷信皇帝的传统习惯是困难的事。"所以，反对个人崇拜是一个长期的历史任务，对一些人的个人崇拜克服了，会产生对另一些人的个人崇拜，一种个人崇拜的形式克服了，还会产生新的个人崇拜形式。

　　教条与专制相依为命。在漫长的封建社会，教条为封建专制制度服务，而封建专制制度又为教条提供支持。马克思主义被教条化与高度集权的领导体制和政治体制有关。无产阶级政党为了战胜自己的敌人需要有铁的纪律和高度的集中，但这种铁的纪律应同生动活泼的自由相联系，高度的集中应同广泛的民主相结合。没有自由的纪律、离开民主的集中势必造成专制，使思想僵化，把领导人的言论当作必须执行的最高指示。在取得政权后，在民主和法制不健全的情况下，领导人的言论具有极大的权威，甚至变成了法，成了判断是非的标准。整个理论工作就是替领导人的言论做论证和注解。我们党一直在提倡理论与实际相结合，一再批评理论脱离实际，但还是有相当多的人尽量回避实际。这其中原因自然是多方面的，从客观上讲，民主空气不够、民主制度不健全是最基本的原因。在民主法制不健全的情况下，与老祖宗不同的观点，与现行领导人不同的意见往往遭到批判、打击。在苏联因为斯大林只讲对立面的斗争，否认对立的同一，因而讲对立同一的哲学家要检讨。在中国，因人们习惯于用一分为二来表达对立统一规律，毛泽东主张一分为二，不赞成合二而一，因此，当杨献珍用合二而一来表达对立统一规律时遭到了严厉批判，被视为修正主义。

　　马克思主义被教条化与企图用行政手段强制灌输有关。在无产阶级没有取得政权之前，马克思主义被统治阶级视为毒草，遭受打击。马克思主义只能以自己真理的光辉去吸引人，征服人心。在那时，谁搞教条主义，谁就只能沦落为狭小的无前途的宗派。在取得政权后，马克思主义成了统治地位的意识形态，这为马克思主义的普及、发展提供了有利的条件。但有了政权，也随之产生了一种不好的倾向：即不是用真理的光辉去吸引人、说服人，而是企图用行政的手段，强迫人们接受马克思主义，谁要是对当时流行的马克思主义观点提出异议，谁就会被扣上反马克思主义的帽子。马克思主义不能自发产生，要靠灌输，但这种灌输是要循循善诱的，充分说理的，而不能靠用政权的力量强迫命令。强制的结果，适得其反，群众不仅不接受，反而引起反感，马克思主义本身也变成教条，不再与时俱进。有时看来是接受了，其实只是形式上的、口头上的，内心深处并没有接受。

（三）　马克思主义哲学被教条化的思想原因

教条主义的最主要特征是理论脱离实际。理论的生命力在于同实践密切相结合。脱离实际，脱离群众，理论势必转化为僵死的教条。斯大林哲学的重要缺点之一是不重视实践在马克思主义哲学中的基础地位，他虽然直至晚年还在批评教条主义，但他本人脱离了实际，脱离了群众，导致思想上的僵化。他看不到社会主义社会存在着矛盾，当然也就不能正确认识和处理社会主义社会的各种矛盾，不能改革不适应生产力发展的生产关系和上层建筑，结果导致苏联社会经济、政治等各项制度凝固化、僵化，而体制上的僵化又势必造成理论上的停滞不前。毛泽东晚年也有类似的情况。在民主革命时期，他深入中国社会，注重调查研究，注重向群众学习，因而能把马克思主义创造性地运用于中国具体实际，在理论和实践两方面发展了马克思主义。但在晚年，年事已高，加上体制上和主观上的原因，他调查研究少了，脱离了实践，脱离了群众，脱离了集体领导，犯了严重的主观主义错误。他把马克思主义的某些论断、原理教条化，把自己的思想绝对化。

理论变为教条，同思想上的骄傲自满、绝对化有关。人类对世界的认识过程是一个由相对真理走向绝对真理的无止境的过程，是相对与绝对的辩证统一。当人们把认识过程中的相对性加以夸大、绝对化，就会导致相对主义、不可知论。而当人们把认识中的绝对性加以夸大、绝对化，就会导致绝对主义、独断论，把一定历史条件下取得的认识当作亘古不变的教条，堵塞了认识前进之路。因此，在科学研究中如何对待已有的认识是一个十分重要的问题。在人类认识史上，新创立的学派在开始时往往有生气，但由于创立者过分夸大自己的功绩，或他的弟子、后继者过分推崇本学派的创始人，结果学派就逐渐变得保守、僵化，最后导致消亡。历史上某一学派消失的根本原因在社会，但从学派自身来讲，与其自身脱离实际、保守、僵化、封闭不无关系。个人是这样，学派也是这样。

马克思恩格斯创立马克思主义，是人类认识史上的一次大革命，有伟大的贡献，但他们对自己的理论有清醒的认识，坚决反对把它们运用到应有的范围之外。列宁在帝国主义和无产阶级革命时代发展了马克思主义，但他本人并没有讲如何发展马克思主义。到了斯大林时代就不同了。在理论宣传中不仅讲列宁如何发展了马克思主义，而且也讲斯大林如何发展了列宁主义，讲"新阶段"、"顶峰"。有人讲斯大林如何发展马列主义，并且为斯大林欣赏时，他人就不好说没有发展，更不好说斯大林理论未必都正确。讲"发展"者、写颂圣文者，步步高升，名利双收。结果是讲"发展"的调子比着唱，越唱越高。赫鲁晓夫虽然批斯大林的个人崇拜，但讲"发展"的传统并没中断。赫鲁晓夫时代讲赫鲁晓夫如何创造性地发展马克思列宁主义，勃列日涅夫时代讲勃列日涅夫如何创造性地发展马克思列宁主义，戈尔巴乔夫时代讲戈尔巴乔夫的新思维如何创造性地发展马克思列宁主义。这种"发展"的调子一直唱到苏共解散、唱到马克思主义被它的敌人打翻在地。这种教训值得深思。

马克思主义是科学，它必然随着实践的发展而发展。正确对待已取得的认识成果，是科学发展的必要条件。试想：达尔文之后，若生物学家整天讲达尔文进化论的革命变革，停留在解释、保卫达尔文进化论上，那就很可能没有现代遗传学、基因工程。若一个自然科学家整天在鼓吹自己如何发展了科学，那他就不可能再前进了。马克思主义同样也如此。

（四）马克思主义哲学被教条化的认识论原因

任何一个重大错误，追根究底，都有认识论上的原因，都是把复杂的认识过程的某一片段加以夸大化、绝对化的结果。为了从根本上纠正错误，必须找出犯错误的认识论根源。

人类的认识具有连续性、继承性。科学的认识离不开原有的经验、概念、范畴、理论。一个现实的人，他的大脑决不是白板，而是有着先辈和时代的已有的认识（经验、概念、范畴、思维方式等）。实际的认识过程，既是在实践基础上由未知到已知的过程，知得少到知得多的过程，也是以已知去认识未知、从而获得新知的过程。正因为如此，人们强调正确的理论在认识过程中的指导意义，强调学习理论的重要，认为书籍是人类进步的阶梯。客观现实是不断发展的，可作为人类认识工具的概念、范畴、原理却有相对独立性、固定性。正是这一点，在认识过程中，已有的概念、范畴、原理具有两重性：它既是获得新知的出发点与不可缺少的工具，又可能成为获得新知的障碍与束缚。这种情况不论是在对自然界的认识中还是在对社会的认识中都存在。

法国生理学家贝尔纳（1813—1878）说过："构成我们学习最大障碍的是已知的东西，而不是未知的东西。"《科学研究的艺术》一书作者、自然科学家贝弗里奇（1908— ）在引了贝尔纳的话后说："所有从事创造性研究工作的人都面临这一难题。"贝弗里奇还引了英国大诗人拜伦（1788—1824）和著名剧作家兼评论家萧伯纳（1856—1950）等人的话。拜伦说："要有独到之见必须多思少读。但这是不可能的，因为在学会思考前势必先已阅读。"萧伯纳则说："读书使人迂腐。"有的发明家认为，阅读传统教科书会使人墨守成规，而摆脱成规和解决这个问题本身一样费劲。贝弗里奇也说："已有的一大堆知识使得头脑更难想象出新颖独到的见解。""内行总是对革新的思想抱着怀疑的态度，这正说明已有的知识成了障碍。"[①] 这主要是对自然科学说的。

对社会的认识更有这种情形。中国古人孟子早说过："尽信书，则不如无书。"（《孟子·尽心下》）毛泽东很是肯定此话，多次引用此话。他自己也说过：明朝搞得好的只有明太祖、明成祖两个皇帝，一个不识字，一个识字不多。以后到了嘉靖知识分子当权，反而不行了，就出了内乱。梁武帝、李后主文化多了亡国。梁武帝早年不错，以后书念多了就不行了，饿死在台城。可见书念多了要害死人。他又说，马克思主义的书要读，也不能读得太多，读十几本就行了。读了要消化。读多了，又不能消化，也可能走向反面，成为书呆子，成为教条主义者、修正主义者。他甚至说，脱离实际死读书，越读越蠢。

---

① 贝弗里奇：《科学研究的艺术》，科学出版社 1984 年版，第 2—3 页。

　　无论是贝弗里奇、萧伯纳，还是毛泽东，自然不是一般地反对读书，不是提倡蒙昧主义，而是有深刻的含义，指出了已有书本知识、已有理论的两重性，要用批判的态度读书，批判地对待已有的理论。作为一个马克思主义者，马克思主义创始人的书当然要认真地读，掌握其基本精神，学习他们的立场、观点和方法。但并非读得越多越好，更非不加分析地照搬照抄，关键是从读基本著作开始，读了要消化，要有批判的头脑。倘若马列的书读了很多，又不能消化，满脑子条条框框，那势必容易搞教条主义，难以有创新。要是只读马列的书，其他的书、尤其是反面的书很少读，那就容易得贫血症，讲话、写文章，苍白无力，难以说服人，不能成为真正的马克思主义者。现在不少人破除了对马列的迷信，不读马列的书，转而迷信现代西方资产阶级哲学，被西方资产阶级哲学牵着鼻子走，这当然是错误的，其本质也还是教条主义，也还是缺乏独立自主性。

　　实践是检验真理的唯一标准，这是毫无疑义的。但在实际的认识过程中，人们首先是根据已有的经验、知识、理论对所遇到问题做出反应，做出是肯定还是怀疑、否定的判断，从而决定采取赞同还是保留、反对的态度。实践检验并不排斥逻辑证明。用现有的知识、理论对新的观点、理论进行逻辑证明是必要的，否认这一点，那是十足的狭隘经验论。也正是这种情形使得有人主张以圣人之言或已有真理作为判别是非的标准。从心理学上讲，人们习惯于对赞成的东西取认同的心理，而对否定的东西取排斥的、抗拒的心理。因此，真理在开始时往往得不到多数人的承认，而被认为是谬误、毒草。马克思主义者头脑中有一大堆马克思主义的概念、理论，在遇到事物（包括理论、路线、方针、政策和行动）时他首先自然是用自己头脑中已有的概念、理论去衡量它，鉴别它，判定它是否符合马克思主义。这种情形久而久之，就会导致把马克思主义本本当作真理标准，把马克思主义绝对化、教条化。

（五）马克思主义哲学被教条化的历史文化原因

　　在我国，马克思主义被教条化还与中国封建社会中注经解经的文化传统有关。在春秋战国时期，中国社会处于深刻的大变革之中，诸子百家，竞相争鸣，九流并美，学术繁荣。到了汉武帝时，独尊儒术，罢黜百家，开经学烦琐之风。史书记载，汉朝时有人对《尚书》"'尧典'篇目两字之说，至十万余言"。"说'曰若稽古'，三万言。"（《汉书·艺文志》卷三十）班固在《汉书·儒林传》结束语中说："一经说至百万余言，大师众至千人，盖禄利之路也。"（《汉书》卷八十八）班固说得很深刻。确实，历代的统治者用官爵利禄诱导士人穷经皓首，使之为自己的统治做论证，做辩护。在漫长的封建社会，除个别的短时期之外，以孔子为代表的儒家学说成了官方的意识形态。孔子成了圣人，最大的权威者。中国人在除了迷信皇帝之外多了一个迷信圣人，所谓"非圣即违法"。孔子的"祖述尧舜，宪章文武"、"述而不作，信而好古"的保守主义成为后儒治学的传统。尊孔者认为，孔子以前的学说都流到孔子那里，孔子是古代思想的集大成者；孔子以后的思想都是从孔子那里流出的，孔子是中国传统思想的渊源。以孔子之是非为是非，就无有学术研究，有的只是注经解经，只是对前人的注、疏、解。统治阶级把孔夫子那一套当作宗教教条强逼人民接受。五四新文化运动激烈地批判以孔子为代表的封建教条和封建专制主义。孔子的权威被打倒了，经学时代结束了，但经学的教条主义传统却并没随之根除，它根深蒂固，继续束缚着一部分人的思想。中国共产党内曾一度教条主义盛行，就同历史上经学传统有关。在延安整风运动中，毛泽东曾深刻地揭示了中国共产党内的教条主义、党八股同历史上的老教条主义、老八股之间的内在联系。他还指出，反对老八股和老教条主义，"五四运动时期还不过是一个开端，要使全国人民完全脱离老八股和老教条主义的统治，还须费很大的气力，还是今后革命改造路上的一个大工程"。① 今天，我们读毛泽东的此话，回顾近六十年的历史，感慨颇多，仿佛是针对尔后的历史和眼前的现实讲的。

新中国成立后，马克思主义成为占主导的意识形态，但经学传统不仅没有消失，反而与马克思主义结合而得到加强。马克思主义的理论研究完全变成对导师和领袖思想的注解和阐述，而把理论的创新、发展完全归之于个别领袖人物。在"文化大革命"初期，林彪、陈伯达等人公开号召"大家都当董仲舒"。其时，写颂圣文者、时文者可以晋官加爵。即使在经过新的思想解放运动的今天，迷信、盲从、注经解经、党八股等恶劣传统仍随处可见。历史上有"一经说至百万余言"的烦琐哲学，而今天的

---

① 毛泽东：《反对党八股》（1942年2月8日），《毛泽东选集》第3卷，人民出版社1991年版，第832页。

一经之说的数量则远远超过千亿言、万亿言。历史上只是古人之言因年代久远读不懂而加以注、疏，并无当代人对当代人之言加以注、疏。今天则是当代人注解当代人，这是前人所没有的。可以认为，注经解经，教条主义，党八股，于今为烈。反对教条主义，反对党八股，依然是一项艰巨而长远的大工程。

总之，马克思主义及其哲学被教条化，窒息了自己的生命力，这是一个值得深入研究的问题。

三 历史地看待马克思主义哲学

回顾历史，不难发现，什么是马克思主义哲学？这是马克思主义哲学发展中经常遇到的问题。今天对这一问题的回答更是多种多样的，其中主要有：辩证唯物主义和历史唯物主义；辩证唯物主义；历史唯物主义；实践唯物主义；实践哲学；人道主义；人学；实践的唯人主义；辩证的、历史的、人道的、实践的唯物主义等，真可谓见智见仁，莫衷一是。

那么马克思恩格斯哲学基本思想是什么？他们的哲学体系是什么？马克思主义哲学究竟有没有最基本的质的规定性呢？怎样评判某种哲学是否是马克思主义哲学呢？对什么是马克思主义哲学及这些问题的回答，是直接关系到马克思主义哲学如何发展的大问题。每一个想成为马克思主义哲学家的人都应认真思考这些问题，努力正确回答这些问题。

马克思主义哲学是发展着的活的哲学，必须具体地、历史地看待马克思主义哲学，切忌教条地、抽象地看待马克思主义哲学。

（一） 马克思恩格斯创立了辩证的历史的唯物主义

马克思恩格斯首先是革命家，他们不是关在书斋里的学者，也不是大学教授。他们是在参加无产阶级革命实践运动过程中，实现了由革命民主主义者向共产主义者的转变，并进行哲学革命，创立了不同于唯心主义和旧唯物主义的新唯物主义哲学，为无产阶级提供了认识世界和改造世界的科学世界观、方法论和价值观。马克思主义哲学本质是革命的、批判的，不是教条。他们的哲学思想有一个从不成熟到成熟、从不完善到逐步完善的过程。他们对自己的哲学思想，注重的是它的内容，新唯物主义的基本观点和原理，而不是体系。他们没有为自己的哲学思想构造理论体系，不过，他们哲学的"辩证的历史的唯物主义"性质是极其鲜明的。

马克思恩格斯是从黑格尔的唯心辩证法，经过费尔巴哈的人本唯物主义而走向创立自己的新唯物主义的。现在有的学者为了否认马克思有辩证唯物主义，竟然不顾起码的历史事实，否认青年马克思曾经历过费尔巴哈唯物主义阶段。马克思的《1844 年经济学哲学手稿》是他哲学世界观转变过程中的著作，还没有摆脱费尔巴哈的人本主义。《关于费尔巴哈的提纲》是新世界观的萌芽，《德意志意识形态》则是对新世界观的初步阐述。西方某些学者提出回到马克思，实际上是回到未完成哲学革命前的青年马克思，制造马克思主义者的马克思与青年马克思的对立，目的是要把马克思主义人道主义化，阉割马克思主义哲学的革命精神。国内有些研究者仅仅限于马克思早期著作《1844 年经济学哲学手稿》来讲马克思哲学，认为马克思哲学就是人道主义哲学，是超越了唯物主义与唯心主义的类哲学，或是实践哲学。这显然是不妥的，并不符合马克思哲学革命的本义和实质。

马克思恩格斯哲学革命是直接针对费尔巴哈的旧唯物主义和当时德国流行的布·鲍威尔等人的历史唯心主义，其实质是科学实践观的建立。在马克思以前，中外哲学家都有讲到实践的，有的甚至也认为人的认识与实践有密切的关联，但他们讲的实践主要是人的道德活动、人的理论活动，有的也涉及科学的试验。他们并没有把物质资料的生产活动看成是最基本的实践活动，也没有把阶级斗争看成是改造社会的实践，更不可能认识到人的实践是在一定社会关系中的改造世界的物质活动。马克思恩格斯的科学实践观则把物质资料的生产当成人类社会最基本的实践活动，当成人类社会存在发展的基础和基本动力，当成理解人类社会发展和人自身发展的钥匙，把阶级斗争、科学实验也当作人类社会实践的重要形式。科学实践理论的建立既同唯心主义划清了界限，又同旧唯物主义划清了界限，在人类哲学思想发展史上第一次把哲学置于科学的基础上。

马克思恩格斯的哲学革命是在费尔巴哈唯物主义基础上进行的，是为了推进唯物主义，纠正费尔巴哈唯物主义的形而上学性和不彻底性，他们重点批评的是费尔巴哈的旧唯物主义和布·鲍威尔等人的历史唯心主义，重点阐述的是历史唯物主义理论。历史唯物主义是马克思一生中两大发现之一。马克思对哲学世界观中更为一般的基础的唯物主义、辩证法少有论述，这是事实，但决不能由此就认为马克思除了历史唯物主义之外，没有别的任何哲学思想。马克思批判了旧唯物主义和唯心主义，在哲学中发生了革命性变革，超越了旧唯物主义和唯心主义，超越了以往的一切哲学，但决不能认为他的哲学超越了唯物主义与唯心主义的对立。马克思鲜明地把自己的哲学称为"新唯物主义"、"实践的唯物主义"。他明确地说，新的唯物主义历史观和唯心主义历史观不同，"不是从观念出发来解释实践，而是从物质实践出发来解释观念的形成"①。受现代西方资产阶级哲学的影响，有的学者极力想把物质概念从马克思主义哲学中清除，企图用实践概念来取代物质概念，殊不知，离开了物质的实践概念只能是唯心主义的实践概念。

马克思恩格斯的哲学革命是代表无产阶级的哲学革命，是为无产阶级的解放、为整个人类的解放提供科学的精神武器。马克思说："哲学把无产阶级当作自己的物质武器，同样，无产阶级也把哲学当作自己的精神武器。"② 他们是在参加无产阶级的实际运动过程中创立自己学说的，他们把自己的命运和无产阶级、最广大的劳动大众紧紧连在一起。他们以自己科学的世界观揭示了资本主义产生、发展和灭亡的历史必然性，他们所追求的共产主义社会是在生产力、科学技术、文化教育高度发达，消灭了阶级、私有制和旧式分工基础上的"自由人的联合体"，即"每个人的自由发展是一切人的自由发展的条件"的联合体。马克思主义哲学有着鲜明的阶级性，公然申明自己是无产阶级的哲学。它的价值目标是无产阶级的解放、整个人类的解放，是建立"自由人的联合体"。因此，马克思主义哲学在一定意义上讲是人类解放的哲学，自由的哲学。自由的精神贯彻于马克思恩格斯哲学的全部。长期以来，马克思主义者对此方面的内容关注不够。在今天，我们应擎举自由的旗帜，高扬自由的精神。

1848 年欧洲革命后，马克思主要研究政治经济学，写作《资本论》。虽然他在致恩格斯（1858 年 1 月 14 日）和狄慈根（1865 年 5 月 9 日）的信中都说到写辩证法小册子的意愿，但最终并没有写出，这也是事实。若由此就否认马克思没有辩证唯物主义思想，则不符合历史实际。其实，他曾不止一次地说，他的哲学是新唯物主义，他的辩证法是建立在唯物主

---

① 马克思、恩格斯：《德意志意识形态》（1845—1846 年），《马克思恩格斯选集》第 1 卷，人民出版社 1995 年版，第 92 页。

② 马克思：《〈黑格尔法哲学批判〉导言》（1843 年），《马克思恩格斯选集》第 1 卷，人民出版社 1995 年版，第 15 页。

义基础上的，在自然界、人类社会和人的思想中普遍存在着对立统一。从马克思的基本著作看，唯物辩证法是他的政治经济学、科学社会主义和历史唯物主义的方法论。不懂得唯物辩证法就不可能真正懂得马克思的《资本论》，不可能理解马克思的全部学说。马克思哲学就其性质而言，无疑是辩证的、历史的唯物主义。第二国际的一些人，因马克思没有写出论述辩证唯物主义的专门论著就认为马克思没有哲学，那是一种形式的、肤浅的错误看法。受西方学者的影响，我国有些学者无视基本的历史事实，认为马克思的唯物辩证法仅仅是主体与客体、人与存在之间的实践辩证法，或主观的一种思维方式。他们认为，马克思摒弃了本体论，马克思哲学是后形而上学的哲学，当然也就没有客观辩证法。在他们看来，自然辩证法、客观辩证法是恩格斯提出的，是恩格斯不同于马克思的重要之所在。他们制造马克思与恩格斯的对立。这种观点显然是对历史的歪曲和伪造。

对马克思主义哲学全面的阐述是由恩格斯在《反杜林论》、《自然辩证法》、《路德维希·费尔巴哈和德国古典哲学的终结》和晚年的有关历史唯物主义通信等中实现的。恩格斯在《反杜林论》中在批判杜林哲学时有意识地对辩证唯物主义、历史唯物主义的基本原理进行了较为系统的阐述。《反杜林论》应看成是马克思恩格斯共同的思想，至少是马克思认可的，肯定了的。这不仅因为马克思撰写了《〈批判史〉论述》一章，而且还在于他听读了原稿全文，公开充分肯定这部著作。恩格斯的《路德维希·费尔巴哈和德国古典哲学的终结》精辟地论述了马克思主义哲学的产生、发展过程和革命变革，深刻地阐明了马克思主义哲学的基本思想。虽然恩格斯自己讲，马克思主义哲学主要是马克思创立的，但我认为，倘若没有恩格斯"在一定程度上独立参加这一理论的创立，特别是对这一理论的阐发"，那就没有现今的马克思主义哲学。马克思与恩格斯共同创立了马克思主义哲学。因此，不能把恩格斯仅仅理解为马克思哲学第一读解人（所谓"以恩解马"），而应把他看成是马克思主义哲学的创立者，更不应把辩证唯物主义看成是恩格斯一人的思想。讲马克思主义哲学创立，不能只讲马克思，不讲恩格斯。在论马克思主义哲学的创立时要充分顾及恩格斯，充分肯定恩格斯在这方面的功绩。

马克思与恩格斯两人结成了人类有史以来最伟大的友谊。他们志同道合，为了无产阶级和全人类的解放事业无私地献出了一生。他们因分工不同，两人研究的领域、重点有所不同。他们因各自的家庭、文化背景、个性、兴趣、爱好、知识构成等不同，对同一问题的认识会有差异，这是很自然的。但他们两人的政治立场、理想信仰、基本理论和主要思想是完全一致的，是密不可分、融为一体。这是一个最基本的历史事实。在恩格斯逝世时，伯恩斯坦在悼念文章中说："作为卡尔·马克思的同事、后继者、补充者，他的故去是马克思的第二次逝世。"① 考茨基也说："恩格斯的逝世使我们感到的悲痛远远超过马克思的逝世，因为我们觉得，恩格斯逝世后，马克思才完全逝世。恩格斯在世时，他的精神生活与马克思的精神生活是休戚相关的，马克思还活在我们中间，我们还深受着他们俩的影响，现在他们俩都离开了我们。"② 伯恩斯坦、考茨基对马克思与恩格斯亲密关系的亲身感受和评价是可信的，是符合历史实际的。

西方的某些学者，不管出于什么动机，竭力制造马克思与恩格斯的对立，把恩格斯说成是第一个修正马克思思想的修正主义者的观点和做法，完全违背了上述这样一个最基本的无可争辩的历史事实，因而是十分错误的，也是极端有害的。我们对此应持鲜明的反对态度。令人遗憾的是我国的有些研究者受其影响，大谈马克思与恩格斯的差别，以不同的形式在重复西方学者的某些错误观点，否认马克思哲学的基础是辩证唯物主义。

（二）辩证唯物主义和历史唯物主义体系的形成

马克思恩格斯没有在大学教过书，因而他们没有为自己的哲学思想构造逻辑体系。即使像《反杜林论》和《路德维希·费尔巴哈和德国古典哲学的终结》这样较全面、系统论述他们理论的著作，也具有鲜明的针对性、论战性，而与一般教科书有明显不同。这种情况为他的后继者对他们哲学思想做出不同的解释提供了较大的自由度。尽管如此，他们哲学的基本内容是辩证唯物主义、历史唯物主义这一点则是十分确定的、清楚的。把具有丰富内容的马克思主义哲学构成一个相对完整的理论体系是在20世纪30年代的苏联。当时的苏联哲学家综合了马克思、恩格斯、列

---

① 爱·伯恩斯坦：《弗里德里希·恩格斯》，《智慧的明灯》，人民出版社1983年版，第135页。

② 卡尔·考茨基：《悼念恩格斯》，《智慧的明灯》，人民出版社1983年版，第132页。

宁、斯大林的哲学思想，构建了辩证唯物主义和历史唯物主义体系。这一体系的形成、产生有一个过程，是适应时代需要的产物。

马克思主义不是教条，而是发展着的科学。它的生命力在于同实际相结合，随着实践的需要而发展。它同其他学说一样，在其发展中必然会有分化。在 1895 年恩格斯逝世之后，国际共产主义运动中出了第二国际修正主义。修正主义思潮的出现有其深刻的社会的原因。一是资本主义由自由竞争向垄断过渡，主要资本主义国家生产力迅速发展，经济相对繁荣，资本主义进一步民主化，阶级矛盾和社会矛盾相对缓和。二是发生了自然科学革命，放射性元素的发现，原子可分，量子力学、相对论的提出，认识的相对性凸现出来。一部分自然科学家因不懂辩证法，认为物质消失了，唯物主义被驳倒了，物理学发生了"危机"。三是第二国际的理论家哲学认识水平"都是非常之低"。伯恩斯坦认为："黑格尔辩证法是马克思学说中的叛卖性因素，是妨碍对事物进行任何推理正确的考察的陷阱。"他公开提出用康德哲学来取代辩证法。考茨基认为："马克思没有宣布任何哲学，而是宣布了所有哲学的终结。""我并不把马克思主义理解为任何哲学，而是把它理解为一种实验科学，即一种特殊的社会观。"①第二国际修正主义否认马克思主义有哲学，企图用资产阶级哲学（如新康德主义、马赫主义）来"补充"马克思主义。

在反对第二国际修正主义的斗争中，先是普列汉诺夫，继之列宁，他们俩人都对辩证唯物主义、历史唯物主义做了多方面的、大量的阐述和发挥。普列汉诺夫的主要贡献是对历史唯物主义的发展。他的关于社会结构的"五项因素公式"、关于社会心理的理论、关于美学的理论等都是创造性的贡献。在今天，要当一个马克思主义哲学家，不能不认真钻研普列汉诺夫的主要著作。他的主要缺点是对实践论和对立统一规律重视不够。这也是他在后来跌入机会主义泥坑的重要原因之一。

马克思主义哲学内容丰富，包含有本体论、认识论、辩证法、历史观、价值论、道德学、逻辑学等，在其发展过程的不同时期因形势和任务的不同而有不同的重点，时而把这一方面的问题突出出来，时而又把另一方面的问题摆到首位。列宁指出，马克思和恩格斯的学说，是从费尔巴哈那里产生出来的，因此，他们特别强调的是历史唯物主义和辩证

---

① 转引自普·弗兰尼茨基著的《马克思主义史》，三联书店 1963 年版，第 205 页。

法，而不是一般唯物主义。列宁认为，到了 20 世纪初，认识论问题突出出来了，所以他在《唯物主义和经验批判主义》一书中，重点批判唯心主义，阐述辩证唯物主义认识论。针对割裂辩证唯物主义和历史唯物主义的错误，列宁曾鲜明地指出，马克思主义哲学是由辩证唯物主义和历史唯物主义铸成的一块整钢，其中决不可去掉任何一个基本前提，任何一个重要部分，不然就会离开客观真理，就会落入资产阶级反动谬论的怀抱。而到了第一次世界大战时期，辩证法问题上升到第一位，他在《哲学笔记》中着重批判否认矛盾、调和矛盾的形而上学和折中主义，阐述以对立统一规律为核心的辩证法。在十月革命后，针对第二国际修正主义者反对十月革命的谬论，列宁强调辩证地理解社会的发展，反对机械论。在探索俄国的社会主义道路方面，列宁强调实践的意义，不要为书本所束缚。

　　列宁对马克思主义哲学做出了创造性的贡献，在许多方面丰富和发展了马克思主义哲学，形成了马克思主义哲学发展史上的列宁主义阶段。他的《唯物主义和经验批判主义》、《卡尔·马克思》、《辩证法的要素》、《谈谈辩证法问题》等著作、笔记，反映了他对马克思主义哲学体系的看法，但他同样首先是革命家，他无暇去构建马克思主义哲学的逻辑体系。受时代条件（批判第二国际修正主义）和俄国历史条件（专制主义传统很深）的制约，列宁（普列汉诺夫也一样）哲学思想中对马克思主义哲学中自由精神、人的问题、价值问题论述不多，这是不足。

　　十月革命后，俄国米宁等人公开主张以科学代替哲学，要抛弃哲学，甚至认为本体论、哲学是资产阶级的东西。在 20 年代初，苏联哲学界研究的重点是历史唯物主义。这一时期，马克思主义者对马克思主义哲学体系的理解也是多种多样的，没有统一的看法。当时的马克思主义哲学家对辩证法不够重视，理解也较宽泛、肤浅①。那时流行的观点是把马克思主义哲学仅理解为历史唯物主义。列宁称布哈林是"党的最宝贵的和最大的理论家"，同时也怀疑他的理论观点是否是真正的马克思主义。他指

____

　　①　当时著名的哲学家阿多那斯基在《马克思主义辩证法底几个规律》一文把辩证法的规律归结为五条：社会存在决定社会意识；在实际的全部中研究实际；在运动中研究事物的发生、发展、消灭；理论与实践的统一；没有抽象的真理，凡真理都是具体的。见《新青年》第 3 期，1924 年 8 月 1 日。

出，布哈林"从来没有学过辩证法"，"从来没有完全理解辩证法"①。布哈林在其所著的《历史唯物主义理论——马克思主义社会学通俗教材》（1922 年版）中是把辩证唯物主义作为历史唯物主义的方法论放在第三章加以论述的。布哈林用一章讲"决定论和非决定论（必然和意志自由）"，他把必然性与偶然性、必然与自由、决定论与非决定论形而上学对立起来，只承认必然性、否认偶然性、否认意志自由。布哈林同样忽视了人、自由、民主、人道等问题。顺便指出，布哈林与叶·普列奥布拉任斯基合著的《共产主义 ABC》（1919 年版）对民主、自由也少有正面阐述。布哈林的这种观点具有代表性，它影响到日本、中国。在十月革命后的一段时间里，日本著名马克思主义者河上肇在介绍马克思主义主要组成部分时只讲了历史唯物主义、政治经济学和科学社会主义，而没有讲到辩证唯物主义（河上肇在自传中曾做过自我批评，到 20 世纪 20 年代中期就改正了这一缺点）。中国的马克思主义者在一段时间里，主要也是宣传唯物史观，而很少论及辩证唯物主义。直到 1926 年前后，瞿秋白才明确认为马克思主义科学体系由辩证唯物主义哲学（或马克思主义的宇宙观）、历史唯物论、政治经济学和科学社会主义四部分组成。瞿秋白的这种理解虽然纠正了我国年轻马克思主义者忽视辩证唯物主义的缺点，但同时又包含着把辩证唯物主义与历史唯物主义机械割裂的错误。

20 世纪 30 年代初，苏联在批判德波林之后，为满足大学教学需要，哲学工作者集体编写哲学教科书，其影响较大者有《辩证法唯物论教程》（1931 年，西洛可夫、爱森堡等著，由李达、雷仲坚译成中文）、《辩证唯物主义和历史唯物主义》（1934 年，米丁、拉里察维基等著，由沈志远译成中文），此外还有《新哲学大纲》（1935 年，苏联大百科全书"辩证唯物主义"条目，米丁主编，由艾思奇、郑易里译成中文）。苏联哲学工作者依据的主要是马克思、恩格斯、列宁、斯大林的著作。他们注重哲学与政治、理论与实践的密切结合，注重俄国革命和建设经验的哲学总结，注重列宁对马克思主义哲学的新发展，注重对辩证的核心——对立统一规律和辩证法、认识论、逻辑学三者同一等问题的阐述。这些著作的体系较为系统完整，内容较为丰富，也有创新。著者在阐释马克思、恩格斯、列

---

① 列宁：《给代表大会的信》（1922 年 12 月 24 日）《列宁全集》第 43 卷，人民出版社1987 年版，第 339 页。

宁、斯大林的哲学思想时提出了一些新的概念、新的论点，如内因与外因、矛盾特殊性、主要矛盾和次要矛盾方面。这几本教科书比起苏联 20 年代的著作是大大前进了。

今天看来，苏联哲学教科书有许多不足，举其大者主要有：一是把辩证唯物主义和历史唯物主义两部分机械分开；二是对实践论还不够重视；三是价值问题、人的问题，尤其是人的自由全面发展问题被忽视了；四是对哲学与政治、理论与实践的关系简单化；五是把形式逻辑当作形而上学加以批判；六是把一些不是哲学的内容（如科学社会主义）也写进了教科书，等等。

黑格尔在《小逻辑》导言中说："哲学若没有体系，就不能成为科学。没有体系的哲学理论，只能表示个人主观的特殊心情，它的内容必定是带偶然性。"① 对体系有着不同的理解。一种是指一个学说的各组成部分之间的内在联系，并以概念、范畴的形式逻辑地表达出来，亦即通常所说的概念、范畴的逻辑体系。一种是指某一学说各组成部分之间有着内在的联系，但没有形成概念、范畴的逻辑体系，这是一种没有逻辑形式的思想体系②。他人在陈述、介绍这一学说时需要加以逻辑的重构，以表达这一学说的基本内容。黑格尔所说的体系是指逻辑体系。黑格尔是一个过分重视体系的人，恩格斯对此曾有所评论，但他的上述说法无疑包含真理性。一门学科是否形成相对稳定的逻辑体系是该学科是否成熟的重要标志。苏联哲学家把经典作家有关哲学的分散论述加以条理化、系统化，按照他们的理解，构造了一个逻辑体系，并结合历史和现实加以阐述并发挥。这在马克思主义哲学发展史上是一个进步，应当肯定。上面提到的三本哲学著作代表了这一时期马克思主义哲学的新水平。这三本书对中国哲学界影响很大，是 20 世纪 30—40 年代中国哲学界宣传马克思主义哲学的主要蓝本，也是毛泽东在抗大讲授哲学、写作《实践论》《矛盾论》时的

---

① 黑格尔：《小逻辑》，商务印书馆 1980 年版，第 56 页。

② 冯友兰在《中国哲学史》（两卷本）的绪论中说："凡真正哲学系统，皆如枝叶扶疏之树，其中各部，皆首尾一贯，打成一片。"又说哲学上的系统有二："即形式上的系统与实质上的系统。""中国哲学家之书，较少精心结撰，首尾贯穿者。"中国哲学家的哲学虽无形式上的系统，但不可谓无实质的系统。冯友兰讲的系统，即是我们所说的体系。见《三松堂全集》第 2 卷，河南人民出版社 1988 年版，第 12—13 页。

主要参考书①。

　　斯大林本人继承了马克思主义创始人的传统，十分重视哲学。他早年在批判无政府主义时写过《无政府主义还是社会主义？》（1906—1907年）一书，论述了马克思主义哲学的基本原理。他说："马克思主义不只是社会主义理论，而且是一个完整的世界观，是一个哲学体系，马克思主义的无产阶级社会主义就是从这个哲学体系中自然而然产生出来的。这个哲学体系叫做辩证唯物主义。"② 正因为重视哲学，他认为《苏联共产党（布）历史简明教程》在介绍列宁的《唯物主义和经验批判主义》一书后应进一步简略地介绍辩证唯物主义和历史唯物主义。在1938年，他撰写了《论辩证唯物主义和历史唯物主义》，编入该书第四章第二节。斯大林的《论辩证唯物主义和历史唯物主义》通俗而简明地阐述了唯物主义、辩证法和历史唯物主义的最一般的基本原理，对传播辩证唯物主义和历史唯物主义有意义。对斯大林的哲学不能全盘否定。斯大林这一著作大大简化了哲学教科书的内容，与哲学教科书相比是一个退步，在一些重要方面离开了列宁的思想。斯大林哲学在理论上的缺陷主要有：把哲学与政治的关系简单化；把世界观与方法论机械分开；把辩证唯物主义与历史唯物主义机械分开；不讲实践论；不讲认识的辩证运动过程；不重视对立统一规律，只讲对立面之间的斗争性而否认它们之间有同一性；不讲否定之否定规律；不讲经济基础与上层建筑这一对矛盾；否认社会主义社会生产力与生产关系之间存在矛盾；不讲人民群众；不讲自由、民主、价值、人的解放，等等。斯大林哲学在苏联被定于一尊，影响很大。苏联哲学界根据斯大林的著作重新编撰教科书，新的教科书抛弃了原有教科书的许多好的内容。斯大林的哲学思想对中国哲学界的影响并不大，他的小册子出来后，中国哲学界主要还是依据马克思、恩格斯、列宁和毛泽东的著作讲哲学，主要参考的还是苏联学者们编著的30年代前期的哲学教科书，很少有人照搬斯大林的体系和观点。现在我国不少人不加区分地把斯大林哲学与苏联30年代前期哲学教科书这两者等同看待是不妥的。

---

　　① 详见拙作《〈实践论〉〈矛盾论〉与苏联三十年代哲学的关系》，载《为毛泽东辩护》，当代中国出版社1996年版。

　　② 斯大林：《无政府主义还是社会主义？》（1906—1907年），《斯大林全集》第1卷，人民出版社1953年版，第274页。

　　在十月革命后，意大利的葛兰西、匈牙利的卢卡奇、德国的柯尔施等人在批判第二国际机械论倾向时，突出了实践，突出了人的能动性，强调了意识的革命作用，对马克思主义哲学做了不同于普列汉诺夫、列宁和苏联哲学家们的解释。卢卡奇对异化理论、总体性理论、社会本体论的创新阐述具有重要的价值，产生了很大的影响。但他们也有片面性，否认物质本体论，否认自然辩证法。在很长的时期里，马克思主义者把他们视为异端，对他们持全盘否定态度。今天看来，这显然是不对的。

　　纵观 20 世纪马克思主义哲学发展史，我们不能不承认，在恩格斯逝世后，列宁哲学、普列汉诺夫哲学、苏联 30 年代哲学、中国的毛泽东哲学代表了 20 世纪马克思主义哲学发展的主流。辩证唯物主义和历史唯物主义教科书体系不仅在苏联，而且在其他国家的马克思主义哲学界也产生了巨大的影响。这一体系曾长期主导着中国的马克思主义哲学。受教条主义的影响，在很长时期里，马克思主义者只承认主流形态，而对非主流形态采取简单全盘否定的态度。

　　"文化大革命"结束以来，我国哲学界在反思历史经验教训时对苏联辩证唯物主义和历史唯物主义教科书体系提出了批判，并形成众多的对马克思主义哲学的新解释，结束了哲学体系上"大一统"的局面，推动了马克思主义哲学的发展。在对辩证唯物主义和历史唯物主义教科书体系批判中，有的学者采取了非历史的态度，全盘否定其理论价值和历史作用，认为它完全误解了马克思哲学，违背了马克思哲学，导致独断论、教条主义和专制主义。我们是历史主义者，我们不能对历史采取虚无主义态度，不能割断历史。我们在纠正一种片面性时，要防止另一种片面性，即只承认非主流形态，否定主流形态。事实上，卢卡奇晚年（1967 年）在《历史与阶级意识》的新版序言中对自己的错误进行了自我批评，承认辩证唯物主义，承认对恩格斯的批评的不当。今天，要发展马克思主义哲学，不仅不能越过恩格斯、普列汉诺夫、列宁、毛泽东，而且也不能撇开苏联哲学。有的人全盘否定苏联哲学教科书其实质是要否定恩格斯、列宁的哲学思想，否定唯物主义和辩证法。

（三）马克思主义哲学需要自我革命

　　任何体系都是历史的产物。苏联 30 年代教科书的辩证唯物主义和历史唯物主义体系，是当时苏联哲学家对马克思主义哲学的阐释和理解，反映了20世纪30年代前期的哲学水平。与时俱进是马克思主义的本性，教条主义是反马克思主义的，教条主义只能窒息马克思主义哲学。前面讲到，教条主义导致马克思主义哲学的危机。从20世纪50年代中期起，无论在苏联，还是在我国，事实上已酝酿着马克思主义哲学的自我革命，已冲击斯大林时代形成的哲学体系，不过那时还没有像现在这样自觉。在此之后的20年，可以认为是自我革命的准备。"文化大革命"结束后，我国的哲学家在反思历史中对马克思主义哲学进行革命性变革。"实践是检验真理的唯一标准"的大讨论解放了人们的思想，有力地推动了哲学的自我革命。30年来，马克思主义哲学取得了显著的成就，旧的体系基本上已冲破，长期被忽视了的实践问题、主体性问题、人的问题、伦理问题、价值问题、科技哲学、生态问题、文化问题、社会发展问题等成为哲学研究的热点，并取得了显著成果，也产生了一些新的哲学教科书，但能为多数人承认的新的体系尚未建立，马克思主义哲学尚未完全走出危机。当前，马克思主义哲学正处于发展与危机并存的状态，为了走出危机，从马克思主义哲学自身来讲就是进行自我革命。

　　哲学虽然处于社会意识形式的顶端，带有抽象的特点，似乎远离社会现实。其实它与社会现实生活息息相关。哲学的命运看其是否能满足社会需要而定。马克思主义哲学是无产阶级的哲学，人民大众的哲学，它在历史上曾为进步青年、广大人民群众所喜爱。在解放前的旧中国，在第一次大革命失败后的白色恐怖条件下，马克思主义哲学的传播却出现了高潮，进步青年冒着监禁、坐牢、甚至杀头的危险读马克思主义书籍。艾思奇的《大众哲学》一版再版，共印三十多次，它不仅为进步青年所喜爱，而且也为著名的进步教授在暗中秘密阅读。它启发了无数人走上了革命道路。以今天的眼光看，《大众哲学》只是通俗读物，自然有其不足，但它却反映了时代的需要，满足了时代的需要，得到了大众的欢迎，产生了巨大的社会影响。今天，在社会主义的新中国，我们的哲学教科书和读物，从理论上、学术上讲，要比20世纪30年代《大众哲学》、《社会学大纲》等著作的水平要高得多，但得不到广大青年学生和人民群众的欢迎，这是为什么？其主要原因如前所述是在社会实践方面，而不在哲学本身，不在哲学家。然而作为哲学家来讲，就不能把信仰危机完全归之于客观，不能埋怨时代冷落了自己，不能埋怨人民不喜欢哲学、不相信哲学，而是要反思自问，人民为什么不喜欢哲学、不相信哲学。

我们今天所处的时代从国际到国内都同马克思、列宁、斯大林、毛泽东所处的时代有很大不同。可我们今天哲学的基本内容却依然停留在马克思、恩格斯、列宁、毛泽东的框架里，明显落后于时代。这里我们不妨将达尔文进化论与马克思主义哲学做一比较。

达尔文（1809—1882年），马克思（1818—1883年）的同时代人。达尔文在1837年时有物种转变的观念，到了1844年，这也是马克思写作《1844年经济学哲学手稿》的一年，他已完成了"物种理论的大纲"。与马克思一样，达尔文是严谨、郑重的科学家，他直到1859年才出版《物种起源》，系统地全面地论述生物进化论，以大量的无可辩驳的材料，揭示地球上的生物是一个由简单到复杂、由低级到高级的发展过程，打破了神创论、目的论和物种不变论。达尔文的进化论不仅在生物学领域发生革命变革，而且也给宗教神学世界观和形而上学世界观沉重打击，引发了整个科学的革命。马克思恩格斯对达尔文的《物种起源》及进化论给予了肯定的评价。恩格斯在致马克思的信中说："我现在正在读达尔文的著作（指《物种起源》），写得简直好极了。目的论过去有一个方面还没有被驳倒，而现在被驳倒了。此外，至今还从来没有过这样大规模的证明自然界的历史发展过程的尝试，而且还做得这样成功。"[1] 马克思也在信中写道：达尔文《物种起源》"为我们的观点提供了自然史的基础"[2]。恩格斯在《马克思墓前的讲话》中把达尔文发现了有机界的发展规律与马克思发现了人类历史规律同样看成是对人类做出的伟大贡献。即使在今天，达尔文进化论的革命意义仍然得到充分肯定。科学史著名学者科恩写道："达尔文革命是19世纪科学中的一场主要的革命。它摧毁了人类是宇宙中心的观念，在人的思想上，'引起的巨变超过了从文艺复兴运动中科学再生以来的任何其他科学进步'。"科恩正确地指出：达尔文进化论引起的革命的影响超出了生物学和自然科学。"达尔文革命也是科学中曾经出现的最重要的一次革命，因为这场革命在人类思维和信念的许多不同领域中的影

---

[1] 恩格斯：《马克思》（1859年12月11日或12日），《马克思恩格斯全集》第29卷，人民出版社1972年版，第503页。

[2] 马克思：《恩格斯》（1860年12月19日），《马克思恩格斯全集》第30卷，人民出版社1974年版，第131页。

响是非常重大的。这场革命的后果是对世界、人和人的风俗习惯的本质进行了系统反思。达尔文革命需要一种把世界作为动态发展的而不是静态稳恒的思想，需要一种把人类社会看成是以进化的形式发展的思想。"① 即使在今天，低估达尔文生物进化论的革命意义仍是不对的②。

生物学家，推崇达尔文，推崇进化论，捍卫进化论，同反对进化论的思潮进行坚决的斗争，但他们不迷信达尔文，不固守达尔文的进化论，而是根据科学实验，提出新的假设，形成了新的理论。达尔文进化论的基本思想、基本精神是对的，但它对进化机制的分析则有很大的局限性。达尔文认为，生存竞争，优胜劣汰，自然选择，是生物进化的基本机制。如果达尔文之后的生物学家在坚持达尔文主义的时候固守"生存竞争，优胜劣汰"的自然选择的进化机制，那就没有综合进化论，没有孟德尔—魏德曼—摩尔根的基因遗传学，更没有现代的分子生物学、基因工程。达尔文之后，尽管自然界的物种没有发生像社会那样大的变化，但生物学却发生了深刻的革命性变革，取得了许多新的突破性的成就，对生物进化的机制做了全新的解释③。

马克思恩格斯创立了唯物史观，在哲学以及社会科学领域发生了革命性变革。马克思主义及其哲学对人类社会的进步和发展、对哲学社会科学的进步和发展产生了深刻的、深远的影响，它至今仍是推动人类社会进步的强大精神动力。在千年之交，马克思被英国的媒体推选为千年伟人绝不是偶然的。进步人士对马克思恩格斯的崇敬是有其历史理由的。但这种崇敬在他的后继者中转变为迷信，把他们的学说教条化。这种教条化的倾

---

① 伯纳德·科恩：《科学革命史》，军事科学出版社1992年版，第287、302页。

② 在西方世界，捍卫达尔文进化论与反对达尔文进化论的斗争一直没有中断过。美国、英国的一些学校讲授创世论。有人提出"智能设计论"，认为世界上的物种如此复杂，不可能是通过自然选择的方式进化而来，肯定是某位"设计者"的作品。针对这种反科学的思潮和做法，2006年6月21日，全世界67个国家科学家在英国联合起来，发表声明，抨击创世论，反对在学校传播创世论和"智能设计论"。《全世界科学家联手抨击创世论》，英国《独立报》2006年6月22日，《参考消息》2006年6月24日。

③ 在苏联，受"左"的教条主义的干扰，直到20世纪50年代中期，生物学界和哲学界仍把孟德尔—魏德曼—摩尔根的基因遗传学当作反达尔文主义的、唯心主义和形而上学的反科学理论加以批判（见1955年版《简明哲学辞典》的"孟德尔主义"和"魏德曼—摩尔根主义"条，三联书店1973年版），这种错误批判严重阻碍了苏联遗传学的发展，也败坏了马克思主义哲学的声誉。

向，曾受到马克思、恩格斯及列宁的批评，但从20世纪20—30年代起，这种教条化的倾向逐渐加强。从1921年出版的布哈林的《历史唯物主义理论——马克思主义社会学通俗教材》一书的体系、内容、叙述方法等方面看，基本上不受教条主义的影响。但到了30年代初，哲学家们基本上是在马克思、恩格斯、列宁、斯大林所论及的哲学范围内讲述马克思主义哲学，编著教科书。到1938年斯大林的《论辩证唯物主义和历史唯物主义》出版后，该书被定于独尊的绝对地位，马克思主义哲学被简单化、教条化、神圣化了。

马克思恩格斯曾认为资本主义丧钟已敲响，社会主义首先在少数西方发达的资本主义国家实现。列宁认为资本主义已发展到垂死、腐朽的时期，在十月革命后将发生世界革命。而现实社会的发展并非完全如此，社会主义首先在经济、政治、文化相对落后的俄国、中国等国家取得胜利，而西方发达国家的资本主义并没有进入垂死、腐朽的时期，相反出现了相对稳定、发展的形势，表现出还有一定的活力和潜力。由于历史等原因，西方发达资本主义国家在生产力、教育、科学技术、军事、社会保障体系等方面比社会主义国家具有明显的优势。

从20世纪第二次世界大战结束以来，科学技术革命迅猛发展。科学技术革命引起了生产力的革命，知识经济已初露端倪，工业社会正向信息社会转变，经济全球化正在迅速扩展。科学技术革命和生产力的革命引起了生产方式、工作方式、交往方式、生活方式、思维方式、价值观念、审美观念等社会生活的所有方面深刻的变革。可以说，世界日新月异，现今的社会风貌不仅与马克思、列宁所生活的社会风貌相比，而且同斯大林、毛泽东所生活的社会风貌相比，都发生了根本性的变化。阶级问题、民族问题虽然依旧严重存在，但具有了新的形态和特点。人口问题、生态问题、能源问题、国际恐怖主义问题、全球性的防疫和公共卫生安全问题、核威胁问题等均是当今人类面临的新的重大问题。人类社会发展取得了前所未有的成就，但也面临着严重的前所未有的挑战和危机。人类社会所发生的深刻的变革要求在哲学上得到反映，人类社会所取得的成就要求在哲学上得到总结和概括，人类社会所面临的挑战和危机要求哲学做出相应的回答。马克思主义哲学自诞生以来虽然取得了重大的发展，否认这一点显然是错误的，但同样也应承认，由于受教条主义的束缚，直至今天，我国的马克思主义哲学所论及的内容基本上还是停留于马克思、恩格斯、列宁、毛泽东的框架内，所争论的、讨论的问题不出对经典作家的某些论述如何的理解上。马克思主义哲学未能取得像在达尔文之后的进化论及生物学那样革命性的进步和成就。

有的学者承认马克思主义哲学要与时俱进，但不赞成建构马克思主义哲学当代新形态的观点。持这种观点的学者认为，马克思主义哲学的根本内容是辩证唯物主义、历史唯物主义，尽管随时代的变化，它研究和运用的重点有变化，内容有发展，但它的形态没有发生变化。他只赞成坚持和发展马克思主义哲学的提法，自然不会接受马克思主义哲学自我革命的观点。这种坚持和发展马克思主义哲学的观点自然是应肯定的。但我以为，我们所坚持和发展的只是马克思主义哲学中的辩证的历史的唯物主义基本精神，而不是具体的原理，更不是一定历史条件下的哲学形态。中国化的马克思主义哲学形态怎么能与德国的或俄国的一样呢？21 世纪的马克思主义哲学形态怎么能和 19 世纪马克思恩格斯建立的形态相同呢？把一定历史条件下的马克思主义哲学形态绝对化的观点是违背了马克思主义哲学本性的。

总之，当前人类社会正处于深刻的革命性大变革时期。马克思主义哲学既面临着严峻的挑战，也遇到大发展的机遇。为适应新的时代、新的需要，马克思主义哲学的唯一出路是摆脱教条主义的束缚，立足当代中国的现实，继承中国哲学的珍品，面向世界、面向现代化、面向未来，进行自我革命，建立具有时代特点、民族特点的新体系。马克思主义哲学进行自我革命，是时代的要求，若固守原来的哲学体系和形态，再不进行自我革命，就会因僵化而为人民所抛弃，为时代所淘汰，或如在苏联发生的那样被自己的反对者革了命，打翻在地。推动哲学革命的根本动力是社会实践，是人民，但哲学革命是由哲学家来完成的。当代中国的哲学家，尤其是青年哲学家，一定要抓住历史所提供的千载难逢的有利时机，树立雄心壮志，下苦工夫，为创立具有鲜明中国特色的马克思主义哲学体系而努力。

四　马克思主义哲学自我革命的内涵

马克思主义哲学本质上是批判的、革命的。这种批判、革命不仅是针对他人的（现存的社会制度及其他的学说），也是针对自身的，而且首先是针对自身的，即自我批判、自我革命。笔者提出"马克思主义哲学的自我革命"是针对马克思主义哲学在其发展中出现教条化而发的。笔者早在 20 世纪 80 年代中期就有此思想，但公开提出"马克思主义哲学自我革命"则是在 1995 年发表的《20 世纪中国哲学的三次革命》一文中①。该文认为，20 世纪中国发生三次社会革命：推翻封建君主专制王朝的资产阶级旧民主主义革命；推翻帝国主义、封建主义、官僚资本主义统治的新民主主义革命；为建立、巩固和完善社会主义制度而进行的社会主义革命（包括改革）。与此相应，20 世纪中国哲学也发生了三次革命：资产阶级哲学革命，传统的封建哲学就此终结；无产阶级哲学革命，形成了中国化的马克思主义哲学——毛泽东哲学思想；无产阶级哲学的自我革命，主要是革教条主义的命。第三次社会革命和哲学革命正在进行之中。

马克思主义哲学认为否定是事物发展的环节，自我革命是一种辩证的自我否定。马克思主义哲学自我革命是在马克思主义哲学基本精神的指导下，在立足现实的基础上，对实践的新经验、自然科学和社会科学新成果、中国传统哲学精华、世界文明成果（主要是西方）进行综合、创新和变革，从而形成体现时代精神和中国特点的马克思主义哲学的新形态。我们既不要囿于经典作家的具体结论及所论及的范围，又不要囿于西方学者的框架，而是在已有基础上独立自主地进行创新、革命。自我革命不是否定辩证的历史的唯物主义的基本原理、基本精神，而是使辩证的历史的唯物主义具有新的时代的内容和形态，具有中国的特点。在反对教条主义

---

① 《学术界》1995 年第 1 期。

的同时要注意警惕修正主义；在反对绝对主义、独断论的同时，要防止相对主义，防止否认必然性、否认客观真理；在注重人、人的价值问题时，要防止把马克思主义人道主义化，防止抽象人性论的复活；在反对全盘否定西方现代资产阶级哲学的同时，要防止跟在资产阶级哲学后面跑；在注重继承中国传统哲学的优秀遗产时，要防止文化保守主义。

（一）　马克思主义哲学研究方法的革命

如前所述，马克思主义哲学之所以发生危机，从自身来讲主要是教条主义在作祟。因此，马克思主义的自我革命，首先从革教条主义的命开始。

从 20 世纪20—30 年代开始，苏联哲学研究者在编撰马克思主义哲学教材时基本上囿于马克思、恩格斯、列宁和斯大林的著作和言论，把他们的分散的哲学观点、论述系统化、逻辑化，并以革命的实践经验和新的科学成果加以阐释和证明。马克思、恩格斯、列宁和斯大林的著作作为经典著作，马克思主义研究者或信奉者应当认真研读，但是他们的思想、言论也不能被尊奉为"绝对真理"，后来者不可越雷池半步，只能照着讲。研究者只需研究经典作家所讲过的哲学问题，他们没有讲到的不必研究，也不能讲。任何有违于他们的思想都是异端，都是离经叛道。哲学家或哲学工作者的任务是解释、证明和宣传导师的思想和言论，对哲学的发展只能归之于导师、领导人。随着苏联的马克思主义哲学在我国的传播，这种教条主义的学风、文风也随之传入。尽管毛泽东领导了延安整风运动，批评教条主义，但在学术研究领域中，教条主义并没有从根本上解决。还应看到，中国历史上注经、解经的经学传统根深蒂固。外来的教条主义和本土自身的经学传统在本质上是一致的，两者不知不觉地融合在一起，形成一种新的教条主义、新的经学传统，严重束缚着哲学的发展。

自"实践是检验真理的唯一标准"大讨论以来，教条主义再一次受到冲击，人们的思想得到新的解放，哲学获得了发展。但教条主义的传统并没根除，教条主义的阴影还随时可见。作为马克思主义者，无疑应尊重马克思、恩格斯、列宁、毛泽东，老祖宗不能丢，丢了会亡党亡国。但老祖宗不能丢，决不是固守老祖宗的言论和结论，而是坚持并发展他们的辩证的历史的唯物主义基本精神，坚持发展他们解放无产阶级、解放全人类的价值指向和理想，坚持从中国和当代世界现实出发来研究和发展马克思主义哲学。

从 20 世纪 70 年代起，西方学者为了打破苏联对马克思主义及其哲学解释的垄断权，提出"回到马克思"的口号。他们认为，苏联的马克思主义背离了马克思的哲学，背离了真正的马克思主义。他们回到的马克思是早期的马克思，是《1844 年经济学哲学手稿》时期的马克思。他们注重马克思主义中长期被忽视了的人道主义，这是很有意义的。但他们目的是旨在把马克思主义人道主义化，阉割它的革命精神。

20 世纪 80—90 年代，我国有的学者也提出"回到马克思"的口号。他们是针对学界忽视马克思主义经典著作的研究，针对实用主义的对待马克思主义的错误态度而发的，旨在要求研究者去认真研读马克思的原著，正确把握马克思的思想。我们的前人在对某些经典文本的理解上很可能有些问题，有个别地方甚至可能完全弄错了，有个别的译文也可能不够准确。对文本进行细致的、深入的研究是必要的，对重要概念、原理进行新的阐释也是有意义的。但这不是我们研究工作的重点。就重视经典著作文本研究而言，"回到马克思"的口号有合理之处。不过，从总体上讲，这一口号不科学，不可取。当前很流行这样一种观点：马克思哲学是正确的，恩格斯、列宁、斯大林、毛泽东对马克思思想的理解偏了，我们现在的教科书对某些概念、原理的解释不符合马克思的本意，有的翻译也有问题。现在的任务是要回到马克思，建立真正符合马克思原意的哲学体系。对此观点，我很不以为然。

首先，回不到马克思。马克思的文本、思想作为一种历史的客观存在，这已是确定无疑的。但后人对它的读解、运用则不能不受读解者所处的经济、政治、文化等社会历史条件和个人个性特点的制约，不可能不带有读解者的主观性，真可谓一人一读解。即使是同一人，在不同的境遇下也会有读解上的差异。因此，无论从马克思主义认识论讲，还是从现代解释学讲，抑或从实践上讲，都不可能回到马克思。每个读解者都自认为自己的读解最符合马克思原意，而他人的读解都是一种误读。事实却未必如此。当前，在重新读解马克思时要注意防止这样一种倾向：似乎恩格斯、普列汉诺夫、列宁、毛泽东都误解了马克思哲学，唯有他本人的理解才是最符合马克思的。其实他的读解也只是诸多读解中的一种，而且很可能还是拾洋人的牙慧而已，是历史上早已过时了的旧货的翻新。那么究竟谁的读解比较符合马克思的原意？这是解释学中的一个难题。依我之见，判定究竟是谁对马克思的思想理解、运用正确与否的标准，只能是读解者所处社会的实践。凡有利于社会进步、为社会实践所证明的读解、运用，那就是比较符合马克思主义的，否则即使你的解释、论证能自圆其说，或好听、诱人，也很难说是马克思主义的。

第二，退一万步讲，即使你回到了马克思，你的读解最符合马克思的原意，那一个半世纪前的马克思能回答、解决今天的问题吗？显然不能。马克思哲学必须与时俱进。这里用得着毛泽东所说的："等于马克思，不是马克思主义者，只有超过马克思才是马克思主义者。"所以，我始终认为，"回到马克思"的口号不可取。套用邓小平的"完整、准确地理解毛泽东思想"，我认为，"完整、准确地理解马克思主义"可能更好些。注重经典著作文本研究是对的，少数学者从事版本研究也是需要的，但切不可陷入中国经学式的研究，把精力耗费在注经、解经上，放在是谁的理解符合马克思原意的争论上。

马克思主义哲学在其发展过程中自然要不断地向创始人请教，反思发展过程中的经验与教训，从中得到启发，清除理解中不准确的内容。但更为重要的是要立足现实，总结和概括改革和现代化建设的新经验，总结和概括科学技术革命的新成果，研究当代世界政治、经济、文化发展的新情况。马克思主义哲学发展的出路在于自我革命。

通览我国的马克思主义哲学的研究现状，我认为，还须进一步解放思想，冲破旧的习惯传统。时至今日，许多研究者，包括有的被视为思想很解放、很有个性特色、很有创见的哲学家，在论证自己哲学观点或哲学体系时，其出发点不是当代中国和世界的现实，也不是马克思主义哲学的基本精神，而是马克思或恩格斯的某些言论。许多研究者的出发点、立足点是：苏联30年代的哲学教科书体系违背了或不符合马克思哲学，而他自己的哲学是依据马克思哲学建立的。研究者之间也存在着分歧、对立、争论。然而，他们之间的分歧、对立、争论的实质，不在于他们的哲学是否体现了时代精神和民族精神，而在于是否符合马克思的某些言论。说彻底，他们之间存在着的分歧、对立、争论只是对马克思（及恩格斯、列宁）文本理解上的不同。这种争论当然是有益于马克思主义研究的，但有着很大的局限性，它没有冲破教条主义的藩篱，带有经院哲学的痕迹，即都把经典作家的话作为衡量是否是马克思主义的标准，都从经典著作中寻找自己立论的根据，都囿于经典作家谈到的哲学问题。

真正的哲学是时代精神的精华。如前面所说，马克思主义哲学之所以要进行自我革命，根本的原因在于我们今天的时代与马克思、恩格斯、列宁、毛泽东所处的时代有很大的不同，因此今天研究马克思主义哲学，首先要破除从本本出发的注经、解经的教条主义方法，而是从时代出发，从当代中国的现实出发，从广大人民的需要出发，总结和概括新的时代精神。在新的时代，马克思主义的辩证的历史的唯物主义哲学从内容到体系都应体现新的时代精神，具有新的内容和新的形态。

理论与实践相结合是理论的生命力之所在。马克思主义自觉地把理论与实践相结合视为一个最基本最重要的原则。共产党的文件也都强调理论联系实际，反对理论脱离实际。倘若真正贯彻了这一原则，马克思主义哲学就不会教条化，不会发生危机。问题出在何处？我认为问题出在对理论与实践相结合的理解有问题。在 20 世纪 30 年代初，在斯大林领导下，苏联理论界开展了对德波林学派的批判，其中很重要的是批判德波林的理论脱离实践、哲学脱离政治。这一批判的实质是要求哲学为现行的政治做辩护、做论证，要求哲学家、理论工作者为党的决议、为党的领导人的言论作注解，鼓吹党的领导人如何创造性地发展了马克思主义。这次大批判的严重后果之一是，理论与实践相结合被曲解为理论盲目为现状辩护，哲学成为政治的婢女，哲学的科学精神被丢掉了，哲学的批判精神被扼杀了。苏联哲学界的这一恶劣传统一直影响着中国的哲学界。

理论与实际相结合是一个总的原则，不同的学科、不同层次的理论与实际相结合的要求、方式也不同。就哲学而言，它处于意识形态的顶端，它要通过中介才同政治、经济和实践发生作用。哲学既不能提供改造世界的方案，也不能提供具体事物的知识。哲学有它相对的独立性。哲学对政治、实践要采取分析态度，盲目的肯定、辩护不可取；盲目的否定、拒斥也不对。哲学与实际相结合，最基本的是联系社会生活和自然科学、社会科学知识宣传科学的世界观、方法论、人生观和价值观，为人民群众提供认识世界、改造世界的锐利的武器。哲学还要为提高人民群众精神世界服务，为提高整个民族的民族精神服务。

哲学与实际相结合另一个基本方面是总结和概括实践经验、自然科学和社会科学的丰富成果，借以不断丰富自己，提升民族精神。哲学家要关注当代中国和世界的重大现实问题。要从哲学上来思考重大现实问题和历史问题，如 20 世纪的两次世界大战；20 世纪社会主义的兴衰；中国革命的胜利和中国特色社会主义由曲折而走向胜利；中国当代社会全面的变革对人性变革的要求；当代世界科学技术革命的成就、意义及负面作用；经济全球化进程及其意义；西方发达资本主义国家在第二次世界大战后的发展；人类面临的诸多方面的全球性危机；全球化带来的文化冲突与融合等等。哲学家要通过反复思考这些重大问题来体悟时代的精神和民族的精神。

哲学成为政治的婢女，从根本上说是高度集权的政治体制的产物。同时也应看到，哲学成为政治的婢女，这与哲学家无独立自主的人格直接相关。如何正确处理哲学与政治、哲学与实践的关系是能否进行哲学自我革命、能否发展哲学的基本前提条件之一。这不仅要求进行政治体制改革，建立民主政治体制，保证学术自由，而且也要求哲学家确立独立自主的人格，不迷信、不盲从，有献身真理的无畏精神。哲学成为政治婢女的坏传统是到了应该终结的时候了。

（二）马克思主义哲学对象的革命

长期以来，马克思主义哲学把自然、社会和思维的最一般规律作为自己的研究对象。近 30 多年来，研究者们打破了这一传统的见解，提出了许多新的观点。对哲学研究对象理解的不同，研究的内容和构造出的体系自然也就不同。因此，研究者们围绕着哲学研究的对象展开了热烈的讨论。目前我国哲学界对马克思主义哲学研究的对象大致可归纳为以下六种观点：（1）自然、社会和思维的最一般规律；（2）思维与存在的关系；（3）人与世界的关系；（4）人类社会发展的一般规律；（5）人的实践活动；（6）人。笔者以为，这六种观点虽均有片面真理，但都不够准确，有的失之过于笼统，有的失之过窄。时至今日，我们对哲学研究对象的理解并没摆脱旧的传统的束缚，依然停留在研究"世界是什么，我们怎么认识世界"上，并没有完全理解马克思的哲学革命的实质，并没有把"世界应是什么，怎么改造世界，从而不断获得人的自由"，列为自己研究的对象。

任何科学都以客观规律作为自己的研究对象。哲学要成为科学（或具有科学性）亦不能例外。在我看来，马克思主义哲学的对象应是人类认识世界和改造世界的最普遍的一般规律。

哲学是一门古老的历史科学。哲学研究的对象是历史地变化着的。时代不同，哲学家所持的立场、观点不同，哲学家个人的气质、爱好不同，对哲学对象的看法也就不同。很难有一个古今中外哲学家共同承认的哲学研究对象。这是许多论者们的共识。论者们的另一个共识是：尽管对哲学研究的对象"仁者见仁，智者见智"，且历史地变化着，但都认为哲学是智慧之学，哲学研究的不是具体的科学知识，而是有关自然、社会、人、精神等根本性的问题，因此，凡是有关这方面的研究，都可算做哲学研究，凡是有关这方面的著作，都可称作哲学著作，凡是在这方面有新见解的、成一家之言的研究者都可称为哲学家。这是研究对象的不同中的同，变中之不变。

从古代开始，哲学研究就涉及自然观、历史观、本体论、认识论、人生论、价值论、逻辑学、语言哲学等诸多方面，但不同的时代研究的重点不同，同一时代不同的哲学家研究的着重点也各不相同，即使同一个哲学家在其一生中不同时期的研究重点也会发生转移。历史地看，在中国，古代哲学家们研究的重点在人道，在人生哲学、政治哲学（注意：只是重点，而决不是只是，中国古代哲学对天道、地道，对逻辑、语言均有研究，且形成了学派）；而在西方，古代哲学家们的研究也很广泛，涉及政治哲学、人学、伦理学、逻辑学、美学等，但他们的重点则在自然观、本体论。到了近代，哲学家们研究的重点转向认识论，思维与存在的关系逐渐明晰化，成了哲学研究的基本问题。哲学家们主要是围绕着思维与存在的关系展开自己的研究。资产阶级需要自然科学，与此相关认识论、方法论成了研究的重点。客观唯心主义者黑格尔以理念为研究对象。唯物主义者费尔巴哈则把人和自然界作为自己哲学研究的对象。马克思恩格斯批判地继承了黑格尔和费尔巴哈哲学，创立了辩证的历史的唯物主义，在人类哲学史上引起革命性变革。从他们创立新哲学的过程看，科学实践观的建立是哲学革命的关键所在。他们把实践理解为改造世界的物质活动（最主要的是物质生产活动、科学实验和改造社会的阶级斗争），是人类社会存在、发展的基础，把人看成是实践着的人，把人的社会本质看成是一定社会关系的总和。马克思以前的哲学，无论是唯物主义还是唯心主义，都离开了社会实践去研究精神与物质（思维与存在）的关系，因而不能科学地解决两者的辩证关系。马克思把新哲学置于社会实践的基础上，唯物而辩证地解决了思维与存在的关系，同时把唯物主义贯彻到社会领域，将唯心主义从最后的避难所中驱逐出去。因此，实践观点不仅是马克思主义认识论的首要的、基本的观点，而且也是整个马克思主义哲学的首要的、基本的观点。如果说马克思主义以前的哲学的最基本的范畴有两个：精神与物质（或思维与存在），那么马克思主义哲学最基本的范畴则有三个：精神、物质和实践。实践既是物质与精神关系的基础，又是连接两者的中介、桥梁。在实践的基础上，物质与精神可以互相转化。认识世界与改造世界是密切相连的统一过程，但还是可以作相对区分。物质转化为精神，这是认识世界的过程；精神转化为物质，这是改造世界的过程。在马克思主义哲学看来，研究后一过程比前一过程更重要，研究的重点应是如何改造世界，由认识论转向实践论。

在马克思以前，哲学家虽然也讲到实践，但主要是指道德的践行。有的哲学家积极参与改造社会的实践活动，甚至提出把知与行、思想与行动结合起来（如法国大革命时期的狄德罗），有的哲学家对实践有很好的说明（如德国的黑格尔认为，实践是观念的对象化活动），但他们都把哲学的任务限于求真，解释世界，都未把改造世界的实践活动作为哲学研究的对象。在西方哲学家看来，人的智慧主要表现为认识世界。古希腊哲学家赫拉克利特说："智慧就在说出真理，并且按自然行事，听自然的话。"① 亚里士多德认为，"人们研究哲学是为了摆脱无知，……人们追求智慧是为了求知，并不是为了实用。"② 他对智慧的看法与赫拉克利特相一致。他说："智慧就是有关某些原理与原因的知识。"③ 他提出哲学研究的对象是有（存在）。在近代，培根由本体论转向认识论，提出"知识就是力量"，但他仍然认为，"人是自然的仆役和解释者"。④ 在这方面黑格尔最为典型。他说，哲学研究的是理念。"认识理念就是哲学的目的和任务。"⑤ 他又说："哲学的任务在于理解存在的东西，因为存

---

① 北京大学哲学系外国哲学教研室编译：《西方哲学原著选读》上，商务印书馆1981年版，第25页。

② 同上书，第119页。

③ 亚里士多德：《形而上学》，商务印书馆1959年版，第3页。

④ 培根：《新工具》，《十六——十八世纪西欧各国哲学》，商务印书馆1961年版，第8页。

⑤ 黑格尔：《哲学史讲演录》第2卷，商务印书馆1997年版，第197页。

在的东西就是理性。"在黑格尔看来，"关于教导世界应该怎样"的问题不是哲学所研究的。因为"哲学总是来得太迟"，"哲学作为有关世界的思想，要直到现实结束其形成过程并完成其自身之后，才会出现"。密纳发的猫头鹰要等黄昏到来，才会起飞①。费尔巴哈虽然说过"理论所不能解决的那些疑难，实践会给你解决"一类的话②，但他本人脱离了当时的社会实践，并不懂得实践的真正意义。他把实践理解为卑污的犹太的商业活动。他宣扬爱的宗教，企图靠抽象的人类之爱，而不是通过社会革命来消除人间的苦难。因此，马克思恩格斯指出："他不了解'革命的'、'实践批判的'活动的意义。"③费尔巴哈和其他的理论家一样，"只是希望确立对存在的事实的正确理解，然而一个真正的共产主义者的任务却在于推翻这种存在的东西。"④他们又说："人的解放"是一种历史活动，不是思想活动，"'解放'是由历史的关系，是由工业状况、商业状况、农业状况、交往状况促成的"。因此，"对实践的唯物主义者即共产主义者来说，全部问题都在于使现存世界革命化，实际地反对并改变现存的事物"。⑤

回溯整个西方哲学史，可以认为，哲学家所研究的、所讨论的大多只限于世界是什么，我们怎样去认识，而不研究如何通过实践去改造世界以满足人的需要，实现人的自由。这就是马克思在《关于费尔巴哈的提纲》所说的："哲学家们只是用不同的方式解释世界，而问题在于改变世界。"这里借用毛泽东的表达方式可把上述名言理解为：马克思以前的哲学只是研究了物质变精神的问题，而对更重要的精神变物质的问题无有研究；马克思哲学的重点应转移到精神变物质的问题上。

每一个想成为马克思主义者的人都熟知马克思的上述名言。但如何理解这一名言，学者们则不尽相同。通常，研究者们认为，马克思的这一名

———

① 黑格尔：《法哲学原理》，商务印书馆 1995 年版，第 17、12、13—14 页。

② 费尔巴哈：《哲学原理》（1843—1844），《费尔巴哈哲学著作选集》上卷，商务印书馆 1984 年版，第 248 页。

③ 马克思：《关于费尔巴哈的提纲》（1845 年），《马克思恩格斯选集》第 1 卷，人民出版社 1995 年版，第 54 页。

④ 马克思、恩格斯：《德意志意识形态》（1845 年），《马克思恩格斯选集》第 1 卷，人民出版社 1995 年版，第 96—97 页。

⑤ 同上书，第 75 页。

言强调了实践的革命意义，强调了改造世界比认识世界更重要，指出了马克思自己的新哲学同以往的旧哲学的根本区别在于是否改变世界。笔者以为，若仅仅限于此则很不够，还未能把握马克思这一名言的本意。马克思的上述名言，绝不是说，以往的哲学家不要求改变世界，或不从事改变世界的活动，而是说，他们并没有把改变世界的实践活动作为自己哲学研究的对象。所以，我从为，马克思所强调的是以前的一切哲学只是研究如何解释世界的问题，而没有去研究如何改造世界的问题。在他看来，哲学不仅仅要研究世界是什么（本体论）和如何认识它（认识论），更重要的是要研究世界应是什么（其中不仅有合乎规律的真的问题而且包含有合乎目的价值和审美问题）和如何改造它以不断满足人的需要和获得自由（实践论）。

　　总之，马克思的上述名言要求我们：哲学不仅要研究认识世界的规律，还要研究改造世界的规律。改造世界比认识世界更复杂，其中涉及价值问题、审美问题、人的非理性问题等。理想中的改造世界的成果，即实践的成果（包括改造自然的成果、改造社会的成果，更包括文学艺术的成果），应是真、善、美三者的统一。在马克思主义哲学看来，人的智慧，不仅表现在认识世界上，更表现在改造世界上。人的本质、智慧和力量通过自己的实践对象化为属人的存在物，即物质文明、制度文明和精神文明。改造世界不仅是指改造客观世界，还包括改造主观世界，提高人的自身素质，朝着自由而全面的方向发展。

　　长期以来，马克思主义者对实践在马克思主义哲学中的重要地位缺乏应有的认识，仅仅把它看成是认识论的范畴。在我国，自从"实践是检验真理的唯一标准"大讨论以来，实践的地位大大提升了，实践唯物主义已成为一个流行语。除少数哲学家外，绝大多数人承认，马克思主义哲学是实践唯物主义，实践观点是马克思主义哲学首要的基本的观点。但我国哲学界仅仅停留在实践观点重要地位的认识上，还没把改造世界的规律纳入哲学研究的范围。由全国高校马克思主义哲学博士点共同承担、十多位博士生导师和著名教授撰写的《马克思主义哲学原理》教科书认为，哲学的基本内容是世界观和方法论。"所谓世界观，就是人们对于包括自然界、社会和人的精神世界在内的整个世界的一般看法和根本观点，诸如世界的本质是什么，是物质的，还是精神的；世界是怎样存在的，是运动变化的还是静止不变的；世界上各种事物和现象之间的关系如何，是相互联系的还是各自孤立的；事物的运动变化和互相联系是杂乱无章的还是合乎规律的；人自身的本质是什么，人在世界中处于什么地位；人们能不能认识世界和改造世界以及怎样认识世界和改造世界，等等。"① 这些十分熟悉的论述（同20世纪60年代的教科书大体相同）当然不错，但仔细一想，又感到有问题。论述中列举的哲学研究的问题除最后的"改造世界"一点以外，其余均属"世界是什么及怎么认识"的问题。世界是什么及怎么认识的问题自然要研究，不过这些主要是属于解释世界的范畴。再从目前我国哲学教科书的体系和内容看，基本上是在论述"世界是什么及怎么认识"，而对"世界应是什么及如何改造"的问题没有加以注意。这表明，我国的哲学家至今仍囿于旧哲学的解释世界的传统，对"如何改造世界"的问题没有得到重视。

笔者认为，在马克思主义哲学看来，世界观所要回答的，不仅有世界是什么和人类如何认识世界的问题，更重要的有世界应是什么和人类如何改造世界以满足人的需要、不断扩大人的自由的问题。马克思主义哲学的自我革命的重要之点是打破旧哲学解释世界的传统，把自己的研究对象确定为人类认识世界和改造世界的最普遍的一般规律，把自己研究的重点放在改造世界的规律上。

也许有人会说，把认识世界和改造世界的普遍规律作为哲学研究的对象，岂不取消了本体论？回答是不会的。根据本体论、认识论和逻辑学三者同一的原理，要研究认识世界和改造世界的普遍规律，首先要研究认识的客体和改造的客体，亦即研究客观世界存在的一般形式及其普遍的发展规律，亦即传统意义上的本体论。本体论研究是哲学研究的基础工作，本体论问题不可取消，尽管它已不是现代哲学研究的重点。在20世纪，西方有些哲学家拒斥本体论，竭力取消本体论，尤其是物质本体论。近30多年来，这种观点也为我国相当多的人接受。有的哲学家认为，倘若追问世界是什么的问题，那是在坚持过时的本体论思维方式。持这种观点的学者认为应抛弃本体论思维方式，取消本体论。事实上，"世界的本质是什么"，是人类对周围世界的最根本的发问，因而这是一个不能回避的古老而常新的哲学问题。本体论要随着人类的认识的发展而发展，尤其是要随

---

① 萧前主编，黄楠森、陈晏清副主编：《马克思主义哲学原理》，中国人民大学出版社1995年版，第3页。

着自然科学的发展而发展。马克思主义的本体论要与实践论相结合。马克思主义哲学要研究本体论，否定本体论、取消本体论的观点不可取。事实上，当代西方哲学中不乏有人批评取消本体论的观点，批评拒斥形而上学的思潮①。当然，当代哲学的重点已不在本体论，马克思主义哲学更是这样。

也许有人会说，把认识世界和改造世界的普遍规律作为哲学研究的对象，岂不取消了人，取消了历史唯物主义。回答同样是不会的。因为要研究认识世界和改造世界的普遍规律，不仅要研究认识的客体和改造的客体，而且要研究认识的主体和改造的主体。唯心主义把自我、绝对、神当作认识的主体。旧唯物主义把抽象的个人当作认识的主体。马克思主义哲学则认为，认识的主体和改造的主体是具体的、历史的人，是集团、政党、阶级，是群众以及整个社会。对认识的主体和改造的主体研究，就是对人的存在形式及其最普遍的发展规律的研究，亦即是历史唯物主义。

还应指出，马克思主义哲学讲的世界是包括人在内的世界，它讲的改造客观世界包括对人自身的改造。恩格斯认为历史唯物主义是马克思一生中对人类所做的最主要的两大发现之一。马克思和恩格斯把自己的研究重点放在历史唯物主义上。有的研究者认为，马克思哲学只是历史唯物主义，除此之外没有别的。这显然是片面的，不符合历史实际。马克思是在一般唯物主义的基础上创立新的唯物主义。他的历史唯物主义是以辩证唯物主义为前提和基础的。马克思坚持自然界的优先地位，坚持辩证物质本体论。

有些研究者主张把人作为马克思主义哲学研究的对象，有的人提出哲学就是人学，也有的人提出，马克思主义哲学就是唯人主义、人本主义。在中外哲学史上，确实都有一些哲学家把人作为哲学研究的对象。马克思主义哲学当然要研究人，马克思主义哲学最终历史使命是解放无产阶级、解放全人类、解放人，建立自由人的联合体。在很长的时期里，马克思主义哲学只重世界观、方法论的研究，忽视了人生观、价值观的研究；只注重对群体的人（群众、阶级、政党）的研究，而忽视了对个体人的研究；只注重阶级斗争、无产阶级专政的研究，忽视了人性、人道主义的研究。

---

① 刘放桐等著的《马克思主义与西方哲学的现当代走向》一书指出："在西方哲学界中许多人陆续发出了重建形而上学的呼声。"重建形而上学，"现在已不只是个别哲学家或哲学流派，而已发展成为一种范围相当广泛的潮流"。人民出版社 2001 年版，第 259 页。

20 世纪第二次世界大战后，人的问题、价值问题凸显出来了，在西方出现了存在主义流派。受此思潮的影响，我国学术界也普遍重视人的研究，有一些学者明确提出哲学就是人学。笔者认为，马克思主义哲学无疑应重视人的研究，但若把马克思主义哲学研究的对象规定为人，则值得商榷。第一，人是一个复杂的有机体，许多自然科学和社会科学均从自己特定的角度去研究人，揭示人的某一方面的本质、规律。许多学科都称自己是人学，经济学家把经济学称为人学，而文学家、作家也早就把文学称之为人学。因而，把人作为哲学研究的对象，过于一般、笼统，不能同其他的学科区分开来。哲学是从思维与存在的关系的视角去研究人的存在形式、本质及其最普遍的发展规律。第二，马克思主义哲学对人的研究同历史上其他哲学不同，它把人看成是具体的、历史的人，它从人与自然、人与人的关系中去研究人。离开与自然的关系、与他人的关系孤立地去研究人，不可能科学地揭示人的存在形式、人性、人的本质、人的价值和人的发展的一般规律。一句话，离开了正确的世界观就不可能有正确的人学理论。第三，哲学不仅要研究作为认识主体和改造主体的人，而且还要研究认识的客体和改造的客体以及主客体的关系。哲学研究的对象、内容要比人学研究的对象宽得多，本体论、认识论、方法论均是哲学不可或缺的组成部部。第四，现在通常称的人学，从广义来讲，它是一门涉及哲学、人类学、心理学、社会学等多学科的交叉学科；从狭义来讲，它是哲学的一个分支学科。因此把哲学说成是人学是不妥的。

从逻辑上讲，在分别研究了认识的客体和改造的客体与认识的主体和改造的主体之后，方可进入对客体与主体相互关系及其矛盾运动规律的研究。主体与客体的关系是复杂的多重的，主要有：实践关系、认知关系、价值关系和审美关系，而最基本的、成为其他关系基础的则是实践关系。在现实的社会生活中，尤其是在改造世界的实践中，上述四重关系是互相渗透、交融在一起的。认知关系表现为人对求真的追求，价值关系表现为人对利益和善的追求，审美关系表现为人对美的追求。人的理想的实践成果要体现为真、善、美的统一。对主体与客体相互关系及其矛盾运动规律的研究，尤其是改造世界（即精神变物质、思维转化为存在、主观创造客观）规律的研究，这是最为复杂的内容。哲学在当代的发展主要也在这部分。遗憾的是马克思主义者在这方面的研究很不够。许多人把自己的精力耗费在一些早已解决了的老问题的争论和注释上，削弱了对最新问题的关注。

　　有的研究者把人与世界的关系作为哲学研究的对象。笔者以为，哲学重视人与世界关系的研究无疑是对的。中国古代哲学家就十分重视天人关系的研究，注重人道、地道、天道的关系。老子讲"人法地，地法天，天法道，道法自然"，荀子讲"明天之分"，司马迁讲"究天人之际"。后来更多的哲学家讲天人合一。宋朝哲学家邵雍说："学不究天人，不足以为之学。"（《观物外篇》）马克思主义哲学讲的实践就是人与世界的物质交换活动，是人与世界的最基础的关系。人与世界的关系贯彻于马克思《关于费尔巴哈的提纲》。但在很长时期里，马克思主义哲学教科书几乎不讲人与世界的关系。苏联1981年出版的哲学教科书《马克思主义哲学原理》（由费·瓦·康士坦丁诺夫主编）在论述哲学对象时仍只字未提人与世界的关系。20世纪80年代以来，随着人口问题、资源问题、环境生态问题日益严重，人与世界的关系愈来愈凸显出来了。国内外的一些教科书在谈到哲学对象时也愈来愈涉及这一问题。苏联1988年出版的《哲学原理》（斯比尔金著，该书获高等院校大学生教科书竞赛奖）一书写道："哲学以揭示人与世界的相互关系为目的"，哲学是"对人与世界的本质关系的反思"。笔者认为，倘若将人与世界的关系当作哲学研究的对象，那就失之过于笼统。因为人与世界的关系极为复杂，其中包含有不同的层次、不同的方面的许许多多关系。哲学只是从思维与存在的关系（亦即主观与客观的关系）去研究人与世界的关系。换句话说，哲学是研究人与世界的关系中的最本质的最基本的关系。如前面所述，从哲学上讲，人与世界的关系有四方面：实践关系、认知关系、价值关系、审美关系。实践关系是最基础的关系，其他三方面的关系都是建立在实践的基础上。这四个方面最终可归结为认识世界和改造世界两大方面。人类研究哲学的目的就是为了不断探索认识世界和改造世界的规律，从而有效地去认识世界和改造世界，不断地从自然和社会中获得自由，扩大自由。

　　总之，当代马克思主义哲学要冲破旧哲学解释世界的传统，不仅应研究世界是什么，怎么认识，更应研究世界应是什么，怎么改造，从而获得自由。马克思主义哲学研究的对象应是认识世界和改造世界的最普遍的一般规律。

（三）马克思主义哲学内容的革命

　　从20世纪30年代至80年代，中国、苏联的哲学教科书的基本内容大体不出经典作家所论述过的哲学概念、范畴、原理。应当承认，这些概念、范畴、原理都是对西方哲学的总结和概括，体现了他们所处时代的精神，就其基本内容来讲是正确的，也是作为教科书不可或缺的。我们十分注重我国革命、建设和改革开放经验的哲学总结，十分注重把毛泽东思想、邓小平理论、"三个代表"重要思想和科学发展观写进教科书。由于受教条主义的束缚，我国马克思主义哲学教科书的内容未能不断吸取中国传统哲学、外国哲学（尤其是现代西方哲学）的成果，也未能概括和总结当代自然科学和社会科学的新成果，因而缺乏民族特色和时代气息。

马克思主义哲学内容的革命可分为两个方面：一是对传统的概念、范畴、原理需要用新的成果去补充、修正和丰富，使之具有当代的新的内涵；二是增加新的概念、范畴、原理，甚至增加某些不可或缺的方面（如人生论、价值论、非理性论、自由论等）。

马克思主义哲学内容的自我革命可从以下三方面入手：

首先，马克思主义哲学内容的革命要立足当代中国的现实，总结和概括中国革命、建设和改革开放的实践经验，充分吸取毛泽东思想、邓小平理论、"三个代表"重要思想和科学发展观的成果。如前所说，这一点是我们历来强调，总的来讲做得比较充分，但似乎也有可改进之处。我们通常是以流行的马克思主义哲学为框架去总结和概括实践经验，这样做的结果，某些很重要的精华、成果被舍弃或遮蔽了。如，20世纪前半个世纪，中华民族面临着生死存亡的危机。以毛泽东为代表的中国共产党人，继承了中华民族自强不息的精神，独立自主地领导了中国革命，并取得了伟大胜利，扭转了自明朝中叶以来衰颓的趋势，开辟了中国历史的新纪元，使中华民族走上复兴之路。毛泽东哲学中的自强不息的主体精神十分强烈，是20世纪中华民族的时代精神的集中体现。遗憾的是我国的哲学家受传统哲学体系框架的束缚，使得我国的哲学教科书未能反映自强不息的主体精神。再如，中国共产党的党员绝大多数来自农民，而不是工人，中国共产党主要是长期在农村进行活动。要把这样的党建设成无产阶级的政党，在许多外国人看来，这简直是不可能的。但在毛泽东的领导下，中国共产党人做到了。其中的秘密之一是重视主观世界的改造、重视党性修养。而这一点同样是继承和发展了中国哲学的人生修养论。外国哲学基本上不讲人生修养，我国的马克思主义哲学教科书也不讲，这是十分不应该的，应当补充上。类似这方面的内容甚多。随着现代化进程的发展和社会主义市场经济的建立，人的问题日益凸现出来。"以人为本"成为当代的时髦用语，写进了党的文件。把人学视为马克思主义哲学的当代形态是明显偏颇的，但在马克思主义哲学中增加有关人、人性、异化、人道主义、人的现代化、人的自由和发展等内容是十分必要的，是当代中国及世界的需要。从研究方法论讲，马克思主义的出发点不是抽象的人，而是人的社会实践、现实的社会关系①，但从研究的目的讲，人确实是马克思主义哲学的出发点和最终归宿。马克思主义哲学是人类争解放、争自由的学说，是自由之学。

　　其次，马克思主义哲学内容的革命是要充分吸取和发展中国传统哲学有价值的内容。真正的哲学是民族的灵魂，民族智慧的结晶，哲学具有鲜明的民族性。不同国家、不同民族的哲学固然有相通的、共性的一面，但更有特殊的、个性的一面。中华民族历史悠久，哲学流派众多，思想博大精深，在人类哲学史上占有重要的地位，只是到了近代才落后了。产生于西方的马克思主义哲学到了东方的中国，除了要同中国现实的实际相结合外，还必须同中国的历史、哲学、文化相结合，必须使自己中国化。毛泽东在1938年就明确提出了马克思主义中国化的问题，他本人身体力行，是中国化典范，为马克思主义哲学中国化提供了宝贵的经验。遗憾的是，毛泽东这方面的思想未能在哲学界得到贯彻。长期以来，我们的哲学教科书十分注重吸取毛泽东哲学及中国特色社会主义理论中的哲学成果，但很少吸取和继承中国传统哲学的优秀成果。毛泽东在20世纪60年代批评当时的哲学家搞的是"洋哲学"。时至今日，我国的马克思主义哲学教科书和绝大多数有关马克思主义哲学研究专著都难觅中国哲学的踪影。可以讲，现在我国的马克思主义哲学仍然带有很浓的"洋哲学"的味道。马克思主义哲学是西方哲学的总结和概括，其中并没包括中华民族丰富的哲学遗产。中国的马克思主义哲学应是中国哲学的总结和概括，应在马克思主义哲学的基础上继承和发展中国哲学，是当代中国哲学的主流。中国的马克思主义哲学既是产生于西方的马克思主义哲学在东方中国的发展，更是中国传统哲学在当代的继承和发展，是中国哲学智慧的结晶和民族精神

---

　　① 马克思曾明确地说，他的研究方法，"不是从人出发，而是从一定的社会经济时期出发"。见《评阿·瓦格纳的"政治经济学教科书"》（1879年下半年至1880年11月），《马克思恩格斯全集》第19卷，人民出版社1963年版，第415页。

的体现。这方面的内容将在中篇展开。

再次，马克思主义哲学内容的革命表现为大胆吸取世界文明成果，尤其是当代西方哲学的成果，充分体现时代精神。近代以来，随着资本主义在世界各地的拓展，人类历史由各地域的、民族的历史转变为世界的历史。马克思主义是世界历史的产物，是国际性的学说。马克思主义本身是资本主义文明的总结和发展。马克思主义的进一步发展也离不开整个人类文明的大道。但马克思和恩格斯的后继者在同资产阶级的反马克思主义思潮的斗争时对马克思主义产生以后的资产阶级哲学社会科学持全盘否定的态度。在他们看来，资产阶级哲学家只是神学家手下有学问的帮办，资产阶级经济学家只是资产阶级手下有学问的帮办，他们中间任何一个人说的任何一句话都不可信。他们认为，现代文明都集中在马克思主义，现代资产阶级哲学社会科学不过是为资本主义辩护的胡说八道，无可取之处。这样就把马克思主义同现代西方文明隔离开来，把自己封闭起来，导致自身的僵化、贫乏，脱离了时代。这是马克思主义发展史上的一大教训。

我们常说，马克思主义、毛泽东思想、邓小平理论是我们的精神支柱和精神动力，那么支撑和推动美国等西方发达国家的精神支柱和精神动力是什么？美国历史短，发展快，在许多方面处于世界领先地位，其原因何在？值得我们研究。实用主义是一种主观唯心主义，为美国资产阶级服务。但实用主义注重利益，注重行动，提倡冒险。实用主义哲学权威杜威说：实用主义的实在与理性主义的实在不同。"理性主义以为实在是现成的，永远完全的；实验主义（即实用主义——引者注）以为实在正在制造之中，将来造到什么样子就是什么样子。"实用主义的宇宙是"一篇未完的草稿"，"是还在冒险进行的"。① 实用主义是美国的国家哲学。美国创新能力强，社会发展快，不能说同实用主义没有关系。实用主义是主观唯心主义哲学，是为资产阶级服务的，应给予批判，但对它也不能简单地全盘否定。现代西方哲学中的非理性主义从总体上讲是错误的，但他们提出了意志、情感、直觉、潜意识等方面的研究，还是有可供我们吸取之处，至少他们提出了未被哲学家们所重视的哲学问题。我们要赶上、超过西方发达国家，就不仅要学其"用"，而且要批判地学其"体"。社会主

---

① 转引自胡适的《实验主义》（1918 年），《胡适文集》第 2 卷，北京大学出版社 1998 年版，第 226 页。

义制度要充分地利用和吸取资本主义制度中一切有价值的东西，只有这样才能优越于资本主义。

西方社会在现代化过程中产生了种种社会问题。西方社会出现的问题，有些与资本主义制度有关，有些则与制度关系不大，而与生产力、科学技术发展的水平和人的认识有关。西方哲学社会科学家中的不少人敢于正视和揭露资本主义社会存在的矛盾和危机，并提出相应的理论和对策。他们对社会现代化进程中出现的矛盾、危机的分析和对现代化生产、管理规律的研究的不少成果具有普遍的意义，并不都有意识形态的性质。我国在工业化、现代化过程中已遇到并且将会更多地遇到西方社会在现代化进程中出现过的问题。因此，对人的问题、价值问题、伦理问题、文化问题、生态问题、可持续发展问题等一些带有普遍的世界性哲学课题必须引起我们的足够重视，对西方学者在这方面取得的成果加以批判地吸取。

恩格斯曾说过："随着自然科学领域中的每一个划时代的发现，唯物主义也必然要改变自己的形式。"① 当代世界，随着科学技术和生产力的迅猛发展，各国间经济、政治、文化、科学技术等社会生活各个方面的交往更加频繁，全球化趋势日益加快，知识经济正在来临，整个世界正处于深刻的大变革之中。我们应时刻关注当代世界，尤其是西方发达国家的新情况、新发展、新成就和新问题，注意研究由科学技术革命和生产力革命所引起的社会生活各方面发生的深刻的变革，及时吸取和借鉴世界各国的新经验。

自 1946 年制成世界上第一台电子计算机以来，计算机技术突飞猛进，截至 2008 年，计算机运算速度已达每秒千万亿次。在人机对弈中，超级计算机赢了当今最著名的国际特级象棋大师，计算机的智能在不断提高。计算机在科研、军事、生产、交往、艺术、日常生活等社会各个方面得到广泛的运用，个人计算机在发达国家的普及率迅速提高。如果说人类制造的劳动工具是人的双手的延伸，那么，计算机可以说是人脑的延伸。生产工具的革命引起生产力的革命，由此引起社会关系和整个社会的变革。计算机是人类认识的工具，随着计算机技术（电脑）和网络技术的不断发展，人类认识世界的能力与方式亦将发生革命性的变革，人类认识世界的

---

① 恩格斯：《路德维希·费尔巴哈和德国古典哲学的终结》，《马克思恩格斯选集》第 4 卷，人民出版社 1995 年版，第 228 页。

广度、深度和速度都是前人所料想不到的。信息科学与技术的发展对实践能力与实践方式已发生深刻的变革，这一点在现代化战争中表现得尤为充分。使用计算机和网络技术是作为现代人的必不可少的技能。迄今为止，我们对由电脑及信息技术所引起的认识能力与认识方式的变革和对实践能力与实践方式的变革研究很少。

思维方式始终是哲学研究的重要课题。知识创新、科技创新、制度创新的重要前提之一是思维创新。在 20 世纪 30—40 年代，德国的心理学家韦特海默就开始研究创造性思维，出版了专著。到了 50 年代经吉尔福德的大力提倡，美国出现了创造学研究的热潮。创新不仅仅是思维方式的问题，创新需要个性自由。一个社会、一个民族、一个团体的创新力是同它的自由度直接相关的。创新需要冒险精神，冒险精神强的个人、民族，创新能力也就强。创新能力需要从小培养，需要家庭、学校、社会良好的氛围和制度。当今世界愈演愈烈的竞争态势，要求中国哲学界乃至整个科学界、学术界、教育界都要注重创新理论的研究，以促进和提高整个中华民族的创新力。

随着信息技术的飞速发展和全球信息高速公路的不断开通与扩展，信息社会正在走来。信息社会是网络社会。"网络经济"、"网络文化"、"网络社会"、"网络世界"等名词在当今传媒中频频使用。整个社会正以网络形式呈现在世人面前。网络概念有别于联系概念和系统概念。网络除了整体性、综合性、规律性、动态性、开放性的特征外，还有复杂性、非线性、无中心和多元互补性等特征。网络概念深化和发展了联系概念、系统概念。适应信息社会的思维方式应是网络思维，我们应十分注重网络思维的研究。

哲学是关于世界观的学问。马克思主义哲学比任何其他科学更需要"观"世界，更需要有广大的视野，突破地域的民族的狭隘性。中国马克思主义哲学固然要强调它的中国特色，然而从本质上讲，它应是世界性的。人类各民族、国家的哲学发展与人类各民族、国家的社会发展一样，有其共性，有些问题概莫能外，不能"超越"。因此，在新世纪，我们将要进一步扩大中国哲学与世界哲学的交往，更加大胆地吸取和借鉴人类文明成果，尤其是当代西方文明成果。当然帝国主义的本性不会改变，我们对西方反动势力的"西化"、"分化"的图谋要始终保持高度的警惕，决不要为他们的甜言蜜语所迷惑。我们对西方文明成果，对现代西方资产阶级哲学要采取分析态度，不可搞新的教条主义，不可照抄照搬、盲目地跟着人家转向，更不能吸取人家的糟粕。值得注意的是，我们一些中青年学者在破除对马克思主义迷信的同时却陷入了对某些当代西方学者的迷信，他们搬用当代西方学者的概念、术语，他们的话语基本上没有超出西方学者的话语。

总之，为了适应时代的发展，为了进一步的中国化，我国马克思主义哲学在内容上必须有革命性的变革，充分吸取中国传统哲学和现代西方哲学的成果，注重总结和概括当代社会实践、自然科学和社会科学的成果。

（四）马克思主义哲学体系的革命

如本书前面所言，哲学的体系有两种形态：一种是指一个哲学思想各个组成部分的内容依其内在的联系用范畴、概念的形式叙述出来，即逻辑形式的范畴体系；一种是指一个哲学思想各个组成部分之间虽有内在的本质的联系但未能以范畴、概念的形式表达出来，即只具有思想实质的体系。这里讲的体系是指逻辑形式的概念、范畴体系，而且是指哲学基本原理的体系，不包含哲学的二级学科（如伦理学、美学、逻辑学等）。这里讲的体系的革命是指对 20 世纪 30 年代苏联遗留下的辩证唯物主义和历史唯物主义体系的革命。

从"文化大革命"结束后的反思开始，要改革从苏联 30 年代遗留下的辩证唯物主义和历史唯物主义体系已是我国哲学界的共识。但如何改革、改成什么样的体系，则一直分歧很大，呈现出百家争鸣的态势。哲学体系上的分歧绝不仅仅是对马克思主义哲学丰富内容的逻辑安排上的不同，更重要的是反映出研究方法、哲学对象、哲学内容上的不同，反映出对马克思主义哲学的实质和基本精神的理解上的不同。有的学者继续主张辩证唯物主义和历史唯物主义体系，不过内容上、结构上要有所改革；有的主张辩证唯物主义的体系；有的主张历史唯物主义体系；有的主张实践唯物主义体系；有的主张实践哲学；有的主张类哲学；有的主张马克思主义哲学当代形态是人学；有的主张唯人主义；有的主张生存哲学；有的主张交往实践哲学等等。

对建构体系的意义的认识也有不同。有的学者认为，一门科学的体系的完整严密的程度是它的发展水平的标志之一，现行的马克思主义哲学虽有一个科学的体系，但不够完整、不够严密，因而明确提出建设一个完整严密的科学的马克思主义哲学体系的任务，并对怎样构建新的马克思主义哲学的科学体系进行了系统的阐述。有的学者则认为，马克思主义哲学不是体系哲学，它注重的是融合辩证法、逻辑学和认识论于一体的方法论；从当前马克思主义哲学的宣传和教育出发，建立一个完整的马克思主义哲学体系是极其重要的，但从研究的角度，从建设和发展马克思主义哲学的现实需要看，注重方法论研究更有意义。

任何形式都是由其所表达的内容决定的。哲学的内容决定着哲学的体系。近 20 多年来，为满足各类学校教育和干部教育的需要，编著出版的马克思主义哲学教科书有近百种之多，其内容、体系自然有差别，有的还比较大，尤其是近十年来出版的，增添了许多新的成果，但总的感觉，仍是大同小异，没有实质性的突破。为什么造成这种情形，我认为主要是思想不够解放，在内容上缺乏创新。就此而言，我们研究工作的重点自然应放在内容的革命上，而不应放在体系上。这样说，并不可以忽视体系的研究。因为任何内容都要以一定的形式表现出来，任何一门科学都要通过一定的概念、范畴的逻辑体系而存在。建构马克思主义哲学体系确实是一个无法回避的问题。否认建构体系的必要，岂非等于取消马克思主义哲学，因而是不可取的。有人称现在大学教的马克思主义哲学是"讲坛哲学"。有人主张读马列原著，不必编著教科书，有人提出"后原理"时代。在当今中国编著马克思主义哲学教科书是现实的需要，问题是要把教科书体系构建得更科学些，更适合现时代的需要。

在如何构造体系上，黑格尔、马克思、恩格斯、列宁的以下思想或原则是值得肯定和坚持的：（一）从抽象到具体，从简单到复杂；（二）历史与逻辑的一致，哲学史与哲学的一致；（三）辩证法（本体论）、认识论、逻辑学三者是同一的。此外，我认为，中国哲学中德性与理性的一致、价值论与本体论的一致、知与行的一致等原则亦应贯彻于体系的建构之中。因研究的方法、对象、内容等不同，哲学的体系必然会呈现出各种不同形态，但任何一个逻辑严密的、合理的、有中国特色的哲学体系都应贯彻以上的基本原则。

笔者从马克思主义哲学的对象是认识世界和改造世界的最普遍的一般规律出发，以为整个体系除绪论可分为三大篇：客体篇、主体篇、主客体统一篇。

绪论主要讲哲学的对象、哲学的基本问题、哲学与社会、哲学与其他科学、哲学与哲学史、马克思主义哲学的产生、马克思主义哲学的功能、怎样学习马克思主义哲学等。绪论要着重正确阐述马克思主义哲学产生的革命变革，指出实践范畴的意义和地位。

客体篇主要讲作为认识的对象和改造的对象的客体，包括客体（物质世界）存在的形式及其发展的一般规律。这一部分的物质论、意识论、时空论、运动论、辩证法的规律及范畴等内容是马克思主义哲学产生前就有的，也是现行教科书较为定型的，但要结合现代自然科学、社会科学和社会实践进行新的阐述，增加新的内容，如系统、信息、虚拟世界、虚拟实践、复杂性、和谐等。

主体篇主要讲作为认识世界和改造世界的主体（人），包括作为主体的人产生、主体的存在形式及其发展规律。主体包含个人和社会两个方面：个体主体（个人）的存在形式和本性，人的理性与非理性的统一；群体主体（社会）存在形式、结构和发展规律。同以往旧哲学相比，这是马克思主义哲学新的内容（历史唯物主义）。与现行教科书相比，增加有关人的存在、本性、发展方面的人学内容。

主客体统一篇主要讲认识论、改造论和自由论，包括主客体（人与世界的）四重（实践、认知、价值、审美）关系，实践的形式和结构，认识的形式（理性的、直觉的、艺术的、宗教的），理性认识的规律，改造世界的规律，真、善、美三者的统一，改造客观世界和改造主观世界的统一。人类的解放，人的自由而全面的发展，由必然王国向自由王国的发展。改造论和自由论是这一部分的重点。

这三大篇不是并列的板块结构，而是递进的，后者包含了前者，由抽象到具体，由简单到复杂，一个比一个具体，一个比一个丰富，是一个肯定、否定、否定之否定的过程，体现了逻辑与历史、哲学与哲学史的一致性。

至于每一篇的具体安排尚有待同仁们的共同努力、切磋和商讨。

在讲到体系时，我们不仅要认识哲学体系的历史性，更应承认哲学体系的多样性。在这方面要反对唯我独尊的独断论。从中外历史上看，哲学体系形态各异，精彩纷呈。同是唯心主义，可以有不同讲法，同是唯物主义，也是千姿百态。也有处于调和两者之间的哲学。历史上有影响的学说，在发展中必然会发生分化，形成不同学派。按韩非子的说法：孔子之后，儒家分为子张、子思、颜氏、孟氏、漆雕开氏、仲良氏、孙氏、乐正氏八派；墨子之后，墨家分为相里氏、相夫氏、邓陵氏三派。世界性的三大宗教佛教、基督教、伊斯兰教在发展过程中，在不同的地区、不同的时期均分化为不同的教派。总之，一个学派若固守原创始人的理论，不随社会的发展而发展，那只能因僵化而消亡。一个学说，没有分化就没有发展。学说因分化而发展这是一个规律，马克思主义也不例外。即使都是马克思主义哲学真诚的信仰者，其建立的体系也会因时代、民族和哲学家个性的不同而不同。马克思主义哲学可以有、也应当有不同的学派。未来的中国化的马克思主义哲学要坚持辩证的历史的唯物主义精神，但其形态则因哲学家的不同而不同。

现在不少学者认为，哲学只是一种信仰，终极关怀，无所谓有客观真理，无所谓有真理与谬误之分。我不赞成这种相对主义哲学观，但应当承认，哲学从对象、内容到体系均有很大的不确定性，不可能像自然科学中的许多学科（如数学、物理学、化学）那样建立普遍公认的科学体系。试图建立一个科学的理想的哲学体系的主观意愿是好的，但实际上做不到，这是哲学的本性所决定的。因为建立者都有局限性，"后之视今，犹今之视昔"。至于试图把某种体系奉为唯一的体系，那它本身就违反马克思主义哲学的本性。在社会主义国家，作为大学哲学教学的教科书也可以有多种体系、多种版本。搞定于一尊体系的时代一去不复返，硬要这样做，很可能适得其反。

现在的哲学教科书，绝大多数是集体编撰的，这是从 20 世纪 30 年代苏联开始遗留下来的传统。集体编撰有它的优点：可以集多方面专家的智慧（在哲学家个人知识面狭窄的时候更显出它的优越性），反映一定时期多数人公认的研究成果，体现一定时代的特点。但也有明显的不足，哲学体系的个性被消磨了，独创性少了，容易一般化、甚至僵化。因此，在组织集体编撰的同时，还应鼓励哲学家个人独著教科书或独创有个性特点的哲学体系，提倡集体编撰与个人独著相并举。当代中国马克思主义哲学的园地里，不应只有大体相似的几朵鲜花，更不是一花独放，而是要百花齐放。凡是体现辩证的历史的唯物主义精神的，都应欢迎。凡是言之成理，持之有固，自成体系的都应允许。各种体系之间要进行正常的争鸣，不可搞大批判，也不可你好我好大家好。正常的学术批评与反批评，是推动学术发展的重要动力。

（五）马克思主义哲学功能的革命

　　哲学有什么用？在历史上不同哲学家有不同的回答。有的认为，哲学就是爱知，就是求真，不问是否有用，不计功利。有的强调，哲学是做人的学问，提高人的精神境界。有的则强调，哲学家要救世济民，哲学要经世致用，兴民族，安社稷，为现行政权服务，甚至成为政权的奴婢。马克思主义哲学从诞生之时，就强调自己的阶级性，自觉成为无产阶级的世界观、方法论、价值观，成为无产阶级认识世界和改造世界的思想武器。长期以来，国内外的马克思主义哲学都特别重视其世界观、方法论功能，至少在绪论中是这样。至于在内容的阐述上，能否真正体现辩证法（本体论）、认识论和逻辑学的一致，那还是有些问题的。如，哲学的基本问题，是一个抽象的哲学问题，但它也是日常生活、工作中常遇到的主观与客观的关系问题。主观与客观相一致，工作就能顺利，主观的愿望、目的就能实现，否则就会碰钉子、遭挫折。学哲学，尤其是领导干部学哲学，首先要分清唯物论与唯心论，在工作中、日常生活中努力做到主观与客观相一致。现行的教科书，绝大多数停留在对哲学基本问题的理论阐述上，很少有联系日常生活和工作，将哲学基本问题化为实际工作和日常生活中的基本问题。又如，历史唯物主义的基本原理，都是认识社会、认识生活的基本方法，但我们在这方面引导得很不够。我以为，要在书中很好地贯彻辩证法（本体论）、认识论和逻辑学的一致（用通俗的话讲是"化理论为方法"）的思想仍需要下一番工夫。

　　我们以往的哲学教科书只注重讲世界观、方法论，很少讲价值观、人生观。因此也就很自然忽视了人生观方面的功能。中国传统哲学的重点是人生哲学，教人如何做人，提高自己的境界，所谓"大学之道，在明明德，在亲（新）民，在止于至善"（《大学》）。胡适提出，评判一种哲学学说的价值有三条，其最后一条是"要看一家学说的结果可以造出什么样的人格来"①。冯友兰把哲学规定为人生之反思，这是有偏颇的。他把自己的新理学说成是"入圣"之学，当然也是自夸之词。但他强调哲学

①　胡适：《中国古代哲学史》，《胡适文集》第6卷，北京大学出版社1998年版，第165页。

有提高人的境界的功能还是有合理性的。西方哲学自然也有人生论，但很少讲人生修养和主观世界的改造。从苏联传入的马克思主义哲学也不讲人生修养。中国化的马克思主义哲学应批判地继承中国哲学重视人生哲学的传统，教人如何做人，注重人生修养，注重提高人的境界。这样说，决不是要把马克思主义哲学变成人生哲学，也不是一定要在书中辟出独立章节专讲人生哲学，而是要注意在全书贯彻"化理论为德性"的原则，要把树立正确的人生观、价值观贯彻于整个哲学。如，在讲物质客观实在性时，不仅要讲按照事物本来面目去认识事物的唯物主义态度，而且要讲实与诚相连，要做老实人，要培养诚实的品格，讲"诚则明"。能否做到实事求是，不仅有认识论、辩证法问题，也有人生论、价值论的问题。又如，在论述对立统一规律时不仅要阐述矛盾的客观性及其内容，还要讲到对待矛盾的态度，是否认、回避、掩盖矛盾，还是以积极的态度承认、揭露矛盾，正确地分析矛盾，解决矛盾。总之，在注重"化理论为方法"的同时，还要努力"化理论为德性"①。事实上，一个人只有真正做到"化理论为德性"，才能做到"化理论为方法"，把哲学转化为认识世界和改造世界的最锐利的思想武器。

哲学不仅有提高个人精神境界的功能，还担负有提高整个民族精神的使命。从世界观、方法论上讲，哲学既是一个民族的思维方式、思维方法的理论总结，同时它又可以影响到民族的思维方式、思维方法的发展。对这一点，我们历来比较重视。但我们忽视了价值论，从而忽视哲学对提高整个民族精神的功能。美国的实用主义哲学虽然十分强调功利，但也认识到，哲学虽然"烤不出面包"，"但它却能鼓舞我们的灵魂，使我们勇敢起来"。"如果没有哲学远射的光辉照耀着世界的前景，我们是无法前进的。"② 我们也常说，哲学是时代精神的精华，一个民族的灵魂。但我们却忽视了哲学对提高民族精神的功能。事实上，毛泽东哲学是 20 世纪中华民族精神的结晶，它同时又极大地提高和振奋了我们的民族精神。它的自强不息的奋斗精神、全心全意为人民服务的精神、艰苦奋斗的精神等都充分体现了现时代中华民族的民族精神，成为当代民族精神的核心。遗憾

---

① "化理论为方法"、"化理论为德性"是冯契明确提出的。前者是对马克思主义哲学世界观、方法论相一致思想的概括，后者是对中国哲学注重人身修养、知行合一思想的概括。

② 威廉·詹姆士：《实用主义》，商务印书馆 1979 年版，第 6—7 页。

的是，受传统的狭隘的哲学观念的影响，我们对毛泽东思想中的价值论缺乏应有的重视。许多人没有把《为人民服务》、《纪念白求恩》、《愚公移山》等文章和书信看作是哲学著作。我们的哲学教科书几乎没有吸取毛泽东哲学里所凝结的民族精神。

值得指出的是，当前我国哲学界出现了轻视哲学的世界观、方法论功能而过分夸大哲学价值功能的倾向。有的学者认为，当代哲学不再是研究世界最普遍规律的学问，这样的哲学应当终结；哲学是研究人生之态度，教人要有经得起痛苦和磨炼的人生态度。哲学是以提高人生境界为目标的学问，它旨在教人进入人与世界融为一体的高远境界。这是冯友兰的"哲学是提高境界的入圣之学"的新说法。西方宗教生活中很注重"临终关怀"，即人能愉快地、无痛苦、平平安安地走完人生的最后一站。最近几年，我国有些学者把"临终关怀"演化为"终极关怀"，提出哲学的最终任务是解决人的"终极关怀"。现今，"终极关怀"成为一个时髦用语。有些马克思主义学者也接受了此类观点。有的学者认为，任何哲学最终都指向一个目标，澄明人生的最终意义，为人指明安身立命之本，此即所谓终极关怀。也有的学者提出：人们研究哲学是为了实现对人类的终极关怀。尽管不同的人对"终极关怀"可以赋予不同的含义，但我想，解决人生理想，提高人生境界，只能是马克思主义哲学的功能之一，而不是全部。如果把"终极关怀"视为哲学的唯一功能，消解或贬低它的世界观、方法论的功能，那就很难划清哲学与宗教的界限。在片面强调哲学价值功能的学者中，有的人主张取消本体论，有的人虽然没有明确取消本体论，而实际上大大弱化了本体论。事实上，人生观、价值论都是以一定的世界观为基础。正确的人生观、价值观以科学的世界观为前提。因此，我们在重视人生论、价值论时决不能忽视世界观、方法论。

哲学作为意识形态之一，在阶级社会具有鲜明的阶级性。马克思主义哲学的特点之一是公开申明自己是无产阶级的哲学，为无产阶级和人类的解放事业服务。但长期以来，受教条主义的影响，马克思主义哲学变成了盲目为无产阶级政党的领导人的言论和行动做辩护、做论证，而不问其正确与否。这样做，实际上把哲学变成政治的奴婢，在许多时候，既妨碍了哲学的发展，又不利于无产阶级的解放事业。这方面的教训是深刻的。针对这一点，许多人提出要恢复哲学，尤其是马克思主义哲学的批判精神、批判功能。我很赞同这种观点。批判是哲学的本性，也是哲学的基本功能。批判精神是哲学的基本精神。如前所述，哲学是从思维与存在的视角研究人与世界的关系，这种研究不是为了简单地肯定、维持现存的关系，而是为了不断满足人的需要去改变现存的状态。就马克思主义哲学而言："在对现存事物的肯定的理解中同时包含对现存事物的否定的理解，即对现存事物的必然灭亡的理解……辩证法不崇拜任何东西，按其本质来说，它是批判的和革命的。"① 这种批判的革命的精神反对盲目地肯定现存的一切，反对盲目地为现存的事物做辩护。当然这种批判不是盲目地否定一切，而是进行具体的历史的科学分析，揭露事物自身发展的过程和规律，在否定中包含有肯定。有人针对历史上曾发生过的简单地否定一切、过分强调斗争的错误，认为马克思的上述论述只"具有策略性的意味而不是辩证法的本质"。此种看法，值得商榷。无产阶级在取得政权以前，马克思主义辩证法本质是批判的和革命的，无产阶级在取得政权以后，马克思主义辩证法本质仍然是批判的和革命的。从客观上讲，现实世界不能满足人，人对理想的追求永无止境，变革永无止境，发展永无止境。马克思主义哲学自身亦需要自我批判，与时俱进。总之，马克思主义哲学的批判精神是永远需要高扬的。

---

① 马克思：《〈资本论〉第一卷1872年版跋》(1873年1月24日)，《马克思恩格斯选集》第2卷，第112页。

五 马克思主义哲学家的自我革命

当代世界正处于深刻的大变革之中，时代的大变革推动着哲学的革命。我国马克思主义哲学面临着严峻的挑战，倘若再不进行自我革命，不与时俱进，那它就会因僵化而自我消亡。推动哲学革命的动力是社会实践，是广大的人民群众。在普及哲学的中国，哲学已不再是少数人书斋里的学问，而为越来越多的人所掌握和运用。但哲学就其基础理论而言，它毕竟是一门高度抽象、思辨的学问，哲学理论的发展主要是通过哲学家来实现的。马克思主义哲学的自我革命则由专门哲学家来完成。当代中国的马克思主义哲学家应有这方面强烈的使命感和紧迫感。

哲学是哲学家的智慧、思想、情感、意志、气质、人格等的对象化的产物，是哲学家本质对象化的存在。有什么样的哲学家就有什么样的哲学。哲学的革命实质上是哲学家的革命。马克思主义哲学自我革命的关键在于哲学家的自我革命。马克思主义哲学的自我革命要从哲学家自身的革命做起。

笔者以为以下诸点对哲学家尤为重要：

第一，确立独立自主人格。

任何创新，都需要有独立的个性。没有独立的自由个性，就谈不上创新。哲学的创新、发展更需要自由个性。亚里士多德认为：哲学"是唯一的一门自由的学问"①。哲学需要自由，哲学家需要自由，但自由不是由上帝或统治者从上面恩赐给予的，而是由哲学家和人民争得的。因此，哲学的发展需要有哲学家的独立的自主的人格和自由个性。对当代中国而言，哲学家的自我革命最重要的是确立哲学家的独立自主的人格。毋庸讳

---

① 北京大学哲学系外国哲学史教研室编译：《西方哲学原著选读》上卷，商务印书馆1981年版，第119页。

言，当代的马克思主义哲学研究者对此缺乏应有的认识。他们把当前哲学困境的原因较多地归之于社会环境。他们较少思考哲学家自身的问题，较少思考环境是人的产物，制度是人的对象化存在，环境、制度由人改变。

中国两千多年的经学传统之所以能存在，最根本的是由于封建专制制度束缚了人的个性自由。经学家无独立人格，奴性十足，皓首穷经，为皇帝、圣人立言和辩护。五四新文化运动是一次伟大的思想解放运动，也是一次伟大的个性解放运动。中国共产党领导的新民主主义革命，摧毁帝国主义、封建主义和官僚资本主义的束缚，中国人民获得了解放，中国人的个性得到进一步的解放。但是几千年来深入骨髓的奴性并不是一下子可以消除的。中国共产党内的教条主义，既同共产国际、斯大林密切相关，也同中国的经学传统、国民性中的奴化意识有着内在的关联。在延安整风运动中，毛泽东提倡独立思考，反对奴隶主义，反对盲从。周恩来在检讨自己的历史时也说到自己犯错误同思想上的"党内奴性"有关。但从总体上讲，全党对党内奴性、奴隶主义缺乏认识，有的同志甚至还提倡"驯服工具论"。新中国成立，中国人站起来了，但国民性中的奴性不可能随着新中国的诞生而根除。哲学家熊十力曾指出："吾国帝制久，奴性深，不可不知。"① 可惜此为私人信件，学界、社会并不知晓。1958 年，毛泽东强调独立自主地进行建设，多次批判贾桂（奴才的典型）作风，提出"打倒奴隶思想，埋葬教条主义"。遗憾的是他的批判虽然激烈，但并没有真正触及党员干部身上的奴化意识。毛泽东更没有认识到个人崇拜的结果之一是泯灭了广大干部和群众的独立个性，强化了国民性中的奴化意识。在 1959 年错误批判彭德怀等同志后，党内奴化意识、个人崇拜有增无减，在"文化大革命"期间则达到极点。经过"文化大革命"的惨痛教训后，人们才再次认识到，个人崇拜、教条主义、一言堂、个人专断等都同国民性中的奴化意识密切相连。新中国成立后，为什么哲学上的创新不多，这固然主要是体制上的原因，但也同哲学家缺乏独立自主人格，没有个性自由直接相关。

哲学上的革命是从解放思想、冲破教条主义、清除奴化意识开始的。改革开放以来，哲学家们的独立自主意识大为增强，这是需要充分肯定

① 熊十力：《致刘静窗》（1951 年 12 月 2 日），《熊十力全集》第 8 卷，湖北教育出版社 2001 年版，第 672 页。

的，但也不能估计过高。据我观察，我国理论界、学术界相当多的研究者，仍然缺乏独立自主性，奴化意识普遍存在，只是程度不同。传统的注经解经的学风于今为烈，超过前人。一个没有独立自主人格的人，犹如醉汉，扶得东来西又倒。我们的政治界、理论界、学术界刮风不断，我们多数的理论家、学者也跟着风转，随风摇摆，并无个人独立的见解。有的人为爵禄所羁，名利所惑，不讲真理，一味趋势。可以讲，哲学与政治的关系至今没有从根本上得到正确解决，哲学沦为政治婢女的状况依然存在。

在半殖民地半封建的旧中国，国民性中的奴化意识不仅表现在崇古、尊圣、迷信权力，而且还表现在迷信洋人，以拾洋人牙慧为荣。对迷信洋人的洋奴思想，梁启超、鲁迅等均有精辟的分析和批判。在今天，发展马克思主义哲学需要面向世界，大胆借鉴和吸取世界文明成果，尤其是当代西方发达国家的文明成果，但在对外开放过程中，旧中国遗留下的洋奴思想亦有所复活、滋长。在破除对马克思、恩格斯、列宁、毛泽东的迷信时，有些人并没有确立自主观念，而是变为对萨特、海德格尔、哈贝马斯等洋人的崇拜。在纠正拒绝学习西方文明的"左"的教条主义倾向时，有些人走向另一极端，不加分析地照搬西方学者的东西，跟着西方某些学派的哲学转向而转向，用西方某些流派的观念来读解马克思，把马克思主义哲学人道主义化，把马克思与恩格斯对立起来，拒斥本体论，宣扬相对主义。也有的学者主要借助于西方学者的某些观念来建立自己的体系。在向西方世界学习时，一要以我为主，要有分析批判，真正吸取其中合理的因素，而不能跟在人家后面跑，人家说转向，我们也跟着转向，人家一时流行什么话语，我们也跟着说什么话语；二是要立足当代中国和世界的现实，批判地吸取和借鉴对我有用的东西，而不能不顾当代中国和世界的现实，照搬某些听起来好听，而实践上无用、甚至有害的空洞说教。

总之，哲学不仅是智慧之学，也是自由之学。马克思主义哲学是争自由的思想武器。只有具有独立自主人格的哲学家才能构建具有时代精神的马克思主义哲学新形态。

第二，增强关注现实、研究现实、总结最新实践经验的兴趣。

真正的哲学是时代精神的精华。哲学家怎样把握时代精神的精华？我认为最根本的是关注现实，关注民族的前途，关注人民的命运，思考和总结社会实践的经验教训，从而体悟时代精神的精华。

时代精神的精华不是靠逻辑分析和推理得出的，而是由哲学家在对生活、实践的反复思考中体悟（直觉）出来的。哲学家的独创性思想来自对时代实践和生活的体悟。哲学家并不一定要成为政治家、革命家，也不能要求他为解决具体的社会问题而提供理论和方案，但他一定以哲学的方式关注时代，关注社会，关注人民。马克思、恩格斯、列宁、毛泽东等人哲学中的独创性的东西，虽然离不开对前人成果的吸取，对历史经验的反思，但从根本上说是他们对实践、生活经验的体悟，对工人运动经验和革命实践经验的总结和概括。

最近20年，我国哲学界流行这样的观点：哲学反思的对象，反思的材料，不是现实世界，不是具体的实践，而是思想。在他们看来，哲学只是思想之思，只是对思想的反思，具体科学才是对具体实践、具体现实世界的反思。这种观点值得商讨。历史上的思想资料（核心是哲学思想，但也包括历史、文学、科学史等）和当代的哲学社会科学、自然科学的成果无疑是哲学反思的材料。哲学的反思的对象也可以区分为不同的层次。但哲学除了对思想进行反思外，更重要的是对现实世界进行反思，对改造世界的实践活动进行反思。哲学家正是在对他所处的社会现实进行"思之思之，重又思之"的"体悟"（西方人称之为沉思）过程中才把握时代问题和时代精神。哲学不仅是时代精神，也是民族的灵魂。同时代精神一样，民族的灵魂也不是靠对思想资料的逻辑分析获得的，而是靠对现实和历史的反思获得的，靠体悟获得的。哲学家对思想之思是以对现实之思为基础的，不论哲学家本人是否自觉意识到这一点。对前人思想资料如何加工，如何吸取，如何变化，这是由哲学家对现实的感悟和认识来决定的。哲学上的分歧最终是由哲学家们对生活、实践的感悟和认识的不同而产生的。哲学家要认真读书，要有渊博的学识，但书斋里产生不了哲学家。哲学上的创新同一切其他创新一样，源于对实践的体悟和总结。哲学离不开思想之思，但哲学决不是纯思的产物，而是时代的产物，实践的产物。一个脱离时代、脱离实践、脱离生活的人是不可能做出真正的思想之思的。在今天，脱离时代、脱离生活、脱离人民的哲学势必会落后于时代，为人民所抛弃。

哲学家关注现实，关注人民，并不是要他去研究具体的现实问题，提出解决现实问题的理论、方针、方案，而是要从哲学的高度，以宽广的视野去思考社会发展中的重大问题，要把广大人民所关注的重大问题上升为哲学问题，并做出正确回答。值得注意的是，有的学者在建构自己的哲学体系时既不是从当代中国和世界的现实出发，也不是从历史经验出发，而仅从自己善良的主观愿望出发。他们看到了现实世界的矛盾、冲突和危机，但他们没有正确认识产生现实世界矛盾、冲突和危机的根源，他们不是主张通过大胆揭露矛盾，正确分析矛盾，积极解决矛盾，以推动世界的进步和社会的发展，而是希望通过鼓吹和、和合、人类之爱的说教来化解冲突，解决危机，实现社会和谐。马克思主义哲学是辩证的历史的唯物主义，是科学的世界观、方法论、人生观、价值观。实事求是是它的灵魂。和的哲学、和合哲学、和谐哲学并不符合当代中国和世界的现实，是一种缺乏现实基础和历史根据的主观意愿。

第三，拓宽知识面，善于总结和概括自然科学、社会科学的最新成果。

我们常说，哲学是自然科学和社会科学的总结和概括，哲学家要有广博的知识，可长期以来，我国的哲学研究者的知识主要是以马列经典著作为主的马克思主义理论，除此而外的知识知之甚少。在民主革命时期，主要任务是进行社会革命，因而对自然科学知之不多，这是可以理解的。我国非马克思主义哲学家也同样如此，普遍缺乏现代自然科学知识。照理讲，新中国成立后这种状况应逐渐改变。遗憾的是，时至今日，我国的马克思主义哲学家依然如故，绝大多数人对现代自然科学知识和现代科学技术革命的最新成果不甚了了，至于总结吸取就更差了。我国现行的马克思主义哲学原理基本上是以 20 世纪初的自然科学成果为基础的。第二次世界大战结束后，以信息技术为核心的科学技术革命蓬勃发展。科学技术的革命进一步揭示了自然界的奥秘和复杂性，冲击着线性的、绝对的、形而上学观念。科学技术的革命引起了生产力、生产方式、工作方式、交往方式、生活方式、认识方式、思维方式、价值观念等整个社会生活和精神世界的变革。倘若我们不了解现代科学技术革命的新情况，不吸取由科学哲学、技术哲学、工程哲学等对科学技术革命新成果所做出的总结和概括，那马克思主义哲学的现代化就难以进行，它的自我革命就无法完成。

我国绝大多数马克思主义哲学的研究者，包括我自己在内，不仅自然科学知识不足，就是经济学、政治学、法学、社会学、历史学、文学、语言学等社会科学和人文科学知识也相当贫乏。多数学者是就哲学研究哲学，有点儿一心只读哲学书的味道。有的人甚至把自己的主要精力放在读现代西方马克思学和西方马克思主义的著作上，他们的文章、著作充斥着外国学者论著作引文。研究哲学，当然要读哲学书，尤其是中外哲学名著。有少数学者专门从事哲学经典著作文本研究也是十分必要的。但就大多数学者而言，倘若仅仅就哲学研究哲学，那就如徐特立所批评的那样，是"自杀的政策"，"专门读哲学书的人，结果就要否定哲学的道路"。①现在从事马克思主义哲学研究和教育的人对中国哲学、外国哲学、伦理学、美学、宗教学、科技哲学、逻辑学等也缺乏应有的了解。哲学家知识面很狭窄，得了贫血症，哲学的干瘪、枯燥也就是必然的了。哲学贵在通，哲学家要把知识的专与博结合起来，要将古今中外的知识、实践经验和个人的感悟融为一体，凝聚成时代精神的精华。

总之，哲学家应有广博的知识和丰富的社会经历，要善于总结和概括改造世界的新鲜经验，善于总结和概括自然科学和社会科学的最新成果。这是发展马克思主义哲学的必由之路。

第四，加强对中国传统哲学的学习和研究。

哲学不仅有阶级性、时代性，还有民族性。马克思主义哲学要在中国生根、开花和结果，就必须不仅要同中国的现实的实际相结合，而且要同中国的哲学、历史、文化实际相结合，亦即必须中国化。中国哲学，历史悠久，流派众多，博大精深。中国的马克思主义者要突破西方哲学和马克思主义哲学的框架，站在时代的高度，用新的眼光、新的方法去发掘中国哲学的宝藏，提炼中国哲学的精华，继承中国哲学的精神，以此来补充、丰富和发展马克思主义哲学。中国化的马克思主义哲学应是当代中华民族的灵魂，体现中国哲学的基本精神。现今许多马克思主义哲学研究者言必称西方哲学，而对中国哲学知之甚少，对《论语》、《老子》、《墨子》、《孙子兵法》、《孟子》、《荀子》、《周易》等中国古代经典著作读得不多。长此下去，马克思主义哲学中国化就是一句空话。

一个人的时间、精力是有限的，哲学家不可能是万事通。在学科分化、信息爆炸的时代，一般说来，一个人只可能对一两门学科有深入的研究，而在其他方面只能是有所涉猎。哲学家更多地要借助于其他学科的成果和他人的研究成果。现在的问题是，因学科的分割，马克思主义哲学研究者的知识面十分狭窄。现在一些学者即使对马克思主义经典著作也只读

---

①　徐特立：《怎样学习哲学》（1940 年 6 月 20 日），《徐特立文集》，湖南人民出版社 1980 年版，第 214 页。

马克思的眼下时兴的几本书，而对恩格斯、列宁、普列汉诺夫、毛泽东等人的基本著作一知半解，更谈不上对中国哲学经典、西方哲学经典的研读和对科技哲学、伦理学、美学、宗教学的关注。一个人，仅仅读书不可能成为学问家、哲学家，但不下一番苦工夫，认真读书，那决不会成为学问家、哲学家。在今天，学风浮躁，急功近利，许多人心静不下来，不能坐冷板凳，用心读书，而把宝贵的时间浪费在许多无谓的事上，这是值得堪忧的。

如何发展马克思主义哲学，如何建构中国化的马克思主义哲学新形态，学者们的见解尽管不同，但也有一个大体一致的共识：立足当代中国和世界的现实，对马克思主义哲学、中国哲学、西方哲学和当代社会实践的新经验、科学发展的新成果进行综合创新，以形成体现时代精神和民族精神的辩证的历史的唯物主义新形态。现在的问题是不能总停留在认识上，要有人切实地去做，但仅凭现在马克思主义哲学家的素质是难以完成上述任务的。马克思主义哲学的自我革命要从马克思主义哲学家的自我革命入手。马克思主义哲学家尤其是中青年学者要从人格、德行、学养、经历等诸方面修养自己，以不辱时代赋予的使命，使以中国化马克思主义哲学为主体的中国哲学在人类哲学史上再放异彩。

中篇　马克思主义哲学自我革命与中国化

　　我国现行的马克思主义哲学体系虽然吸取了中国化马克思主义理论成果，但就整个体系而言，依然带有舶来品的洋哲学的味道，而非完全是中国的气派、中国的作风。因此马克思主义哲学自我革命的重要内容是使马克思主义哲学进一步中国化，建立具有中国内容、中国气派、中国作风的当代形态。马克思主义哲学的中国化包含两方面的内容，一是与中国现实实际相结合，指导中国革命和建设，并将其经验教训上升到哲学高度，形成新的思想；二是与中国传统哲学相结合，继承和发展中国传统哲学的优秀成果。马克思主义哲学与中国传统哲学相结合，决不仅仅是在讲马克思主义哲学原理时引证一些中国传统哲学的语录或成语、典故，借以证明其真理性和普遍性，而在对中国传统哲学进行总结和概括。中国化的马克思主义哲学应是中国传统哲学的总结和概括，是中华民族智慧的结晶，是中国传统哲学在当代的发展。对中国传统哲学进行总结和概括可从多方面进行。这是一个伟大的历史工程，非作者所能完成。本篇仅提出一些设想，并对当前哲学界所忽视的若干问题进行梳理，希冀有助于推进马克思主义哲学的中国化。

一 "马克思主义哲学中国化"的提出及其内涵

　　我国现行的马克思主义哲学体系依然没有摆脱洋哲学的味道,原因自然是多方面的,从主观上讲,这同我们长期以来对马克思主义哲学中国化理解上的偏颇有关。为了推进马克思主义哲学的中国化,有必要对"马克思主义哲学中国化"命题的提出及其内涵做一简要历史分析。

(一)"马克思主义中国化"提出的文化背景

　　马克思主义(及哲学)中国化从马克思主义(及哲学)传入中国、与中国具体实际相结合之时就开始了,但"马克思主义(及哲学)中国化"命题的提出则有一个过程。它不可能在马克思主义(及哲学)传入之初就能提出,而只能在传入之后、在实际的结合过程中取得重大成果之时才能提出。

　　早在1917年俄国十月社会主义革命前,中国的先进分子就零星介绍过马克思主义,但总的说来,当时的中国还缺乏传播马克思主义的阶级基础和思想文化条件,他们的介绍只能看作马克思主义在中国传播的前史。在十月革命的影响下,李大钊率先站在马克思主义立场上传播马克思主义。马克思主义在我国早期传播的重点是唯物史观。1927年大革命失败后,虽然革命处于低潮,但马克思主义哲学的传播却出现了高潮。李达的《社会学大纲》综合了苏联30年代哲学的新成果,系统地阐述了马克思主义哲学的基本理论,被毛泽东称为中国第一本马克思主义哲学教科书。艾思奇、陈唯实、沈志远、胡绳、冯定等一批青年马克思主义者和进步的知识分子不畏国民党反动派的白色恐怖,开展了一个哲学的通俗化、大众化的运动,其中以艾思奇的《大众哲学》影响为最大。这一哲学的通俗化、大众化的运动取得了极大的成功。这一时期传播的重点是唯物论辩证法，唯物辩证法成为时代哲学的主潮，给反动派造成了极大恐慌。陈立夫在《唯生论》的导言中说："这几年来唯物论的论调，日见其嚣张"，中国人，尤其是未成熟的青年学生，深受其影响。为了对抗"日见嚣张"的唯物论，作为国民党要员的陈立夫不得不炮制《唯生论》①。反对辩证唯物论的代表人物张东荪也惊呼："赞成唯物辩证法的书籍，现在大有满坑满谷之势。"② 在充分肯定马克思主义哲学在传播和研究方面取得重大进展的同时，我们也应承认，在这一时期，它也存在着明显不足，它"与中国历史诸现实的联结，还是不够"的③。"理论的研究基本上始终限制在介绍性质的，书本式的，通俗化性质的活动范围内。"④ 陈伯达在评论 1935 年 4 月召开的中国哲学年会时指出："中国的新哲学运动，应是把世界新哲学在中国历史上具体化起来，也就是把世界新哲学在中国历史上进一步发展起来。"⑤ 第二年，他又说："大量地介绍新哲学到中国来，并应用新哲学到中国各方面的具体问题上去。"⑥ 陈伯达的这些话虽然是很一般的原则性的话，但他确实强调了哲学对中国现实和历史问题的具体运用。

如何对待中国传统文化，如何处理外来的西方文化与中国传统文化的关系，这一直是近代以来思想文化界的中心问题。随着日本帝国主义对中国侵略的加剧，中华民族危机日益加深。1935 年的华北事变激发了青年学生"一二·九"爱国运动。为了挽救民族的危亡，北京、上海等地的进步文化人士发起了新的启蒙运动，以激发广大人民的爱国心。新启蒙运动在继承五四新文化运动的科学、理性、民主、自由的精神的同时还提出：文化的民族性，增强民族的自信心，尊重民族文化，继承中国传统中

①　陈立夫：《唯生论》，1933 年版，第 6 页。

②　张东荪：《〈唯物辩证法论战〉弁言》（1934 年 6 月 25 日），《唯物辩证法论战》，民友书局 1934 年版，第 1 页。

③　陈伯达：《思想的自由与自由的思想》（1937 年 5 月 16 日），《认识月刊》创刊号，1937 年 6 月。

④　艾思奇：《抗战以来的几种重要哲学思想评述》（1941 年 8 月 20 日），《艾思奇文集》第 1 卷，人民出版社 1981 年版，第 552 页。

⑤　陈伯达：《论中国哲学年会》（1935 年 4 月 16 日），《读书生活》第 2 卷第 3 期，1935 年 6 月。

⑥　陈伯达：《哲学的国防动员》（1936 年 9 月 10 日），《读书生活》第 4 卷第 9 期，1936 年 9 月。

的优秀内容，纠正新文化运动对传统文化的全盘否定的错误。张申府指出，五四时代是两大口号，"打倒孔家店"和"德赛两先生"；现在要改一下，"打倒孔家店"、"救出孔夫子"和"科学与民主"、"第一要自主"①。他又指出："新启蒙运动应是综合的。""新文化运动所要造的文化，不应该只是毁弃中国传统文化，而接受外来文化；当然更不应是固守中国文化，而拒斥西洋文化；乃应该是各种现有文化的一种辩证的或有机的综合。……一种异文化（或说文明）的移植，不合本地的土壤，是不会生长的。"因此"新文化不只是大众的，还应带些民族性。""民族的自觉与自信是今日中国所需要。""不可因为国际而忽略民族；也不可因为民族而忽略国际。"②陈伯达也指出：启蒙运动反对吃人的旧伦理和旧教条，"然而我们要郑重声明：我们并不是要推翻全部中国旧的文化传统。我们对旧文化的各种传统，都采取了批判的态度：好的，我们要继承下来，并给予发扬；不好的，我们就绝不顾惜。"他还说："对过去中国最好的文化传统，应该接受光大之。同时我们还要接受世界一切最好的文化传统和文化成果。我们还要在中国多方面地创造新文化。我们要为'现代文化的中国'而奋斗。"③ 很明显，随着民族危机的加深，思想文化中的民族意识和民族自尊心、自信心亦不断增强。

"马克思主义中国化"的提出，与延安的新文化运动直接相关。1937年"七·七"事变爆发，日本帝国主义全面大举侵略中国。国难当头，中华民族面临着亡国灭种的危机。中国革命进入了一个新的时期。当时的中共中央所在地——延安，成了中国先进分子（包括知识分子、文化人士）向往的圣地。为了加强根据地的思想文化建设，党中央组织党的思想理论骨干、作家和文化人士到延安。1937年10月，李初梨、周扬、艾思奇等由上海到达延安。随着文化人士的到来，延安的文化工作随之不断加强、展开。署名从贤的《现阶段的文化运动》一文对"抗战对文化的

---

① 张申府：《什么是新启蒙运动》，《实报》1937年5月23日。收入《什么是新启蒙运动》一书，生活书店1939年版，第7页。《张申府文集》第1卷，河北人民出版社2005年版，第190页。

② 张申府：《五四纪念与新启蒙运动》，《北平新报》1937年5月2日。收入《什么是新启蒙运动》一书，生活书店1939年版，第18—19页。《张申府文集》第1卷，河北人民出版社2005年版，第192页。

③ 陈伯达：《思想无罪》（1937年7月15日），上海《读·书》第3号，1937年7月。

影响"、"现阶段的文化任务"和"目前文化运动的内容"均有全面深入的论述。文章正确提出，现在的文化应是民族的、民主的和大众的。在阐述民族的内容时，从贤说，我们要继承中华民族五千余年所积累下来的优秀成果，要用历史辩证法的观点把它发展光大。他尖锐地指出："过去的新文化运动，外国的气味实在太重了，这是它不能成为大众文化的一个原因。"他认为，要使文化运动真正成为中国广大民众的文化运动，就"要使我们的文化运动中国化"。马克思主义和辩证法唯物论是从外国文化中接受过来的，"然而不是生吞活剥的简单接受一个死东西，而是把它种在自己的土地上，使它适合中国的气候和营养条件"。①

1937 年 11 月，初到延安的李初梨，在总结过去十年文化运动时提出了"马列主义具体化中国化"的任务。他指出，在过去的几年里，马列主义的具体化、通俗化的工作虽然取得了相当的成绩，但仍然不够。今后，要"提高文化水准，使马列主义更具体化中国化，同时更广泛地深入地进行通俗化大众化的工作"②。这是笔者迄今为止见到的提出"马列主义具体化中国化"命题的最早的一篇文章③。但文章对这一命题的内涵和如何进行具体化中国化缺乏论述。他还只是把它看做是文化工作诸多任务中的第四项，而不是把它看作思想理论建设和文化建设的指导性方针。

在新文化运动的中国化、民族化的背景下，艾思奇在《哲学的现状与任务》一文中明确提出了开展"哲学的中国化、现实化运动"。他指出："过去的哲学只做了一个通俗化运动，把高深的哲学用通俗的词句加以解释，这在打破从来哲学的神秘观点上，在使哲学和人们的日常生活的接近上，在使日常生活中的人们也注意哲学思想的修养上，是有极大意义的，而且这也是中

---

① 从贤：《现阶段的文化运动》，《解放》第 23 期，1937 年 11 月 13 日。

② 李初梨：《十年来新文化运动的检讨》，《解放》第 24 期，1937 年 11 月 20 日。

③ 据张培森主编的《张闻天年谱》（上卷，1900—1941）记载：1937 年 9 月 10 日，张闻天主持召开中共中央政治局常委扩大会议，讨论宣传教育工作。张在总结发言中说，宣传工作："主要原则是理论与实际一致，事实上这一点做得很少，理论一定要与实际联系，要中国化。"同年 11 月 14 日，他在延安特区文化协会成立大会上作了题为《十年来文化运动的检讨及目前文化运动的任务》的报告，指出当时流行的通俗读物，能够进一步把马克思列宁的理论具体化、中国化，贡献自然不少；可是具体的程度还不够，而且犯了"差不多"的毛病。他指出，今天文化界的任务：第一要适应抗战，第二要大众化、中国化。见中共党史出版社 2000 年版，第 493、524 页。张闻天的报告有报导，但没有发表他的讲话。在《解放》周刊上刊登从贤、李初梨两文。这两文与张讲话有何关联，有待进一步探讨。

国化、现实化的初步。……然而在基本上，整个通俗化并不等于中国化。"根据哲学的现状和时代对哲学的要求，艾思奇提出："现在需要来一个哲学研究的中国化、现实化的运动。"[1] 在延安，他与毛泽东有所交往，关系密切。他提出开展马克思主义哲学中国化、现实化运动是否与毛泽东及其他人讨论过，我们不得而知。但有一点可以肯定，到延安后，在毛泽东的直接领导下，艾思奇的哲学研究更加紧密结合中国革命的实践，结合抗日战争，进入了一个新的时期。他在这时提出开展马克思主义哲学中国化、现实化运动的任务决不是偶然的，同他的经历密切相关。从 20 世纪 30 年代前期的哲学的通俗化、大众化的运动发展到抗日战争时期的哲学中国化、现实化的运动，这是马克思主义哲学在中国进一步发展的逻辑必然。

艾思奇不仅提出了开展马克思主义哲学中国化、现实化运动的任务，而且对中国化、现实化的内涵做了初步的阐述。他指出：哲学的中国化、现实化的运动，"不是书斋课堂里的运动，不是滥用公式的运动，是要从各部门的抗战动员的经验中汲取哲学的养料，发展哲学的理论。然后才把这发展的哲学理论拿来应用，指示我们的思想行动，我们要根据每一时期的经验，不断地来丰富和发展我们的理论，而不是要把固定了的哲学理论，当做支配一切的死公式"。在文章末尾，他发出"哲学的中国化和现实化"的号召。[2] 艾思奇作为一个青年哲学家所强调的重点是哲学与现实的革命运动相结合，要总结抗日战争的经验，以丰富发展哲学理论，再用发展了的哲学理论，指导现实的运动。无疑，这是十分深刻的，也是十分及时的。不足之处，他的中国化内涵里没有涉及对中国传统哲学的继承和发展。

有些研究者认为，马克思主义哲学中国化的命题最早是由陈唯实提出的。我以为这种观点值得商榷。在哲学通俗化、大众化运动中，陈唯实写作出版了《通俗辩证法讲话》（1936 年 6 月）、《通俗唯物论讲话》（1936年 9 月）、《新哲学体系讲话》（1937 年 2 月）、《新哲学世界观》（1937年 3 月）等著作，对马克思主义哲学在中国的传播有重要贡献。确实，他在《通俗辩证法讲话》一书第一讲第二节"辩证法并不难懂"中曾提到"语言要中国化"。他说：讲辩证法的书，"最要紧的是熟能生巧，能

---

① 艾思奇：《哲学的现状与任务》（1938 年 4 月 1 日），《艾思奇文集》第 1 卷，人民出版社 1981年版，第 387 页。

② 同上书，第 387、388 页。

把它具体化、实用化，多引例子或问题来证明它。同时语言要中国化，通俗化，使听者明白才有意义"。① 陈唯实只是在讲通俗化时提到的"语言要中国化"，他并没有把"中国化"作为马克思主义哲学在中国进一步发展而提出的任务，因而他对"中国化"也就没有进行特别的说明。当时的学术界对他提出的"语言要中国化"也没有反响。很明显，陈唯实的"具体化、实用化"和"语言要中国化"，仍然属于通俗化的范畴，并非是后来毛泽东、艾思奇所提出的"中国化"。新中国成立后，陈唯实在马克思主义哲学教学上的重要贡献，这是应肯定的。但根据现有的资料，我认为，最早提出马克思主义中国化的命题和马克思主义哲学中国化的任务的人，不是陈唯实，而是李初梨、艾思奇等人。

　　艾思奇提出的"哲学中国化"运动在学术界引起了注意。胡绳在《辩证法唯物论入门》的通俗小册子的"前记"中谈到对"中国化"的理解。他认为，"中国化"有两方面的意义：一是在理论的叙述中，"随时述及中国哲学史的遗产以及近三十年来中国的思想斗争"；二是"用现实的具体事实来阐明理论"②。通观《辩证法唯物论入门》全书，胡绳的工作仍属通俗化的范畴。他对中国化的理解有比艾思奇前进了的地方，涉及要联系中国哲学史的遗产。但也有不如艾思奇的方面，他所理解的中国化比较粗浅，主要是指在阐述哲学原理时联系中国具体事例，而不是指导中国现实运动和对现实运动经验进行哲学总结。

　　可以说，在那时延安的文化界，"新文化的中国化"已成为一种共识。陕甘宁边区文化界救亡协会发表的《我们关于目前文化运动的意见》（1938年5月4日）指出：文化运动应注意自己民族的历史和特点，"疏忽自己民族的历史，疏忽自己民族的特点，或者不去理解自己民族的弱点，这是错误的"。"我们文化界的战士，必须明确不移地宣布：我们是真正的中国文化和东方文化传统的继承者。"《意见》还论述了文化的新内容和文化旧形式的结合问题、民族化和大众化的关系问题，指出："新文化的民族化（中国化）和大众化，二者实在是不可分开的。忽视民族化而空谈大众化，这

---

① 陈唯实：《通俗辩证法讲话》，上海新东方出版社 1936 年版，第 7 页。
② 胡绳：《〈辩证法唯物论入门〉前记》（1938 年 7 月 30 日），《胡绳全书》第 4 卷，人民出版社 1998 年版，第 162 页。

是抽象的而非现实的。"① 这表明，中国化的实质是民族化。

1938 年，陈伯达由北京到延安，先后在陕北公学、中共中央党校、马列学院当教员，讲授马列主义、哲学、历史，后调中共中央宣传部工作。为纪念中国共产党成立十七周年，陈伯达发表了题为《我们继续历史的事业前进》的长篇文章。他指出："中国共产党信奉马克思列宁主义，但这不是说中国共产党就不要中国的固有文化传统，不要中国民族历史中一切优秀的人物所创造的学说。恰恰相反，中国共产党是继承中国一切最优秀的学说。中国共产党认为，自己是孙中山先生三民主义革命精华的继承者，是近代中国维新运动和革命运动中一切优秀启蒙思想的继承者，是中国古代一切优秀文化的继承者。"他又说："中国共产党的善于接受我们民族一切最好的文化思想遗产，这就增加着马克思列宁主义在中国的无限价值，同时也正增加着我们民族一切最好的文化思想遗产的价值。"② 他还专门论述了中国共产党是彻底代表民族利益的党，中国共产党继承和发扬了中华民族自强不息、艰苦奋斗的优良传统。陈伯达的这些论述是深刻精当的。他告诉人们：马克思主义与中国传统优秀思想文化相结合，一方面丰富了中国的马克思主义，增加了它的价值；另一方面，又使中国传统文化思想获得了新的精神和活力，增加了它的价值，使之更适合现代社会的需要。

紧接着，陈伯达又发表《论文化运动中的民族传统》一文。他在充分肯定十年新文化运动的成绩后指出："有些文化工作者对于文化的民族传统还注意不够，发挥得不够。"他论述了对民族的旧文化的传统、旧文化的形式的利用和改造问题。他指出，旧的文化传统、旧的文化形式是为最广大的下层的人民群众所最习惯的，我们应利用、改造旧形式来传播新的文化内容。他认为，文化的"通俗化"运动应朝这方面发展。他说："我们的群众的文化运动就不但需要'中国化'，而且还要加上'地方化'，我们还要能善于具体地利用各地方的文化形式，以适应于各地方民间的需要。"对民族传统文化的利用、吸取，不能局限于文化的形式，更重要的是内容。他进而具体指出了新文化运动的不足："有些文化工作者时常只限于最注意世界的哲学，而太忽视了中国哲学的历史；时常只限于注意世界的文学运动，而太忽视了中国过去文学的历史；时常在论到世界

---

① 刊于《解放》第 39 期，1938 年 5 月 22 日。

② 陈伯达：《我们继续历史的事业前进》，《解放》第 43、44 期合刊，1938 年 7 月 1 日。

某个问题的时候，而太忽视了中国的特点，时常不会辩证地把新文化思想在中国的发展看成是和过去中国文化思想的发展有其历史的关联的。"陈伯达对新文化缺点的批评是切中要害的：忽视中国的特点，忽视中国的历史，忽视新思想文化与过去思想文化的历史联系。依据列宁在《青年团的任务》一文中的思想，陈伯达说，新文化不是从天上掉下来的，"我们要创造中华民族新的文化，就要能善于了解中国各方面的历史，就要能善于研究和综合过去我们民族所创造的文化事物，并加以新的改造，加以新的发挥。"他对"国粹"做了新的解释："什么叫做'国粹'，翻成白话，就是叫做'民族精华'。保存民族的精华，恰是我们新文化运动者所要做的。"①守旧复古的"卫道之士"所保存的不是国粹，而是渣滓。他认为，我们（马克思主义者）应以科学的态度，历史地理解我们的国粹，保存我们的国粹，以创造中国最优美的文化奇葩。

综上所说，在1936年至1938年，马克思主义者和进步的文化人士在总结五四以来新文化运动的基础上，为了适应抗日救国的新形势和新任务，从不同角度、不同方面提出了文化运动的中国化民族化问题、马克思主义的具体化中国化问题和中国马克思主义者应是中国传统优秀文化的继承者和发展者的问题。这是毛泽东在扩大的中共六届六中全会上讲马克思主义中国化的文化背景。了解了这一背景，我们就能理解毛泽东在扩大的中共六届六中全会上为什么不是在讲"研究理论"、"研究现状"部分，而是在讲"研究历史"时讲"中国化"；为什么讲"我们是马克思主义的历史主义者，我们不应当割断历史"等话了。了解了这一背景，我们就能全面理解"马克思主义中国化"这一命题的科学内涵了，就能认识到目前许多人注重马克思主义与中国具体实践相结合，不注意、甚至不讲与中国历史、中国文化相结合是何等片面了。

（二）"马克思主义中国化"提出的实践背景

马克思主义中国化的提出，不仅是现代中国新文化运动发展的必然，更是中国革命实践运动内在逻辑的必然。

马克思主义理论要与各国具体实践相结合，这是为马克思、恩格斯、

① 陈伯达：《论文化运动中的民族传统》，《解放》周刊第46期，1938年7月23日。

列宁和斯大林反复阐明了的一个基本原则。马克思主义从传入中国之时起就开始了与中国的实际相结合，开始了中国化的历史进程。李大钊在同胡适进行"问题与主义"的争论时就指出：大凡一个主义，其理想，"不论在哪一国，大致都很相同。把这个理想适用到实际的政治上去，那就因时、因所、因事的性质情形，有些不同。社会主义，亦复如是"。"一个社会主义者，为使他的主义在世界上发生一些影响，必须要研究怎么可以把他的理想尽量应用于环绕着他的实境。"李大钊在强调研究主义的重要意义的同时又指出：应本着主义作实际的运动①。李大钊还从共性与特性的关系上论述马克思主义与中国实际结合的必要性。他明确认识到：社会主义理想，"因各时、各地之情形不同，务求其适合者行之，遂发生共性与特性结合的一种新制度（共性是普遍者，特性是随时随地不同者），故将来中国发生之时，必与英、德、俄……有异"。② 中国共产党的另一创始人陈独秀也反对把马克思主义当作"包治百病"的"万应丸"，当作亘古不变的教条，认为它只是实际行动的指南。他正确地指出，马克思的最基本的精神是"实际研究的精神"和"实际活动的精神"③。陈独秀对马克思精神的概括是很有见地的。遗憾的是，陈独秀概括的马克思的两大精神未能为当时的马克思主义者，尤其是在俄国学习过的中国马克思主义者所重视。陈独秀概括的马克思的两大精神也就没有能像他在新文化运动中把西方资产阶级思想文化基本精神概括为民主和科学两大口号那样发挥作用。

　　当然，中国共产党人无论是对马克思主义理论的理解，还是对中国革命实际的认识都需要有一个过程，这中间不可避免地会犯这样或那样的错误。在第一次国内革命战争时期，以陈独秀为首的党中央犯有右倾错误，导致第一次大革命的失败。在 1927 年大革命失败后，以毛泽东为代表的中国共产党人根据中国社会和中国革命的特点，开辟了以农村包围城市、武装夺取政权的道路，并逐步形成正确的思想路线、政治路线和军事路线，建立了以江西瑞金为中心的中央革命根据地。但毛泽东的正确理论和

---

　　① 李大钊：《再论问题与主义》（1919 年 8 月 17 日），《李大钊文集》（下），人民出版社1984 年版，第 34—35 页。

　　② 李大钊：《社会主义与社会主义运动》（1920 年），《李大钊文集》（下），人民出版社 1984年版，第 376 页。

　　③ 陈独秀：《马克思的两大精神》（1922 年 5 月 5 日），《陈独秀文章选编》（中），三联书店1984 年版，第 177—178 页。

路线不仅未能为当时教条主义统治的党中央所接受，反而被指责为"狭隘经验论"、"右倾保守"、"富农路线"、"游击主义"。党犯有三次"左"倾错误，其中以王明为代表的第三次"左"倾错误时间最长、危害最烈，几乎使党和人民军队陷于绝境。1935年1月，在长征途中召开的遵义会议，结束了"左"倾错误在党中央的统治，初步确立了毛泽东在党和军队中的领导地位，挽救了党，挽救了军队，使长征取得胜利。

长征到达陕北后，毛泽东发愤读书，潜心研究理论，尤其是哲学，对中国革命的胜利与失败的经验教训进行反思总结，进行了理论上的创造，发表了《论反对日本帝国主义的策略》、《中国革命战争的战略问题》、《中国共产党在抗日时期的任务》、《实践论》、《矛盾论》等论著，为即将来临的抗日战争做了思想上、理论上和政治上的准备。这些论著是马克思主义理论与中国具体实际相结合的重大理论成果，标志着中国化的马克思主义——毛泽东思想的初步形成。没有这一实践基础和理论准备，很难提出"马克思主义中国化"，即使有文化人士、学者提出，也很难引起理论界、文化界的反响，成为指导党的思想理论建设的重要命题。

中国的抗日战争是全世界反法西斯战争的重要组成部分，共产国际和苏联都十分关注中国的抗战。共产国际为加强中共的领导力量，于1937年11月派王明等人回国。王明当时年轻，在苏联读了些马克思主义的书，能讲一套书本上的马克思主义，又听话，取得了共产国际和斯大林的信任。在第二次国内战争时期，他照搬斯大林和共产国际的指示，犯有"左"倾错误。这次回国，他以钦差大臣自居，盲目照搬斯大林和共产国际在中国抗战问题上的指示，否定业已形成的以毛泽东为代表的正确的理论、路线、方针和政策。在如何抗战问题上，斯大林和共产国际主张国共合作，建立抗日民族统一战线，这是正确的。但斯大林看不起长征刚到陕北只有几万党员的中国共产党，看不起只有几万人、装备又差的红军，他把抗战的希望寄托在国民党，寄托在几百万的国民党的正规军队，寄托在蒋介石身上。王明回国后不顾中国的实际，盲目执行斯大林和共产国际的指示，在政治上主张"一切经过统一战线"，否定"独立自主"原则，放弃共产党对抗日战争的领导权；在军事上，主张打正规战（运动战），轻视党领导的人民军队和人民武装，否定独立自主的山地游击战；在党的工作重点上，主张放在大城市，与国民党上层搞统战，否定把工作重点放到农村，到敌后开展游击战，建立抗日根据地。王明是中共驻共产国际代表、共产国际执委会委员、执委会主席团委员、政治书记处候补书记，他是带着贯彻斯大林和共产国际指示回国的，因此很是迷惑了许多人。一些原先赞成毛泽东主张的老实人受了欺骗，作自我批评，以为自己错了，站到王明一边。在一段时间里，毛泽东又变成了少数，感到孤立①。

1938 年 9—11 月，中共中央召开扩大的六届六中全会。在全会上，毛泽东作了题为《抗日民族战争与抗日民族统一战线发展新阶段》（发表时简称《论新阶段》）的政治报告，全面阐述了抗日战争的形势、党所面临的任务和相应的路线、方针，批评了王明在抗战问题上的右倾错误。这是一次"决定中国之命运"的会议②。王明在第二次国内革命战争时期犯"左"的错误，到了抗日战争初期犯右的错误，一"左"，一右，其思想理论根源是同一的，都是没有能把握住马克思主义的精髓，不了解中国的历史和现状，教条主义地照搬共产国际和斯大林的指示，因而不能把马克思主义理论与中国实际相结合，使马克思主义中国化。为了从根本上纠正党内"左"右倾的错误，提高全党的思想理论水平，毛泽东在报告里专门讲了学习问题，号召全党开展学习运动，研究理论、研究历史、研究现状，提出马克思主义应中国化。

毛泽东在扩大的中共中央六届六中全会上提出马克思主义中国化，这显然不只是个文化问题，而是个重大的政治理论问题，是需要有政治胆略和理论勇气的。毛泽东提出马克思主义中国化，固然受到当时文化界、学术界的影响，但最根本的是基于中国革命胜利与失败的血的经验教训，是为了克服党内的教条主义。如果说李初梨、艾思奇等提出"马克思主义中国化"主要是一个文化问题、学术问题，有其理论逻辑的必然性；那么，毛泽东提出"马克思主义中国化"主要是一个实践问题、政治问题，反映了中国革命实践逻辑的必然性。

（三）毛泽东对马克思主义中国化的全面阐述

"马克思主义哲学中国化"成为一个十分重要的命题和思想文化运

---

① 见金冲及主编的《毛泽东传（1883—1949）》（下卷），中央文献出版社 1996 年版，第 508—509 页。

② 毛泽东：《关于第七届候补中央委员选举问题》（1945 年 6 月 10 日），《毛泽东文集》第 3 卷，人民出版社 1996 年版，第 425 页。

动，是在毛泽东全面而深刻地阐述了"马克思主义中国化"的内涵及意义之后。

在扩大的中共中央六届六中全会上，毛泽东在讲学习问题时首先讲学习理论。他指出：马克思列宁主义理论，是"放之四海而皆准"的理论，但不应把它当作教条看待，而应当作行动的指南。他强调，学习马克思主义理论，最重要的是学习它的观察问题和解决问题的立场和方法。他说，我们党的马克思列宁主义理论修养还很不普遍，很不深入，普遍地深入地研究马克思列宁主义理论，对于我们是一个亟待解决并须着重地致力才能解决的大问题。他号召全党开展一个学习竞赛。

紧接着，毛泽东用更多的篇幅讲学习历史的任务，阐述马克思主义中国化问题。他提出："学习我们的历史遗产，用马克思主义的方法给予批判的总结，是我们学习的另一任务。"我们民族有数千年的历史，有它的许多珍贵品。"从孔夫子到孙中山，我们应当给予总结，承继这一份珍贵的遗产。"他指出："马克思主义必须和我国的具体特点相结合并通过一定的民族形式才能实现。马克思列宁主义的伟大力量，就在于它是和各个国家具体的革命实践相联系的。对于中国共产党说来，就是要学会把马克思列宁主义的理论应用于中国的具体环境。成为伟大中华民族的一部分而和这个民族血肉相连的共产党员，离开中国特点来谈马克思主义，只是抽象的空洞的马克思主义。因此，使马克思主义在中国具体化，使之在其每一表现中带着必须有的中国的特性，即是说，按照中国的特点去应用它，成为全党亟待了解并亟须解决的问题。"他尖锐地说："洋八股必须废止，空洞抽象的调头必须少唱，教条主义必须休息，而代之以新鲜活泼的、为中国老百姓所喜闻乐见的中国作风和中国气派。"① 毛泽东的这些论述有着鲜明的针对性和丰富的内涵，既是对中国革命胜利与失败正反两方面经验的总结，也是对五四新文化运动的反思。

---

① 毛泽东：《中国共产党在民族战争中的地位》（1938 年 10 月 14 日），《毛泽东选集》第 2 卷，人民出版社 1991 年版，第 533—534 页。"使马克思主义在中国具体化"，最初的表述是"马克思主义中国化"。见《论新阶段》，《解放》周刊第 57 期（1938 年 11 月 25 日）。尔后，他还讲过："马克思主义中国化问题，不能说马克思主义早已中国化。马克思主义是普遍的东西，中国有特殊情况，不能一下子就完全中国化。"（1939 年 12 月 13 日）见《毛泽东年谱（1893—1949）》（中卷），人民出版社、中央文献出版社 1993 年版，第 149 页。"使马克思主义在中国具体化"是 1952 年收入《毛泽东选集》第 2 卷时所改。

　　马克思主义是无产阶级革命运动的实践经验、自然科学和社会科学的成果、人类最优秀的思想文化遗产三者的总结，体现了时代精神，为无产阶级和劳动群众的解放提供科学的世界观、方法论和价值观。马克思主义的基本精神和基本原理，具有普遍的指导意义。借口中国的特殊性，拒绝马克思主义，闭关锁国，只能远离人类文明大道，导致落后挨打。马克思主义传入中国，中国人获得了科学的世界观、方法论和价值观，在精神上由被动转入主动，中国革命由此进入了新的时期。中国革命离不开马克思主义的科学指导。但马克思主义不是教条，不提供解决现实问题的现成答案。因此，毛泽东强调，学习马克思主义，不但应了解革命导师们"研究广泛的真实生活和革命经验所得出的关于一般规律的结论，而且应当学习他们观察问题和解决问题的立场和方法"（在延安整风运动中，毛泽东进一步概括为学习"马克思主义的立场、观点和方法"，亦即实事求是的科学态度和科学精神）。教条主义者不懂得这一点，他们不是去领会马克思主义的精神实质，而是不顾中国社会和中国革命的实际，机械地搬用马克思主义的结论和词句，盲目执行共产国际和斯大林的指示，结果导致理论脱离实际、主观脱离客观，革命遭受挫折。

　　理论的生命力在于它能与社会实践相结合，满足社会现实的需要。马克思主义的生命力，它的伟大力量，就在于它是和各个国家具体的革命实践相联系的。马克思主义要在中国生根、开花和结果，就必须与中国的现实实际相结合，形成适合中国革命特点的理论、路线、方针和政策，亦即中国化。因此，马克思主义中国化是马克思主义自身发展的内在要求。这样的中国化，决不能理解为仅用中国通俗语言、生动的事例来解释、宣传马克思主义一般理论。这样的中国化绝不只是个文化问题，是少数知识分子在书斋里所能做到的；而主要是个实践问题，只有在革命的实际运动过程中才能逐步实现。马克思主义中国化与中国革命实际运动的发展是互相促进的同一过程。为了做到中国化和正确指导革命运动，毛泽东十分强调，运用马克思主义的方法，深入中国社会，进行调查研究，认识中国社会和中国革命的特点，认识中国革命和中国革命战争的特殊规律。他在同教条主义（本本主义）的斗争中响亮提出"没有调查，没有发言权"的口号。他指出："离开实际调查就要产生唯心的阶级估量和唯心的工作指导，那么，它的结果，不是机会主义，就是冒险主义。""中国革命斗争的胜利要靠中国同志了解中国情况。"①
他在《中国革命战争的战略问题》、《实践论》、《矛盾论》等著作中，
深刻地分析党内错误观点的认识论根源。

他在扩大的中共六届六中全会的报告中在讲了研究理论、研究历
史之后，提出了"研究现状"的任务。他说，要时刻注意研究现状，
了解当前的运动的特点，它有什么规律，应如何指导运动。他指出：
"直到今天，我们还没有懂得日本帝国主义的全部，也还没有懂得中
国的全部。运动在发展中，又有新的东西在前头，新东西是层出不穷
的。研究这个运动的全面及其发展，是我们要时刻注意的大课题。"②
总之，只有认识了中国的国情，掌握了中国社会和中国革命的特点，
才能制定出适合中国革命的理论、路线、方针和政策。因此，马克思
主义中国化的首要的、基本的要求是：把马克思主义基本理论与中国
的经济、政治、文化等社会现实实际相结合，与中国的现实革命运动
相结合，从而形成适合中国革命的理论、路线、方针和政策，指导中
国革命的实际运动。

从思想文化方面讲，马克思主义作为一种外来思想文化要在中国生
根、开花和结果，除了与中国现实实际相结合外，还需要与中国的历史文
化实际相结合，要继承和发扬中国历史文化的优秀传统。毛泽东是熟谙历
史的人，在五四新文化运动时期，他虽然崇拜陈独秀，但却不赞成陈独秀
的东西文化水火不相容的观点，不赞成盲目学习西方，认为中西文化各有
长短，应融合互补。他在致友人的信中说："世界文明分东西两流，东方
文明在世界文明内，要占半壁的地位。然东方文明可以说就是中国文明，
吾人似应先研究过吾国古今学说制度的大要，再到西洋留学才有可资比较
的东西。"③ 在治学上，他反对拘泥于一家一派，主张对于中外古今各种
学说，汲取精华，汇百家成一学。

在转变成马克思主义者后，毛泽东一方面批判中国历史文化中的专制

---

① 毛泽东：《反对本本主义》（1930 年 5 月），《毛泽东选集》第 1 卷，人民出版社 1991
年版，第 109、112、115 页。

② 毛泽东：《中国共产党在民族战争中的地位》（1938 年 10 月 14 日），《毛泽东选
集》第 2 卷，人民出版社 1991 年版，第 534 页。

③ 毛泽东：《致周世钊信》（1920 年 3 月 14 日），《毛泽东早期文稿》，湖南出版社 1990 年
版，第 474 页。

主义和封建糟粕，另一方面又认识到，作为一种外来的马克思主义要在中国深入与发展，指导革命运动，还必须与中国历史文化相结合，注意从中国历史文化中吸取精华。他从太平天国的失败的历史教训中感到，外来学说必须中国化，为中国人民所喜闻乐见。他在广州农民运动讲习所讲课时曾说：洪秀全起兵时，反对孔教，不迎合中国人的心理，曾国藩即利用了这种手段，扑灭了他。这是洪秀全手段错了。① 毛泽东在抗大讲哲学时专门讲了"旧的哲学遗产同辩证法唯物论的关系"一节。他指出："马克思主义哲学——辩证法唯物论，继承了过去文化之科学的遗产，同时又给此种遗产以革命的改造，形成了一种历史上从来没有过的、最正确最革命的、有最完备的哲理的科学。""由于中国社会进化的落后，中国今日发展着的辩证法唯物论哲学思潮，不是从继承与改造自己的哲学遗产而来，而是从马克思列宁主义的学习而来。然而要使辩证法唯物论哲学思潮在中国深入与发展下去，并确定地指导中国革命向着彻底胜利之途，便必须同各种现存的反动哲学作斗争，在全国思想战线上树立批判的旗帜，并因而清算中国古代的哲学遗产，才能达到目的。"② 这也就是说，马克思主义哲学要在中国深入与发展下去，必须批判地继承中国古代优秀的哲学遗产。

作为马克思主义者，毛泽东反对尊孔读经，反对复古主义，但他不全盘否定孔子。他在文章、讲话中时常引用孔子的话，批判地吸取孔子思想中有价值的内容。他在论述调查研究的意义时说："学个孔夫子的'每事问'，任凭什么才力小也能解决问题。"③ 毛泽东不赞成孔子保守的政治态度，但十分肯定孔子是教育家。他在抗大的讲话中多次论及孔子。针对有的教员不安心当教师的思想，他说，我们中国的孔夫子，起初做官，以后撤职，大概是当教员到死吧。我们要学孔夫子。我们三四百人，可否出几个孔夫子④。他在另一次公开讲话中承认"孔夫子是封建社会的圣人"。⑤

① 毛泽东：《中国农民问题》（1926 年 6 月），广州第六届农民运动讲习所学员冯文江听课笔记。参见拙著《毛泽东与孔夫子》，人民出版社 2003 年版，第 229 页。

② 毛泽东：《辩证法唯物论提纲》（1937 年 8 月），天津人民出版社 1958 年版，第 11、12 页。

③ 毛泽东：《反对本本主义》（1930 年 5 月），《毛泽东选集》第 1 卷，人民出版社 1991 年版，第 110 页。

④ 见《毛泽东论孔子言论辑录》，刊拙著《毛泽东与孔夫子》，人民出版社 2003 年版，第 195 页。

⑤ 毛泽东：《论鲁迅》（1937 年 10 月 19 日），《毛泽东文集》第 2 卷，人民出版社 1996 年版，第 42 页。

毛泽东认为，中国共产党人既是国际主义者，更是爱国主义者。他在1937 年 3 月代表中共中央撰写的《祭黄帝陵文》，从思想到文采都充分表达了中国共产党人是中华民族的优秀子孙。他不仅注重对中国古代优秀传统的继承和弘扬，更强调对中国近代以来的革命传统和革命精神的继承和弘扬。在这方面，他讲得最多的是中国现代革命先行者孙中山。他高度评价孙中山的三民主义和百折不挠、愈挫愈奋的革命精神。他号召全党和全国人民继承和发扬孙中山的艰苦奋斗、再接再厉的革命精神①。了解了这些，我们就能理解毛泽东讲要继承"从孔夫子到孙中山"的珍贵历史遗产决不是偶然的，决不仅仅是受了当时延安革命文化者工作的影响，而是他以往思想的总结。事实上，毛泽东在 1937—1938 年间的上述言论，对全党，尤其是延安的文化界有着重大的影响。在对待中国历史文化的态度上，毛泽东与延安的文化人士之间存在着互相影响的关系。

毛泽东在扩大的中共六届六中全会的报告中明确地指出："我们这个民族有数千年的历史，有它的特点，有它的珍贵品。对于这些，我们还是小学生。今天的中国是历史的中国的发展；我们是马克思主义的历史主义者，我们应给以总结，承继这一份珍贵的遗产。这对于指导当前伟大的运动，是有重要帮助的。"② 中国共产党是无产阶级的先锋队，同时又是最彻底的中华民族解放的先锋队。在中华民族面临生死存亡的关键时刻，正是中国共产党人站在民族斗争的最前列，在民族战争中发挥了模范作用。中国共产党人是中国历史文化优秀遗产的继承者和发扬者。

毛泽东关于"马克思主义中国化"的阐述，在全会上得到张闻天、王明等人的赞同。张闻天在全会上的报告中提出，组织工作要中国化。他说："马克思主义的原则、方法是国际性的，但我们是在中国做组织工作，一定要严格估计到中国政治、经济、文化、思想、民族习惯、道德的特点，正确认识这些特点，再来决定我们的斗争形式、组织形式、工作方

---

① 毛泽东：《在纪念孙中山逝世十三周年及追悼抗敌阵亡将士大会上的讲话》（1938 年 3月 12 日），《毛泽东文集》第 2 卷，人民出版社 1996 年版，第 111、112 页。

② 毛泽东：《中国共产党在民族战争中的地位》（1938 年 10 月 14 日），《毛泽东选集》第 2 卷，人民出版社 1991 年版，第 534 页。

法。我们要的是国际主义的内容，民族的形式，我们要使组织工作中国
化，否则我们就不是中国的共产党员。将外国党的决定搬到中国来用，是
一定要碰钉子的。"① 王明在全会上的讲话中也说："马克思主义理论中国
化问题——马列主义理论民族化，即是将马列主义具体运用于中国，是完
全对的。的确，只有使马列主义深广的中国化，成为中国人民血肉之亲的
东西，成为中国历史发展和社会进化的必然产物，成为继承中国文化的优
秀传统（从孔子到孙中山）才能真正家喻户晓和深入人心。"接着他讲了
在中国化时应注意的五点意见：必须学习马列主义；不能庸俗化和牵强附
会；不能以孔子的折中主义和烦琐哲学代替辩证法；不能以中国旧文化学
说来曲解马列主义；不能在"民族化"的误解之下，来忽视国际经验的
研究和运用②。后来的历史表明，王明并没真正认识自己的错误，真心诚
意接受"马克思主义中国化"的命题③。

　　毛泽东对马克思主义中国化的阐述是全面的，它包括两个方面：一是
马克思主义与中国的现实实际相结合，二是与中国的历史文化实际相结
合。这两个方面自然是密切相连的。现实中国是历史中国的发展，不了解
历史，就不可能真正认识现实。因此，我们不能割断历史。不仅如此，马
克思主义与中国的现实实际相结合需要借鉴历史经验，从历史中吸取智
慧。当然，马克思主义与历史文化相结合则必须立足于当代中国现实的需
要，对当代中国现实有正确的认识。中国化的马克思主义应是马克思主义
基本理论、中国的现实革命运动和中国历史文化三者相结合的产物。它既
是中国现时代的时代精神的总结，也是中国几千年民族精神、民族智慧的
结晶。

　　① 张闻天：《组织工作要中国化》（1938年10月15日），《张闻天选集》，人民出版社1985
年版，第225—226页。
　　② 王明：《目前抗战形势与如何坚持持久战，争取最后胜利》（1938年10月20日），《六大
以来》上册，人民出版社1981年版，第997—998页。
　　③ 1974年，王明在其主子支持下在莫斯科出版了《中共五十年和毛泽东的背叛》。书中有
回忆他在1941年9月与毛泽东个别谈话内容。王明对毛泽东说："把马克思主义中国化的口号是
错误的。这样提出问题，本身就是非马克思主义的。民族的马克思主义是没有而且也不可能有
的。"王明与毛泽东个别谈话的全部回忆是伪造的谎言（详见拙文《王明的谎言与历史的真相》，
《毛泽东思想研究动态》1984年第3期。拙著《为毛泽东辩护》，当代中国出版社1996年版）。
王明在编造谎言时忘记他在扩大的中共六届六中全会上说了些什么。不过，这些谎言确实反映了
他反对"马克思主义中国化"命题的真实思想。

　　"马克思主义中国化",在马克思主义发展史上是一个全新的命题。马克思、恩格斯、列宁、斯大林都十分强调理论与实际的结合,但他们都没有讲过马克思主义要同各国的历史文化相结合,更没有讲过要俄国化、本国化①。所以俄国人(苏联人)对"马克思主义中国化"的命题一直持保留态度。这也是1952年毛泽东把"马克思主义中国化"改成"使马克思主义在中国具体化"的重要缘由。在20世纪60年代,中苏关系恶化。在1960年11月召开的由八十一个共产党工人党参加的莫斯科会议期间,苏共中央在致中共中央的信中把"马列主义中国化"说成是"搞民族主义"②。在会上,一些国家共产党的领导人也附和苏共中央,指责"马克思主义中国化"为"民族主义","不正确"③。中苏论战公开化后,苏联理论界更是公开批判"马克思主义中国化",指责它是反列宁主义的。在苏东剧变后,我同有的俄国学者交谈时他们承认"马克思主义中国化"命题的正确及其意义,并认为他们未能把马克思主义俄国化,结果吃了大亏,出现了历史的大倒退。正反两方面的历史经验告诉我们:"马克思主义中国化"的命题是马克思主义理论与中国具体实际相结合的论断的进一步的具体化和深化,为马克思主义在中国的传播、运用和发展指明了方向,具有重要的理论价值和实践意义。

---

　　① 恩格斯在《美国工人运动》(1887年1月26日)一文中曾说到美国工人党"必须成为彻底美国化的党"。据此,有的研究者便认为,在恩格斯那里已有马克思主义"本国化"的提法。笔者认为,这完全是一种误读。倘若我们读一读《美国工人运动》的全文,便立即就可明白,"彻底美国化的党"的原意并无马克思主义美国化之义。当时美国的社会主义工人党的成员,"几乎全是德国移民,他们用的是本国语言,并且大多数人不大懂得美国通用的语言"。所以恩斯格认为,"这个党只有一个虚名","是外来的"。他又指出,美国党的纲领同欧洲党的纲领是一样的,但它若要在工人运动中负起极重要的使命,"它必须完全脱掉外国服装。它必须成为彻底美国化的党",首先学习英语,向本地的美国人靠拢(《马克思恩格斯全集》第21卷,人民出版社1965年版,第389—390页)。很明显,恩格斯讲的"美国化"是指在美国的德国移民,要学会讲美国的英语,融入美国社会。笔者认为,"中国化"的提出,与列宁、斯大林的思想有一定关联。当时有的阐述"中国化"的文章引用列宁在《共产主义运动中的"左"派幼稚病》中有关注意各国民族具体特点的论述,引用斯大林的有关文化的社会主义内容与民族形式结合的思想。共产国际七大注重马克思主义在各国具体运用的思想对"中国化"命题形成也有一定的作用。

　　② 见吴冷西的《十年论战》(上),中央文献出版社1999年版,第375页。

　　③ 参见《杨尚昆日记》(上),中央文献出版社2001年版,第595—596、605、613页。

（四）学术界对"马克思主义中国化"的讨论

毛泽东在扩大的中共六届六中全会上关于"马克思主义中国化"的全面而深刻的论述，其影响之广大和深远，非一般学者和文化人士的"马克思主义中国化"言论可以相比的。毛泽东的整个讲话以《论新阶段》为题在1938年11月出版的《解放》上发表后引起了很大的反响。

在国民党统治区的重庆，潘梓年（1893—1972）等马克思主义学者和进步的文化人士在报刊上组织开展了"学术中国化"的讨论。当时有文章称，"学术中国化"成了1939年中国文化界的基本口号。潘梓年认为，学术的中国化决不等于保存国粹，而是使我们的学术带着中国的味道、中国的光彩而发展成长起来；要使我们的学术成为中国的血液与肌肉，不成为单单用以章身的华服；学术的中国化，就是把目前世界上最进步的科学方法（唯物辩证法），用来研究中华民族自己历史上、自己所具有的各种现实环境上所有的一切具体问题，使我们得到最正确的方法来解决这一切问题。他指出，学术的中国化，一是要精通现代最进步的科学方法；二是要接受我们自己的优良的民族传统，并把这两者很好地结合起来①。

张申府在抗战前积极提倡新启蒙运动，全面抗战爆发后，他继续推进新启蒙运动。在读了毛泽东的《论新阶段》后，他发表了《论中国化》一文。他在文章一开头就完整地引了毛泽东关于研究历史和马克思主义中国化的那一大段著名论述（并用着重号标出"马克思主义中国化"），然后便说："我们认为这一段的意见是完全对的，不但是对的，而且值得喜欢赞叹。由这一段话更可以象征出来中国最近思想见解上的一大进步。"他又说："许多外来的东西，我们以为，用在中国就应该中国化，而且如其发生效力，也必然会中国化。"他认为，毛泽东的中国化的思想与新启蒙运动提出的"民族主义的科学的思想文化运动"的要求完全相同。他还指出：新知识新思想的普及，科学的通俗化，学问的大众化，而要通俗化、大众化，"当然必须先中国化、本土化"。张申府在文中还提出"中

---

① 潘梓年：《新阶段学术运动的任务》，《理论与现实》创刊号，1939年4月15日。

国科学化，科学中国化"，使中国在科学上有其特殊的贡献，使科学染上中国的特色①。

1940 年 1 月，毛泽东发表《新民主主义论》，系统地阐述了建设民族的、科学的、大众的新民主主义文化方针，这又给"学术中国化"运动以有力的推动。在延安的哲学家艾思奇、杨松、和培元等在《中国文化》杂志上连续发表文章阐述马克思主义中国化的可能性、必要性、内涵和途径，总结马克思主义中国化的历史发展、成绩和不足。艾思奇针对叶青的歪曲指出："马克思主义中国化，就是要坚决地站在马克思主义的观点上，在马克思主义基本原则和基本精神上，用马克思、恩格斯所奠定了的、辩证法唯物论的和政治经济学的科学方法，来具体地客观地研究中国社会的经济关系，来决定中国无产阶级在中国民族革命斗争中的具体任务和战略策略。"他强调，马克思主义中国化本身包含着"创造"，中国的无产阶级和他的政党已经有了中国化的马克思主义②。和培元在《论新哲学特性和新哲学的中国化》一文中说："所谓新哲学的中国化，这个问题的本质是在于辩证唯物主义的普遍原理与中国的具体的革命实践的结合，与中国的历史实际的结合。""1937 年毛泽东同志在抗大的哲学讲座，迄今犹脍炙人口，他的讲授提纲——特别是对立统一律一章是最好的中国化了的马列主义的哲学著作。……指示着新哲学中国化的正确道路。"③ 他指出，为了做到中国化，要求我们的哲学家必须系统地研究中国革命实际，并把实际问题提到哲学上来，做出哲学的结论；必须系统地研究中国历史，特别是中国哲学史；必须系统地研究马列主义和毛泽东的各种经典

① 张申府：《论中国化》，《战时文化》第 2 卷第 2 期，1939 年 2 月 20 日。收入《什么是新启蒙运动》一书，生活书店 1939 年版，第 157 页。《张申府文集》第 1 卷，河北人民出版社 2005 年版，第 303—304 页。有的文章依据张申府在《关于文化政策》（1938 年 3 月 26 日）一文中的"不但要中国科学化，同时也要科学中国化"的论述，认为张申府比毛泽东、艾思奇先提出"马克思主义中国化"。这完全是误解。张申府讲的"科学"是指自然科学，而非马克思主义。他讲"中国科学化"是指"尽力推扩科学"，"普及现代科学常识于一般人民，并借此以打击流行的迷信"。《张申府文集》第 1 卷，第 250 页。"科学中国化"的提法是否准确，也值得商榷。

② 艾思奇：《论中国的特殊性》（1940 年 2 月 15 日），《艾思奇文集》第 1 卷，人民出版社 1981 年版，第 480、485 页。

③ 见《中国文化》第 3 卷第 2—3 期，1941 年 8 月 20 日。又见《中国现代哲学史教学资料选辑》下册，北京大学出版社 1988 年版，第 908、910、913 页。

著作和政治论文；必须系统地研究中国目前各党各派的哲学思想，并且要根据新哲学的立场与方法和这些不正确的思想学派做严肃的斗争。

总之，那时的文章对马克思主义中国化内涵的阐述是全面的，包含有马克思主义基本理论、中国革命的具体实践和中国历史文化三者的相结合，都提出通过研究理论、研究历史、研究现状来达到马克思主义中国化。

（五）对马克思主义中国化内涵理解上的偏颇

近十多年来，"马克思主义中国化"已成为当代中国舆论界的常用语。马克思主义中国化的研究日益为中国政治界、理论界和学术界所重视。"马克思主义中国化研究"在 2005 年 12 月被我国有关部门列为"马克思主义理论"的二级学科，这是值得庆贺的。在庆贺之余，笔者也感到时下人们对马克思主义中国化的理解似乎有可商榷之处。

由国内部分学者、专家共同研究拟定的《马克思主义中国化研究专业简介》说："马克思主义中国化，是马克思主义同中国具体实践相结合的过程。""马克思主义中国化是一个历史过程，它的实质是马克思主义的基本原理同中国的具体实际和时代实际相结合。"该《专业简介》的这种论述抓住了马克思主义中国化的最主要内涵，但不够全面，它只字未提马克思主义要与中国历史、中国文化相结合。《专业简介》反映了我国理论界、学术界长期以来对马克思主义中国化内涵理解上的偏颇：只注重马克思主义理论与中国现实的实际相结合，不重视马克思主义理论与中国历史文化相结合，忽视对中国历史文化的学习和研究。上述《专业简介》的表述源于《关于建国以来党的若干历史问题的决议》对毛泽东思想概念的界定。

1981 年 6 月，中共十一届六中全会通过的《关于建国以来党的若干历史问题的决议》对毛泽东同志的历史地位和毛泽东思想做了实事求是的评价和阐述。《决议》经受了历史的检验，至今仍有重大的理论价值和现实意义。这是首先需要肯定的。但我以为，该《决议》对"毛泽东思想"概念的界定存在不够全面的缺点。该《决议》指出："以毛泽东同志为主要代表的中国共产党人，根据马克思列宁主义的基本原理，把中国长期革命实践中的一系列独创性经验作了理论概括，形成了适合中国情况的科学的指导思想，这就是马克思列宁主义普遍原理和中国革命具体实践相结合的产物——毛泽东思想。"《决议》又说："毛泽东思想是马克思列宁主义在中国的运用和发展，是被实践证明了的关于中国革命的正确的理论原则和经验的总结，是中国共产党集体智慧的结晶。"1982 年中共十二大通过的党章对上述概括做了修订，在"革命"之外增加"建设"的内容，改为"是被实践证明了的关于中国革命和建设的正确的理论原则和经验的总结，是中国共产党集体智慧的结晶"。自此以后，这一表述成为"毛泽东思想"概念内涵的经典界定。现行的许多文件、学术著作、教科书和论文一般都采用这一界定。笔者以为，这一界定表达了毛泽东思想概念最基本的、最核心的内容，但不够全面，尚可商榷。

产生于西方的马克思主义未能在西方发达资本主义国家获得实践上的成功，而倒是在东方的半殖民地半封建的中国取得了实践上的胜利和理论上的发展，这不能不说是人类发展史上的奇迹。这一奇迹的发生固然同第一次世界大战和俄国十月社会主义革命胜利及第二次世界大战反法西斯战争胜利的世界历史有关，同 20 世纪中国特殊的社会现实有关，此外，它也同中国是一个历史悠久、有着丰厚的历史文化遗产有关。很难设想，作为人类最先进思想文化的马克思主义能在一块思想文化贫瘠的土壤中生根、开花和结果。中华民族博大精深的文化遗产，与中国社会的现实需要一样，同是马克思主义能在中国获得发展和胜利的基本前提条件。毛泽东之所以能把马克思主义与中国具体实际相结合，不仅因为他坚持实事求是的思想路线，重视对中国社会现状的调查研究，始终置身于中国革命运动的中心，领导和指挥中国革命战争，而且对中国的历史、哲学、文学有渊博的知识，精湛的研究，很高的造诣。毛泽东不仅是伟大的马克思主义者、无产阶级革命家，在一个占世界人口四分之一的东方大国发展了马克思主义，而且还是中华民族空前的民族英雄，是精通中国历史的大学问家，继承和弘扬了中华民族的民族精神，开创了中国历史和思想文化的新纪元。毛泽东思想是马克思列宁主义基本理论、中国革命和建设的实践、中国历史文化三者相结合的产物。它既是中国共产党集体智慧的结晶，也是中华民族智慧的结晶，它将中国的思想文化推进到一个崭新的阶段。

刘少奇在中共七大上代表党中央所做的修改党章报告对中国化马克思主义——毛泽东思想的阐述较为全面、正确。他指出：毛泽东思想是

"马克思主义民族化的优秀典型",是"应用马克思列宁主义的科学方法,概括中国历史、社会及全部革命斗争经验而创造出来"的,是"中国民族智慧的最高表现和理论上的最高概括"①。这里的"最高"两字尚可商榷,有点过了。但总起来看,刘少奇的阐述是全面的,而现在的"被实践证明了的关于中国革命和建设的正确的理论原则和经验总结"的界定则不够全面,略去了毛泽东思想深邃的历史底蕴和丰厚的文化内涵,将博大精深的毛泽东思想简化了。就此而言,与中共七大的界定相比,现在的界定不是前进了,而是后退了。

对"毛泽东思想"概念界定的偏颇,不仅导致对毛泽东思想丰富内容的简单化,而且造成对马克思主义中国化内涵理解上的偏颇,导致中国马克思主义者对中国历史文化的忽视。有的学者对马克思主义能否与中国传统文化相结合持异议的态度。他们说:毛泽东只说过马克思主义与中国的具体革命实践相结合,"毛泽东没有说过马克思主义与儒学或与中国传统文化相结合,从他的许多论述中也得不出这个结论来"。② 这种观点明显不妥。毛泽东本人的思想不仅是马克思主义与中国现实实际相结合的产物,也是与中国历史文化相结合的产物。中国实际应包括现实实际、历史实际两大方面。1943 年 5 月,中共中央在《关于共产国际执委主席团提议解散共产国际的决定》中对马克思主义与中国实际相结合的具体内容有明确的表述:"中国共产党人是我们民族一切文化、思想、道德的最优秀传统的继承者,把这一切优秀的传统看成和自己血肉相连的东西,而且将继续加以发扬光大。中国共产党近年来所进行的反主观主义、反宗派主义、反党八股的整风运动,就是要使马克思列宁主义这一革命科学更进一步地和中国革命实践、中国历史、中国文化深相结合起来。"③ 这就清楚地表明,中国化的马克思主义不仅要植根于中国的现实革命运动,而且要植根于中国悠久的历史、文化之中,是中国历史文化的总结和概括,中国共产党人是我们民族一切文化、思想、道德的最优秀传统的继承者和发扬者。

---

① 刘少奇:《论党》,《刘少奇选集》(上卷),人民出版社 1981 年版,第 333—335 页。

② 吴为:《批判继承,古为今用》,《马克思主义与儒学》,当代中国出版社 1996 年版,第19 页。

③ 《中共中央文件选集》第 12 卷,中共中央党校出版社 1986 年版,第 201 页。

　　这里还需讨论这样一个问题，即"马克思主义中国化"与"马克思主义的理论和中国革命的具体实践的统一"两者之间的关系问题。有的学者认为，"两种表述的含义是完全一致的"，前者是"在语言上更加简明通俗的表述"，后者则是"在学理上更加精确细致的表述"①。有的研究者进而认为，今后要少用或不用"马克思主义中国化"的通俗化的提法。笔者认为，"马克思主义中国化"最主要的内容是马克思主义理论与中国具体实际相结合，因此它与"马克思主义的理论和中国革命的具体实践的统一"两者之间的内涵在最主要方面是一致的。毛泽东本人对两种表述也不作严格区分，他更多的是使用后者。但若从学理上说，"两者含义上完全一致"，则难以苟同。因为，"马克思主义中国化"虽然语言比"马克思主义的理论和中国革命的具体实践的统一"更加简洁，但内涵却比后者丰富。它除了马克思主义的理论和中国革命的具体实践的统一这一个方面外，还有与中国历史文化相结合的另一个不可或缺的方面。"两者含义上完全一致"的见解势必导致对"马克思主义中国化"的片面理解。再者，如果说两种表述的含义真的完全一致，那么苏共在 20 世纪 60 年代就大可不必反对马克思主义中国化的命题，大可不必指责"马克思主义中国化"是民族主义。笔者认为，"马克思主义中国化"与"马克思主义的理论和中国革命的具体实践的统一"两种表述都是正确的，不存在一个比另一个更为精确或更为通俗化的问题。事实上"中国化"、"东方化"、"西方化"、"本土化"、"民族化"一类名词，都是学者、文化人士最初使用的，很难说得上是通俗的语言。"马克思主义中国化"确实简洁明了，因而得到了广泛的使用。笔者认为，"马克思主义中国化"与"马克思主义的理论和中国革命的具体实践的统一"两者在含义上有差别，因而在使用时可依据不同的情况、语境选择恰当的一种，少用或不用"马克思主义中国化"提法的主张并不可取。

　　总之，长期以来，我们主要讲马克思主义与中国革命、建设和改革开放的实践相结合，很少讲、甚至可以说基本上不讲与中国历史文化相结合。我们只注重实践层面（政治层面）的中国化，忽视了文化层面（学

---

　　①　龚育之：《马克思主义中国化和当代化》，《人民日报》2005 年 4 月 4 日，《党史札记（末编）》，中共党史出版社 2008 年版，第 32—33 页。

术层面）的中国化①。我国的许多马克思主义者，包括许多专门研究马克思主义的学者，忽视了或不承认中国的历史文化是中国化马克思主义的一个重要思想来源，忽视了对中国历史文化的概括和总结。我国的马克思主义理论家、学者和教授们应全面准确地理解马克思主义中国化的内涵，亟须改善自己的知识构成，在研究马克思主义理论、研究现状的同时，注意研究中国历史、哲学、文化，继承和发展中国历史优秀遗产，以有益于马克思主义中国化的研究和推动马克思主义中国化的历史进程。

（六）应十分重视马克思主义哲学的中国化

如前所述，我国政治界、理论界所强调的是实践（政治）层面的马克思主义中国化，而很少讲文化（学术）层面的马克思主义的中国化。同样，在对马克思主义哲学中国化的理解上，强调的是马克思主义哲学与当前的革命和建设实际相结合，所注重的是对革命、建设实践经验的概括和总结，而忽视了马克思主义哲学要与中国哲学相结合，忽视了对丰富的中国哲学遗产的继承和发展。这种认识上的偏颇直接影响到马克思主义哲学中国化的进展。

在 20 世纪 50—60 年代，我国的哲学家们在编著哲学教科书时注重把中国化的马克思主义哲学——毛泽东哲学思想写进教科书，注重与革命和建设的实践相结合，也有意识地吸收从事中国哲学研究的专家参加教科书的编写，在书中注意适当地引用中国古代哲学思想资料。这样的哲学教科书，虽然在对广大青年学生和干部进行马克思主义哲学教育时发挥了很大的作用，其历史功绩不可抹杀。但这样教科书的体系大体上还是沿袭苏联的，因此，在毛泽东看来，仍是"洋哲学"，而不是像他自己那样的中国化的"土哲学"②。为此，毛泽东提出了改造现行哲学体系的任务。由于主客观的原因，毛泽东只能提出任务，而不可能完成任务。

"文化大革命"结束以来，中国哲学界破除迷信，解放思想，冲破教条

---

① 有关实践层面（政治层面）的中国化与文化层面（学术层面）的中国化的详细论述，参见拙著《毛泽东与孔夫子》，人民出版社 2003 年版。

② 毛泽东在 1964 年 8 月 18 日同陈伯达、康生等人和 1965 年 12 月 21 日同陈伯达、艾思奇等人的两次谈话中都讲到，"你们是洋哲学，我是土哲学"。

主义的束缚，出现了哲学发展的新春天，马克思主义哲学研究取得了令人欣喜的成果。20 世纪 90 年代以来编著的马克思主义哲学教科书力图打破旧的体系，增加了许多新的内容，呈现出百花齐放的态势，尤其是产生了冯契的"智慧说"的新体系①。我们在充分肯定改革开放新时期马克思主义哲学研究所取得的巨大成就的同时也应清醒地认识到，除冯契的"智慧说"之外，我们的研究工作在中国化方面则进展不大，甚至在某种意义上讲有所退步。翻开今天的许多马克思主义哲学教材（包括著名哲学家主编的教科书）和有关专著，我们可立即发现书中的大量引文出自外国的论著，而少有中国古代的经典，有的甚至言必称洋人，这是就形式而言。从内容上、实质上看，我们也很难在哲学教材和论著中寻觅到中国古代哲学的踪影。许多研究者虽然口头上承认马克思主义哲学中国化的必要，但在实际的研究中却置之脑后，忘记了中国化，以至于在形式上做些点缀（如在讲原理时引一点古代经典的语录）也被忽略了。在今天，也还有少数学者对"马克思主义哲学中国化"的命题仍持保留态度。他们认为，马克思主义哲学是一门科学，作为科学就应该是普遍的，无所谓中国化。

　　中国的马克思主义者习惯地称马克思、恩格斯、列宁是"老祖宗"，常说"老祖宗"不能丢。这当然正确，中国革命和建设，中国的社会主义现代化，中华民族的复兴，靠的是马克思，而不是孔夫子，这是历史经验的总结。但除马克思、恩格斯、列宁之外，中国的马克思主义者是否还有中国自己的"老祖宗"呢？许多人不想、也不敢提出这样的问题。我想中国的马克思主义者除马克思、恩格斯、列宁之外还应当有中国自己的"老祖宗"，那就是老子、孔子、孙子、荀子、张载、朱熹、王阳明、王夫之、孙中山等哲学家、思想家。早在 1941 年的延安，毛泽东在批评教条主义时就说过："许多马克思列宁主义的学者也是言必称希腊，对于自己的祖宗，则对不住，忘记了。"② 对于毛泽东的这一段话，我们很少提起。其实，它十分重要。这里毛泽东明确提出中国自己的"祖宗"，而且问题提得如此尖锐：忘记了中国自己的"祖宗"，就不是真正的马克思主

---

　　① 冯契是中国哲学史家，也是哲学家，而且是马克思主义哲学家。关于他的哲学思想在下节有介绍。参见拙文《马克思主义哲学中国化的新突破》，《吉林大学学报》2005 年第 4 期。

　　② 毛泽东：《改造我们的学习》（1941 年 5 月 19 日），《毛泽东选集》第 2 卷，人民出版社1991 年版，第 797 页。

义者，而是一个教条主义者。现今的马克思主义理论家、哲学家们可以扪心自问，自己读过几本中国经典？对中国的哲学、文化、历史懂得多少？可以认为，现今绝大多数的马克思主义理论家、哲学家对中国的哲学、文化、历史知之甚少。他们对中国的历史文化无发言权，只能听凭某些专家们去论说，人家说"和"、"和合"，他们也跟着说"和"、"和合"；人家说"盛世"，他们也跟着说"盛世"，而无自己独立的见解，对中国历史文化进行马克思主义的分析。不重视中国历史文化的学习与研究，是当今中国马克思主义者的一个明显不足。

真正的哲学既是时代精神的精华，也是前人哲学思想的总结和民族智慧的结晶，是民族的灵魂。作为中国的马克思主义者，马克思、恩格斯、列宁这些"老祖宗"固然不能丢，中国自己的"老祖宗"同样也不能丢。倘若我们丢了中国自己的"老祖宗"，那就等于丢掉了中华民族的本根、中华民族的智慧和中华民族的灵魂，那我们就成了中华民族的不肖子孙。当然承认中国自己的"老祖宗"，并不排斥马克思是"老祖宗"，更不能否定马克思主义的指导。在建构当代中国马克思主义哲学体系时，我们必须这样严肃而尖锐地提出问题。

二 马克思主义哲学中国化的成就

马克思主义哲学从传入中国之时起就开始了中国化的历史进程。中国社会需要马克思主义哲学，中国的先进分子运用马克思主义的科学世界观、方法论、价值观，指导中国革命和建设，使中国社会发生了翻天覆地的剧变，开辟了中国历史的新纪元，在不到一百年的时间里取得了过去历史上数千年从未有过的成就；而马克思主义哲学到了中国，与中国的革命和建设的实际相结合，与中国的历史文化实际相结合，逐渐地中国化，在世界的东方大国形成了具有中国特色的新形态，不仅将中国的思想文化推进到一个崭新的阶段，而且也为人类哲学思想增添了新的篇章。低估或无视马克思主义哲学中国化的成就是完全错误的。本章不可能全面论述马克思主义哲学中国化的成就，而仅从马克思主义哲学自我革命和马克思主义哲学当代形态的建构的视角勾勒其大端。

（一）毛泽东哲学——马克思主义哲学中国化的典范

马克思主义哲学中国化是一个历史过程，是众多人的事业。在这一历史过程中，无数的革命者、哲学工作者，众多的革命家、哲学家、思想家，做出了贡献。在马克思主义哲学传播的早期（20 世纪20 年代），李大钊、陈独秀、瞿秋白等革命家兼哲学家都有不可磨灭的重要贡献。从 20 世纪总体来看，毛泽东无疑是其中最为杰出、最有成就的代表者。

毛泽东是经过中国人民长期选择的革命领袖，党和人民军队的主要缔造者，革命战争的主要指挥者。他之所以能成为中国革命中涌现出的众多领袖人物之首，其中重要的一点是他有一颗哲学头脑。他从学生时代起就酷爱哲学，有很好的哲学修养，善于从哲学上思考中国革命问题，因而他能比一般的革命领袖人物站得高些，看得远些，具有敏锐的洞察力和战略家的雄才大略，能在关键时刻掌握革命的方向，提出正确解决中国革命实际问题的理论、路线、方针和政策。他不仅善于运用哲学指导革命实践，而且善于将丰富的实践经验上升为理论，写出诸如《实践论》《矛盾论》那样的哲学专著。他的有关军事、政治、党的建设、文化、经济等著作和讲话，也充满了哲学思想，他是一位哲学家。他学识渊博，经史子籍，稗官小说，无所不读，对中国的历史、哲学、文学有着精深的理解，是一位学问家。他"性不受束缚"，"好独立蹊径"，富于创新精神。他的这种个人的经历、学养、个性，使得他能把马克思主义理论、中国革命和建设的丰富经验、中国传统哲学的优秀成果三者融为一体。毛泽东的哲学既是马克思主义哲学在中国的发展，也是中国传统哲学在当代的发展，既体现了时代性，也体现了民族性，用他自己的话说是"土哲学"。他的哲学，是时代精神和民族精神的有机融合，是现代中华民族智慧的结晶。

毛泽东在《纠正党内错误思想》（1929 年）一文中强调了改造主观世界对党和军队建设的意义，其中专门写了反对主观主义（注：决议案为"唯心观念"，1951 年收入《毛泽东选集》第 1 卷时改为"关于主观主义"）一节，指出思想上的主观主义，必然导致政治上的机会主义或盲动主义。第二年，他写了《反对本本主义》一文，首次从哲学上总结中国革命经验教训，批判实践中的主观主义。他提出"没有调查，就没有发言权"、"中国革命斗争的胜利要靠中国同志了解中国情况"，反对保守的"本本主义"（即教条主义）思想路线，提倡"从斗争中创造新局面"的实事求是的思想路线。《反对本本主义》初步显示了毛泽东哲学思想的特色。长征到达陕北后，他发愤读书，尤其是哲学著作。从 1937 年春至"七七"事变爆发前，他亲自到抗大讲授哲学，编著《辩证法唯物论（讲授提纲）》。《辩证法唯物论（讲授提纲）》除《实践论》和《矛盾论》外，其余章节的主要内容来源于苏联的三本哲学著作（《辩证法唯物论教程》，西洛可夫、爱森堡等著，李达、雷仲坚译；《新哲学大纲》，米丁、拉里察维基等著，艾思奇、郑易里译；《辩证唯物论与历史唯物论》上册，米丁等著，沈志远译），理论上的创新与发挥不是很多。但《实践论》和《矛盾论》则不同，它们虽然也充分吸取苏联上述三本书的思想和资料，但毛泽东结合中国革命的经验和中国传统哲学的优秀成果，进行了理论上的创造和发挥，具有中国的内容和特色，是中国化了的哲学论著①。仅有丰富的哲学书本知识，而无有像毛泽东那样丰富的中国革命实践经验和对中国传统哲学深刻理解的人，是写不出《实践论》和《矛盾论》的②。

《实践论》和《矛盾论》只是毛泽东的代表作，而不是他哲学思想的全部。他的丰富的、深刻的、有创造性的哲学思想还体现在他有关军事、政治、党的建设、经济、文化、教育、外交等论著、讲话、谈话中，体现在他的实践和生活中。他的哲学是实践的哲学，而不是课堂里和书本上的哲学。长期以来，我们往往以时行的马克思主义哲学教科书的体系去剪裁毛泽东的哲学思想，结果有些十分重要的思想（特别是具有中国特色的思想）没有得到重视和发掘。

毛泽东哲学思想的主要特点和贡献大致可归纳为以下诸方面：

第一，以独立自主为特征的主体论。

自强不息，是中华民族最重要的民族精神，也是中国传统哲学最重要的精神。近代以来，受外来帝国主义的侵略，中华民族面临亡国灭种的危机，先进的中国人为了救国，奋发自强，前仆后继，百折不挠，斗争不已。以毛泽东为代表的中国共产党人在为争取民族的独立、自由、民主、富强、解放的过程中，继承和弘扬自强不息、艰苦奋斗的优良传统。他说："我们中华民族有同自己的敌人血战到底的气概，有在自力更生的基础上光复旧物的决心，有自立于世界民族之林的能力。"③ 他从唯物辩证法的内因论和历史唯物主义的群众论两方面对独立自主原则做了哲学论证。毛泽东强调的是整个民族的、阶级的、政党的主体意识和独立自主性。正是由于坚持这种主体性，毛泽东能抵制共产国际和斯大林在中国革命问题上的错误主张，独立自主地领导中国革命，开辟以农村包围城市、最后武装夺取全国政权的中国革命道路，取得了新民主主义革命的胜利；能打破帝国主义对新中国的包围、封锁、干涉和侵略；能顶住苏联的大国

---

① 详见拙作《〈实践论〉〈矛盾论〉与苏联三十年代哲学的关系》（1981 年），刊载《为毛泽东辩护》，当代中国出版社 1996 年版。

② 详见拙作《〈实践论〉〈矛盾论〉与〈社会学大纲〉》（1984 年），刊载《为毛泽东辩护》，当代中国出版社 1996 年版。

③ 毛泽东：《论反对日本帝国主义的策略》（1935 年 12 月 27 日），《毛泽东选集》第 1 卷，人民出版社 1991 年版，第 161 页。

主义和大党主义的压力和干涉，独立自主地进行社会主义建设，使新中国巍然屹立于世界东方。独立自主是毛泽东思想活的灵魂的三个基本方面之一。

为了战胜强大的国内外阶级敌人和反动势力，为了克服革命和建设过程中的种种困难，毛泽东特别注重人的自觉能动性，注重精神、意志对物质的反作用。他认为，唯物辩证法最重要的方面是能动性，要提高中国人民的能动性。他提出，在客观条件具备的条件下，人的主观努力对事情的成功与否起着决定性的作用，精神在一定条件下可以变为物质。他说：要发扬愚公移山的精神，"下定决心，不怕牺牲，排除万难，去争取胜利"①。他提倡在尊重客观规律的基础上，充分发扬人的主观能动性，反对无所作为的懦夫懒汉世界观。从这一方面看，毛泽东哲学是高扬主体性的哲学，这充分体现了民族精神和时代精神。毛泽东晚年确实犯有夸大精神、意志作用的错误，但就他的整个哲学而言，不能视之为唯心主义、唯意志主义。

第二，以实事求是为特征的唯物论。

马克思恩格斯为无产阶级创立了科学的世界观，列宁在新的历史条件下发展了马克思主义哲学。他们始终严格依据辩证的历史的唯物主义基本精神来制定无产阶级革命实践活动的路线、方针和政策，但他们主要是批判理论形态的唯心主义和形而上学。毛泽东则不同，主要从事革命实践的批判活动，把哲学与共产党的实践活动密切结合起来。他从实践，尤其是革命战争的实践中得出了一个十分重要的哲学结论：主观与客观相一致，实践上就能成功，打胜仗；反之，主观与客观相分裂，就会打败仗，在政治上就要犯"左"的或右的错误。因此，他所要解决的是在实践活动中如何贯彻和坚持唯物主义的思想路线，做到主观与客观相一致。他主要批判的是实践活动中的唯心主义和形而上学，而不是理论形态的唯心主义和形而上学。他继承了中国哲学中经世致用、实事求是的唯物主义优良传统，强调一切从实际出发，提倡调查研究，提出"没有调查，就没有发言权"。他反复阐述实事求是的思想路线，用实事求是来反对主观主义，反对教条主义。经毛泽东的解释和提倡，实事求是被赋予了新的含义，成

---

① 毛泽东：《愚公移山》（1945 年 6 月 11 日），《毛泽东选集》第 3 卷，人民出版社 1991 年版，第 1101 页。

为中国共产党人的座右铭。邓小平在新的历史条件下进一步发展了实事求是的思想路线，称实事求是是马克思主义、毛泽东思想的精髓。

第三，以实践为基础的能动的革命反映论。

实践观点是马克思主义哲学的基本观点。马克思恩格斯创立了科学的实践观，从而引起了哲学的革命。列宁指出："从生动的直观到抽象的思维，并从抽象的思维到实践，这就是认识真理、认识客观实在的辩证途径。"① 但列宁对认识的途径没有展开说明。主观与客观、认识与实践、理论与实际的关系，是中国革命过程中经常遇到的攸关中国革命成败的最基本的哲学问题。知行问题也是中国哲学史上争论不休的一个重大问题。中国革命的实践，尤其是同教条主义斗争的实践，为正确解决认识与实践关系问题积累了丰富而深刻的经验与教训。毛泽东依据中国革命的丰富经验，继承了中国哲学注重知行问题的传统，在《实践论》中紧紧抓住认识与实践这一认识过程的基本矛盾，系统地阐述了实践在认识中的地位和作用，从宏观上说明了认识过程的辩证途径，揭示了人类认识世界和改造世界的根本规律，揭露了在实践活动中犯错的认识论根源，丰富和发展了马克思主义认识论，为无产阶级政党的思想路线奠定了理论基础。从马克思主义哲学史看，《实践论》是对列宁认识辩证途径的说明和发挥。从中国哲学史看，它是对中国历史上知行学说（包括孙中山的知难行易说）的总结，唯物而辩证地解决了知行的关系，将中国哲学知行学说推进到一个新阶段。在社会主义时期，毛泽东在《人的正确思想是从哪里来的？》等文章和讲话中，结合新的实践和经验，进一步阐述了认识与实践的辩证关系，说明认识真理的曲折性，犯错误的难免性和自由与必然的辩证关系。他提出，在实践的基础上，物质可以变精神，精神可以变物质。这是前人未讲过的，坚持了彻底的辩证法。

第四，以对立统一规律为核心的辩证法。

马克思恩格斯在批判改造黑格尔的唯心辩证法的基础上建立唯物辩证法。在马克思恩格斯的时代，辩证法与形而上学斗争的焦点在于承认不承认世界是过程的集合，即承认不承认世界是一个由低级向高级发展的永无止境的发展过程。列宁所处的帝国主义时代，资本主义矛盾尖锐化，爆发

---

① 列宁：《黑格尔"逻辑学"一书摘要》（1914 年），《列宁全集》第 55 卷，第 2 版，人民出版社 1990 年版，第 142 页。

了第一次世界大战。为了揭示时代本质，反对修正主义，列宁悉心研究辩证法。他认为，发展原则已普遍承认，两种发展观斗争的焦点在于如何理解发展，即承认不承认发展是对立的统一。他提出：对立统一规律是辩证法的核心和实质，"可是这需要说明和发挥"。① 毛泽东吸取了苏联哲学界的新成果，在《矛盾论》里完成了列宁提出的"说明和发挥"的任务，丰富和发展了唯物辩证法，为革命人民揭露矛盾，分析矛盾，解决矛盾，提供了正确的世界观和方法论。为什么列宁提出的任务由中国人毛泽东来完成呢？这是偶然的吗？当然不是。第一，在俄国十月革命后，半殖民地半封建的中国成了东方矛盾的焦点。毛泽东本人处于中国社会矛盾的中心，领导着中国革命和中国革命战争。《矛盾论》正是中国社会尖锐、复杂、曲折的矛盾运动在理论上的反映。第二，中国是一个富有辩证思维的民族，对立统一、相反相成的辩证思维已渗透到中国的民族精神之中。毛泽东熟谙中国的辩证法。可以说，《矛盾论》是马克思主义辩证法、中国社会的客观辩证法和中国传统辩证法三者有机结合的产物。它的出现具有必然性。在《矛盾论》之后，尤其是在社会主义时期，毛泽东在《论十大关系》、《关于正确处理人民内部矛盾的问题》等著作和讲话中批评了社会主义社会无矛盾的形而上学错误，论述了我国社会的十大关系（即十大矛盾），提出了正确区分和处理两类不同性质矛盾的学说，为正确认识社会主义社会的矛盾提供了科学的方法论基础。毛泽东讲对立统一规律，固然重视矛盾的斗争性，但也不忽视同一性。《矛盾论》（无论是 1937 年 8 月的初稿，还是 1952 年的定稿）中讲同一性的篇幅远远多于斗争性。1956 年后，他尖锐批评苏联哲学家否认同一性的错误，大讲同一性，尤其是讲对立面的转化。毛泽东注重对立面转化的思想无疑是对中国传统辩证法的继承和发展。毛泽东在许多文章、讲话和谈话中对唯物辩证法的其他规律和范畴多有说明和发挥。他反复指出发展过程的曲折性、复杂性，发展是波浪式前进，否定之否定规律实质是肯定与否定的对立统一；质量互变规律是量变与质变的统一，要掌握事物变化中的度，反对"过"与"不及"，在两条战线上作战；在处理全局与局部关系上，要把握全局，找出和抓住带全局性的局部，全局高于局部，又要照顾局部，等等。

---

① 列宁：《黑格尔"逻辑学"一书摘要》（1914 年），《列宁全集》第 55 卷，第 2 版，人民出版社 1990 年版，第 192 页。

第五，以人民为本的唯物史观。

毛泽东对唯物史观中的社会基本矛盾理论、阶级斗争和社会革命理论、国家学说等均有成功的运用和发展，但他的唯物史观最重要的思想却是人民群众理论。这一点是由中国革命长期处于敌强我弱的艰苦环境所决定的。为了战胜强大的国内外敌人，毛泽东创造性地运用人民群众是历史创造者的理论，继承了中国历史上丰富的民本思想，形成了系统的群众观点和群众路线。他指出：共产党人应全心全意地为人民服务，他的一切言论行动，必须以合乎最广大人民群众的最大利益，为最广大人民群众所拥护为最高标准；人民群众是真正的英雄，我们的"上帝"，力量的源泉，人民群众只能依靠自己解放自己；尊重唯物论，尊重辩证法，首先要尊重人民群众，"从群众中来，到群众中去"是党的根本路线。他把马克思主义的实践观和群众观、辩证唯物主义认识论和历史唯物论融为一体。他把虚心向群众学习，善于总结群众的经验，看成是自己成功的"秘密"。群众路线是中国共产党人在敌我力量悬殊的艰苦环境里进行革命活动的无比宝贵的历史经验的总结，也是中国历史上丰富的民本思想在现代的发展，是毛泽东思想活的灵魂的三个基本方面之一。

第六，全心全意为人民的人生哲学。

哲学不仅是世界观、方法论，而且也是人生观、价值观；不仅使人聪明，而且可以提高人的精神境界。注重人生哲学，注重人生修养，是中国传统哲学的显著特点和传统。毛泽东在青年时代就提出，改造中国，宜从改造哲学和伦理学入手。他本人十分注重自身品德的修养和锻炼。在领导中国革命中，他继承和发展了中国传统哲学的这一特点。旧中国是一个以小生产为主的农业社会，现代无产阶级只占人口的很少的一部分。中国共产党的党员主要不是来自工人，而是来自农民和其他小资产阶级。中国共产党的主要活动地域不是在城市，而是长期在农村的艰苦条件下从事革命战争。在这样的环境下，要把中国共产党建成无产阶级政党，可以说是一件非常困难的事，在许多外国人看来，这简直是不可能的事，但在毛泽东的领导下却做到了。以毛泽东为代表的中国共产党人之所以能做到这一点，除了有正确的路线之外，很重要的一条是加强革命人生观的教育，注意正确开展无产阶级思想与非无产阶级思想的斗争，注重党性修养，注重主观世界的改造。毛泽东的人生哲学思想异常丰富。他在人生目的、人生理想、人生价值、个性自由、道德本质、道德原则、道德评价、道德修养、道德的继承和发展等方面均有精辟的论述，为马克思主义理论宝库增添了宝贵的财富。他的《为徐特立六十岁生日写的信》、《为人民服务》、《纪念白求恩》、《愚公移山》等都是这方面的名篇。毛泽东的人生哲学，是以共产党人为代表的现代中华民族优秀品德和高尚精神的理论结晶，将中国传统的人生哲学推进到一个崭新的阶段。毛泽东的人生哲学已渗透到中国社会的日常生活，对中国共产党人的党性修养，对中华民族的精神生活，发生了并将继续发生巨大的深远的影响。

第七，以机动灵活为特征的完整的军事辩证法。

战争是人类社会矛盾最集中的表现，是社会中最激烈、最复杂的一种斗争形式。在战争中，社会生活中的客观辩证法、认识战争和指挥战争的主观辩证法表现得尤为突出。哲学与战争的密切联系，在中国古代的老子、孙子、孙膑的思想中得到了充分的体现。革命战争是中国革命的主要形式，马克思主义普遍真理与中国具体实践相结合，主要是与中国革命战争相结合。波澜壮阔的中国革命战争，既是形成毛泽东哲学思想的重要实践基础，又是它最生动的运用和证明。如果说马克思运用辩证法的重点领域是政治经济学，那毛泽东的重点则是革命战争、军事学。毛泽东对研究战争的方法论、战争观、战争的规律和指导战争的规律、战略和战术、军队建设和国防建设、战争与民众等均有系统而深刻的论述，形成了完整的军事辩证法（军事哲学）。打仗如何打？毛泽东曾做过精辟的概括：你打你的，我打我的；打得赢就打，打不赢就走。这一简洁明了的概括充分表明毛泽东军事辩证法的最显著的特征和鲜明的中国特色：机动灵活，实事求是。毛泽东的军事辩证法不仅在中国军事思想史上，而且在世界军事思想史上占有光辉的一页。毛泽东军事著作中凝结的哲学智慧具有长久的价值。

第八，化理论为方法，领导方法和工作方法。

在马克思主义哲学中，世界观和方法论是统一的。作为中国革命的领导者毛泽东十分注重将一般世界观的理论化为认识世界和改造世界的方法论，化为领导方法和工作方法。他讲究领导艺术和工作方法，自觉地运用马克思主义哲学指导领导工作，反对主观主义的、官僚主义的和命令主义的领导方法和工作方法。他为党起草了《关于领导方法若干问题》、《党委会的工作方法》、《工作方法六十条》、《工作方法十六条》等有关领导方法和工作方法的文件。他提倡和制定的工作方法主要有：

一切从实际出发、实事求是、调查研究、领导和群众相结合、一般和个别相结合、解剖麻雀、一切经过试验、学会"弹钢琴"、胸中有"数"、"两条腿走路"、"设置对立面"、多谋善断、留有余地、波浪式前进等。毛泽东制定的领导方法和工作方法,为马克思主义哲学与无产阶级的实践活动相结合开辟了更为广阔的、现实的道路,是马克思主义哲学深入发展的必然。

第九,致力于哲学的解放。

马克思说过:"哲学把无产阶级当作自己的物质武器,同样无产阶级也把哲学当作自己的精神武器。"[1]　马克思主义哲学从诞生之日起就日益为广大人民群众所掌握。但在资本主义社会,马克思主义哲学被视为毒草,加以打击,因而不可能在整个社会中加以普及。毛泽东在青年时就重视哲学,主张"普及哲学"。在转变成马克思主义者之后,他依然注重哲学的学习、研究、运用和普及。他积极提倡和组织干部学哲学、用哲学。延安整风运动实质上也是一次马克思主义哲学的学习运动、普及运动。新中国成立后,他更把普及哲学提到议事日程上。他在党内外各种会议上讲哲学,并发出"让哲学从哲学家的课堂上和书本里解放出来,变为群众手里的尖锐武器"的伟大号召。他要求哲学工作者搞实际的哲学,要求哲学进一步中国化。

海涅曾说过:康德把德国民族引上哲学的道路,因此,哲学的发展成了一件民族的事业。海涅本人也十分注重哲学的通俗化,注意把哲学普及到人民群众中[2]。我们更可以认为,毛泽东把中华民族引上了哲学的道路,哲学成了全民族的事业。在毛泽东号召下,广大干部、知识分子、工人、农民、解放军战士、学生开展了一个学哲学、用哲学的群众运动,造就了一批自觉运用哲学的领导干部、科学家和实际工作者。经毛泽东的提倡,哲学得到前所未有的普及,为人民群众所掌握,成为他们手中锐利的思想武器。哲学的解放与普及,这是时代的需要,马克思主义进一步发展的必然。我们不应把普及哲学过程中出现的简单化、庸俗化问题,简单归

---

[1]　马克思:《〈黑格尔法哲学批判〉导言》(1843 年),《马克思恩格斯选集》第 1 卷,人民出版社 1995 年版,第 15 页。

[2]　见海涅的《论德国宗教和哲学的历史》,《论德国》,商务印书馆 1980 年版,第 307、203—204 页。

之于哲学的解放，而是应总结哲学解放的经验教训，继续做好哲学的普及与运用，提高全民族的理论思维能力和精神境界。

毛泽东哲学的主要特点和贡献，自然不止以上九个方面，而且对他的特点还可以从其他视角加以概括。但笔者以为，以上九个方面，既反映了马克思主义哲学发展的必然，又体现了中国社会和中国革命的客观逻辑，也是中国传统哲学精华在现代的继承和弘扬。

毛泽东不是专门的职业哲学家，他没有时间去构造自己的哲学体系。1937 年为了在抗大讲授哲学，他编著了《辩证法唯物论（讲授提纲）》。在表达形式上，他借鉴中国古代《齐物论》、《天论》、《礼论》、《神灭论》的形式用"物质论"、"意识论"、"运动论"、"真理论"等作为节的标题，阐述马克思主义哲学的相关内容，力图表现出中国的特色。《实践论》《矛盾论》的结构和内容与苏联的哲学教科书有很大的不同，具有中国的特点。但就提纲的整体而言，如前所述，除《实践论》《矛盾论》外，创新与发挥不是很多。这时，毛泽东对苏联哲学教科书的体系并没有提出异议。在延安时期，他从斯大林的《辩证唯物主义和历史唯物主义》中吸取甚少。在 1956 年苏共二十大后，他从哲学上总结苏联社会主义建设的经验教训，批评斯大林的主观主义和形而上学，思考改造苏联 30 年代的哲学体系。在他看来，斯大林的错误，苏联出修正主义，与斯大林哲学思想的缺陷相关。为了防止出修正主义，他提出要改造从斯大林时代延续下来的哲学体系。

毛泽东有关改造哲学体系的意见反映在他的许多讲话、谈话中，其中主要集中在 1964 年 8 月 18 日和 24 日、1965 年 12 月 21 日的三次谈话里。他有关改造哲学体系的意见主要有：

（1）要搞实际的哲学。老师和学生要以社会为课堂，如果不到社会上、人民中间去学哲学，不到自然界中去学哲学，那种哲学学出来就没有用处，仅仅懂得点儿概念而已。

（2）哲学就是认识论，没有别的。毛泽东历来注重认识论，注重列宁的辩证法、认识论和逻辑学三者一致的思想。在这一时期，他多次提出，加强对干部的马克思主义认识论教育，提出物质可以变精神、精神可以变物质。"哲学就是认识论"是他以往思想的进一步发展。

（3）辩证法一元化的思想。鉴于无产阶级专政的历史经验，他强调坚持用对立统一规律观察社会主义社会，强调列宁的对立统一规律是辩证法的核心和实质的思想。他说："辩证法的核心是对立统一规律，其他范畴如质量互变、否定之否定、联系、发展等等，都可以在核心规律中予以说明。"① 他不赞成恩格斯三个规律和斯大林四个特征的说法。

（4）关于分析和综合。他认为，以往的哲学，历来就讲分析与综合，但讲得不清楚。分析（讲得）比较清楚，综合讲得少。只讲概念的分析与综合，不讲实际的分析与综合。他提出，综合就是吃掉。

（5）要用通俗的语言、劳动人民的语言写文章。他批评当时哲学家们的哲学是"洋哲学"，自己的则是"土哲学"。要把哲学体系改造一下，不要照过去那样写，不要写那样多。等等。

当时毛泽东把反修防修作为头等大事，因而他改造哲学体系的意见自然深深地打上"左"的以阶级斗争为纲的烙印。如他说，有阶级斗争才有哲学，要求哲学家下农村参加阶级斗争，不搞阶级斗争，搞什么哲学。他对当时哲学界的批评也并不完全正确，有简单、过火的问题。因此，对毛泽东有关改造哲学体系的意见要做具体分析。作为学术观点，毛泽东的上述见解，只是一家之言，不能奉为最高指示，绝对真理。但毛泽东的上述见解，又非普通的一家之言，是包含了丰富的实践经验和历史经验的一家之言，因而是值得哲学家们思考、值得重视的一家之言。

总之，毛泽东哲学思想是马克思主义哲学、中国传统哲学的优秀成果、中国革命和建设的实践经验三者的有机融合，是 20 世纪中国哲学的最大成果，其实践意义和理论价值均是其他哲学所不能相比拟的，是我们建构当代马克思主义哲学新形态的理论出发点和基础。自然，毛泽东哲学思想有其历史局限性，他晚年在探索中国社会主义道路过程中的严重失误同他的哲学上的错误有着内在的联系②。

（二）中国哲学家对马克思主义哲学中国化的贡献

长期以来我国哲学界只重视以毛泽东为代表的领袖人物对发展马克思

① 毛泽东：《读李达主编〈马克思主义哲学大纲〉（内部讨论稿）一书的批注》（1965年），《毛泽东哲学批注集》，中央文献出版社 1988 年版，第 505 页。
② 有关这方面的内容见拙作《毛泽东晚年的社会主义探索与试验》，云南人民出版社 2004年版。

主义哲学所做的贡献，很少讲、甚至不讲专门的哲学家在这方面的贡献，这显然是不妥的。从历史来看，尽管社会实践（生产斗争、阶级斗争和科学试验）是推动哲学发展的最基本的动力，但真正对实践经验进行哲学概括总结的是专门哲学家。专门的哲学家与革命家兼哲学家两者之间有着密切的关联，可以讲，没有专门哲学家对马克思主义哲学的宣传、研究和发展，就没有革命家对马克思主义哲学的运用与发展。为马克思主义哲学中国化做出贡献的哲学家甚多，在此只讲具有代表性的几位：李达、艾思奇、冯定、杨献珍、张申府和张岱年、冯契。

（1）李达哲学

李达（1890—1966），1913 年赴日本留学，在俄国革命的影响下开始学习马克思主义，1920 年 8 月回到上海。在留学日本期间，他翻译了《唯物史观解说》（郭泰著）、《马克思经济学说》（考茨基著）、《社会问题总览》（高畠素之著）。这三本书于 1921 年在上海出版，广为流传，成为中国早期马克思主义者的启蒙读物。回国后，他积极参加中国共产党的筹建工作，任《共产党》月刊主编，同时又参与《新青年》杂志的编辑工作。他积极参加当时的思想论战，发表《张东荪现原形》、《社会革命底商榷》、《讨论社会主义并质梁任公》、《无政府主义之解剖》、《马克思派社会主义》等文章，批驳资产阶级改良主义和小资产阶级无政府主义，热情宣传马克思主义。他在理论上和思想上为中共的建立做出了特殊贡献，在中共一大被推举为宣传主任。他是中共的创建人之一。他紧密结合中国革命的实际，研究、宣传马克思主义。他说："马克思学说之在中国，已是由介绍的时期而进到实行的时期。"他赞成国共合作的统一战线，"中国共产党联合国民党推倒军阀政治的主张，在马克思学说上也是有基础的"。同时，他也提出共产党要时时保持独立性①。

由于中国的特殊历史条件，中共成立时的理论准备是不足的。同样，由于中国的特殊历史条件，中共成立后立即投入反帝反军阀的革命运动，因而无充裕的时间进行深入的、系统的理论研究。当时中共主要领导人陈独秀只强调马克思主义理论的实际应用，忽视了马克思主义理论的研究。李达看到了党的这一弱点。他在 1928 年回忆道："当时党内的许多人注重

---

①　李达：《马克思学说与中国》（1923 年 5 月 13 日），《李达文集》第 1 卷，人民出版社1980 年版，第 202、204 页。

实行，不注意研究，并有要求马克思那样的实行家，不要马克思那样的理论家的警句。"为了纠正这种偏向，他主张："党内对于马克思学说多做一番研究工夫，并且自己也努力研究马克思学说和中国经济状况，以求对于革命理论得一个彻底的了解。"① 1922 年，他辞去中共宣传主任，同年11 月，应毛泽东之邀，到长沙任自修大学校长，讲授唯物史观、剩余价值和科学社会主义，主编《新时代》。从此以后，他专心致力于马克思主义理论的翻译、研究、宣传和教学，成为一位专门的马克思主义哲学家。这使得他有充裕的时间从事哲学的著述工作，也使得他的哲学思想比其他人更为系统些、深刻些。积多年的研究，李达于 1926 年出版了《现代社会学》。该书主要论述唯物史观和科学社会主义。该书虽然基本上是介绍性质的，但也有一些新的观点。如书中不仅指出，生产关系落后于生产力会阻碍生产力的发展，而且还说明生产关系超越了现有的生产力也会引起生产力的破坏。无论从所论及问题的广泛性，还是就所论述内容的系统性、深刻性而言，《现代社会学》堪称是马克思主义哲学在中国早期传播的代表作。该书出版后深受读者欢迎，至 1933 年共印行 14 版，产生了巨大的社会影响。

1927 年大革命失败后，中国革命出现了低潮。马克思主义哲学在中国的传播与发展分为两个方面：一方面是以毛泽东为代表的中国共产党人运用马克思主义的宇宙观，科学地分析了中国社会和中国革命的特点，开辟了在农村建立革命根据地、以农村包围城市、武装夺取政权的正确道路，同时又把中国革命的丰富经验上升为哲学理论，形成了毛泽东哲学思想；另一方面是众多的马克思主义者、进步的文化工作者，在国民党反动派的白色恐怖下，坚持宣传马克思主义，同敌视、歪曲马克思主义哲学的错误思潮进行论战，唯物辩证法风靡全国，成了中国哲学界的主流。李达是在这一时期传播马克思主义哲学成绩最佳、影响最大者。

李达的传播工作大致可分为翻译、教学和著述三个方面。他主要的哲学译著有《社会科学概论》（杉山荣著，与钱铁如合译 1929 年）、《现代世界观》（原名《辩证唯物主义入门》，塔尔海玛著，1929 年）、《经济学批评》（即马克思的《政治经济学批判》，1930 年）、《马克思主义经济学基础理论》（河上肇著，与王静等合译，1930 年）、《理论与实践的社会

---

① 李达：《中国所需要的革命》，《现代中国》第 2 卷第 1 号，1928 年 7 月。

科学根本问题》（原名《伊里奇与哲学》，卢波尔著，1930 年）、《辩证法唯物论教程》（西洛可夫等著，与雷仲坚合译，1932 年）等。在这些译著中，《辩证法唯物论教程》一书影响尤大。该书与《新哲学大纲》、《辩证唯物论与历史唯物论》一起成为当时学习研究马克思主义哲学的主要教材，也是毛泽东在抗大讲授哲学、写作《实践论》《矛盾论》的主要参考书。李达等人的三本译著为毛泽东哲学思想的形成提供了重要的思想资料。

这一时期，李达在上海、北平的一些大学讲授马克思主义哲学、经济学，是有名的红色教授之一。他还出版诸多著作，其中以《社会学大纲》（1937 年）最为著名。李达的哲学功底与人生经历，要高出当时涌现出的理论新秀。与《大众哲学》等通俗读物相比，《社会学大纲》属提高之作。该书综合和吸取了国外马克思主义哲学的成果，系统地阐述了马克思主义哲学基本原理，全书 40 余万字。该书虽然从总体上讲仍带有译介性质，但其中也融进了作者多年研究所得的新收获。该书与同时代著作相比，有以下优点：第一，对马克思主义哲学的体系提出自己的看法。该书不赞同当时苏联哲学家把马克思主义哲学分成辩证唯物主义和历史唯物主义两大块。该书分五篇："唯物辩证法"、"当作科学看的历史唯物论"、"社会的经济结构"、"社会的政治结构"、"社会的意识结构"。全书这种结构、体系，表明重点在论述历史观和社会观。李达把自己的著作取名为《社会学大纲》，这也反映了他对马克思主义哲学体系的看法。第二，注重实践在马克思主义哲学中的地位。该书不仅把实践看成是认识论的基础，而且看成是整个马克思主义哲学的重要概念。李达从马克思主义哲学的产生的过程，论证了实践的意义，认为马克思主义哲学是实践的唯物论。第三，对认识的过程做了新的概括。李达把认识过程概括为："实践→直接的具体→抽象的思维→媒介的具体→实践。"[1] 与列宁的概括（即"从生动的直观到抽象的思维，并从抽象的思维到实践"）相比，增加了"媒介的具体"的这一环节。作者对"媒介的具体"虽没有展开，但它无疑有理论价值。"媒介的具体"是由抽象的思维（理论）到实践的重要环节。第四，专门论述了对立统一法则是辩证法的核心，说明了对立统一法

---

[1] 李达：《社会学大纲》（1937 年 5 月），《李达文集》第 2 卷，人民出版社 1980 年版，第266 页。

包摄着辩证法的其余法则和范畴。《社会学大纲》博采众家之长，逻辑严密，自成体系，就其内容的丰富性、系统性、完整性和深刻性来讲是国内其他同类著作所不能比及的，也可同国外的同类著作相媲美。毛泽东认真研读过此书，称它是中国第一本马克思主义哲学教科书，并向延安的干部作了推荐。该书是献给英雄的抗日战士的，是为了给中国人民以一个科学的宇宙观和历史观。由于社会环境等限制，该书未能与中国的社会、中国的历史、中国的哲学相结合，这是一个明显的缺陷。这一不足带有时代的特征，到了抗日战争时期，艾思奇才提出开展马克思主义哲学的中国化、现实化运动。

　　新中国成立后，李达被公推为中国哲学会会长，他的哲学活动进入了一个新的时期。毛泽东的《实践论》《矛盾论》发表后，李达写作了《〈实践论〉解说》和《〈矛盾论〉解说》，积极、正确、实事求是地宣传毛泽东的哲学思想，为普及马克思主义哲学做出了贡献。在 1961 年夏，毛泽东建议他重新修改出版《社会学大纲》，可以找几个得力的助手帮助搞。李达接受了毛泽东的建议，决心在《社会学大纲》的基础上写出一本可以同国外马克思主义哲学教科书争一下高低的《马克思主义哲学大纲》。1965 年，由李达主编的《马克思主义哲学大纲》上册脱稿，印了少量征求意见稿。1978 年书稿以《唯物辩证法大纲》为名正式出版，全书 37 万字。该书是继由艾思奇主编 1961 年出版的《辩证唯物主义 历史唯物主义》后的又一本哲学教科书。该书注意联系中国革命和建设的实际，充分吸取毛泽东哲学思想，注重对唯心主义、形而上学的批判。从内容上讲，该书还有两个不同于一般哲学教科书的明显特点：第一是用一篇阐述马克思主义哲学是人类认识史的唯物的辩证的综合，阐述唯物辩证法的创立和发展的过程。第二是用六章的篇幅讲认识论。该书在吸收《实践论》的同时，又各用一章讲感性认识形式和理性认识形式及理性思维方法。该书的这两点都是保留了《社会学大纲》的优点。该书没有注意对中国哲学遗产的批判与吸取，这是一个明显的不足。但从总体上讲，该书有它自己的特点，反映了我国马克思主义哲学所达到的新水平。

　　总之，李达的《现代社会学》、《社会学大纲》和由他主编的《唯物辩证法大纲》三部著作是我国三个不同时期马克思主义哲学的代表作。李达是我国名副其实的中国马克思主义哲学界的泰斗，在专门的哲学家中无人能高出于他①。

(2) 艾思奇哲学

艾思奇(1910—1966),在20世纪30年代的上海走上马克思主义哲学研究之路。初出茅庐的他,思想敏锐,敢于同资历老、名声大的假马克思主义者叶青进行论战,揭露叶青反马克思主义哲学的本质,崭露头角。他的《大众哲学》开马克思主义哲学通俗化、大众化的先河,赢得了千百万读者的赞誉。《大众哲学》虽是大众化的杰作,但是具有重要的理论价值。1936年10月,毛泽东称《大众哲学》是"真正通俗而有价值"的著作的代表,把它推荐给延安的干部②。该书讲认识论不同于当时一般的著作,第一,反复说明实践在认识过程中的意义,强调实践是认识的基础。第二,突出了认识过程中感性认识和理性认识的矛盾运动,说明两者的辩证关系。第三,对认识过程做了精辟的概括:"从感性到理性,从理性到实践,又由实践得到新的感性,走向新的理性,这种过程是无穷地连续下去,循环下去,但循环一次,我们的认识就愈更丰富,所以这种循环,它永远在发展、进步,决不会停滞在原来的圈子里。"③ 第四,认识论的结构具有独特新颖之处。它不是按照感觉、表象、概念、判断、推理、分析与综合、归纳与演绎等当时流行的次序讲认识论,而是突出感性认识与理性认识、认识与实践这两对矛盾讲认识论。《大众哲学》的这些优点,对毛泽东不无启发,《大众哲学》中有些表述为《实践论》所吸收④。

1937年10月,艾思奇由上海到延安,由此他的哲学活动进入一个新的阶段。如前所述,他在《哲学的现状与任务》(1938年4月)一文中提出,过去的哲学通俗化运动"是有极大意义的,而且这也就是中国化现实化的初步",但通俗化并不等于中国化现实化。为适应时代的要求,

---

① 详见拙文《李达——中国马克思主义哲学界的泰斗》,刊于《纪念李达诞辰一百周年》,湖南出版社1991年版。

② 毛泽东:《致叶剑英、刘鼎》(1936年10月22日),《毛泽东书信选集》,人民出版社1983年版,第80页。

③ 艾思奇:《大众哲学》(1936年1月),《艾思奇文集》第1卷,人民出版社1981年版,第186页。

④ 详见拙作《〈大众哲学〉与〈实践论〉》(1986年),刊载《为毛泽东辩护》,当代中国出版社1996年版。

哲学应由过去的通俗化运动进展到"中国化现实化运动"。他对中国化现实化的内涵做了说明。他不仅这样说，而且努力这样做，尤其是在毛泽东提出马克思主义中国化后。他在《论中国的特殊性》一文批判了叶青对马克思主义中国化的歪曲和攻击，论述了马克思主义中国化的可能性、必要性和实质。他指出，马克思主义和实践是分不开的，"马克思主义者所谓的精通马克思主义不仅是指马克思主义的理论研究，而同时是指在一定的具体环境之下实践马克思主义，在一定国家的特殊条件之下创造马克思主义的事业。这里一定有'化'的意思，也就有'创造'的意思"。① 中国化的过程也是创造性运用和发展马克思主义的过程。中共六届六中全会后，受毛泽东的影响，他对中国化的理解也有拓展，不再仅局限于马克思主义哲学与现实的革命运动相结合，而且还要与中国传统哲学相结合。他认为，哲学中国化原则上不外两点："第一要能控制中国传统的哲学思想，熟悉其表现方式；第二要消化今天的抗战实践的经验与教训。"②

　　他在为供延安干部学习哲学而编的《研究提纲》中对马克思主义及其哲学的中国化有进一步的论述。他写道："马克思主义及其哲学在中国有它的基础"："无产阶级的存在"；"中国古来伟大思想中的辩证法唯物论要素的存在"。他紧接着说："中国的马克思主义及其哲学的发展，受外来影响很大，但决不全靠输入的。""马克思主义及其哲学是国际主义的东西，但在中国又具体表现为民族主义的东西。""在中国研究辩证法唯物论的哲学，是要站在民族的基础上的：要综合抗日民族统一战线的实践经验，作为发展辩证法唯物论的基础；同时用辩证法唯物论去研究、解决现实的实践问题，只知道把外国的现成的成果拿来运用，是不够的；要联合、学习和发扬中国民族哲学传统中优秀的一切成分；要反对危害民族的一切思想方法。"③ 艾思奇的这些论述是深刻而全面的。他在提纲中力求引导读者结合抗日战争的实际和当时哲学战线上的斗争，力求结合中国哲学史。如他吸取了毛泽东在《致陈伯达》、《致张闻天》信中有关中庸

---

① 　艾思奇：《论中国的特殊性》（1940 年 4 月），《艾思奇全书》第 2 卷，人民出版社 2006 年版，第 774—775 页。

② 　艾思奇：《关于形式论理学与辩证法》（1939 年 3 月），《艾思奇全书》第 2 卷，人民出版社 2006 年版，第 623 页。

③ 　艾思奇：《研究提纲》（1939 年），《艾思奇全书》第 2 卷，人民出版社 2006 年版，第 547—548 页。

的评论，在讲质量互变规律时指出："量变质是中国中庸观念的基础，也是两条战线斗争的理论基础，要维持一定的质，人的行动必须在适当的限度内，不能过或不及。"他进而指出中庸的局限性：中庸观念的错误，"在于从形而上学的观点上把这道理绝对化，使它变成死的不变的道德标准"。① 由于作者对中国传统哲学缺乏全面系统的研究与把握，在联系中国传统哲学方面还甚少，有时也不一定很准确。

艾思奇是我国理论界最早提倡学习毛泽东哲学著作的学者之一。早在1940年，他就指出：毛泽东的《论持久战》、《论新阶段》、《新民主主义论》等书是抗日战争时期战斗经验的总结，"在一定的意义上说也是哲学上的划时期的著作"，"是马克思主义中国化的辩证法唯物论应用的最大收获"。② 在延安整风运动中，他遵循党中央和毛泽东的领导，发表了《反对主观主义》、《不要误解"实事求是"》、《"有的放矢"及其他》、《关于唯物论的几段杂记》等文章，宣传唯物论辩证法，反对主观主义。新中国成立后，艾思奇更加重视毛泽东哲学思想的研究和宣传，他在讲课和著作中充分吸取毛泽东哲学思想，阐述毛泽东对马克思主义哲学的贡献。

在北京时期，艾思奇一直任职于中共中央党校，从事马克思主义哲学的研究、宣传和教育，先后出版《历史唯物论——社会发展史》、《辩证唯物主义讲课提纲》。他在这一时期的最主要贡献是主编出版了《辩证唯物主义 历史唯物主义》（1961年）教科书。该教科书代表了当时中国马克思主义哲学的教学水准，具有中国的特点。该书紧密结合中国革命和建设的实际经验，充分吸取了毛泽东哲学思想，把阐述马克思主义哲学的一般原理和说明毛泽东对马克思主义哲学的发展这两方面结合起来，准确地反映了马克思主义哲学在我国的新发展、新成果。该教科书在阐述马克思主义哲学一般原理时注意联系中国哲学史上典型的思想资料，增加了一些中国的特色。但该书还不能做到对博大精深的中国传统哲学进行总结概括，不能做到用中国传统哲学的优秀成果来丰富和发展马克思主义哲学。受传统的束缚，艾思奇从没有想构建与辩证唯物主义和历史唯物主义不同

① 艾思奇：《研究提纲》（1939年），《艾思奇全书》第2卷，人民出版社2006年版，第585页。

② 艾思奇：《抗战以来的几种重要哲学思想的述评》（1941年），《艾思奇全书》第3卷，人民出版社2006年版，第247、251页。

的哲学体系，因此，该书虽然在内容上具有中国的特点（尤其是认识论和对立统一规律两部分），但就整个体系而言则并没有冲破苏联 30 年代的哲学框架。

艾思奇是马克思主义哲学大众化、中国化、现实化的先驱。毛泽东称他为"理论战线上的忠诚战士"。他的哲学道路具有一定的代表性，从一个方面反映了马克思主义哲学在中国的传播、发展的历史过程①。

（3）冯定哲学

冯定（1902—1983），1927 年赴莫斯科中山大学学习，1930 年回国，从事编辑工作。1937 年出版《青年应当怎样修养》。长期从事宣传、理论教育工作。1948 年出版《平凡的真理》。1952 年发表《关于掌握中国资产阶级的性格并和中国资产阶级的错误思想进行斗争的问题》。1956 年出版《共产主义人生观》。1957 年，经毛泽东提名任北京大学教授。1982年出版《人生漫谈》。冯定是哲学家、伦理学家。他对马克思主义哲学中国化的贡献主要集中反映在《平凡的真理》一书中。

《平凡的真理》，最初是作者发表在《大连日报》上的哲学短文的汇集。建国后，经作者重写，于 1955 年出新的一版，1980 年略加修改后再版。该书虽然是一本供青年学习的通俗哲学读本，但有它的不平凡之处，提出了独树一帜的哲学体系。

该书分为四篇：第一篇"真理和智慧"，讲认识论问题。先述真理是平凡的，智慧是真理的认识和遵从；次述认识的生理基础，说明大脑的思维机能及生理现象和心理现象的关系；再述家庭、学校、社会对个人思想的影响；最后述"社会的存在和发展"。第二篇"真理和谬误"，讲两种世界观，说明真理和谬误、科学和迷信（宗教）、唯物主义和唯心主义、主观主义和主客观一致等的对立。第三篇"真理和规律"，从世界观与方法论一致的角度讲客观规律问题。先述规律的一般特点，次述联系和发展原则，再述作为认识根本方法的唯物辩证法的基本规律和范畴。第四篇"真理和实践"，先后讲了实践、学习、工作、斗争、领导、修养等问题，论述哲学在个人生活诸方面的应用。全书纲目清晰，层次分明，步步深入，形成了一个较为完整的体系。该书的体系与国内外流行的马克思主义

---

① 详见拙文《艾思奇与马克思主义哲学的大众化》，刊于《当代社科精华》（哲学卷），黑龙江教育出版社 2001 年版。

哲学体系相比较，别开生面，独具一格，自成一家之言。该书为马克思主义哲学体系的改造提供了有益的启示：

第一，认识论应成为哲学研究的中心。冯定认为："智慧就是真理的认识和遵从。"① 他用"真理和智慧"作为《平凡的真理》第一篇的篇名，并且在其余三篇的篇名以至全书的书名中均冠有"真理"两字。他又指出：人的智慧，总是在不断地改善和提高自己的生活中真正表现出来的。认识真理和遵从真理就是认识世界和改造世界。哲学就是对认识世界与改造世界根本规律的研究。认识真理和遵从真理，亦即认识世界和改造世界，是全书的宗旨，也是贯穿全书的主线。

第二，辩证唯物论和历史唯物论应融为一体。该书没有因袭苏联教科书的辩证唯物论和历史唯物论两大部分的体系，而是在讲认识发生、发展的基础时就讲了历史唯物论的有关原理：生产劳动是社会存在的基础，也是认识发生、发展的基础，生产力是人类社会发展的最后动力和唯一尺度；随着生产力的发展，产生了私有制、阶级；生产力和生产关系、经济基础和上层建筑之间的矛盾运动，人类改造自然和改造社会的斗争；人类智慧的不断增多和增大等等。

第三，人生观应是哲学的有机组成部分。注重人生问题是中国哲学的传统。注重人生修养亦是毛泽东哲学思想的一个特点。令人遗憾的是，受苏联哲学的影响，我国的哲学教科书缺少这方面的内容。该书则不同，它继承了中国哲学注重人生修养的传统，把世界观与人生观有机地结合在一起。它的这一优点不仅表现在书的最后专门讲了"修养"，而且还表现在全书都贯穿着如何依据科学的世界观树立正确的人生观。全书注意将哲学原理转化为认识世界和改造世界的方法，将哲学原理转化为人生修养，转化为人的品德。

第四，打破教条主义文风。该书具有一般通俗读物的优点：语言朴实无华，内容亲切生动。它还有一个很大的优点：全书没有一处引用经典著作，而是用作者自己的话讲自己的认识和体会。这种不引经据典，不借助于权威的写作方式，在建国以后的理论界恐怕是少见的。

该书作为青年的通俗哲学读本，内容上基本没有超出当时的马克思主义哲学。但仔细阅读，也能发现一些为当时流行的马克思主义哲学教科书

---

① 冯定：《平凡的真理》，《冯定文集》第 1 卷，人民出版社 1987 年版，第 175 页。

所没有的，而今天却具有重要价值的独到见解。这里仅举两点：

第一，关于世界和谐的思想。冯定指出："世界，其实不管其现象是多么繁杂纷纭而不可究诘，但从其整个的全部的来说，总究不仅是永恒的，而且还是和谐的。世界为什么会这样和谐呢？这是因为世界总归是由物质统一起来的，而物质的运动又是有规律的。"① 他又说："世界的存在是合逻辑的，而不是乱七八糟使人无法理解的。"他还指出："整个的全部的物质世界是在运动的物质或者物质的运动中统一起来的；永远表现为矛盾的和谐。"② 冯定的这些论述，"世界是和谐"的思想十分明确。当然，冯定所说的"和谐"，决不是无差别、无矛盾的和谐，而是"矛盾的和谐"，对立面的辩证统一。

第二，关于意志等非理性因素的作用。人是理性与非理性的统一。长期以来，哲学家们较多的是偏重于对人的理性的研究，而对非理性关注甚少。传统的马克思主义哲学教科书不讲非理性，即使提到，也只是从批判的角度讲。该书虽然没有辟专门的节或目讲非理性问题，但它还是多处讲到情感、意志等非理性因素。他在别的人生修养著作中对意志修养辟有专门章节进行阐述。

此外，他还提出：人类个体最本质的东西，是主观和客观的矛盾；矛盾的对立双方的斗争，实际上也不过是相互联系和相互制约的特殊形式，所以决不应该将斗争理解为仅是破坏性的过程，而不是建设性的过程；矛盾的斗争是怎样在进行的，不仅决定于矛盾的性质，而且也受时间、地点和其他各种条件的影响，所以矛盾的具体解决方式和道路是多种多样而各不相同的，等等。冯定的这些思想也都有一定的新意③。

（4）杨献珍哲学

杨献珍（1896—1992），1920 年毕业于国立武昌商业专门学校，随后留校任教 4 年，同时自学马克思主义。1926 年加入中国共产党，全力投身革命。1942 年任中共中央北方局党校党委书记兼教务主任。以后历任中共中央党校教务处第一副处长、中共晋察冀中央局党校副校长、马列学

① 冯定：《平凡的真理》，《冯定文集》第 1 卷，人民出版社 1987 年版，第 357 页。
② 同上书，第 266、476 页。
③ 详见拙文《〈平凡的真理〉对改造哲学体系的启示》，刊于《平凡的真理，非凡的求索》（纪念冯定百年诞辰研究文集），北京大学出版社 2002 年版。

院副院长、中共中央直属高级党校校长兼党委书记。杨献珍在担负党校领导工作的同时还研究哲学，讲授哲学，撰写哲学论著。他曾因坚持实事求是的唯物主义思想路线而在政治上和理论上遭到错误批判。在“文化大革命”中，他进一步惨遭诬陷迫害。1979 年，杨献珍的冤案彻底平反，任中共中央党校顾问。

杨献珍对哲学的讲授、著述主要是在新中国成立后展开的，他的以下观点、思想值得我们重视：

第一，“哲学基本问题，也是实际工作的基本问题”。

杨献珍强调，哲学课是党校的“关键课”，“学好哲学，是学好其他课程的关键”。① 领导干部如何学哲学？联系实际是关键。如何能让领导干部尽快地把抽象的哲学理论同自己的实际工作联系起来，受毛泽东的启发，他提出了“哲学基本问题，也是实际工作的基本问题”的命题。他认为，思维与存在的关系在实践中表现为主观与客观的关系问题。“主观与客观的统一，乃是认识世界和改造世界的关键。”② 领导干部学哲学，首要的是抓住思维与存在的关系这一哲学基本问题，只有正确解决了这个哲学上的基本问题，才能使党和国家的干部从思想上根本克服主观主义。“哲学基本问题也是实际工作的基本问题”的命题在理论上和实践上都有其价值。③ 尤其难能可贵的是，在唯心主义、主观主义泛滥的时期，他宣传实事求是的优良作风，直言批判实际工作的“浮夸风”、“共产风”。他多次借用列宁的话说：离开了哲学唯物主义不仅是错误的，而且是危险的，甚至是反动的。

第二，实践论以反映论为前提。

针对党校哲学教学中孤立地学习《实践论》的倾向，杨献珍提出要把学习《实践论》和学习马克思列宁主义哲学经典著作结合起来。他指出，毛泽东是在讲了唯物论的许多问题后才讲到《实践论》，“只有懂得了反映论，掌握住反映论这把钥匙去读《实践论》，才能把《实践论》读

---

① 杨献珍：《怎样学习马克思主义的哲学？》（1955 年 1 月），《杨献珍文集》第 2 卷，河北人民出版社 1986 年版，第 24 页。

② 杨献珍：《思维对存在的关系这个哲学上的基本问题也是我们一切实际工作中的基本问题》（1955 年 5 月 21 日），《杨献珍文集》第 1 卷，河北人民出版社 1984 年版，第 382 页。

③ 参见拙文《一个有重要意义的命题》（1996 年 8 月），载《坚持和弘扬彻底唯物主义精神》（杨献珍诞辰 100 周年纪念文集），中共中央党校出版社 1997 年版。

懂"。①他认为，马克思主义实践论是建立在唯物主义基础上，是以唯物主义反映论为前提。离开了唯物主义基础和前提，讲实践论就有离开唯物主义的危险，实际工作就会陷入唯心主义、主观主义。杨献珍强调实践论以反映论为前提，其实质是强调实践论以物质论为前提。他的这一观点至今仍应为"实践本体论"者深思。离开物质论讲实践论，势必会离开唯物主义，走向唯心主义、主观主义。

第三，"过渡时期的经济基础综合"论。

1953 年，马列学院（中共中央党校前身）的领导人和教员在学习过渡时期总路线和斯大林的《马克思主义语言学问题》时，对"经济基础"概念和我国过渡时期的经济基础的理解上有分歧。针对分歧，杨献珍写作了《关于中华人民共和国在过渡时期的经济基础与上层建筑的问题》一文。他认为，经济基础，"就是整个'社会'的诸种生产关系的总和"，而不是占主导地位生产关系的所有制、分配和人与人相互关系三方面的总和。据此，他提出，我国过渡时期的经济基础有这样几种生产关系：国营经济的社会主义所有制（整个国民经济的领导成分）、合作社经济的半社会主义所有制、私人资本主义所有制、个体农民所有制、国家和私人合作的国家资本主义所有制这五种生产关系。他还指出，承认过渡时期多种经济成分的"基础"，并不是要永远保持这个"基础"的各种经济成分，而是要把这个多种经济成分的"基础"，逐步改变成为单一的社会主义经济。他不赞成只有社会主义生产关系才算过渡时期的经济基础的观点。他批评"单一经济基础论"者不是从实际出发，不是从客观分析中国现存的经济结构出发，而是从概念出发。② 直至今天，我国社会仍是不发达的社会主义社会，还处于社会主义初级阶段。我国社会的经济基础仍是以公有制为主体、多种所有制并存的综合的经济基础。社会实践表明，急于过渡到单一的社会主义所有制的思想和做法，脱离了中国的实际，在实践上是有害的。

第四，"合二而一"论。

---

① 杨献珍：《什么是唯物主义》（1955 年 5 月），《杨献珍文集》第 1 卷，河北人民出版社 1984 年版，第 523 页。

② 杨献珍：《关于中华人民共和国在过渡时期的经济基础与上层建筑的问题》（1955 年 6 月 23 日），《杨献珍文集》第 1 卷，河北人民出版社 1984 年版，第 399、404、413 页。

　　他多次讲，学习辩证法时，就是抓对立面的统一和斗争这一条纲。他在讲课中宣传了毛泽东关于一分为二的思想。他依据毛泽东的同一性思想对苏联《简明哲学词典》"同一性"条只讲斗争性、否认同一性和不指名批评《矛盾论》的错误进行了反批评，阐述了矛盾同一性原理。他力图用中国哲学的"合二而一"来表达马克思主义的"对立统一"。他讲课时讲到了"合二而一"论，中心意思是：学辩证法，要抓对立统一这个辩证法的核心问题；学会掌握对立统一规律做工作，要在对立面的统一中把握对立面，善于把对立面结合起来，两条腿走路，防止片面性。他讲课提纲的整个文字，主要是从毛泽东未公开发表的著作和讲话中摘引来的。他写道："一分为二，就是对立统一规律。"又说："'合有无谓之元'，就是'对立面的统一'。"他着重批判现代修正主义否认矛盾、取消斗争的形而上学。他在讲课时曾说："辩证法不应当只讲斗争性不讲同一性；不应当只讲'一分为二'，不讲'合二而一'。辩证法只提'一分为二'，不提'合二而一'，是只要斗争性，不要同一性。不要同一性，只讲斗争性，不讲团结的理论，是阉割了辩证法的全面性，因此是打人的理论。"[①] 杨献珍的"合二而一"论，虽然如他自己所言，不过是"对立统一"论的中国表述，但还是有它的理论价值和实践意义的。

　　总之，杨献珍虽然没有提出自己的哲学体系，但他提出了上述命题、思想，对马克思主义哲学中国化的发展有所贡献。他的彻底的唯物主义精神和为真理而献身的人格更是为中国哲学界乃至政治界、思想界和学术界留下的宝贵精神遗产。

　　（5）张申府、张岱年哲学

　　受传统的束缚，长期以来，我国有关的马克思主义哲学在中国的传播、发展史著作几乎没有论述张申府（崧年）、张岱年兄弟的。其实，张氏兄弟在马克思主义哲学中国化过程中有着特殊的重要意义。

　　张申府（1893—1986），1913 年入北京大学，学数学。1917 年毕业后留校任教。学生时就醉心罗素哲学，之后一直敬仰罗素，译介罗素思

---

　　① 　杨献珍：《要学会掌握对立统一规律去做工作，在工作中尊重辩证法（提纲）》（1964 年4 月），《我的哲学"罪案"》，人民出版社 1981 年版，第 190—191、195、207 页。又见萧岛泉的《一代哲人的风范》，载《坚持和弘扬彻底唯物主义精神》（杨献珍诞辰 100 周年纪念文集），中共中央党校出版社 1997 年版，第 76 页。

想，尤其是分析哲学的方法。他是我国研究介绍罗素的专家。受时代思潮的影响，张申府同陈独秀、李大钊关系密切，参加中共早期的创建工作，是周恩来、朱德的入党介绍人。1924 年任黄埔军校政治部副主任。之后在暨南大学、中国大学、清华大学、北京大学等校讲授形式逻辑、数理逻辑、西方哲学等课程。在政治上，他坚持民主主义，反对专制独裁。在哲学上，他既服膺罗素的分析哲学，又十分推崇唯物辩证法，大力提倡马克思主义。他说："现代世界哲学的主潮流有二：一为解析，详说逻辑解析。二为唯物，详说辩证唯物。"两者各有所长，也各有所弊，相通而又相补。"辩证唯物本由马克思与恩格斯成立于 1844—1845 年。至本世纪初得到了列宁的努力，益大恢宏，益成了改变世界的利器。""现代科学如有危机，大概是非随顺辩证唯物救济不了的。"他认为："解析与唯物，这是两方方兴的趋势。两势会归，必然于人类思想的改造，世界状态的变更，均大有所成就。"① 张申府强调马克思主义实践论。他在自己的著作中径直引用马克思的"哲学家们只是用不同的方式解释世界，而问题在于改变世界"的名言。他重视唯物辩证法的对立统一学说，认为对立面的统一，"不但是认识的法则，也兼是客观世界的规律"。他指出："辩证法的精要在活，在通，在实践。"② 张申府在运用唯物辩证法于中国革命上也有独特的见解，反对教条主义照搬外国的做法。他说："尤要知中国社会就是中国社会，中国革命就是中国革命。谁拿西洋的成名陈范来扣，谁拿西洋已有的革命来比方，都是难得得当的。不可为特而忘通；同样不可为通而忘特。"③ 他要求普遍性与特殊性相结合。

张申府是新文化运动的积极参与者，反对复古尊孔。但他不全盘否定孔子的现代价值。他认为："哲学有党派性，是不容否认的。哲学有民族性，也是不容否认的。""一个民族，如果没有它可以纪念的东西，则不但不会长久，也必不值得长久。""仁、生、易：是中国哲学中三个最要紧的字，而实是一体的。"他还认为，"仁、生、易，实深合乎辩证法，

---

① 张申府：《现代哲学的主潮》（1934 年 12 月 17 日），《张申府文集》第 1 卷，河北人民出版社 2005 年版，第 185、187 页。

② 张申府：《续所思》（1930 年），《张申府文集》第 3 卷，河北人民出版社 2005 年版，第 178 页。

③ 张申府：《所思》（1925 年），《张申府文集》第 3 卷，河北人民出版社 2005 年版，第 123 页。

有顺乎大客观。""无论如何，孔子是最可代表中国特殊精神的。"① 如前所述，他在 20 世纪 30 年代的新启蒙运动中提出"打倒孔家店，救出孔夫子"。

张申府在治学上主张"通"。他说："世间一切都是参差错杂的。""'通'，是我认为作为哲学的最后目的。分析，多元，客观，切实，都是'通'的门路。""唯通乃可以不胶执，乃可以执两用中，乃可以集众见而见蔽之所以蔽，而还各以其相当的地位。"② 基于这种认识，他说："我的理想：百提（罗素），伊思奇（列宁），仲尼（孔子）三流合一"③，"孔子代表中国古来最好的传统。罗素代表西洋历来最好的传统。列宁代表世界新的方在开始的传统。""合孔子、罗素、列宁而一之的新体系是新世界中的新中国的新指标、新象征。"④ 也正是基于这一认识，他十分赞赏毛泽东提出的马克思主义中国化。张申府主要精力在社会活动，他的许多精彩的见解不过是所思过程中的断想。他未能写出有影响的学术专著。张申府在 20 世纪 30—40 年代提出的孔子、罗素、列宁三结合的主张虽很有名，但没有得到学术界的响应。他在这方面的见解对他的胞弟张岱年产生了深刻的影响⑤。

张岱年（1909—2004），少年时就"默而好深湛之思"，1933 年毕业于北京师范大学，当年受聘于清华大学，讲授哲学概论、中国哲学，并在报刊（主要是其兄张申府主编的《大公报》副刊《世界思潮》）、杂志上发表哲学论文。在治学上，他深受其兄的影响。张岱年进入哲学园地是从先秦典籍开始的，为《论语》、《孟子》、《周易》、《老子》、《庄子》、《墨子》、《荀子》等古典著作的渊奥所吸引。后又读了英国罗素、怀特海、穆尔等的著作，折服他们缜密的分析方法。受时代主思潮唯物辩证法的影

---

① 张申府：《续所思》（1930 年），《张申府文集》第 3 卷，河北人民出版社 2005 年版，第 179、180、181 页。

② 张申府：《所思·序言》（1930 年），《张申府文集》第 3 卷，河北人民出版社 2005 年版，第 54 页。

③ 见张岱年的《关于新唯物论》（1933 年 4 月 27 日），《张岱年文集》第 1 卷，清华大学出版社 1989 年版，第 191 页。

④ 张申府：《家常话》（1941—1942 年），《张申府文集》第 3 卷，河北人民出版社 2005 年版，第 434 页。

⑤ 详见拙文《张申府的哲学》，《毛泽东与中国二十世纪哲学革命》，当代中国出版社 1998 年版。

响，他研读马克思、恩格斯、列宁著作，深深赞赏辩证唯物论与历史唯物论所体现的高度科学性和高度革命性。他发表《辩证唯物论的知识论》、《辩证唯物论的人生哲学》、《辩证法与生活》、《辩证法的一贯》、《道德之变与常》，宣传唯物论辩证法和历史唯物论。他发表《评叶青〈哲学问题〉及〈哲学到何处去〉》等文章批评假马克思主义者叶青的心物综合论、哲学消灭论等的错误。

他倾心中国哲学研究，依据辩证唯物论的观点，发表《先秦哲学中的辩证法》、《秦以后哲学中的辩证法》、《中国元学之基本倾向》、《中国哲学中之非本体派》、《中国思想源流》、《中国知论大要》等文，阐释中国哲学史上的唯物论辩证法、批判唯心论和形而上学。1937 年完成《中国哲学大纲》（52 万字，1943 年中国大学印为讲义，1958 年商务印书馆首次正式出版）。张岱年用唯物辩证法的观点，分析哲学的方法，以哲学问题为纲，范畴为目，对中国哲学进行系统的梳理。该书不同于传统的以哲学家为中心、次序的中国哲学史。作者对中国哲学之特色、中国哲学之发展均有独到见解。作者褒扬唯物论辩证法，批评唯心论形而上学，这也是该书显著的特点。

张岱年的贡献不仅在于中国哲学史的研究，还在于努力创建适合当代中国需要的新哲学。他说："中国民族现值生死存亡之机，应付此种危难，必要有一种勇猛安毅能应付危机的哲学。"此种哲学必不是西洋哲学之追随模仿，又必不采新孔学或新墨学的形态，"而是一种新的创造"[1]。他强调只有哲学上的独立创新，民族才能独立再兴。他赞同其兄提出的列宁、罗素、孔子三结合的主张。他在《关于新唯物论》、《论现在中国所需要的哲学》、《哲学上一个可能的综合》等文章中系统地阐述了创建新唯物论的意见，提出了新综合哲学之大体纲领。他认为，适合时代需要的新哲学，"（一）能融会中国先哲思想之精粹与西洋哲学之优长以为一大系统。（二）能激励鼓舞国人的精神，给国人一种力量。（三）能创发一个新的一贯大原则，并能建立新方法。（四）能与现代科学知识相应合"。"中国现在所需要的哲学必须是综合的。"新哲学在内容上必须具有唯物的、理想的、对理的（dialec-

---

[1]　张岱年：《中国思想源流》（1934 年 1 月 25 日），《张岱年文集》第 1 卷，清华大学出版社1989 年版，第 161 页。

tical)、批评的特征①。他进而又论证，这种综合必须有所倚重（即主导），是"倚重于唯物"的综合。他推崇马克思、恩格斯的新唯物论，"乃为唯物论开一新纪元"，是"哲学中最近于真的系统"，是"为人类开辟新的可能之域"。②他信崇马克思主义哲学，但又不盲目迷信它，认为它也有不足，需要吸取解析哲学、中国哲学之优点而加以发挥扩充。他说："我认为中国现代唯物论者的任务是：（1）以解析方法将新唯物论中的根本观念剖辨清楚；（2）以唯物论对理法（即唯物辩证法）为方法讨论新唯物创造者所未及讨论的哲学问题；（3）以新唯物论为基本，而推阐所未明言之含义；（4）以不违乎对理唯物为原则以吸收他派哲学中之合理的东西；（5）根据唯物论对理法处理中国哲学中之传统问题；（6）寻求中国哲学中之对理的传统而继承发挥之。"③他批评当时许多自命为新唯物论者的人对马克思主义哲学所采取墨守的（即教条主义的）态度。

在20世纪30年代，张氏兄弟的哲学思想，本质上是具有中国特色的辩证唯物论哲学，但他们只是提出创建解析辩证唯物论的意向，还没有形成自己的体系。即便如此，他们的哲学仍有相当的影响，时人称他们的哲学是新唯物论中的解析唯物论代表，"具有批判的、分析的精神"，是"最值得注意的，最有发展的"④。1936年出版的郭湛波著的《近五十年中国思想史》一书专列一节评介张申府哲学思想。

在抗日战争时期，张岱年潜心研究，力图将马克思主义哲学、中国哲学和西方的逻辑分析方法结合起来，撰写了《哲学思维论》、《知实论》、《事理论》、《品德论》和《天人简论》（简称"天人五论"），构建了"三结合"的独特的体系。"天人五论"一直没有发表，直到20世纪80年代才公开出版，引起哲学界的注意。"天人五论"的前两论，主要借助马克思主义哲学和西方哲学的范畴阐述哲学的性质、职分、思维方法、辩证法、认识论。后三论则主要通过中国哲学的范畴、概念阐述本体论、人生

---

① 张岱年：《论现在中国所需要的哲学》（1934年3月28日），《张岱年文集》第1卷，清华大学出版社1989年版，第205、207页。

② 张岱年：《哲学上一个可能的综合》（1936年4月28日），《张岱年文集》第1卷，清华大学出版社1989年版，第210—211页。

③ 张岱年：《哲学上一个可能的综合》附识二（1936年4月28日），《张岱年文集》第1卷，清华大学出版社1989年版，第225—226页。

④ 孙道升：《现代中国界之解剖》，《国闻周报》第12卷第45期，1935年11月。

论和天人关系。贯穿天人五论的基本精神是唯物主义辩证法。这些著作，如作者所言："以为中国古代确有唯物论传统，又富于辩证思维，意图将中国古典唯物论与现代唯物论、将中国古典辩证法与现代科学辩证法结合，采取民族的形式，而以概念分析的方式出之。"① 这些著作言简意赅，文约义丰，别具一格，是中国哲学现代化、马克思主义中国化的新的尝试。"张氏兄弟的主张和尝试为中外哲学的融合提供了特殊的经验。"② 当然天人五论的"三结合"的体系还很不成熟，带有明显机械的、折中的痕迹。

"文化大革命"结束后，张岱年的哲学活动进入了一个新的时期。在新的历史条件下，他进一步发挥了在马克思主义主导下的马克思主义哲学、中国哲学和西方哲学相结合的综合创新论。在耄耋之年，他已无力去完善自己的哲学体系。但他大力提倡的综合创新论，为学术界普遍接受，对建构当代中国化的马克思主义哲学体系有重要意义。

（6）冯契哲学

冯契（1915—1995），1941 年毕业于清华大学哲学系，1941—1944 年为清华大学研究院研究生。从 1944 年起先后在云南大学、同济大学、复旦大学、华东师范大学任教。冯契是中国哲学史家，长期从事中国哲学史的教学与研究，著有《中国古代哲学的逻辑发展》三卷和《中国近代哲学革命的进程》一卷。他还是马克思主义哲学家，著有《认识世界和认识自己》、《逻辑思维的辩证法》、《人的自由和真善美》，提出了"智慧说"。

冯契是在 20 世纪 30 年代中华民族面临亡国灭种的危难时期走上马克思主义之路的。那时，作为一个热血的爱国青年，他对毛泽东的《论持久战》、《新民主主义论》心悦诚服。他从毛泽东著作中感到，要搞哲学，就应该沿着实践唯物主义辩证法的路子前进。他相信马克思主义，但不迷信、不盲从、"始终保持心灵的自由思考"。他读马克思主义著作，也读中国的和外国的哲学著作。他好学深思，喜欢独立思考，标新立异。在 20 世纪 40 年代，他在向老师金岳霖学习、切磋中提出了知识与智慧的关

---

① 张岱年：《〈真与善的探索〉自序》（1987 年 4 月），齐鲁书社 1988 年版，第 3 页。

② 许全兴、陈战难、宋一秀著：《中国现代哲学史》，北京大学出版社 1992 年版，第 644 页。

系问题。他认为，哲学研究的是智慧，"意见是'以我观之'，知识是'以物观之'，智慧是'以道观之'"①。在此之后，他进一步深化此问题的研究，把认识的过程看成是从无知到知，从知识到智慧的运动过程。他的任务是：沿着实践唯物主义辩证法的道路前进，吸取各种哲学派别包括非马克思主义学派的一些合理因素，阐明由无知到知、由知识到智慧的认识过程。基于对哲学的这种理解，他把自己的哲学称为"智慧说"。

冯契把"智慧说"界定为广义的认识论。《认识世界和认识自己》篇的主旨在阐述："基于实践的认识过程的辩证法，特别是如何通过'转识成智'的飞跃，获得关于性与天道的认识。"在他看来，哲学讲的智慧，即是有关宇宙人生根本原理的认识，有关性与天道的理论。冯契从中外哲学史的研究中概括出认识论的四个问题："感觉能否给予客观实在？理论思维能否把握普遍有效的规律性知识？逻辑思维能否把握具体真理（首先是世界统一原理和发展原理）？理想人格或自由人格如何培养？"②《认识世界和认识自己》篇就是结合哲学史（主要是中国哲学史）回答这四个问题。冯契认为，追求自由是人的本性，"智慧是关于宇宙人生的真理性认识，它与人的自由发展有内在的联系，所以认识论要讲自由"。③这一篇的最后一章"智慧和自由"，讲知识向智慧的转化，讲哲学智慧的目标——知、情、意的全面发展和真、善、美的统一。

依据理论联系实际的方针，冯契在20世纪50年代就提出"化理论为方法，化理论为德性"。他进而把这两句话上升为建构智慧说的两个基本原则。

《逻辑思维的辩证法》篇的主旨在于阐述化理论为方法，说明认识的辩证法如何通过逻辑思维的范畴，转化为方法论的一般原理。冯契认为，一百多年来，马克思主义者对辩证逻辑研究不多，中国近代哲学对辩证逻辑同样研究不多。这一弱点造成了不良影响。他特别强调了研究辩证逻辑的理论意义和实际价值。他认为，辩证逻辑是马克思主义哲学的生长点。他还指出，在《墨经》之后，中国在形式逻辑方面不如欧洲、印度，但

---

① 冯契：《智慧》，《哲学评论》第10卷第5期，1947年。

② 冯契：《〈智慧说三篇〉导论》，《冯契文集》第1卷，华东师范大学出版社1996年版，第46、47页。

③ 冯契：《认识世界和认识自己》，《冯契文集》第1卷，华东师范大学出版社1996年版，第72页。

中国古代的辩证逻辑思想丰富，要实现中国哲学与西方哲学的合流，就必须研究中国古代朴素的辩证逻辑。基于这种认识，他在《中国古代哲学的逻辑发展》中十分注重中国古代朴素辩证逻辑的发掘、梳理和阐释，这是该书不同于其他中国哲学史的重要之处。《逻辑思维的辩证法》篇注重马克思主义辩证逻辑和中国古代辩证思维相结合，这是该篇显著的特点和优点之一。该篇可称为具有中国特色的辩证逻辑学。

人类的历史在一定意义上讲是争自由的历史。冯契高扬自由，关注和追求自由。他的《人的自由和真善美》篇是从哲学基本理论上探讨人的自由和真、善、美三者的关系，"主旨在讲化理论为德性。认识的辩证法贯彻于价值论领域，表现为在使理想成为现实以创造真善美的活动中，培养了自由人格的德性"。[1] 他以马克思主义唯物史观和自由论为指导，结合中外哲学史，阐发了人生论、价值论、真与人生理想、善与道德理想、美与审美理想等理论，提出了培养平民化自由人格的新理想。他说："智慧给予人类以自由，而且是最高的自由，当智慧化为人的德性，自由个性就具有本体论的意义。"他又说："我们的理想是要使中国达到个性解放和大同团结统一、人道主义和社会主义统一的目标，也就是使中国成为自由人格的联合体那样的社会。"[2] 可以认为，"智慧说"是当代中国马克思主义的自由新论，亦即具有中国特色的马克思主义自由新论。

"智慧说"作为一家之言，自然也有可商榷之处。人的智慧不仅表现在认识世界和认识自己上，还表现在（甚至是更重要表现在）改造世界上。因此，作为广义的认识论应包括如何改造世界的内容，即研究如何改造世界的规律，而这一点正是迄今为止的中外哲学少有研究的，"智慧说"同样阙如。又如，"智慧说"十分重视自由的研究，提出中国社会仍需要个性解放，这很有理论价值和实践意义。但人的自由的获得，主要不是在个人德性的培养、个人智情意的全面发展和真善美的统一人格，而在于对客观世界（包括自然和社会）的改造，这方面"智慧说"虽然说到，但无有展开。

---

① 冯契：《〈智慧说三篇〉导论》，《冯契文集》第 1 卷，华东师范大学出版社 1996 年版，第 55 页。

② 冯契：《人的自由和真善美》，《冯契文集》第 3 卷，华东师范大学出版社 1996 年版，第 347、340 页。

"智慧说"贯穿着马克思主义的实践唯物主义辩证法的基本精神，充分吸取了中国传统哲学和西方哲学的精华，总结了中国革命和建设的经验教训。"智慧说"不同于流行的马克思主义哲学体系，它有自己的哲学观和宗旨，有自己的范畴和体系，有体现作者人格的鲜明个性，它在许多方面有自己独到的见解。它是专业哲学家建构的第一个中国化马克思主义哲学的逻辑体系①。遗憾的是冯契的"智慧说"，至今仍未得到我国马克思主义哲学界应有的重视。

（三）　新时期马克思主义哲学中国化的成就

"文化大革命"结束后，中国大地开展了 20 世纪规模最大、时间最久、影响最深的思想解放运动。思想的大解放，促进了社会的大变革，我国社会主义建设进入了改革开放的新时期；而社会的大变革，反过来推动思想的大解放，哲学社会科学的大发展，形成了中国特色的社会主义新理论。在思想大解放、社会大变革的过程中，马克思主义哲学也处于自我革命之中，它既承担着引领指导现实变革的作用，又面临社会大变革带来的严峻挑战，概括和总结现实变革的新鲜经验。在冲破了个人迷信、教条主义的禁锢后，哲学家们的自主性、创造性意识大大加强。发展马克思主义哲学已不再是少数领袖人物的事，发展马克思主义哲学的主体已回归到哲学家和哲学研究者、爱好者。这是近 30 年我国哲学发展的一个重要特点。倘若在今天讲新时期马克思主义哲学的发展再仅仅局限于党的文件和领导人的讲话，那就明显不妥。事实上党的文件和领导人讲话中的哲学思想、命题也源于理论界的研究成果。解放思想，本质上是解放人，解放人的聪明才智，解放人的创造力。正是由于哲学家们解放了思想，智慧喷发，马克思主义哲学从研究方法到研究对象，从内容到体系，无不处于变革之中，争论中，发展中。可以认为，近 30 年来，马克思主义哲学取得了重大发展。我国有关新中国成立以来的哲学史和马克思主义哲学研究的述评对此均有综述和评析。本书仅从中国化的视角十分简要地叙述最主要

---

① 详见拙文：《马克思主义哲学中国化的新突破》，《吉林大学学报》2005 年第 12 期。又载《中国化马克思主义哲学新形态》，社会科学文献出版社 2006 年版；《追寻智慧——冯契哲学思想研究》，上海古籍出版社 2007 年版。

之点。

实践理论   我国社会主义建设新时期是由"实践是检验真理的唯一标准"的大讨论启开的。实践是检验真理的唯一标准，这本来是马克思主义哲学的一个常识。但在个人迷信、教条主义盛行的时期，领导人的言论、经典作家的语录和党的文件，成为必须奉行的金科玉律，成为衡量是非和成败得失的标准。邓小平指出："两个凡是"（"凡是毛主席作出的决策，我们都坚决维护，凡是毛主席的指示，我们都始终不渝地遵循"）不符合马克思主义，实事求是是毛泽东哲学思想的精髓。哲学工作者把"实践是检验真理的唯一标准"的原理作为冲破个人迷信、教条主义最有力的思想武器。在邓小平的支持、推动和领导下的"实践是检验真理的唯一标准"大讨论，纠正了毛泽东晚年的严重失误，打破了按照本本建设社会主义的传统，大大解放了人们久已被禁锢了的思想，极大地激发了全党、全国人民的积极性、主动性和创造性，开辟了建设中国特色社会主义的新道路，使中国社会主义事业取得了举世公认的辉煌成就，改变了中国的社会面貌。"实践是检验真理的唯一标准"大讨论把马克思主义中国化推进到一个新的阶段，逐渐形成了中国特色的社会主义理论（包括邓小平理论、"三个代表"重要思想和科学发展观），极大地丰富和发展了马克思列宁主义、毛泽东思想。

"实践是检验真理的唯一标准"的大讨论本身也极大地推动了实践理论的研究和发展。首先是提升了实践范畴和实践理论在马克思主义哲学中的地位。实践是马克思主义哲学的一个重要范畴，实践观点是马克思主义认识论首要的基本的观点，这是自列宁以来多数马克思主义者都承认的。但在很长时间里，哲学教科书仅仅把实践看成是认识论的范畴。现今，哲学家的认识大有提高，实践范畴不再囿于认识论，实践观点不仅是马克思主义认识论首要的基本的观点，而且也是整个马克思主义哲学首要的基本的观点或核心观点。许多人认为，科学实践观的建立是马克思主义哲学革命的关键所在，马克思主义哲学就是实践唯物主义。马克思主义以前的哲学只限于研究世界是什么、人怎样认识世界，马克思主义哲学则不仅要研究世界是什么、人怎样认识世界，更重要的是研究世界应是什么、人怎样改造世界以获得自由，这就是说，马克思主义哲学研究的重点不在认识世界的规律，而在改造世界的规律。其次，推进了实践本身的研究，提出了实践的要素、结构、类型和功能的问题。长期以来，我们只讲实践的革命的、积极的意义，随着人类生存环境危机的发生，提出了实践价值的二重性，即在具有革命的积极的作用一面外，必然会有负面的消极作用，必须正视实践的负面作用。再次，提出实践观念。以往只强调理论转化为实践、精神转化为物质的重要性，但对转化过程、环节缺乏研究。理论转化为实践，第一步要将一般的抽象的理论转化为具体的实践观念，即改造客观的方案、蓝图、方针、政策和步骤等。实践观念不仅是认识论问题，而且涉及价值问题、审美问题和实践过程的组织问题等，是真、善、美的统一。实践观念如何为实践者所掌握也是一件复杂的事。第四，推进了实践检验与逻辑证明的关系、实践标准确定性与不确定性的关系、实践本身的评价标准等问题的研究。总之，随着"实践是检验真理的唯一标准"大讨论的展开，实践理论得到了极大发展。

生产力论　物质生产是社会存在和发展的基础，生产力是社会发展的最终决定性力量，生产力决定生产关系和整个社会的状况，这些都是马克思主义历史唯物主义的最基本的理论。可是在一段时期里，毛泽东片面强调了生产关系、上层建筑的能动反作用，企图靠不断改变生产关系来促进生产力的发展，靠不断进行上层建筑领域里的政治革命来巩固社会主义制度。他忽视了生产力的决定作用，结果生产关系超越了现实的生产力，没有把党和国家的工作重心及时转移到发展生产力上来，转移到以经济建设为中心的社会主义建设上来，妨碍了生产力的发展。鉴于历史经验，邓小平反复讲，马克思主义最注重发展生产力，社会主义的首要任务是发展生产力；生产关系一定要符合生产力的水平，生产关系好不好，经济政策对不对，归根到底要看是否有利于生产力发展，是否有利于人民物质文化生活的提高。邓小平强调发展生产力的重要性，强调生产力标准，具有重要的现实意义和理论价值。

如何发展生产力？一是改革束缚生产力发展的生产关系、上层建筑；二是靠先进的科学技术。"文化大革命"结束后，为了改变生产关系超越了现实的生产力、上层建筑脱离经济基础的状况，邓小平实行全面改革的方针。他提出，改革是决定中国命运的一招，改革是一场深刻的革命，不改革社会主义事业就会被葬送。根据中国现实的生产力和社会状况，他指出，我国正处于社会主义初级阶段，社会主义与市场经济不存在根本矛盾，社会主义也可以搞市场经济。适合我国现阶段生产力性质和水平的经济制度是：以公有制为主体的、多种所有制经济共同发展的所有制制度，以按劳分配为主、多种分配方式并存的分配制度。改革是全面的改革，不仅是生产关系和经济体制的改革，而且包括上层建筑的改革（核心是政治体制），进行制度文明和精神文明的建设。这种适合中国现实生产力性质和水平的社会主义制度是马克思主义的伟大创造。

生产力的发展最根本的是靠生产力自身的革命。马克思曾指出："生产力中也包括科学"①，"劳动生产力是随着科学和技术的不断进步而不断发展的"②。长期以来，我们十分注重社会制度的革命，而忽视了生产力的革命，忽视了对生产力革命的研究。邓小平说："革命不只是搞阶级斗争。生产力方面的革命也是革命，而且是很重要的革命，从历史的发展来讲是最根本的革命。"③ 依据当代世界科学技术革命迅猛发展的形势，他提出"科学技术是第一生产力"的论断和科教兴国的战略。科学技术革命引起生产力的革命，由此推动社会的深刻变革。发展生产力最根本的是靠科学技术革命。在现今的条件下，作为执政的无产阶级政党要始终保持自己的先进性和执政地位，必须积极领导好科学技术革命，使自己成为先进生产力的代表者。理论界，尤其是哲学界，要十分重视生产力革命和科学技术革命的研究，认识它们的规律，推动我国的生产力革命和科学技术革命。

随着科学技术革命和生产力革命的迅猛发展，知识经济已初露端倪。知识的创新，知识的生产和传播，成为推动社会发展的决定性因素。邓小平提出的"尊重知识，尊重人才"，反映了时代精神。从新的视角对知识进行研究、写出新的知识论已成为时代的需要。

认识理论　在实践标准讨论的推动下，我国哲学界对认识论的研究异常活跃。首先，深化了对认识本质的认识。马克思主义认识论是以实践为基础的能动的革命反映论，这无疑是正确的。但我们长期对认识主体的能动性作用没有深入的研究。通过认识本质的讨论，学术界普遍认为，现实的人的认识并不仅仅是认识主体对认识客体的机械、直观的反映，而是认

---

① 马克思：《政治经济学批判》（1857—1858 年草稿），《马克思恩格斯全集》第 46 卷（下），人民出版社 1980 年版，第 211 页。

② 马克思：《资本论》第 1 卷（1867 年 7 月），《马克思恩格斯全集》第 23 卷，人民出版社 1980 年版，第 664 页。

③ 邓小平：《社会主义首先要发展生产力》（1980 年 4 月 1 日），《邓小平文选》第 2 卷，人民出版社 1973 年版，第 311 页。

识主体根据自己的价值取向、兴趣爱好、思维方式和认知图式、知识构成等对获取的感性材料的加工制作过程，是主体与客体在实践基础上互相作用的过程，是反映与创造的统一，其中包含着主体对客体的选择、重构和创造。正因为主体的巨大的能动作用，所以，为了获得正确的认识，不仅要求认识主体深入实践、深入生活，而且要求认识主体加强自身的立场、价值观、思维方式、知识构成、情感意志等方面的修养，要不断解放思想，反对教条主义、经验主义。

其次，拓展了对认识形式的研究。受西方哲学传统的影响，马克思主义的认识论主要是研究逻辑思维的认识形式，而将直觉思维（包括灵感）、形象思维等非逻辑思维的认识形式排斥在外，甚至错误地加以批判。中国哲学重直觉，西方现代哲学中的柏格森等人提倡直觉主义。许多自然科学家强调直觉的创造性，主张逻辑思维和直觉思维相结合。在新时期，我国马克思主义哲学界综合中国传统哲学和西方哲学中的直觉思想，总结科学家在科学发现过程中直觉的作用，对直觉思维进行了阐述。

再次，开展了对创新思维的研究。从 20 世纪 30 年代起，创新研究逐渐成为西方的显学，改革开放以来，我国学术界，开始是心理学界，继之是哲学界，开展了对创新思维的研究。创新需要个性自由，创新需要坚忍不拔的意志，创新需要冒险精神。

第四，拓展了认识过程中理性与非理性关系的研究。囿于西方理性主义的传统，西方哲学认识论长期只注重理性因素的作用，把非理性因素排除在认识论之外，有的哲学家把欲望、需要、情感等非理性因素看成是纯消极的因素。在实际的认识过程中理性因素与非理性因素是既互相对立又互相依存、互相渗透、密不可分的。人的欲望、需要、情感、意志、潜意识、想象等对认识和行动有非常大的作用和影响。非理性因素的作用具有两重性，既有积极的作用，又有消极的作用，要善于发挥它的积极作用，抑制它的消极面。

第五，以计算机为核心的信息技术对人的认识及认识论的巨大影响。计算机（电脑）是人脑的延伸。电脑的广泛使用引起认识工具的革命。电脑、遥感技术、互联网、数据库等对信息的采集、传输、存储、加工等技术日新月异。认识工具的革命正引起认知方式的革命，这是认识论研究的新课题。

辩证法理论　在阶级斗争为纲的时期，片面强调矛盾斗争性的"斗争哲学"盛行，杨献珍的"合二而一"论遭到歪曲、批判。"文化大革命"结束后，"斗争哲学"受到批判，"合二而一"恢复了对立统一的本义。在以"和平和发展"为时代主题的新时期，矛盾同一性思想得到重视，和、和合范畴得到一部分学者的发挥。和、和谐是中国传统哲学和西方哲学的重要范畴，通行的马克思主义哲学不讲和谐。在制定和实施改革开放和现代化建设的指导方针上，邓小平强调发展、两手抓、抓住时机，强调为了保持发展，必须维护社会稳定。随着建设"和谐社会"的提出，和谐范畴得到重视。可以从宇宙论、本体论、价值论和审美论视角去论析和谐。和谐是一种有利于事物发展的最佳的特殊矛盾状态，也是人类追求的理想状态。和谐是矛盾的和谐，和谐的实现离不开必要的斗争。和谐与平衡、协调、稳定等一样，应是马克思主义哲学的一个范畴。

发展是当代中国和世界的主题，发展是硬道理，发展是共产党执政兴国的第一要务。党总结了国内外在发展问题上的经验教训，吸取当代可持续发展观的新成果，形成了具有中国特色的以人为本和全面、协调和可持续发展的科学发展观。

在新时期，唯物辩证法的发展很重要的是来之于科学技术革命。20世纪第二次世界大战结束以来，系统论、信息论、控制论、耗散结构论、协同论、突变论、自组织论、复杂性科学等为哲学的发展，尤其是为唯物辩证法的发展提供了丰富的思想资源，同时也对传统的观念提出了挑战。系统、要素、结构、功能、信息、网络等概念正为唯物辩证法吸取。科学技术革命要求对必然性与偶然性、决定论与非决定论等做出新的阐述。

人学理论　哲学是智慧之学，这是中外哲学界的共识。哲学是自由之学，这一点中外哲学界讲的人甚少。至于马克思主义哲学也是自由之学，则讲的人更少。其实，马克思主义哲学的使命、价值目标就是解放无产阶级、解放全人类，建立自由人的联合体。由于特殊的历史条件，俄国（苏联）、中国的马克思主义者很少讲人的价值、人的自由、人的解放。这种理论上的偏颇导致在实践上发生"左"的、大规模的非人道事件的发生，损害了马克思主义、社会主义的声誉。"文化大革命"结束后，我国理论界提出人道主义、异化理论的研究，进而又提出人学理论的研究。邓小平理论强调以满足最广大人民群众的利益为最高的价值取向，把是否有利于提高人民物质文化生活看成是衡量党和国家各项工作的最终标准。"三个代表"重要思想提出促进人的全面发展是社会主义的本质要求，科学发展观则进一步提出，"以人为本"是社会发展的核心。"以人为本"的思想既是时代精神的体现，也是中国古代民本思想在当代的发展。

在今天的中国哲学界，人学成了一门显学。人性、人的本质、异化、人的价值、人道主义、人权、人的自由和个性解放、人的理性与非理性、人的现代化、人的发展及其规律、中外人学史等基本理论问题和重大现实问题都取得了重大的进展。在人学研究上要认真总结和吸取中外在这一问题上的历史经验，尤其是俄国、苏联在这一问题上的深刻教训，在纠正"左"的教条主义的同时要警惕右的教条主义，警惕把马克思主义人道主义化和抽象人性论。

在新时期，马克思主义哲学研究的领域大大拓宽了，价值论、文化哲学、生存哲学等新的领域都取得了开拓性的成果。中国哲学史、外国哲学史、伦理学、美学、科学技术哲学和工程哲学、逻辑学、宗教学、思维科学等学科都取得了新的成果，为马克思主义哲学的发展提供了丰富的资料。

三 马克思主义哲学与中国传统
哲学的相结合

马克思主义哲学中国化，首要的方面无疑是运用马克思主义哲学认识中国和世界的现状，从而提出适合中国国情的革命和建设的理论、路线、方针和政策，指导改造中国的实践，再把改造中国的实践经验上升为哲学理论，丰富哲学理论。这方面的工作需要兼有实际工作和理论工作这两方面的人来做，或实际工作者和理论工作者相结合来做。作为专业的哲学家而言，要时刻关注革命和建设的实践，从哲学上思考实践中提出的问题，总结和概括实践经验与教训，使哲学与时代相结合，与人民共命运，真正成为时代精神的精华，人民智慧的结晶。对于这方面的结合，我们也可从毛泽东那里得到启示和借鉴。真正的马克思主义哲学家不是脱离实际的、书斋里的学者。这一点，我们讲得比较多，比较重视，因时下的许多论著都有这方面的内容，故本书从略。

本书主要研究马克思主义哲学中国化的第二个方面，即与中国传统哲学相结合。如前所述，这是为政治界、理论界、学术界所忽视了的方面，然而在笔者看来，这应是专门哲学家分内的职责，因而有必要适当展开论述。

（一）马克思主义哲学与中国传统哲学相互关系的历史考察

如何正确认识与处理马克思主义哲学与中国传统哲学的关系，这是马克思主义哲学中国化的基本问题之一。从过去到现在，学术界对这一基本问题的认识，众说纷纭，莫衷一是：

有些人认为两者绝对对立，不能结合。持这种观点的人又一分为二：一种人是坚持极端的文化保守主义立场，认为包括马克思主义在内的外国文化不适合中国，中国的复兴只能靠中国传统文化的复兴。有的人甚至认为，哲学是西方的学问，中国没有哲学，只有子学、经学、玄学、道学、理学、心学等。他们拒斥马克思主义，拒斥外来文化。另一种人是坚持极端教条主义，认为中国传统文化是封建社会的产物，与马克思主义根本对立，绝无结合之可能。

有一些人站在极端文化保守主义立场上，主张以传统的儒家思想来取代马克思主义，甚至提出要儒化共产党，把儒教立为国教。

有一些人主张传统的儒家思想要现代化（或创造性转换），以现代新儒家来取代中国化的马克思主义。

更多的人则主张马克思主义与中国传统文化可以相结合，但在如何结合上，又分两派：一派是以马克思主义为指导，吸取中国传统文化中的优秀成果；另一派则主张以中国传统文化为本位，在中国传统文化的基础上吸取马克思主义。

正确认识与处理马克思主义哲学与中国传统哲学的关系，对马克思主义哲学中国化关系重大。为正确认识与处理马克思主义哲学与中国传统哲学的关系，有必要对马克思主义及哲学与中国传统文化及哲学的关系做一简要的历史考察和理论分析。

先做历史的考察。马克思主义从19世纪末20世纪初开始在我国零星介绍，至今已有一百多年。一百多年来，马克思主义及哲学与中国传统文化及哲学的关系大致可分以下五个阶段：

第一阶段，从19世纪末20世纪初至1919年五四爱国运动，这是以中国传统文化去比附、翻译、解释马克思主义阶段。

在19世纪40年代，当马克思主义在西欧诞生之时，远在东方的中国还处于封建社会的末期。在很长时期里，中国人并不知道马克思主义。19世纪后半期，先进的中国人在向西方寻找救国真理过程中，开始接触到马克思主义。到20世纪初，资产阶级改良主义者、资产阶级革命民主主义者、小资产阶级无政府主义者都站在各自立场上零星地介绍过马克思主义。他们用中国传统的思想去比附、翻译、解释马克思主义。如：用"均贫富党"译"共产党"，用"大同学"、"大同主义"、"安民新学"等译"马克思主义"、"共产主义"，用"四海之内皆兄弟"译"全世界无产者联合起来"。1904年，梁启超说："社会主义者，近百年来世界之特产也。括其最要之义，不过曰土地归公、资本归公，专以劳力为百物价值之原泉。"可是他又认为，中国古代的井田制，甚至汉朝王莽进行的土地改制，与近世社会主义是"同一立脚点"，社会主义是"中国古夙有之"①。1912 年，孙中山在上海中国社会党会上的讲演中说："考诸历史，我国固素主张社会主义者，'井田'之制，即均产主义之滥觞；而累世同居，又共产主义之嚆矢。足见我国人民之脑际，久蕴社会主义精神，宜其进行之速，有一日千里之势。"② 用本土文化去比附、翻译、解释外来文化，这是两种文化交往初期带有规律性的现象，马克思主义到中国后也不例外。那时的先进分子对马克思主义的认识是肤浅的，并没有感到马克思主义与中国传统文化的对立。

第二阶段，从 1919 年五四运动起至 1937 年全面抗日战争爆发，这是马克思主义与中国传统文化激烈冲突阶段。

20 世纪初的中国还不具备马克思主义传播的物质基础、阶级基础和思想文化条件。马克思主义的零星介绍，对中国社会未能产生重大影响。马克思主义在中国正式传播是在 1917 年俄国十月革命之后。在十月革命的鼓舞和影响下，在五四爱国运动的推动下，马克思主义在我国得到迅速传播，引起了中国思想界的革命。马克思主义与中国社会实际相结合，产生了中国共产党，改变了中国革命的方向。面对马克思主义的迅速传播和巨大影响，梁启超曾说过："马克思差不多要和孔子争席"，这是"从前四千之余年所未尝见的剧变"③。无论是北洋军阀政府，还是国民党政府，都视马克思主义为洪水猛兽，都提倡尊孔读经，力图用中国传统文化来抵制和反对马克思主义。在这种形势下，马克思主义势必与中国传统文化发生激烈的冲突。

这种激烈冲突的发生，就马克思主义者而言，也还有对中国传统文化简单、片面的认识论原因。马克思主义者对中国传统文化简单、片面的认识则同五四新文化运动有关。五四新文化运动是一次彻底的反帝反封建主义思想革命，是中国人民一次思想上的大解放，也为马克思主义在中国的传播准备了思想条件，功不可没。一些文化保守主义者力图否定它的历史

---

① 梁启超：《中国之社会主义》，《新民丛报》第 46—48 号合刊，1904 年 2 月 14 日。

② 孙中山：《社会主义之派别及批评》（1912 年 10 月），《孙中山全集》第 2 卷，中华书局 1986 年版，第 507 页。

③ 梁启超：《五十年进化概论》（1922 年），《饮冰室合集·文集之三十九》。

功绩是完全错误的。但它确实有历史局限性，其中之一是对中国传统文化缺乏辩证分析。陈独秀等人虽然承认孔子在历史上的价值和意义，但他们只看到中国传统文化腐朽的一面，与当时中国现实不适应的一面，没有认识到中国传统文化中还有优秀的、有价值的一面；只看到西方新文化与中国传统旧文化对立的一面，没有认识到两者之间还有相通、互补的一面；只看到西方先进文化先进性的一面，没有认识到文化除了时代性外还有民族性的一面，没有认识到外来文化必须民族化、本土化。这种对中国传统文化认识上的偏颇影响甚深，在新文化运动之后的一段时间里仍然存在。胡适曾大力提倡"整理国故"，但他整理国故的目的，是为了"捉妖"、"打鬼"，为了"化神奇为腐朽，化玄妙为平常"，而不是要继承和发扬中国传统文化中有价值的东西，不是为了"化腐朽为神奇"[1]。吴稚晖更为激进，他在批判文化保守主义者时说："国故的臭东西，他本同小老婆、吸鸦片相依为命。小老婆、吸鸦片又同升官发财相依为命。国学大盛，政治无不腐败。"他甚至提出，要把"线装书抛入茅厕"[2]。胡适、吴稚晖的上述看法具有一定的代表性。

作为五四运动的总司令陈独秀在转变成马克思主义者之后以历史唯物主义观点解释文化，强调文化的时代性、阶级性，忽视文化的民族性、继承性。他也没有摆脱五四时代简单否定的思维方式。他把中国传统文化比作一堆"粪秽"，把胡适、章士钊之辈辛辛苦苦研究墨经与名学（逻辑学）视之为在"粪秽"中找香水，而所得到的仍为"西洋逻辑所有"，把"东方文化之圣徒"研究国学比作"在粪秽中寻找毒药"[3]。陈独秀是精通国学的，但他的这种态度自然使他不可能正确处理好马克思主义与中国传统文化的关系。

从文化交往规律看，不同文化之间的交往在开始时往往是好奇、认同、比附，随着交往的发展，认识的深入，进入冲突阶段，再进一步发展，则发现双方之间有相通之处，有互补之点，则进入融合阶段。冲突与

---

① 胡适：《整理国故与"打鬼"》（1927年3月19日），《胡适文集》第4卷，北京大学出版社1998年版，第116—118页。

② 吴稚晖：《箴洋八股化之理学》（1923年），《科学与人生观》，山东人民出版社1997年版，第309、310页。

③ 陈独秀：《国学》（1924年2月1日），《陈独秀文章选编》（中），三联书店1984年版，第404页。

融合是文化交往中常见的现象，也是必经的阶段。

第三阶段，自 1937 年至 1957 年，这是马克思主义与中国传统文化既冲突又融合的阶段。

在冲突阶段绝不是说就没有融合，就没有主张融合的。事实上，在五四新文化运动时期就有一部分人主张中西文化的融合（调和）。毛泽东在青年时代受老师杨昌济的影响，就认为东西文化各有优长，应当互补。在转变成马克思主义者后，他认为马克思主义要从中国历史文化中汲取营养，要中国化。1926 年，他在广州农民运动讲习所讲课时说："洪秀全起兵时，反对孔教提倡天主教，不迎合中国人的心理，曾国藩即利用这种手段，扑灭了他。这是洪秀全的手段错了。"[1] 从历史经验中，毛泽东认识到外来文化必须本土化，马克思主义必须中国化。毛泽东不同于当时的教条主义者，他不仅注重中国现状的调查研究，而且注重研究历史，总结历史经验，吸取包括孔子在内的中国传统文化中有价值的成果。

在学术界，也有人主张马克思主义与中国传统文化有相通的一面。1925 年，郭沫若发表《马克思进文庙》一文，以历史小品文的形式说明德国的马克思与中国的孔夫子之间虽然有很大的不同，但在大同理想、注重民生等方面有契合之处，两者应互相学习[2]。又如前面所述，张申府张岱年兄弟在 30 年代就提出孔子、罗素、列宁三结合的观点。不过，在社会现实生活中对立、冲突占主导地位，这种状况，反映到学术界、思想界，主张对立、冲突的观点也就占了上风。

随着日本帝国主义对我国侵略的加剧，民族意识也随之不断加强。马克思主义者和进步的文化开始认识到五四新文化运动在对待传统文化上的片面性，提出发掘中国传统文化的积极因素，为抗战建国服务，为复兴中华民族服务。马克思主义者明确认识到，中国共产党是中国优秀传统文化遗产的继承者和发扬者。毛泽东在中共六届六中全会上明确提出要注重研究历史，要继承从孔夫子到孙中山的珍贵遗产，马克思主义要中国化。这方面的内容在马克思主义中国化的背景部分已有叙述，在此从略。

总起来看，这一时期，马克思主义者一方面严厉批判大地主大资产阶级提倡的尊孔读经的复古主义逆流，另一方面又积极提倡继承和发展中国

---

① 毛泽东：《中国农民问题》（1926 年），第六届农民运动讲习所学员冯文江听课笔记。

② 《郭沫若全集》（文学卷）第 10 卷，人民文学出版社 1985 年版。

古代的优秀文化遗产，主张马克思主义不仅要与中国现实实际相结合，还要与中国历史文化相结合，马克思主义应中国化。

第四阶段，从1957年至1976年"文化大革命"结束，马克思主义与中国传统文化之间的对立紧张再一次凸显。

1949年10月1日，新中国成立，标志着中国历史进入了新的纪元。新中国成立后，马克思主义成为居统治地位的意识形态，理论界、思想文化界对中国传统文化偏重于批判，忽视了吸取、继承和创新。1956年，毛泽东提出"百花齐放，百家争鸣"的方针。1957年1月，北京大学哲学系召开"中国哲学史讨论会"，国内百余位著名的哲学家、哲学史家和哲学教学及研究者与会。在会上，有些学者提出，现有的马克思主义哲学中不包含有中国哲学遗产，我们中国的马克思主义哲学工作者不仅应把马克思主义哲学与中国人民的革命和建设的实践相结合，而且还要把马克思主义与中国人民的优秀思想传统相结合，并用中国传统的优秀思想丰富和发展马克思主义。针对忽视继承的错误倾向，冯友兰提出"抽象继承法"，说历史上一个概念、命题的具体意义不能继承，但它的抽象的、一般意义还是可以继承的，如，"天下为公"等。遗憾的是，1957年"反右"运动开展后，思想文化领域中"左"的倾向急剧发展，对中国传统文化采取了简单否定的态度。冯友兰的"抽象继承法"受到公开批判。

这种"左"的思潮发展到极端，导致"文化大革命"的发生，破"四旧"，全民批孔，全盘否定以孔子为代表的儒家文化，不恰当地过分肯定法家思想。马克思主义与中国传统文化关系的紧张，受害的不仅是中国传统文化，也包括马克思主义，而且首先是马克思主义自身。

第五阶段，1976年"文化大革命"结束至现在，马克思主义与中国传统文化之间既对立又统一的辩证关系在更高的基础上得到发展。

"文化大革命"结束后，痛定思痛，"左"的教条主义逐渐纠正，出现了新的思想解放运动。伴随着一浪高过一浪的经济建设的高潮，文化建设的高潮和"文化热"、"国学热"也不断推向前进。建设有中国特色的社会主义先进文化迫切地提到全国人民面前。

当代中国的文化建设所面临的基本理论问题，仍然不出"古今中外"四个字，其核心是马克思主义与中国传统文化的关系问题。在思想解放的大潮下，因论者的世界观、学术立场、研究方法、研究领域、兴趣爱好等的不同，对如何处理马克思主义与中国传统文化之间的关系也就不同，如本节开始部分所述的。出现这诸多的不同意见，这是很正常的，有利于学术的发展，有利于马克思主义中国化和中国哲学的现代化。我以为，在这诸多不同意见中，两者相结合的主张是主流，尽管对如何结合有各自的不同理解和做法。

这里有必要进一步指出的是：因学科研究领域的不同出现了学科间的严重分离、壁垒，许多从事马克思主义哲学研究、教学的人对中国传统哲学知之甚少，无有马克思主义哲学与中国传统相结合的意识，更谈不到要继承和发展中国传统哲学的优秀成果。许多从事中国传统哲学研究、教学的人对马克思主义的指导作用的意识在淡化，同样无有马克思主义哲学与中国传统相结合的意识，自然也更谈不到要用马克思主义哲学来激活中国传统哲学和用中国传统哲学的精华来丰富马克思主义哲学。这种马克思主义哲学研究与中国哲学研究分离、壁垒的状况，既不利于马克思主义哲学研究，也不利于中国哲学研究，更不利于马克思主义中国化、中国传统哲学的当代化。

总之，不同文化交往过程中必然会有比附、冲突和融合，而融合则是总的趋势。在起初阶段比附是主要的，进而冲突凸显出来，再进而融合成了主流，当然融合中也仍会有比附与冲突。马克思主义哲学来到中国，与中国传统哲学交往过程大体上也是如此。

（二）马克思主义哲学与中国传统哲学相互关系的理论分析

从历史到现状看，从理论上正确认识马克思主义哲学与中国传统哲学相互关系是正确处理两者关系的前提。因此，在对两者关系进行历史考察之后有必要再对两者关系做一简要理论分析。

毛泽东曾指出："一定的文化（当作观念形态的文化）是一定社会的政治和经济的反映，又给予伟大影响和作用于一定社会的政治和经济；而经济是基础，政治则是经济的集中表现。这是我们对于文化和政治、经济的关系及政治和经济的关系的基本观点。……我们讨论中国文化问题，不能忘记这个基本观点。"① 这虽然是毛泽东在 60 多年前说的话，但对我们

---

① 毛泽东：《新民主主义论》（1941 年），《毛泽东选集》第 2 卷，人民出版社 1991 年版，第 663—664 页。

今天讨论文化问题仍然是有效的，具有指导意义。遗憾的是，现今许多人忘记了这个基本观点，重新回到马克思之前的唯心主义的文化决定论。

依据这一基本观点，我们首先要看到马克思主义哲学与中国传统哲学两者之间在时代上、阶级上的质的不同。马克思主义哲学是现代大工业时代的产物，是无产阶级的思想体系和科学世界观、方法论、价值观，是现时代的先进文化的代表，而中国传统哲学是古代的、农业经济时代的产物，其主流是代表奴隶主阶级和地主阶级的思想体系，它从总体上已不适应现时代的需要。如果以孔子为代表的中国传统思想文化能解决中国社会的现代化，能指导中华民族的复兴，那就不会发生五四新文化运动，德赛两先生（资产阶级民主与科学）就不会进入中国。一味赞扬中国传统文化，尊孔读经，有违历史潮流。马克思主义及其哲学虽然是现时代的产物，但同时也批判地继承欧洲文化及其哲学，尤其是资产阶级文化及其哲学的优秀成果。马克思主义及其哲学虽然产生在西方，但它的基本原理在现代具有普遍意义。如果德赛两先生能解决中国的独立、自由、民主和社会的现代化，那马先生（无产阶级的马克思主义）也就不会进入中国。20 世纪中国社会发生的深刻的历史性变革和进步，是同马克思主义哲学科学世界观的指导密切相关的。中国近现代历史证明：中国的革命和建设，中国社会的现代化建设，中华民族的复兴，离不开马克思主义的科学指导。只有中国化的马克思主义能救中国，这是近现代中国社会发展的一个最基本的历史事实。借口中国社会和中国文化的特殊性，排斥、拒绝马克思主义不可取；借口中国哲学的特殊性，拒绝马克思主义哲学对研究中国哲学的指导不可取。

马克思主义哲学与中国传统哲学两者之间除了在时代上、阶级上的质的不同外有没有相通、相契合之处呢？我认为是有的。中华民族历史悠久，具有丰富和深邃的哲学思想。中国哲学与西方哲学虽因地域、民族的不同而具有各自特点，但中国和欧洲的古代都经历了原始社会、奴隶社会、封建社会的发展，都是对以农业经济为基础的社会的反映。因此中国哲学和西方哲学在最深层的本质上是一致的。"东圣西圣，同此心，同此理。"这话不无道理。与西方哲学和马克思主义哲学一样，中国哲学中同样有丰富的唯物论、辩证法思想，有追求"天下为公"的大同理想和价值观。正因为两者有相似、相通、相契合之处，所以在马克思主义刚刚传入之时，才会发生用中国思想去比附、解释马克思主义、社会主义的情况。正因为两者有相似、相通、相契合的一面，马克思主义才能在中国传播、发展。事实上，不同地域、民族、国家的文化之所以能交往，除了因为有相异一面之外，还有相通、相契合的一面。两者无相异，完全相同，就无须相交往；而两者无相同，绝对对立，也就不可能相交往。对两者的不同，也不能只见其对立、冲突的一面，而且还要见其互补、融合的一面。广义的文化，本质上是人的对象化存在，是人化。有利于西方人发展的优秀文化同样一定有利于东方人发展，反之亦然。世界各民族精神文化的交往与物质文化交往一样，都有一个互通有无、互相学习、取长补短的问题。从整个人类文化交往看，马克思主义是现代西方文化的主要代表，以孔子为代表的中国传统文化则是古代东方文化的主要代表，马克思主义与中国传统文化相结合，其实就是东西两大文化、两大文明的结合。

在 20 世纪 20—30 年代，中国的学者指出：马克思的唯物论、辩证法并不是纯粹的"舶来品"，与中国哲学并不隔膜，中国古代也有之。1928年，郭沫若在《周易的时代背景与精神生产》中专门阐述了《周易》中的辩证法思想以及其不彻底性。1930 年，郭湛波在《辩证法研究》的小册子中讲了"中国古代辩证思维"，介绍了周易、老子、庄子的辩证法。1930 年，张岱年在报刊上发表《先秦哲学中的辩证法》、《秦以后哲学中的辩证法》等文，论述了中国辩证法。李石岑在 1935 年出版的《中国哲学十讲》中力图发掘中国古代的唯物论和辩证法。陈唯实在 1936 年出版的《通俗辩证法讲话》中专门有一讲阐述中国古代辩证法。这些文章和著作都说明，马克思主义的辩证法与中国古代辩证法是相通的。

上面提到的这些文章只是表明马克思主义哲学与中国古代哲学有着一致的相通的方面，还没有明确讲两者的关系。仅我所见的材料看，倒是德国人塔尔海玛在《辩证唯物论入门》（1927 年版，李达译为《现代世界观》，1929 年上海昆仑书店出版）明确提出了这一问题。该书说："古代中国哲学对于现代世界和唯物论究竟有什么关系？我们能够从古代中国采取辩证唯物论的建筑材料么？我们能够变更古代中国的形式，加以改革，拿来和辩证唯物论调和么？或者我们有和它根本分离的必要？"作者的问题提得好，有助于推动中国哲学与马克思主义哲学两者关系的研究和处理。作者用两章篇幅论述中国古代哲学，论述了古代中国哲学与宗教的关系、古代中国哲学与古代中国经济和社会的关系、古代中国哲学的历史地位，简要介绍了孔子、老子、墨子和名家四大流派，尤其是介绍了中国古

代的辩证法。但他的结论却是片面的、错误的。作者认为，辩证唯物论的
现代世界观是不可能和中国古代哲学相结合的，不论是孔子、老子，还是
名家。在今天，复活墨子的理论也是不可能的。在他看来，马克思主义哲
学也没有必要从中国古代哲学中吸取养料。他说：辩证唯物论"是继承
了两千年来自然科学和社会科学所发展的成果，并使它更加发展的。我们
的眼睛只有向着前方，没有向着后方之理"①。说辩证唯物论继承了两千
年来自然科学和社会科学所发展的成果，这没有错；说我们的眼睛只有向
着前方，也是对的。但马克思、恩格斯、列宁主要是总结和概括了欧洲哲
学史的成果，而未能顾及数千年的中国哲学。即使是欧洲哲学，也不能说
马克思、恩格斯、列宁的总结是最后的总结，无须后人再做总结。哲学是
一门反思的学问，哲学在立足现实，面向未来的同时，十分需要反思。塔
尔海玛的观点具有一定的代表性。译者李达对著者用较多的篇幅介绍中国
古代哲学给予了肯定，但对塔尔海玛的结论则未加置评。

　　否认马克思主义及其哲学与中国传统文化及其哲学有相似、一致之处
是错误的；但夸大两者的一致，也是不妥的。英国研究中国科技史的著名
专家李约瑟曾说过："辩证唯物主义渊源于中国，由耶稣会士介绍到西
欧，经过马克思主义者们一番科学化后，又回到中国。"② 美籍华人窦宗
仪很赞赏李约瑟的话。我国的一些人从窦宗仪的著作中知道了李约瑟的话
后也很兴奋，肯定李约瑟的结论③。李约瑟指出马克思的辩证唯物主义与
中国古代哲学相通这一点无疑是对的。但能否认为马克思的辩证唯物主义
渊源于中国，或中国古代哲学是马克思的辩证唯物主义的一个来源，我以
为这是大可商榷的。确实，在16—18世纪，来中国传教的耶稣会士将中
国的《论语》、《老子》、《中庸》、《周易》等经典译介于欧洲，对欧洲的

---

　　① 塔尔海玛：《现代世界观》（1927年），上海昆仑书店1930年第3版，第212、238页。
　　② 李约瑟：《今日中国的过去》，载《百年周刊》杂志1960年第5卷第2期。转引自
[美]窦宗仪《儒学与马克思主义》，1977年英文第1版，兰州大学出版社1993年版，第2页。
　　③ 方立的《应重视李约瑟的真知灼见》（《传统文化与现代化》杂志1998年第1期）和
张允熠的《中国文化与马克思主义》（山西教育出版社1999年版）对李约瑟的结论进行了论证。
我国的学者只是从窦宗仪的著作中得知李约瑟的"辩证唯物主义渊源于中国"的结论，而未能
读到引出此论点的文章《现代中国的古代传统》。倘若去读一读此论文，就会认识到，李约瑟的结
论是基于他对中国哲学、西方哲学、马克思主义哲学与西方哲学关系的片面理解而做出的，是与
历史实际不相符合的。详见拙文《李约瑟究竟是怎样说的》，《高校理论战线》2007年第11期。

资产阶级启蒙运动产生了重大影响，法国的伏尔泰、魁奈等人崇拜孔子①。中国哲学对德国早期启蒙思想家康德等也有一定影响，但对作为马克思主义哲学直接理论来源的黑格尔哲学和费尔巴哈哲学的影响甚微。黑格尔、费尔巴哈对中国哲学、文化知之甚少。马克思、恩格斯及列宁，虽然关心东方，关注中国革命，但他们对中国历史、文化、哲学同样知之不多。再者，渊源与影响是两个概念，不能等同。因此，马克思主义的辩证唯物主义渊源于中国哲学的说法是缺乏事实根据的。倘若再根据李约瑟的结论，推断出马克思主义哲学已包含了中国哲学的智慧的结论，那更是不可取的。

也许是受李约瑟的影响和启示，窦宗仪著有《儒学与马克思主义》一书，从认识论上将儒学与马克思主义进行分析比较。作者对马克思主义哲学和中国哲学（主要是宋明理学）均有一定的了解，出发点也是好的，花了很大工夫，引用了大量的资料。他的著作也给人一定启迪，但结论却不免偏颇。他说："在马克思主义和儒家哲学体系之间确有许多类似和平衡之处，可以说，就其基本方面而言，其间之共同之点远多于相异之处。""两者大同而小异。两者的基本前提非常接近，所不同的是：马克思主义以'斗争'为主，而儒家以'中和'为主。"② 由此，他认为，两者之间的融合是可能的，自然他是在儒学的基础上吸取马克思主义的某些内容。显然，作者夸大了两者之间的相似或一致之处，没有看到中国古代直观的朴素的唯物论辩证法与建立在现代科学基础上的唯物论辩证法之间有着质的区别。包括儒家在内的中国传统哲学除了有唯物论辩证法的传统外，还有唯心论的传统、形而上学的传统，而这正是与马克思主义哲学相对立的。

哲学既有时代性、阶级性，也有民族性、继承性。马克思主义哲学是西方哲学的总结和概括，继承和发展了西方哲学的优秀传统。因此，中国哲学中西方哲学讲得少的、甚至无有涉及的内容，马克思主义哲学同样讲得不多、甚至无有涉及。关于哲学研究问题方面的差异，将在后面展开说明。

------

① 早在 20 世纪 40 年代初，我国学者朱谦之在《中国思想对欧洲文化之影响》（1940 年）一书对中国思想在欧洲产生的巨大影响首次做了全面、系统的阐述。美国学者顾立雅著的《孔子与中国之道》（英文 1949 年版，中文 2000 年版）一书也有这方面的论述。法国学者维吉尔·毕诺的《中国对法国哲学思想形成的影响》（1640—1740）（2005 年中文版）提供了翔实的史料。

② 窦宗仪：《儒学与马克思主义》，兰州大学出版社 1993 年版，第 312 页。

（三）马克思主义哲学与中国传统哲学相结合的实质及其结合形式

在今天，马克思主义哲学与中国传统哲学相结合已成为多数人的共识。但在马克思主义哲学如何与中国传统哲学相结合的问题上则有不同的理解和做法。我国多数学者通常的理解和做法是：在论述马克思主义哲学的原理时联系中国哲学史，适当引用中国传统哲学的语录、历史事例、成语典故，以说明马克思主义哲学原理的普遍真理性。20 世纪 60 年代，艾思奇主编的《辩证唯物主义　历史唯物主义》就是这样做的①。到了 90 年代，方克立主编的《中国哲学与辩证唯物主义》一书则从另一个方面反映了这种理解和做法。该书依据马克思主义哲学关于哲学的基本问题、世界物质统一性原理、世界普遍联系发展原理、辩证唯物主义认识论、科学的社会历史观和人的全面发展等方面的理论分别论述中国哲学中相关的内容②。该书在以中国古代唯物论、辩证法的丰富思想来证明辩证唯物主义的真理性方面，在引导青年学生正确地学习、研究和对待我们的历史文化遗产方面和在提高青年学生的民族自尊心、自信心和自豪感方面是有益的。笔者认为，这种结合的方法，有一定的合理性，表明马克思主义哲学与中国哲学是相通的，有一致或相似之处，有助于沟通两者之间的联系。但这种做法在对马克思主义哲学与中国哲学之间关系的理解上是片面的，这种做法实质是把博大精深的中国哲学当成马克思主义哲学原理的注释和证明。

正确理解马克思主义哲学与中国传统哲学关系及两者相结合的问题，涉及如何对待马克思主义哲学的态度问题。在十月革命后，针对无产阶级文化派的历史虚无主义，列宁曾说过："凡是人类社会所创造的一切，他

---

①　据本人不完全的统计，艾思奇主编的《辩证唯物主义 历史唯物主义》（人民出版社 1962 年版）一书引用中国古代经典的语录约 36 次。李达主编的《唯物辩证法大纲》（人民出版社 1978 年版）一书几乎没有引用过中国古代经典。

②　该书由教育部社科司组编，编委会主任为张岱年，主编为方克立，高等教育出版社 1998 年版。郝立新主编的《马克思主义哲学研究述评》（中国人民大学出版社 2002 年版）对该书做了充分肯定的评介，但也有许多学者对此书持有异议。

（马克思）都有批判地重新加以探讨，任何一点也没有忽略过去。"[1] 列宁又说过：马克思主义"并没有抛弃资产阶级时代最宝贵的成就"，"相反却吸收和改造了两千多年来人类思想和文化发展中一切有价值的东西"[2]。据此，一些马克思主义者常习惯地说，马克思主义是人类智慧的结晶。马克思主义是世界历史的产物，就此而言，"马克思主义是人类智慧的结晶"的提法，一般地说尚不算错。但倘若依据列宁的话得出"马克思主义哲学是全人类哲学智慧的集大成"，再从"马克思主义哲学是全人类哲学智慧的集大成"的话推论出，马克思主义哲学"理所当然地包括中国传统哲学的智慧成果"和"中国传统哲学，尤其是其中丰富的朴素唯物主义和辩证法思想，自然构成马克思主义哲学形成的思想资源和历史文化基础的一部分"的结论，那显然是错误的。

第一，列宁说这些话的目的是为了批评"左"的无产阶级文化派的历史虚无主义，要求马克思主义者自觉地去继承和吸取人类智慧，而决不是说马克思已经对人类历史遗产总结完了，后来的马克思主义者不必再去进行总结和吸取了。

第二，如前所述，把中国哲学的唯物论辩证法看成是形成马克思主义哲学的理论来源的论点缺乏事实根据。众所周知，马克思主义哲学的直接理论来源是黑格尔哲学和费尔巴哈哲学。黑格尔和费尔巴哈对中国哲学知之甚少，他们的哲学思想几乎与中国传统哲学无直接的联系。马克思、恩格斯及列宁，对西方哲学史进行了研究、批判和总结。因此，我们可以说，他们的哲学思想是对西方哲学的总结和概括。他们关心中国社会发展和中国革命，但由于地缘和历史等原因，他们对中国的哲学、文化、历史知之不多。这些都是最基本的历史事实。

我们应以实事求是的科学态度对待马克思及马克思主义哲学。我国历史上的尊孔论者认为，孔子以前的思想都流到孔子那里了，孔子以后的思想都由孔子中流出。我们不能像历史上尊孔论者对待孔子那样的态度来对待马克思，以为马克思以前的思想都已为马克思所总结，马克思以后的思

---

① 列宁：《青年团的任务》（1920 年 10 月 2 日），《列宁选集》第 4 卷，人民出版社 1995 年版，第 284 页。

② 列宁：《关于无产阶级文化》（1920 年 10 月 8 日），《列宁选集》第 4 卷，人民出版社 1995 年版，第 299 页。

想都源于马克思。实事求是地讲,马克思主义哲学主要是西方哲学的总结和概括。随着马克思主义哲学在全世界的传播,马克思主义哲学本身就必须不断地向世界各国家、各民族学习,吸取他们的智慧。它到了中国,就应当向中国哲学学习,吸取中华民族的智慧,使自己得到丰富和发展,而不是简单地用中国哲学来证明自己的真理性。

要正确理解马克思主义哲学与中国哲学的关系及两者相结合的问题,还必须正确对待中国传统哲学问题。中华民族历史悠久,创造了灿烂的文化,为人类文明的发展做出了重大贡献。中华民族的哲学思想,源远流长,学派众多,博大精深,其中蕴藏着无数的珍品。中国哲学是中华民族的灵魂,是维系中华民族的精神支柱,推动中华民族发展的精神动力。中国哲学同世界其他民族、国家的哲学之间有着共同的、相通的一面。中国哲学中丰富的朴素唯物主义辩证法思想和大同社会理想同马克思主义哲学中的唯物主义辩证法思想和共产主义理想之间虽然有着时代的差别和阶级基础的差别,但在其基本精神上有相通或相近之处。这正是马克思主义及其哲学能在中国传播、生根、开花和结果的重要思想文化条件。就此而言,我们在阐述马克思主义哲学的基本原理时引用中国古代哲学家的话来证明其真理性是可以的、必要的,也是有意义的。

我们还应承认,各民族的哲学具有各自鲜明的民族性。中国哲学同世界其他民族、国家的哲学相比,有着特殊的、差异的一面,既有其优点,也有其不足。有些问题,中国哲学讲得比较多、比较充分,而西方哲学、马克思主义哲学讲得相对比较少,甚至鲜有论及;反之,有些问题如西方哲学、马克思主义哲学讲得比较多、比较充分,而中国哲学讲得相对比较少,甚至鲜有论及。长期以来,中国的哲学史家们都以西方哲学或马克思主义哲学的框架来整理、诠释中国传统哲学,撰写中国哲学史,因此,中国传统哲学中西方哲学、马克思主义哲学讲得相对比较少、甚至鲜有论及的那些特有内容没有能得到应有的反映,甚至完全被遮蔽了。近几年来开展的"中国哲学合法性"讨论主要不是在争论中国有没有哲学的问题。它的意义在于,提出了中国哲学家不能简单地用西方哲学或马克思主义哲学的框架去剪裁中国哲学,不能以西方哲学或马克思主义哲学之履来削中国哲学之足,而是要充分尊重中国哲学的特性和优点,要把长期被遮蔽了的中国哲学所特有的那些珍品发掘出来,供建构当代中国哲学之用。"中国哲学合法性"讨论标志着中国哲学自主性的新的觉醒。

　　马克思主义哲学主要是西方哲学的总结和概括，它未能包括中国哲学的丰富智慧。中国化的马克思主义哲学应是中国哲学的总结和概括。对中国丰富的哲学遗产进行总结和概括，国外的研究者当然可以做，但主要应由中国的马克思主义者来做。我们应当明确地认识到，对中国丰富的哲学遗产进行总结和概括是中国马克思主义者责无旁贷的职责。总结和概括不同于注释和证明。倘若我们做到了对中国哲学的总结和概括，那这种哲学就不会再是毛泽东所批评的"洋哲学"，而是具有中国的内容、中国的作风和中国的气派，是真正中国化的马克思主义哲学。因此，在建构中国化马克思主义哲学体系时不能停留在把中国传统哲学仅仅当作马克思主义哲学原理的注释和证明上，而是必须广泛地吸取中国传统哲学的优秀成果，尤其要注意吸取中国传统哲学特有的而马克思主义哲学鲜有论及的那些珍品。

　　总之，马克思主义哲学与中国传统哲学相结合的实质是：立足当代中国及世界的现实，在马克思主义哲学的基本精神的指导下，对中国传统哲学进行总结和概括，继承和发扬中国传统哲学的优秀遗产，形成中国化的马克思主义哲学。

　　在进行马克思主义哲学与中国传统哲学相结合时应注意以下两点：

　　一是立足当代中国及世界的现实。马克思主义哲学与中国传统哲学相结合的基础是当代中国及世界的现实。当代中国及世界的现实需要决定着对现有思想资料的吸取和发展方向。从中国传统哲学、马克思主义哲学和其他外国哲学中吸取什么，怎么吸取，都取决于现实和哲学家对现实的理解。所以哲学家要密切关注当代中国和世界的现实，关注时代的需要，关注人民的呼声。在对现实的认识上，哲学家要有独立的思索，切不要盲目信从政治家们的判断，把哲学变成为政治家言论辩护、注解的工具，从而失去哲学的批判精神。哲学不是宗教。哲学家们要正视现实，切不可把善良的主观愿望当成真理。从历史上看，人类之爱，中外古今哲人都提倡过，但在阶级社会不可能真正实现。和、和谐，也是中外古今哲人所追求的价值目标，但在阶级对抗的社会，它只能是一种美好的愿望。在存在着帝国主义、恐怖主义的时代，和谐世界只能是主观的幻想。马克思主义哲学是科学的世界观而不是满足人们主观需要的宗教。现实是出发点和基础，马克思主义哲学与中国传统哲学相结合必须立足于当代中国及世界的现实。

　　二是坚持马克思主义哲学的指导。马克思主义哲学与中国传统哲学相结合决不是两者简单的折中或机械的组合，也不是在中国传统哲学的基础上去吸纳马克思主义哲学，而是在马克思主义哲学的指导下，在马克思主义哲学的基础上吸取中国传统哲学的优秀成果。能否在中国传统哲学的基础上吸取马克思主义哲学？我想，从学术上讲是可以的。事实上冯友兰的新理学就吸取了马克思主义哲学中的个别观点、原理，如社会发展是有规律性的、社会形态（类型）、生产工具决定生产方法、生产方法决定社会组织、经济制度决定政治制度和文化、量变质变、肯定否定等①。再又如前面讲到的窦宗仪的《儒学与马克思主义》一书，就是在儒学的基础上吸取马克思主义哲学。从中国传统哲学现代化的视角看，这种方式的结合无疑也是有意义的，但它不是我们所主张的结合。我们马克思主义者所主张的结合（包括与中国传统哲学、西方哲学和其他国家、民族哲学的结合）应是在马克思主义哲学的指导下的结合，在马克思主义哲学的基础上的结合。这样的结合并不舍弃马克思主义哲学的基本概念、基本原理、基本精神，而是在保持马克思主义哲学的基本概念、基本原理、基本精神的基础上，增加新的概念、新的原理、新的精神和新的内涵。这样的结合才是马克思主义中国化的结合。

马克思主义哲学与中国传统哲学如何相结合？采取什么形式相结合？我们可以从毛泽东那里得到启发和借鉴②。我认为，马克思主义哲学与中国传统哲学相结合可以从不同的层次、方面去做，结合的形式大致有以下五种：

一是对中国传统哲学基本精神的继承和发扬；

二是对中国传统哲学中与马克思主义哲学相通、相契合的内容的吸取和发挥；

三是对中国传统哲学中特有的而马克思主义哲学鲜有论及、甚至无有论及的合理思想、命题和概念的吸取和改造；

四是从中国的唯心主义、形而上学哲学中吸取合理的有价值的内容；

五是总结和吸取中国哲学发展的经验教训。

我国哲学界较多运用、较为熟悉的是第二种结合形式，而对其余四种结合形式少有注意和运用。近几年来笔者思考较多的是第一、三两个方面。在此只讲个人研究的三个问题，作为引玉之砖。

---

① 详见拙作《新理学与马克思主义哲学》，《毛泽东与中国二十世纪哲学革命》一书第四编第二章第七节。

② 详见拙著《毛泽东与孔夫子——马克思主义中国化个案研究》，人民出版社 2003 年版。

四　继承和弘扬中国哲学基本精神

今天的中国是历史中国的发展，今天中国化的马克思主义哲学既是外国马克思主义在中国的发展，更是历史上中国哲学在今天的继续。中国哲学的基本精神、优秀传统不会因马克思主义哲学的传入而中断，只能因马克思主义哲学的传入而获得新的生命力。马克思主义哲学与中国传统哲学相结合，首要的、最基本的是要与中国传统哲学的基本精神相结合，要吸取、继承和发展中国哲学的基本精神。

中国哲学，历史悠久，学派众多，博大精深。中国哲学精神是什么？这历来是一个见仁见智的问题。由于论者所处时代和环境的不同，政治倾向和学术观点的不同，知识构成和个人情趣的不同，见解自然也就不同。近十多年来，相当多的学者认为，"和"、"和合"、"天人合一"、"中庸"是中国哲学的精神或精髓。我在读到此类观点的文章时总有点儿保留，心想，要果真如此，中华民族能历久不衰，巍然屹立于当今世界的东方吗？为了弄清此问题，我对"中国哲学精神是什么"的问题产生了兴趣，读了些书，作了些思考。现将我多年思考的结果写出来，仅供大家参考。

（一）中国哲学精神的诸种说法

中国哲学精神的提法从何时开始，尚待做文献的考证。但有一点似乎可以肯定，这一提法是在近代西方文化传入中国后才有的。西方文化传入中国，中西文化发生碰撞，中国传统文化和中华民族发生了危机，中国学者为了回应西方文化的挑战，保存和弘扬中国哲学，捍卫中华民族的独立，提出了"中国哲学精神"的问题（注：哲学是文化的核心，文明的活的灵魂，时代精神的结晶，因此，"中国哲学的精神"与"中国文化的精神"、"中国文明的精神"、"中华民族的精神"等说法，虽然有差别，但本质上是同一的。在很长的时期里，许多论者并不做区分，故本书对这些说法也不作严格的区别）。现将我见到的一些有代表性的观点笔录如下：

尊王尊孔论者辜鸿铭在《中国人的精神》一书的序言中申说：孔子的礼是"中国文明的精髓"。"以礼来自我约束，非礼毋言，非礼毋行。这就是中国文明的精华和中华民族精神的精髓所在。我在这本书中需要加以阐明和解释的也正是这点。"①

辜鸿铭上述序文是在 1915 年写的。经过五四新文化运动，孔子被打倒在地，批得尊孔者羞不能出口。梁漱溟看不下去，公开申明要为孔子辩护，发挥孔家学说，发表了《东西文化及其哲学》，提出今后世界文化的走向应是孔家文化。梁漱溟认为，中国形而上学的"中心意思，就是调和"。"调和折中是宇宙的根本法则。""双，调和，平衡，中，都是孔家的根本思想"。他说："西方文化是以意欲向前要求为根本精神的。""中国文化是以意欲自为调和、持中为其根本精神的。""印度文化是以意欲反身向后要求为其根本精神的。"② 总之，在梁漱溟看来，调和是中国哲学、中国文化的根本精神。

冯友兰认为，哲学是人生的反思，哲学的任务在于教人如何提高境界，成为"圣人"。哲学是"入圣"之学。1944 年，他在《新原道（一名中国哲学之精神）》中说：中国哲学的主要传统，中国哲学的主流，中国哲学要求的一种最高境界，中国哲学的真正精神，是"极高明而道中庸"。③

杜国庠则不赞成冯友兰的观点，提出中国哲学的精神并不是"极高明而道中庸"，并不是"经虚涉旷"，而是"实事求是"。他说，为学做人需要的也是实事求是精神。④

1958 年，唐君毅、牟宗三等四人，带着"流亡海外"、"四顾茫茫"

①　辜鸿铭：《中国人的精神》，海南出版社 1996 年版，第 15、17 页。

②　梁漱溟：《东西文化及其哲学》，商务印书馆 1987 年影印版，第 118、124、144、155 页。

③　冯友兰：《新原道》绪论，《三松堂全集》第 5 卷，河南人民出版社 1986 年版，第 6—7 页。

④　杜国庠：《玄虚不是中国哲学的精神》，《杜国庠文集》，人民出版社 1962 年版，第 405 页。

的心境情调，发表《为中国文化敬告世界人士宣言》。他们站在宋明心学的立场上提出："中国学术思想之核心"、"中国文化之神髓"是"心性之学"，悲叹当今中国与世界之学者"皆不能了解心性之学"。①

　　方东美著有《中国哲学之精神及其发展》，全书赅综儒家、道家、佛家和宋明以来的新儒家之哲学体系，提出"中国形而上学表现为一种'既超越又内在'、'既内在又超越'之独特形态，与流行于西方哲学传统之'超自然或超越形而上学迥乎不同'"。②

　　罗光对方东美的见解不以为然。他在著九大册中国哲学史之后由繁返简，写了一本《中国哲学的精神》，书中罗列"崇实"、"贵心灵"、"生生之谓易"等十六个题，分述中国哲学精神。书中说道，"中国哲学的基本精神，为一种重实的精神"。③

　　"文化大革命"结束后，张岱年在许多文章中反复说明："自强不息"、"厚德载物"是中国文化传统的基本精神。他认为，这些思想激励着人们奋发向上，不断前进。张岱年提出的见解为越来越多的人认同。有的学者提出"自强是中华民族精神的核心"。张岱年还明确表示："不能把'中庸'看做中国文化的基本精神。"④

　　十年"文化大革命"，"斗争哲学"盛行。"物极必反。""文化大革命"结束后，"和"的哲学蜂起。有的学者提出"和合"哲学。唱和者甚至建议要在北京搞"中华和合纪念碑"，搞"中华和合文化弘扬工程"。有的学者认为，西方社会诸多问题，与西方哲学主张"主客二分"有关。与西方哲学不同，中国哲学主张"天人合一"。于是有人鼓吹以中国"天人合一"之长济西方"主客二分"之穷，鼓吹"天人合一"救世。也有人不赞成用"和"、"和合"、"天人合一"来概括中国哲学精神，主张用"尚通"或"中"作为中国哲学的精髓。

　　总之，中国哲学，流派纷呈，蕴意丰富，犹如万花筒，一人一见，十人十见。对中国哲学精神见仁见智，不足为怪，这是主体能动性的体现，

　　① 汤一介、杜维明主编：《中国哲学经典》（1949—1978），海天出版社 1998 年版，第 241、245 页。

　　② 同上书，第 54 页。

　　③ 罗光：《中国哲学的精神》，台湾学生书局 1990 年版，第 14 页。

　　④ 张岱年：《文化传统与民族精神》，《文化与哲学》，教育科学出版社 1988 年版，第 74—76 页。

有助于学术的繁荣和进步。

（二）如何界定中国哲学精神

对上述中国哲学精神的种种说法，在此不作论析。但我认为，在弄清中国哲学精神的具体内涵之前，首先要解决如何界定中国哲学精神的问题。本人的看法是：

第一，中国哲学精神应是中国哲学中积极的、进步的成分，是中国哲学的精华。消极的、落后的东西，即使在中国历史上有很大的影响也不能算作中国哲学的精神。

第二，中国哲学精神应是中国哲学中具有普遍的、永久价值的珍贵品。它不仅在历史上有其价值，而且在今天，对中华民族的振兴和世界文化的发展仍有意义。有些东西在某一历史时期有一定价值，尔后随着时间的推移渐渐失去价值。这类东西不能算中国哲学的精神。

第三，中国哲学精神含义丰富，是多种因素的有机统一，并非是单一的。因此，很难用一两个概念或论断加以概括表达。

第四，中国哲学精神是活的，不断发展着的，不同时代有不同的特点和重点。

学者因政治立场、思想倾向和学术观点的不同，对精华与糟粕、积极与消极、进步与落后的看法也就不同，甚至是截然相反。我们究竟应持什么样的立场和观点呢？我认为，我们只能站在中华民族和中国最大多数人的立场上，以辩证的、唯物的、历史的观点来审视数千年的中国哲学，取其精华，弃其糟粕，弘扬其真正的精神。中国哲学精神是中华民族的灵魂和精神支柱，是推动中国社会发展的精神动力。

基于上述理解，本人以为中国哲学精神至少应包含以下五个方面内容：刚健有为，自强不息；经世致用，实事求是；阴阳互补，辩证思维；民贵君轻，以人为本；大同理想，止于至善。以下分别简述之。

（三）刚健有为，自强不息

中华民族屹立于世界东方五千余年。中华文明是世界六大古代文明中唯一没有中断过的文明。维系中华民族生存、推动中华民族发展的精神动力是什么？多数学者首推刚健有为、自强不息的精神。本人完全赞同这一观点。

中国古代，西周以前，神学世界观占支配地位，一切听命于神、天命。周灭商之后，统治者提出"以德配天命"的理论。西周末期，神的统治地位发生了动摇。春秋战国时期，无神论思想兴起。虢国史嚚说："国将兴，听于民；将亡，听于神。神聪明正直而壹也，依人而行。"（《左传》庄公三十二年）周内史叔兴则明确讲："吉凶由人。"（《左传》僖公十六年）老子是无神论者，主张道法自然，尊重客观法则。他讲无为，但目的是为了达到"无不为"。孔子虽然讲天命，但更多的是提倡"刚健"、"弘毅"。为了救世，他颠沛流离，四处游说，"知其不可为而为之"。他提倡自主、自信、自强，"不怨天，不尤人"（《论语·宪问》）。他还说："为仁由己，而由人乎哉"（《论语·颜渊》）；"我欲仁，斯仁至矣"（《论语·述而》）。《易经·乾卦》说："君子终日乾乾。"《易传》进一步发挥了这种思想。《象传》提出："天行健，君子以自强不息。"《文言》则说："大哉乾乎！刚健中正，纯粹精也。"《彖传》提出："刚健笃实，辉光日新。"孔子、《周易》的这些思想为后世儒家所提倡。荀子讲："以修身自强，则名配尧禹。"（《荀子·修身》）朱熹讲："学者自强不息，则积少成多；中道而止，则前功尽弃。其止其往，皆在我而不在人也。"（《四书章句集注·论语集注》）他又说："闻道有蚤（早）莫（暮），行道有难易，然能自强不息，则其至一也。"（《四书章句集注·中庸章句》）

中国古代刚健有为、自强不息的精神还表现为一种"日新"变革的进取精神。《礼记·大学》记有商汤在自己沐浴之盘上铸有"苟日新，日日新，又日新"的格言。《尚书·咸有一德》说："始终唯一，时乃日新。"《周易·系辞上》说："日新之谓盛德。"《周易·乾卦·文言》说："终日乾乾，与时偕行。"《周易·革卦·彖象》则说："天地革而四时成，汤武革命，顺乎天而应乎人，革之时，大矣哉。"日新，革命，是自然、社会法则，人应遵循它，效法它，与时俱进，不断创新，不断进取。中国古代虽然有"天不变道亦不变"的形而上学思想，但上述日新、变革的思想也为先进的人们反复提倡。日新、变革的思想推动着中华民族不断开拓进取。

自强不息的精神还表现为一种奋发有为，百折不挠，艰苦奋斗，勇于献身的精神。孔子反对饱食终日，无所用心，不思进取的懒惰思想。他自己则："发愤忘食，乐以忘忧，不知老之将至。"（《论语·述而》）孟子提倡在逆境中磨炼自己。他说："天将降大任于斯人也，必先苦其心志，劳其筋骨，空乏其身，行拂乱其所为，所以动心忍性，增益其所不能。"又说："生于忧患而死于安乐也。"（《孟子·告子下》）司马迁在总结历史时写道："文王拘而演周易，仲尼厄而作春秋，屈原放逐，乃赋离骚。左丘失明，厥有国语。孙子膑脚，兵法修列。不韦迁蜀，世传吕览。韩非囚秦，说难孤愤。诗三百篇，大抵贤圣发愤之所为作也。"（《报任安书》）文天祥的"人生自古谁无死，留取丹心照汗青"的名句，千古传诵。在中华民族的历史上，无数仁人志士，为了民族独立，国家富强，社会进步，不惜牺牲自己的生命，奋斗不息，留下了许多可歌可泣的壮丽诗篇。

近代以降，面对日益深重的民族危机，自强不息的精神尤为发扬光大。资产阶级改革派领袖康有为组织"强学会"，创办"强学报"，力倡自强、维新。他说："《易》首系《乾》，以自强不息"，国之振兴，"惟有自强而已"（《上海强学会后序》）。革命民主主义先行者孙中山为了中华民族的独立、富强，十落十起，百折不回，愈挫愈奋，与时俱进，鞠躬尽瘁，死而后已。以毛泽东为代表的中国共产党人更是继承、发扬了自强不息的精神。在面临亡国灭种的时刻，毛泽东响亮地提出："中华民族有同自己的敌人血战到底的气概，有在自力更生的基础上光复旧物的决心，有自立于世界民族之林的能力。"[①] 中国共产党人不怕帝，不怕鬼，不怕魅，不信邪，排除来自各方面的压力和干扰，独立自主地领导中国的革命和建设，把中华民族的历史推进到一个崭新的阶段。中国共产党人的"独立自主、自力更生"的思想是中华民族自强不息精神在当代的弘扬。

（四）经世致用，实事求是

中国古代哲学家、思想家虽然研究的是天道、人道一类十分高深、抽象、玄虚的问题，但他们绝不是为学问而学问，为求真而求真。与西方不

---

① 毛泽东：《论反对日本帝国主义的策略》，《毛泽东选集》第 1 卷，人民出版社 1991 年版，第 161 页。

同，中国没有为学术而学术的传统。中国宗教观念薄弱，中国古代的哲人和普通百姓，注重现实，注重现世，不像西方人那样，有浓厚的宗教观念，向往追求来世天国。

老子讲玄之又玄的道，讲无为，但落脚点却是为了实现小国寡民的社会理想。他讲的道，既是天道，又是人道，也是治国之道，他的"治大国若烹小鲜"的话，竟为 1987 年美国总统罗纳德·威尔逊·里根的国情咨文所引用。孔子对"礼崩乐坏"的大变革痛心疾首，力图变"无道"为"有道"。儒家的一套学说，为的是救世济民，"修身、齐家、治国、平天下"。墨子以讲"圣王之道"为职志，宣扬"兼爱"、"尚贤"、"节用"等思想。中国古代思想家以匡正时弊、救世济民为己任的思想绵延不绝。

当然，中国历史上也有慕出世、尚清谈、讲心性的唯心主义传统，其中尤以宋明儒家为盛。明清之际的黄宗羲、顾炎武、王夫之等针对空谈误国，大兴经世致用之实学。黄宗羲讲："古者儒墨诸家，其所著书，大者以治天下，小者以民为用。盖未有空言无事实者也。"（《今水经序》）顾炎武激烈反对宋明理学的"空虚之论"，指出宋明理学"以明心见性之空言，代修己治人之实学"（《夫子之言性与天道》）。他提倡："文须有益天下"，"君子为学，以明道也，以救世也。"（《与人书二十五》）他提出："天下兴亡，匹夫有责。"王夫之批判各种唯心主义，提倡实学。如他儿子所说，其父"明人道以为实学，欲尽废古今虚妙之说而反之实"（王敔：《薑斋公行述》）。

我国古代先哲在治学上提倡实事求是的态度。孔子博学于文，虚心好学，"不耻下问"，周游列国，调查研究。他注重证据，开"无征不信"之先河。他主张做老实人，他说："知之为知之，不知为不知，是知也。"（《论语·为政》）孟子讲："诚者，天之道也；思诚者，人之道也。"（《孟子·离娄上》）《中庸》进一步发挥"诚"，说"诚则明，明则诚，不诚无物"。所谓诚，朱熹解释为"真实无妄"。《中庸》把诚说成是世界的本体，这当然是唯心主义，但他认为只有做到诚，才能正确地认识世界（"诚则明"），成功地改造世界（"不诚无物"），这是正确的。《中庸》又提倡"博学之，审问之，慎思之，明辨之，笃行之"。司马迁游历大江南北，实地考察古迹，"网罗天下放失旧闻"，写成了千古名著《史记》。司马迁"不虚美，不隐恶"的治学态度，对后世影响极大。汉景帝之子刘德，喜好学问，搜集先秦典籍，其数可与朝廷匹敌。班固在《汉书》中作了记载，称赞刘德"修学好古，实事求是"。以后，实事求是渐渐成了成语，流传下来，泛指治学、治国和做人的一种态度。清朝乾嘉学派，矫宋明空谈之弊，注重考据，强调实事求是。乾嘉考据学集大成者阮元自称："余之说经，推明古训，实事求是而已，非敢立异也。"（《研经室集·自序》）乾嘉考据之学走向另一极端，埋头于文字上寻章摘句，搞烦琐哲学，结果陷于故纸堆，脱离现实。

近代以来，随着西学的传入，先进的中国人用实事求是来指称西方的科学精神、科学态度和科学方法。郭嵩焘说："实事求是，西洋之本也。""西人格致之学，所以牢笼天地，驱役万物，皆实事求是之效也。"①郑观应说，在西方，"无论何学，总期实事求是"。②梁启超起草的京师大学堂的办学章程说："本学堂以实事求是为主。"③章太炎讲："近代学术，渐趋实事求是之涂。"④ 20世纪初，实事求是成为一个盛行的用语。有的用它作书院名，如杭州有求是书院。有的用它作匾额，如民国初年，在原岳麓书院旧址上办的湖南工业专科学校的讲堂上就挂有"实事求是"的横匾。青年毛泽东在长沙求学时在此活动过，知晓此匾额。

以毛泽东为代表的中国共产党人在马克思主义基础上继承和发扬了实事求是的优良传统。毛泽东说："科学的态度是'实事求是'。""我们民族的灾难深重极了，惟有科学的态度和负责的精神，能够引导我们民族到解放之路。"⑤ 1941年12月，他为中央党校题写了"实事求是"，作为校训。他对实事求是作了唯物而辩证的说明，赋予了新的内容。他用实事求是来概括马克思主义学风，反对教条主义。经毛泽东的提倡，实事求是成了中国共产党人的座右铭。在新的历史时期，邓小平在总结正反两方面历史经验的基础上反复讲：实事求是，是毛泽东思想的精髓，是马克思主义的精髓，过去打仗靠这个，现在搞建设、搞改革开放也靠这个。实事求是是中国共产党的思想路线。中国共产党人是中国哲学优秀传统的真正继承

① 《郭嵩焘日记》（三），湖南人民出版社1981年版，第731、766页。
② 《郑观应集》（二），上海人民出版社1982年版，第104页。
③ 《遵筹开办京师大学堂折，附章程清单》（1898年5月），引自舒新城编《近代中国教育史料》第1册，上海中华书局1928年版，第139页。
④ 章太炎：《答铁铮》，《民报》1907年第14号。
⑤ 毛泽东：《新民主主义论》，《毛泽东选集》第2卷，人民出版社1991年版，第663页。

者和发扬者。

（五）阴阳互补，辩证思维

中华民族是一个富有辩证思维的民族。中国古代的先哲通过仰观天文，俯察大地，天才地猜测到世界是由对立面组成的，对立面之间的互相依存，互相渗透，互相激荡，互相作用，互相转化，产生万物，推动自然、社会和人的思维的发展。阴阳互补、对立统一的辩证思维，是中国古代辩证法的优点和特点。

中国古代最早的经典《易经》提出宇宙由八种物质组成，即天（乾）与地（坤）、雷（震）与风（巽）、水（坎）与火（离）、山（艮）与泽（兑）。天地是宇宙万物的总根源，天地交感产生万物。《易经》认识到对立着的事物是统一的，相反相成，物极必反。《易经》虽没有明确提出阴阳概念，但乾具有阳的性质，坤具有阴的性质已十分明确。所以《庄子·天下篇》说："《易》以道阴阳。"孔子十分推崇《易经》，自己研究不止，"韦编三绝"，并把它作为教材，传授弟子。他讲过："加我数年，五十以学《易》，可以无大过矣。"（《论语·述而》）形成于战国时期的《易传》，进一步发展了《易经》中的辩证法，更突出了发展的思想。《周易·系辞上》说："日新之为盛德，生生之谓易"，并明确提出"一阴一阳谓之道"，把对立面之间的相互作用看成事物运动变化的总根源和根本规律。

《周易》为历代学者推崇，被尊为"六经"之一。《周易》的辩证法在历史上影响很大。先秦以后的中国哲学家普遍地接受事物因内部阴阳互相作用而生运动、变化的思想。宋朝张载是气一元论者。他说："一物两体，气也。一故神，两故化，此天之所以从参也。"（《正蒙·参两》）又说："无无阴阳者，以是知天地变化，二端而已。""两不立，则一不可见；一不可见，则两之用息。"（《正蒙·太和》）朱熹虽然是唯心主义者，但也把阴阳二端看成事物变化的动力。他说："凡天下之事，一不能化，惟两而后则化，且如一阴一阳，始能生化万物。"（《朱子语类》卷九十八）他又说："一分为二，节节如此，以至于无穷，皆是一生两尔。"（《朱子语类》卷六十七）

中国古代辩证法，《周易》是一系。除《周易》之外，《老子》、《孙子兵法》亦是中国古代辩证法思想的两大宝库、两大源头。《老子》、《孙子兵法》各有自己鲜明的特点，这是不言自明的。它们两者在辩证法思想上有共同点，这也是显而易见的。在这两著作中关于对立面互相依存、互相渗透、互相转化、相反相成的思想十分丰富、深刻。这两部著作涉及有无、阴阳、男女、刚柔、强弱、大小、长短、难易、生死、祸福、吉凶、善恶、动静、进退、胜负、攻守、虚实、劳逸、正奇、战和等数十对矛盾。这两部著作和《周易》中包含的对立之间的互相依存、互相渗透、互相转化、相反相成的辩证法思想，已深入到我国政治、军事、文化、艺术、医学、自然科学和社会生活的各个方面，成为中华民族的重要思维方式之一。

我国古代的阴阳互补、相反相成的辩证思维对近现代自然科学的发展有重大的影响。玻尔、普利高津等科学家十分推崇我国的阴阳学说。阴阳互补思想与现代量子力学的"互补原理"有契合之处。量子力学的创始人玻尔以象征阴阳互补的太极图（即阴阳鱼）作为自己家族的族徽，就充分说明了这一点。

中国传统的阴阳互补、相反相成的辩证法思想与马克思主义的唯物辩证法思想是相通的。20世纪中国尖锐、复杂、曲折的社会矛盾运动为辩证法的运用和发展提供了历史舞台。毛泽东的辩证法思想既是马克思主义辩证法与中国革命具体实践相结合的产物，也是对中国古代辩证法思想的直接继承和发展。

（六）民贵君轻，以人为本

以人为本是中国哲学的又一优良传统。在西方，整个中世纪，神学占统治地位。直到文艺复兴时期，神学统治才开始动摇，人才逐渐从神的束缚下解放出来。中国在夏商时代也是宗教神学占绝对统治地位，但随着商朝的灭亡，周朝的统治者从奴隶的暴动中看到了人民的力量，认识到"天命靡常"（《诗经·大雅·文王》），"天视自我民视，天听自我民听"，"民之所欲，天必从之"（《尚书·泰誓》）。春秋战国时期，社会发生激烈的大变革，重民思想有了进一步的发展，人的地位上升。随国季梁说："夫民，神之主也，是以圣王先成民而后致力于神"（《左传》桓公六年）。宋国司马子鱼说："祭祀以为人也。民，神之主也。"（《左传》僖公十九年）郑国的子产讲："天道远，人道迩。"（《左传》昭公十八年）他认为天道离现实远，人道离我们近，因而主张重视人道。

孔子发展了西周以来重民的思想，是中国第一个以人为本的思想家、哲学家。他"不语怪、力、乱、神"（《论语·述而》），"敬鬼神而远之"（《论语·雍也》）。他说过："未能事人，焉能事鬼？"（《论语·先进》）他注重人道，把人作为研究的中心，充分肯定人的价值，提出了仁学。孔子仁的基本精神是重视人，即所谓"仁者爱人"。他提倡，"泛爱众"（《论语·学而》），"节用而爱人，使民以事"（《论语·学而》），"博施于民而能济众"（《论语·雍也》）。郭沫若曾说，孔子的仁是人的发现，这不无道理。孟子总结了兴衰存亡的历史经验，进一步发展孔子的思想，提出了仁政学说。他说："三代（即夏商周）之得天下也以仁，其失天下也以不仁，国之所以兴废存亡者亦然。"（《孟子·离娄上》）他主张给农民固定的土地，"制民之产"，安定民心。他认识到，得人心者得天下，失人心者失天下。他在一定程度上看到了人民对保持和巩固国家政权的重要意义。他说："民为贵，社稷次之，君为轻。"（《孟子·尽心下》）孟子的民贵君轻的民本思想对后世影响甚大。1958 年，毛泽东把它视之为中国古代有关人民性思想的重要范例①。

与孔子以仁为中心的思想不同，老子的思想则以道为中心。他站在小生产者的立场上批判剥削、压迫制度。他指出："民之饥，以其上食税之多，是以饥。"（《老子·七十五章》）他崇尚天之道，批判人之道："天之道损有余而补不足，人之道则不然，损不足以奉有余。"（《老子·七十七章》）他提出"圣人无常心，以百姓为心"（《老子·四十九章》），此话鲜明地表达了民本思想。他警告统治者，对老百姓不要逼得过分，因为"民不畏死，奈何以死惧之？"（《老子·七十四章》）他提出无为而治的主张。

中国古代明确提出"以人为本"的是《管子》一书。《管子·霸言》说："争天下者，必先争人。明大数者得人，审小计者失人。得天下之众者王，得其半者霸。""霸王之所始也，以人为本。本理则国固，本乱则国危。"《管子》一书对称霸、治国要以人为本做了多方阐述，并提出爱

---

① 见毛泽东对陆定一《教育必须与生产劳动相结合》一文的修改。《建国以来毛泽东文稿》第 7 册，中央文献出版社 1992 年版，第 340 页。

民、顺民、富民的方针，以赢得人心，巩固统治大业。《晏子春秋》记载，齐国大夫晏婴在回答叔向处乱世如何行道时提出"以民为本"[1]。后人则明确指出："民可近，不可下，民惟邦本，本固邦宁。"（《尚书·五子之歌》）以人为本的思想在荀子那里得到进一步发展。荀子提出了"人最为天下贵"的命题。在民与君的关系上，他引用古语："君者，舟也；庶人者，水也。水则载舟，水则覆舟。"荀子进一步发挥说："故君人者，欲安，则莫若勤政爱民矣。"（《荀子·王制》）"水可载舟，亦可覆舟"，成为后世有作为统治者的治国箴言。唐太宗李世民与大臣居安思危，常用此话警策自己。唐太宗讲："为君之道，必须先存百姓。若损百姓以奉其身，犹割股以啖腹，腹饱而身毙。"（《贞观政要·君道》）他又说："凡事皆须务本。国以人为本，人以食为本。""国以民为本，人以食为命。"（《贞观政要·务农》）到了明清之际，黄宗羲将"民贵君轻"的民本思想发展为"民主君客"的民主主义思想。

中国两千多年的高度集权的专制制度，就其本质而言，是蔑视人、贬低人、把人不当人的制度。三纲主义，存天理、灭人欲的道德说教，扼杀了人的个性和自由。这是基本的方面。但也应看到，进步的思想家、哲学家和政治家确实有以人为本的民本思想，并成为一种传统。近代以来，传统的民本思想同由西方传入的民主主义相结合。孙中山提倡民族、民权、民生的三民主义。他好引用"民为贵，社稷次之，君为轻"和"民为邦本，本固邦宁"的话来论证他的民主主义思想。他认为，"三大主义皆基本于民"[2]。他在《中华民国临时大总统宣言书》中郑重地宣告："国家之本，在于人民。"[3] 他多次论说，人民是国家的主人，官吏是人民的公仆。他在临终前的遗嘱中说，积四十年之经验，深知达自由平等中国之目的，"必须唤起民众"。马克思主义传入中国后，中国共产党把马克思主义的群众观与传统的民本思想相结合，形成了一切为了群众、一切依靠群众、从群众中来到群众中去的群众路线。群众路线是中国共产党的根本路线，是党长期在敌我力量悬殊的艰苦环境里进行革命活动的无比宝贵的历

---

① 见《晏子春秋》内篇问下第四·叔向问处乱世其行正曲晏子对以民为本第二十一。

② 孙中山：《民报发刊词》，《孙中山选集》，人民出版社1986年版，第75页。

③ 孙中山：《中华民国临时大总统宣言书》，《孙中山选集》，人民出版社1986年版，第90页。

史经验的总结。进入新世纪，党中央提出的科学发展观把"以人为本"作为发展的核心。这些均是中国古代以人为本的民本思想在当代的新发展。

（七）大同理想，止于至善

哲学不仅是世界观、认识论和方法论，告诉人们如何认识世界和改造世界，而且还是价值观、人生观，解决人的理想信念，人生的追求和归宿，告诉人们如何做人。中国哲学尤其重视人生问题，以至有人把中国哲学归结为人生哲学。

每一个民族都有自己所追求的美好理想。我国古代先秦典籍中有一些关于尧、舜、禹时代原始社会的零星的记载。一些思想家出于对不平等、不公正社会现实的不满，把原始共产主义社会视为理想的黄金时代。形成于秦汉之际的《礼记·礼运》，假托孔子之名集中完整地描述了以天下为公的大同理想世界。《礼运》说："大道之行也，天下为公，选贤与能，讲信修睦。故人不独亲其亲，不独子其子，使老有所终，壮有所用，幼有所长；矜、寡、孤、独、废疾者皆有所养；男有分，女有归。货恶其弃于地也，不必藏于己；力恶其不出于身也，不必为己。是故谋闭而不兴，盗窃乱贼而不作，故外户而不闭。是谓大同。"《礼运》提出的大同理想反映了劳动人民和进步思想家向往一个没有剥削，没有压迫，人人平等、自由、幸福、和谐的理想社会。《礼运》的理想社会无疑带有空想的色彩，是一个理想化的世界。历代具有改革性的政治家、思想家大多依托大同为蓝本来描绘其理想社会的图景。大同思想是中国思想文化中的优良传统。大同理想对中国历史，尤其是近代以来的历史，有重大影响。

太平天国领袖洪秀全在《原道醒世训》中引了前面《礼运》有关"大同"的著名论述，谴责当今"相侵相夺相斗相杀"的旧世界，希望建立"天下一家，共享太平"的新世界。戊戌维新派首领康有为吸取了西方空想社会主义的思想，用进化论的观点，进一步发挥了大同理想。他作了《礼运注》，著有《大同书》。他提出的大同理想社会去掉了国界、级界、种界、形界、家界、产界、乱界、类界、苦界等九界，无私有财产，生产力发达，人人劳动，人人过着美好的物质生活和精神生活。康有为的大同社会是一个"至平、至公、至仁，治之至"的社会。毛泽东讲："康有为写了《大同书》，他没有也不可能找到一条到达大同的路。"① 中国古代大同思想对民主主义革命家孙中山影响甚大。他把中国古代的大同理想与西方的空想社会主义和马克思主义糅合起来，提出了"天下为公"的社会理想。他书写了《礼运》大同社会的语录和"天下为公"的条幅。他在讲话、文章中多次讲到大同理想。他说："人类进化之目的为何？即孔子所谓'大道之行，天下为公'。"② 他又说："我们三民主义的意思，就是民有、民治、民享。这个民有、民治、民享的意思，就是国家是人民所共有，政治是人民共管，利益是人民共享。照这样说法，人民对于国家不只是共产，一切事权都是要共的。这才是真正的民主主义，就是孔子所希望之大同世界。"③ 孙中山的"大同思想"同样带有空想的性质，但其进步性、革命性是显而易见的。中国古代的大同思想与马克思主义的社会主义思想虽然有本质的不同，但两者也有一致之处。中国古代的大同思想是中国先进分子接受马克思主义的有利的思想条件。

社会理想要人来实现。与大同理想相连的是中国哲学注重人身修养，提倡达到天下为公、公而忘私的至善境界。《诗经·召南·采蘩》有"夙夜在公"之语。《尚书·周官》记有"以公灭私，民其允怀"。孔子、孟子提倡"杀身成仁"，"舍生取义。"《礼运》赞美"天下为公"的无私境界。贾谊说："国尔忘家，公尔忘私，利不苟就，害不苟去，唯义所在。"（《新书·阶级》）以后历代的政治家、思想家极力提倡"公而忘私，国而忘家"的献身精神，并把它视为人生修养的最高境界。范仲淹的"先天下之忧而忧，后天下之乐而乐"、顾炎武的"天下兴亡，匹夫有责"等名句，千古流传，教育、激励着人们为民族独立、国家富强、人民幸福去奋斗不已。

中国传统道德以社会为本位，忽视、抹杀个性，这是弊端。但它提倡内省、克己、自我修养，把社会、民族、国家的利益放在第一位，提倡天下为公、公而忘私的自我牺牲精神，则是中华民族的优秀传统。中国共产党人注重主观世界的改造，提倡全心全意为人民服务，这是"天下为公"思想在当代的继承和弘扬。我们今天还处于社会主义初级阶段，应提倡社

① 毛泽东：《论人民民主专政》，《毛泽东选集》第4卷，人民出版社1991年版，第1471页。
② 孙中山：《建国方略》，《孙中山选集》，人民出版社1986年版，第156页。
③ 孙中山：《三民主义》，《孙中山选集》，人民出版社1986年版，第843—844页。

会和个人相统一的集体主义，提倡个性解放，尊重个性自由，克服忽视个性的弊病。我们在纠正"左"的脱离现实的错误时，不应淡化共产主义理想。一个民族，一个国家，无论如何不能没有天下为公的大同理想和公而忘私的献身精神。

以上五个方面互相依存、互相渗透，融为一体，构成中国哲学的基本精神。其中最核心的则是自强不息精神。自强不息精神就是中华民族的主体精神。正是自强不息精神使中华民族能战胜千难万险，绵延不绝，开拓创新，屹立于世界东方，对人类文明发展做出了伟大贡献。中国哲学的精神是中华民族的灵魂和精神支柱，是推动中华民族发展的基本精神动力。中国哲学的基本精神在毛泽东哲学思想和中国共产党人的实践中得到了充分的体现和弘扬。中国化马克思主义哲学应充分反映中国哲学基本精神在当代的发展。

（八）"和"真是中国哲学的精髓吗？

从 20 世纪 80 年代后期以来，随着"和平与发展"是时代的主题的提出，一些学者竭力鼓吹"和的哲学"或"和合学"，最近几年来"和"、"和合"成为舆论界的时髦用语。首先讲"和的哲学"的是冯友兰。1986 年以后，他一改过去对"和"的否定性评价，提出中国古典哲学把矛盾对立面的同一性放在第一位，最后的结果是如张载所说的"仇必和而解"；马克思主义的辩证法则把矛盾对立面的斗争性放在第一位，最后的结果是"仇必仇到底"。他还认为，"仇必和而解"是客观辩证法，现代历史向着"仇必和而解"方向发展，这是中国哲学的传统和世界哲学的未来[①]。冯友兰的观点得到一部分学者的唱和。90 年代后，有些学者把"和合"视为中华民族文化的精髓，建议在北京建立"和合纪念塔"，作为中华民族标志性的建筑。有的学者认为，当代人类面临五大冲突（人与自然、人与社会、人与人、人的心灵和各文明之间的冲突）和五大危机（生态危机、社会危机、道德危机、精神危机、价值危机），中国古代的和合思想是化解当代世界危机、治疗当代社会疾病的一剂良方，为此

---

① 参见冯友兰《中国现代哲学史》，广东人民出版社 1999 年版。

提出了"和合学"①。有的学者提出，"和"、"和谐"是中国传统哲学的精髓。

这股和、和合的思潮正在弥漫中国的舆论界，值得我们关注、深思。"和"是中国哲学的重要范畴，其中包含有辩证法思想、合理的价值追求和审美情趣，在建构和谐社会的今天，"和"的思想无疑应加以发掘和阐释。但它是否是中华民族文化的精髓，这是可以讨论的。

据《国语·郑语》记载，西周末年太史伯指出，和与同是不同的，和是指不同事物或要素的有机结合，同是相同事物的简单相加，"和实生物，同则不继"。春秋末期，齐国的政治家、思想家晏婴进一步阐述、发挥了"和"的思想。这是搞中国哲学、中国历史的人都熟知的。无论是史伯，还是晏婴，讲和同之辨，目的都是劝说当政者要听取不同意见，不可专一，只听一种意见，有点民主味道。从哲学上讲，他们都天才地直观到无论是自然界，还是社会，事物是不同因素的对立统一。他们的和的思想具有鲜明的朴素的唯物辩证的性质，把它视为折中调和论是不对的。但他们确实都不讲对立面之间的斗争，希望民无争心。在此之后，"和"成了许多政治家、思想家、哲学家都论及的范畴。

老子哲学具有丰富的辩证法思想，是中国古代辩证法的重要源头。老子主张对立面的相互依存、相互渗透、相互转化，提出"万物负阴抱阳，冲气以为和"（《老子·四十二章》），但他提倡贵柔、不争，"圣人之道，为而不争"（《老子·八十一章》）。

孔子也主张和同之辨，提出："君子和而不同，小人同而不和。"（《论语·子路》）他的弟子有若提出："礼之用，和为贵。"（《论语·学而》）孔子同样提倡不争："君子矜而不争"（《论语·卫灵公》），"君子无所争"（《论语·八佾》），君子"戒之在斗"（《论语·季氏》）。孟子讲"天时不如地利，地利不如人和"（《孟子·公孙丑下》）。

《周易》是中国古代辩证法思想的另一重要源头。它提出"一阴一阳之谓道"，把阴阳对立统一看成是宇宙的根本规律。它提倡与时偕进、变革，肯定汤武革命。它讲斗争，"阴疑于阳必战"（《坤卦·文言》），"战乎乾"、"阴阳相薄"（《说卦传》）。但它也提出"太和"："乾道变化，各

_____

① 见张立文《中国和合文化导论》，中共中央党校出版社 2001 年版；《中国哲学的现代价值——当今世界的病态与治疗化解之道》，《中国人民大学学报》2005 年第 2 期。

正性命，保合太和，乃利贞。"（《乾卦·彖传》）

被朱熹尊为"四书"之首的《大学》没有论及和。《中庸》则提出了"中和"："中也者，天下之大本也；和也者，天下之达道也。致中和，天地位焉，万物育焉。"同样，《中庸》也只讲对立面之间的和，不讲对立面之间的斗争。

宋明时期，哲学家们从宇宙论、本体论、价值论等方面讲"太和"、"中和"。其中张载的以下四句话为今人常引用："有象斯有对，对必反其为；有反斯有仇，仇必和而解。"（《正蒙·太和篇》）张载具有丰富的朴素的唯物辩证法思想，他认识到对立统一的普遍存在，事物自身的矛盾是事物运动变化的源泉。他说："两不立，则一不可见，一不可见，则两之用息。"（同上）他又说："一故神，两故化。"他看到了矛盾，看到了对立，也看到了斗争。但他不主张斗争，赞同孔子的"君子无所争"。他解释说："彼伸则我屈，知也；彼屈则吾不伸矣，又何争。"他又说："'君子无所争'，知几于屈伸之感而已。'精义入神'，交伸于不争之地，顺莫甚焉，利莫大焉。"（《正蒙·至当篇》）由此看来，张载的"仇必和而解"不仅继承了孔子不争的思想，而且还受到老子的影响。王夫之是中国古代朴素唯物主义辩证法集大成者，他虽然说过，"君子善其交而不畏其争"（《周易外传》卷四），但他的基本思想与张载相一致，主张通过"和"而不是"争"来解决矛盾（《张子正蒙注·太和篇》）。

在1986年以前，我国哲学界普遍认为中国古代的"和"、"和为贵"、"仇必和而解"是调和论。冯友兰在"文化大革命"结束后写的中国哲学史中还认为，中国古代史伯、晏婴讲的"和"和《周易》讲的"太和"、《中庸》讲的"中和"是折中调和论，"有似于西方资产阶级哲学家所说的预先协和论"。①

笔者认为，中国哲学中的"和"，不同于"同"，含有对立而统一之意，具有辩证法的意义。和，犹如平衡、稳定、协调、和谐、相对静止一样，作为事物的一种状态，是事物存在和发展的必要条件。和具有重要的价值意义和审美意义。和的思想普及于我国社会生活的许多方面，在一定的范围、条件下有其积极意义。发掘和的积极意义，为今日社会主义现代

---

① 详见冯友兰《三松堂全集》第8卷，河南人民出版社1991年版，第82—83、125、646—647页；第9卷，第127页；第12卷，第316、319、671—672页。

化服务是必要的。简单否定和的思想是错误的。但也应承认：中国哲学中"和"的基本思想是强调对立面之间的统一、和谐、协调、平稳，不讲或反对讲对立面之间的斗争，不讲对立面之间的转化，不讲新矛盾对旧矛盾的代替，无发展、变革的思想，旨在维护现存的事物，从总体上讲起着保守的作用。中国古代辩证法的精华不仅在于承认对立面之间的统一，更在于承认对立面之间的互相转化，"物极必反"，"日新、日日新，又日新"和"穷则变，变则通，通则久"。用"仇必和而解"来表述、概括中国辩证法的本质、精髓是不妥的。

马克思主义辩证法对矛盾的同一性和斗争性有着精辟的论述，片面讲斗，或片面讲和，都离开了辩证法，都不可取。矛盾是客观存在的。解决矛盾的方法、方式因矛盾不同而不同，和只是其中的一种。有矛盾，就有斗争，即"有反斯有仇"，这是不以人的意志为转移的。事实上，讲"和"的人并不一定真的就和，他们对马克思主义辩证法丝毫不和。他们有的是歪曲之后再批判，有的批评则很武断。至于是否能用"和"、"和合"的药方来化解当代人类所面临的重大危机，治疗当代世界存在的重大疾病，在笔者看来，那更是一相情愿的主观愿望而已。"和"、"和合"及"爱"之类药方并非是新的，甚至可以说，古已有之。倘若真是管用，那世界，无论中国还是外国（因为外国也有此类处方），早就成了"太和"世界，爱的世界，伊甸乐园。现实世界的矛盾、危机、苦难，决不是靠提倡"和"、"和合"、"爱"之类说教所能解决的①。

对中国哲学精神的理解自然是多种多样的，不必强求一律。对中国哲学精神的理解是学术问题，但它并不是一般的、无关紧要的学术问题，而是关乎弘扬什么样的民族精神、民族文化的大问题，关乎培养和铸造什么样的国民人格的大问题。中国哲学精神同中华民族生存、发展密切相关，同当代中国政治息息相连。中国化的马克思主义哲学要继承和发展中国哲学的精神，使之获得新的内容。

---

① 详见笔者的《"和的哲学"辨析》（《哲学研究》1995 年第 9 期）、《"斗争哲学"与"和的哲学"》（《南京社会科学》1995 年第 1 期）、《"和"真是中国哲学的精髓吗?》（《社会科学》2008 年第 2 期）。

五 吸取中国哲学认识主体修养论

重视人生哲学及道德修养，是中国传统哲学的一个显著特点，这已是中外哲学家的共识。其实，中国哲学讲修养，不仅只是道德修养，还有认识论方面的意义。我以为，重视认识主体修养是中国哲学认识论的一个显著特点。但长期以来，受西方哲学认识论理论框架的束缚，我国研究中国哲学史的学者对中国哲学有关认识主体修养论少有关注。受传统的马克思主义哲学体系的影响，我国的马克思主义者在讲马克思主义哲学时无有人把认识主体的修养作为认识论的一个独立问题加以阐述。有鉴于此，在今天，提出、发掘、阐释和发挥中国哲学认识主体修养论，这对建构当代中国化马克思主义哲学体系并不是毫无裨益的。

（一）重视认识主体修养是中国哲学认识论的特点

中华民族是一个富有哲学修养的民族，中国传统哲学博大精深。倘若我们把它比喻为一个取之不尽、用之不竭、有待于来者去采掘、提炼的丰富宝藏的话，那么由于采掘、提炼者的方法不同，提炼出的产品及其质量也就不同。中国历史上的哲学经典文本，中国历史上哲学家的哲学，都已是一种客观的历史存在，但后继者对他们的研究和读解则是活的，见仁见智，异彩纷呈。历史地看，对中国传统哲学的研究，是一个不断解蔽的过程，是一个不断读解出其中新的内涵的过程，也是一个不断重写中国哲学史的过程。西方哲学和马克思主义哲学为我们提供了采掘、提炼的新方法，从而提炼出用中国固有的传统的方法难以提炼出的珍品，但同时也遮蔽、舍弃了中国哲学特有的某些精华。今天，我们则要站在现时代的高度，运用当代新的哲学观和新的方法论（决不是有些人提倡的"以中释中"的方法）去重新审视中国哲学这个丰富宝藏，从中发掘、提炼出为过去所遮蔽而为今天所需要的新的珍品，以供建设当代中国哲学新体系之用。

在重新审视中国传统哲学时，笔者发现，重视认识主体的修养是中国传统哲学认识论的特点之一。由于受到西方哲学认识论和马克思主义认识论的遮蔽，这一特点至今没有得到应有的重视。

哲学是研究世界观、认识论、方法论、人生观、价值观、审美观的学问。哲学是一门历史科学，不同民族、不同国家、不同时期，哲学研究的重点有所不同。西方哲学认识论所研究的认识对象侧重于自然界，所研究的主要问题是：心与物、思维与存在的关系；人能否认识世界，即人的认识能力；认识过程，感性认识与理性认识的关系；理性思维的工具、形式和方法；真理的标准等。西方认识论中经验主义与理性主义的争论尤为激烈。中国古代认识论所研究的认识对象侧重于人道、人性，而不是天道、自然界。有的学者称中国哲学认识论的主流是道德认识论，而西方的主流则是自然认识论①。中国古代认识论所研究的主要问题是：心与物的关系、认识主体与认识客体（即所以知与所知、能与所）的关系；知与行的关系；学与思的关系；言与意的关系；体认、悟、直觉；真理的标准；主体修养等。中国哲学对思维的工具、形式和方法研究不够，这是不足，但对认识主体的修养则有大量的深刻的说明，这是其优点。

中国哲学重视认识主体修养同它把认识论与价值论、求真与求善融为一体相关。求真与求善是两个不同的领域，但它们之间又有着内在的联系。在两者的关系上，西方哲学与中国哲学的侧重点是不同的。西方哲学推崇理性，认为理性高于德性。在德性与知识的关系上，古希腊圣哲苏格拉底提出了"美德即知识"。他的这一名言的旨意并不是说有了美德就有了知识，而是说知识是美德的前提条件，有了知识就有了美德。他认为，人性是善的，无人有意作恶，作恶是出于无知。知识包括了一切善。所以他又说："知识即德性，无知即罪恶。"② 苏格拉底的理性主义对西方哲学产生了深远的影响。亚里士多德是古希腊百科全书式的哲学家，研究的面

---

① 见夏乃儒《儒家认识论之得失》，《书林》1990年第2期，又见《新华文摘》1990年第8期；廖小平：《道德认识论引论》，湖南教育出版社1996年版。

② 柏拉图：《拉刻斯篇》194D。转引自苗力田、李毓章主编《西方哲学史新编》，人民出版社1990年版，第54页。

很广泛。他把"有"作为第一哲学研究的对象。他提出："人们研究哲学是为了摆脱无知，那就很明显，人们追求智慧是为了求知，并不是为了实用。"① 在德性与理性的关系上，他强调理性，认为理性是神圣的，符合理性的生活就是神圣的；哲学智慧的活动是被公认为所有美德的活动中最愉快的。伊壁鸠鲁主张，善就在于求知，他劝导人都要学哲学。斯多噶主义也认为，有智慧才能摆脱快乐的诱惑，把人们引向理性的道路、德行的生活。基督教虽然提倡盲从、信仰，但在《圣经》中有专门篇章论及智慧。《旧约·箴言》说："智慧必入心，你的灵魂要以知识为美。""智慧必使你行善人的道，守义人的路。""智慧为首，所以要得智慧。""高举智慧，她就使你高升，怀抱智慧，她就使你尊荣。"到了近现代，理性主义占主导地位，理性主导德性。康德最为典型，他提出"理性为道德立法"。总之，西方哲学中理性高于德性，求善在于求真。西方哲学认识论力图排除价值对认识的影响，因此鲜有涉及认识主体的德性修养。

中国哲学则与此不同，认为智生于仁，德性高于理性，崇德以致知。在春秋时代，中国哲学的这一特点尚未凸显。在那个时代，智、仁、勇被认为是一个理想人格的三种品质，而三者中智为先。《国语·吴语》记有申包胥对越王勾践讲的话："夫战，智为始，仁次之，勇次之。"短短数语，指出了智、仁、勇对战争的意义。孙武说："将者，智、信、仁、勇、严也。"（《孙子兵法·计篇》）孔子的思想以仁为中心，但作为教育家，他对智也十分看重。他承袭同时代人的思想，仍把智放在仁、勇之前。他说："智者不惑，仁者不忧，勇者不惧。"（《论语·子罕》）他又说："未知，焉得仁。"（《论语·公冶长》）"智者利仁。"（《论语·里仁》）孔子之后，智与仁的关系发生了变化。在孟子那里，仁、义、礼、智为人生来俱有的"四端"，仁排在"四端"之首，而智则排在"四端"之末。"是非之心，智之端也。"（《孟子·公孙丑上》）智不是为了求真，辨真假，而是为了求善，区分善恶吉凶之是非。因此，在孟子看来，仁高于智，德性高于理性。《管子·内业》则明确提出："德成而智出，万物毕得。"庄子的认识论虽与儒家相对立，但在德与智的关系上并没摆脱德高于智的传统。他提出："有真人而后有真知"（《庄子·大宗师》），求

---

① 北京大学哲学系外国哲学史教研室编：《西方哲学原著选读》（上），商务印书馆1981年版，第119页。

真知先得修炼做真人。中国化的佛教禅宗主张善生智慧。慧能说："回一念善，智慧即生。"（《坛经·忏悔品》）"若能正心，常生智慧。"（《坛经·机缘品》）到了宋明时期，更是强调智出于德。张载提出"德性之智"，"崇德致知"，"仁智一体"，"'穷神知化'，乃德盛仁熟之致，非智力能强也。"（《正蒙·神化篇》）朱熹向他的学生反复说明，仁包义、礼、智。"学者须是求仁。""求仁只是'主敬'，'求其放心'。"（《朱子语类》卷第六）直到近代，谭嗣同仍说："智慧生于仁。"又说："仁之至，自无不知也。""知不知之辨，于其仁不仁。故曰：天地间亦仁而矣，无智之可言也。"① 总之，中国哲学认识论注重仁与智、善与真、德性与理性的内在联系，主张智慧生于仁，崇德以致知，融认识论与价值论为一体。中国古代哲学家中也有个别人主张德性出自智慧的。东汉王符《潜夫论》第一篇《赞学》一开头就提出："德义之所成者智也"，但此类观点不占主导地位。

中国古代少有哲人对人的认识能力提出质疑，因此，他们对西方哲学讨论的"人能否认识世界"的问题少有论述，而是径直提出人如何认识世界的问题。与崇德致知相连，中国古代哲人主张，为了求得知，必须修养认识主体。老子主张通过"涤除玄览（鉴）"（《老子·十章》）、"致虚极、守静笃"（《老子·十六章》）来获得对道的体认。中国古人把心看成是思维的器官，思想行动的主宰者。孟子讲："心之官则思，思则得之，不思则不得也。"（《孟子·告子上》）孟子主张"万物皆备于我"，只要"尽心"就能"知性"，进而"知天"，而"尽心"是个修养问题，"养心莫善于寡欲"（《孟子·尽心上、下》）。

在中国哲学史上，《管子·心术》首先明确提出认识活动中主体与客体的区分和主体修养的问题。《心术上》说："人皆欲智，而莫索其所以智。"往后又解释说："人皆欲知，而莫索其所以知。[其所知]，彼也；其所以知，此也。不修之此，焉能知彼？"《管子》的这一论述言简而义丰，明晰而深刻，充分表达了中国古代哲人重视主客区分和重视主体能动性的思想。遗憾的是它长期没有引起近现代中国哲学家应有的重视。近十多年来，中国哲学界盛行这样一种说法：西方哲学主张"主客二分"，中国哲学主张"天人合一"。这种说法显然不符合中国哲学实际。事实上，

---

① 谭嗣同：《仁学》，《谭嗣同全集》，中华书局1998年版，第292、297页。

中国古代哲学曾以"所以知""所知"、"体""用"、"己""物"、"能""所"等不同方式表达主客区分①。《管子》从认识论上如此明确讲主客区分，远远早于西方哲学。在西方，古希腊哲学尚未注意到认识论上主客体的对立，直至近代才明确讲主客二分。更为可贵的是《管子》突出了主体能动性，提出认识论研究的重点应是主体如何求知的问题和主体如何修养的问题（即治心之术）。

先秦哲学集大成者荀子认识到，由于受主客观条件的限制，人的认识必然有蔽（片面性），"凡万物异则莫不相为蔽"。《解蔽》篇论述人如何去蔽，防止主观性、片面性，从而获得对道的正确认识。他继承和发展了前人虚、静的思想，阐述了"虚壹而静"的认识论。《解蔽》篇是中外哲学史上专门阐述认识论的重要文献。到了宋明时期，无论是理学、心学，还是气学，都把认识论与道德论视为一体，从而把如何认识的问题归结为道德修养问题。张载说："'穷神知化'，乃养盛自致，非思勉之能强。故崇德而外，君子未或致知也。"（《正蒙·神化篇》）程颢说："学者须先识仁。仁者，浑然与物同体，义礼智信皆仁也。识得此理，以诚敬存之而已。"（《河南程氏遗书》卷二上）程颐说："入道莫如敬，未有能致知而不在敬者。"（同上书，卷三）又说："致知在乎所养，养知莫过于寡欲二字。"（《河南程氏外书》卷二）所谓"诚敬存之"、"养心寡欲"皆不过是内心的一种修养功夫。朱熹说："格物、致知、诚意、正心、修身五者，皆明明德之事。"（《朱子语类》卷十四）王阳明认为，人心莫不有良知，良知即天理。人心之智、愚在于人心之善、恶，而人心之善、恶在于养。"养之以善"，"心日以智"；"养之以恶"，"心日以愚"（《王阳明全集·悟真录三·论人君之心唯在所养》）。王阳明把致良知看成是修养功夫，即所谓的"即工夫即本体"。宋明理学把认识论归结为道德修养论，固有其合理因素的一面，但就总体而言则显然是偏颇的，不利于认识的发展，尤其是不利于科学的发展。

在近代，基于"智慧生于仁"的思想，谭嗣同同样把智看成是修养问题，他说：不以眼见、耳闻、鼻嗅、舌尝、身触、乃至心思得智慧，而

---

① 王夫之在《尚书引义》（卷五）中批判佛教唯心主义时对中国古代哲学主客区分作了历史总结。

是"转业识而成智慧"。①　"转业识而成智慧"是佛教唯识宗的说教。唯识宗认为，万法唯心，通过人的感觉和思维获得的并不是真正的世界本体，只有经过宗教的修炼，才能去染归净，转识成智，获得智慧。谭嗣同接受了这一说教。受心学的影响，熊十力认为，人人皆有本心，皆有宇宙本体，但由于被习心、情见所蔽锢，妄执著物，因而不能见本体（本心）；通过体认、修养，涤除情见，就能获见本体，"工夫诚至，即本体呈显"。他称赞心学的"即工夫即本体"是中国哲学之要旨、血脉。他提出，西方哲学重思辨，中国哲学重修养，未来的哲学应是"思辨与修养交尽之学"②。

　　总之，把认识论与价值论融为一体，是中国哲学认识论的显著特点之一③，由此必然重视认识主体的修养。

　　影响认识的主体因素甚多，其中主要有社会立场；道德情操；思维方法和思维方式；知识构成；心理状态；身体和生理状况等。两千多年来，中国古代哲人有关认识主体修养所涉及的内容十分丰富，以下做一分梳。

（二）认识主体立场的修养，"公生明，偏生暗"

　　就一个正常的健康人来说，人的社会立场对认识世界和改造世界具有根本性的决定作用。在古代，哲人们并不懂得人的思想和行动受社会性、阶级性的支配，但他们从社会生活、实践中认识到这样一个朴素的、然而十分重要的真理：一个人只有站在为公而不是为私的立场上才能有效地认识世界和有效地改造世界。所以中国古人提倡为公不为私。《尚书·周官》说："以公灭私，民其允怀。"老子说："圣人无常心，以百姓之心为心。"（《老子·四十九章》）孔子讲的"绝四"之一是"毋我"。《管子·心术下》说："圣人若天然，无私覆也；若地然，无私载也。私者乱天下者也。"在《心术》作者看来，一个人，倘若私心很重，那他就嗜欲充盈，"嗜欲充盈，就目不见色，耳不闻声"，而人倘能扫除心中的私利嗜

---

　　①　谭嗣同：《仁学》，《谭嗣同全集》，中华书局1998年版，第318页。
　　②　熊十力：《新唯识论》，《熊十力全集》第3卷，湖北教育出版社2001年版，第395、545页。
　　③　受熊十力的启发和影响，张岱年提出，"同真善"是中国哲学不同于西方哲学的特点之一，见《中国哲学大纲·序论》。

欲（"洁其宫"），敞开五官（"开其门"），做到无私无偏（"去私毋言"），那他就能智慧明哲（"神明若存"）（《心术上》）。《黄帝四经》说："公者明，至明者有功。至正者静，至静者圣。无私者智，至智者为天下稽。"（《经法·道法》）《尸子·治天下》说："无私，百智之宗也。"荀子在《解蔽》中把欲、恶列为导致"蔽"的首要因素。他又说："以贪鄙、背叛、争权而不危辱灭亡者，自古及今，未尝有之也。"（《荀子·解蔽》）他在前人的基础上提出："公生明，偏生暗。"（《荀子·不苟》）先哲的"无私者智"、"公生明，偏生暗"的思想甚为深刻，鲜明地表示着求真与求善的统一，认识论与价值论的统一，对后世影响深远。

到了宋明时期，"公生明，偏生暗"的思想有了进一步的发挥。邵雍反对"以我观物"，主张"以物观物"，"既能以物观物，又安有我于其间哉？"（《观物内篇》）他又说："以物观物，性也；以我观物，情也。性公而明，情偏而暗。""任我则情，情则蔽，蔽则昏矣。因物则性，性则神，神则明。"（《观物外篇》）张载讲去"成心"，"成心（张载自注：成心者，私意也）忘，然后可以进于道。"（《正蒙·大心篇》）程颢说："人心莫不有知，惟蔽于人欲，则亡天德（理）也。"（《河南程氏遗书》卷十一）程颐说："人心私欲，故危殆；道心天理，故精微。灭私欲则天理明矣。"（同上书，卷二十四）他们"灭私欲"的办法就是所谓的"主敬"。朱熹则说："人皆有是知，而不能极尽其知者，人欲害之也。故学者先去人欲以致其知，则无不明矣。"（《朱子语类》卷十五）"学者须是革尽人欲，复尽天理，方始是学。"（同上书，卷十三）宋明理学则把"人欲"等同于"私心"，把私欲看成绝对的恶，主张"灭人欲，存天理"，从而把"公生明"的思想推到了极端，走向反面，阻碍了认识的发展和社会的进步。这是我们需要加以批判的。

立场问题是世界观、认识论中的根本问题。认识主体的立场主导着认识过程的价值取向，决定着认识的结果。由于认识主体的立场不同，对同一社会现象认识的结果也就不同，甚至相对立。站在为公的立场上，出于公心，为了多数人，与社会的发展、进步相一致，就能正确地认识世界和有效地改造世界，就能"明"，而站在为己的立场，出于私心，为私利、私情所蔽，与社会发展、进步相背，就不能客观、全面、公正地认识世界和有效地改造世界，就"暗"，犯错误，甚至导致危辱灭亡。认识主体的修养，首先是立场的修养。"公生明，偏生暗"，在今天，就是要求认识主体站在公的立场，也就是国家的立场，民族的立场，人民大众的立场，而不是站在个人的立场，少数人的立场，小集团的立场，去认识世界和改造世界。

（三）认识主体态度的修养，"诚则明"

在中国哲学中，诚，历来是伦理学讨论的道德范畴。这无疑是对的。但笔者认为，诚不仅是道德范畴，而且也是十分重要的认识论范畴。它涉及的是认识主体的态度问题。简单地说，诚，在认识论意义上讲，就是实事求是的科学态度。

中国古代哲人中讲诚较早且对后世影响大的是孟子。他提出："是故诚者，天之道也；思诚者人之道也。"如何做到诚，他说："不明乎善，不诚其身矣。"（《孟子·离娄上》）朱熹认为，孟子所言是"思诚为修身之本，而明善又为思诚之本"（《四书章句集注·孟子·离娄上注》）。明善是道德认识问题，即辨别善恶、是非，属于智的范畴。可见，在孟子那里，诚是客观世界的本质，追求诚是人的本性，明乎善是诚的前提。荀子主要是从道德修养讲诚，他说："君子养心莫善于诚，致诚则无它事矣。"他也认为，诚是天地所固有的，"天地为大矣，不诚则不能化万物"（《荀子·不苟》）。他在"公生明，偏生暗"后紧接着说："端悫生通，诈伪生塞，诚信生神，夸诞生惑。"（《荀子·不苟》）《大学》对诚有所发挥，在诚与知的关系上基本与孟子一致 。《大学》说："……欲正其身者，先正其心；欲正其心者，先诚其意；欲诚其意者，先致其知；致知在格物。格物而后致知，知至而后意诚，意诚而后心正，……"很明显，这里致知是诚意的前提条件，强调的是智对诚的主导作用。《中庸》用很大的篇幅解释孟子"诚"的思想。《中庸》引了本文前面所引《孟子》的话后发挥说："诚者不勉而中，不思而得，从容中道，圣人也。"至诚者可以尽人之性、尽物之性，"可以赞天地之化育"，"可以与天地参矣"，"能经纶天下之大经，立天下之大本，知天地之化育"。"致诚为能化。""至诚之道，可以前知。""诚者物之终始，不诚无物。"《中庸》对"诚"作了极度夸大，以为有了诚，就无所不知，无所不能，把诚神秘化了，这显然是唯心主义的。但在诚与明的关系，《中庸》有些话还是有一定道理的。它说："诚则明矣，明则诚矣。"诚是什么？朱熹解释为："诚者，真实无妄之谓。"（《四书章句集注·中庸注》）从认识论和道德论讲，朱熹的解释是符合原意的。人们在认识世界时，必须持诚的态度，亦就是通常所说的老老实实的态度，实事求是的态度。只有这种态度才能认识事物的本来面目，求得真知，才能做到明。这就是"诚则明"。人们在认识了事物后，就能真正坚定自己的信念，心悦诚服，因此，"须是真知了，方能诚意"（《朱子语类》卷十五）。这就是"明则诚"。人们在改造世界时也必须持诚的态度，老老实实地做事，不能偷工减料，不能投机取巧，否则盖的房子要塌，造的桥要断，观念的东西不可能转化为现实，精神不可能变物质。这就是"不诚无物"。

宋明时期，诚得到前所未有的重视。邵雍说："为学养心，患在不由直道。去利欲，由直道，任至诚，则无所不通。"（《观物外篇》）张载说："诚则实也。太虚者，天之实也。""诚者，虚中求出实。""人之事在行，不行则不诚，不诚则无物，故须行实事。"（《张子语录》中）程颢认为，万物只是一个天理，心是理，理是心，所以认识天理只是一个"诚"，"学在诚知诚养"（《河南程氏遗书》卷十一）。程颐同样认为，心、性、天，同一理，"灭私欲，存天理"在于做到敬、诚，"闲邪则诚自存"（同上书，卷十五）。程颐又说："夫诚者，实而已矣。"他以"实有是物"、"实有是用"、"实有是理"、"实有是心"、"实有是事"来释诚（《河南程氏经说》卷八）。朱熹讲"诚"，突出"毋自欺"、"毋妄"。他多次说过："诚，实也。"（《大学章句注》）"诚只是实。""诚只是一个实。"（《朱子语类》卷六）王夫之对孟子的"诚者，天之道"做了唯物主义的解释。他说："夫诚者，实有者也。前有所始，后有所终也。实有者，天下之公有也，有目所共见，有耳所共闻也。"（《尚书引义》卷三）又说："诚也者，实也，实有之固有之也。……若夫水之固润固下，火之固炎固上也。"（同上书，卷四）他把诚看成了是客观存在，或客观物质世界和人固有的本性。他对"明诚相资"从认识论上做了说明。他指出："明诚，相资者也，而或至于相离，非诚离明，而明之离诚也。诚者，心之独用也；明者，心依耳目之灵而生者也。"王夫之进一步认为，明诚相离，在于心没有从耳目等感官那里得到实有的材料，"报以其实而实明生，报之以浮而浮明生"（同上书，卷一）。王夫之把"诚"解释为"实有"、"心之独用"，把"实明"与"浮明"相对，视"浮明为道之大贼"，鲜明地表明他在认识世界时坚持实事求是的唯物主义态度。

恩格斯说："唯物主义的自然观无非是对自然界本来面目的朴直理

解，不添加任何外来的东西。"① 诚的态度，就是唯物主义的态度。具备诚的品质、诚的态度是唯物主义者的基本要求。倘若认识主体无诚的品质和态度，那他就不可能正确地认识世界和有效地改造世界。不仅求真要诚，求善、求美同样要诚，做事（改造世界）更要诚。

（四）认识主体思维方法的修养，虚与壹则明

中国古代哲人不仅认识到在认识活动中认识主体的立场、态度起主导作用，而且认识到主体的思维方法也十分重要，提出要注意思维方法的修养，防止主观性、片面性、表面性。

孔子讲"绝四"，即"毋意、毋必、毋固、毋我"，就是讲要客观地看问题，防止主观臆想、绝对化、固执己见和唯我为是的主观主义思想方法。毛泽东对孔子的"绝四"很是肯定。他在致谢觉哉的信中说道："客观地看问题，即是孔老先生说的'毋意，毋必，毋固，毋我'。"②

为了克服、避免认识上的主观主义，中国先哲提出"虚"的范畴。老子注重直觉，提出"致虚极，守静笃。万物并作，吾以观复"（《老子·十六章》）。庄子也讲虚："唯道集虚。虚者，心斋也。"（《庄子·人间世》）老庄的"虚"是要认识主体尽量涤除一切主观因素（包括欲望、已有的认识），以静观直觉事物发展的规律。《管子·心术上》提出为了求知，必须"修此"（即修养认识主体）。怎样"修此"？"修之此，莫能（如）虚也。虚者，无藏也。"这里所说的"虚"亦是指去掉各种欲望杂念，属道德修养。荀子吸取了《管子·心术上》的合理思想，同时对"虚者无藏"的观点进行了改造。荀子说："人何以知道？曰：心。心何以知？曰：虚壹而静。心未尝不臧也，然而所谓虚；心未尝不满也，然而有所谓一；心未尝不动也，然而有所谓静。人生有知，知而有志。志也者，臧也；然而有所谓虚，不以所已臧害所将受谓之虚。"（《荀子·解蔽》）荀子对"虚"的这一解释，已不限于道德修养，而主要是思维方法

① 恩格斯：《自然辩证法》，《马克思恩格斯选集》第4卷，人民出版社1995年版，第306页。

② 毛泽东：《致谢觉哉》（1941年8月5日），见《毛泽东年谱》（1893—1949）中卷，人民出版社、中央文献出版社1993年版，第317页。

的修养了。荀子认为，作为现实的认识主体的心并不是一块白板，即无藏，而是有其以往留下的知，即已知，亦即有藏。"虚"并不是无藏，而是不以其已知去害其所未知，从而妨碍获得新知。人的认识过程，既是在实践基础上由不知到知的过程，也是以已知去认识未知，从而获得新知的过程。人的认识离不开已知，已知既是获得新知的必要条件，但它也可能成为获得新知的障碍。荀子的"不以所已藏害所将受"的话表明他已认识到已知有可能妨碍获得新知。所以荀子的虚，不仅是指认识主体要涤除物欲，也不仅是要求认识主体态度要虚心，而是有着更深刻的认识论意义，即正确处理已知与未知、新知的关系问题。荀子提出"不以所已藏害所将受"十分深刻，是至今仍值得重视的真理。已知有两重性，既是获得新知的必要条件，又可能成为创新的障碍。这就需要正确对待已知，不断解放思想，冲破已知的束缚。

荀子对认识过程中的片面性弊病做了深刻的分析。他指出："凡人之患，蔽于一曲，而暗于大理。""凡万物异则莫不相为蔽，此心术之公患也。"（《荀子·解蔽》）客观事物是复杂的，是多种因素的统一体。人认识事物往往只见事物的一方面，并为这一方面所蒙蔽而不能认识事物的全体。为了防止"蔽于一曲"，做到全面地看问题，明于大理，荀子提出："兼知"、"兼陈"、"兼权"，不仅要看到事物的正面，还要看到事物的反面。这是一种辩证的思维方法，即在对立中把握同一。

中国古代哲人重视思维的作用，提出"壹"的范畴。孟子讲"心之官则思"（《孟子·告子上》），提出专心致知。《管子·内业》进一步提出专一深思生知，不赞成以卜筮求知。它说："思乃知"、"思索生知"。又说："能抟乎？能一乎？能无卜筮而知吉凶乎？能止乎？能已乎？能勿求诸人而得之己乎？思之思之，又重思之。"《管子·心术下》也说："专于意，一于心。"《管子》作者不了解在思之又思的基础上发生的飞跃（"通"），他把这种飞跃视为精气专一到极点的结果，其实这正是思之又思之到极点的结果。荀子对《管子》的"壹"的思想进行了发挥和概括。他认为，认识时必须用心，否则，"白黑在前而目不见，雷鼓在侧而耳不闻"。不仅要用心，还要专心，"心枝则无知，倾则不精，贰则疑惑。壹于道以赞稽之，万物可兼知也。""知者择一而壹焉。""自古及今，未尝有两而能精者也。"荀子还提出要处理好贰与壹的关系，既要"兼知"，又"不以夫一害此一"（《荀子·解蔽》）。总之，认识某一事物，不可一心二用，而是要专心致志，思之又思之，用力既久，日积月累，便会豁然贯通，表里精粗无不到，以达到对事物本质的认识。专心深思是感性认识向理性认识飞跃的必要条件，是形成直觉（顿悟）的必要条件。对此宋明理学多有论述，在此从略。

（五）　认识主体情感的修养，"静则明"

人不仅有思维的理性的一面，还有欲望、意志、情感等非理性的一面。在人的认识活动中，两者都发生作用。西方哲学认识论主要讲理性的一面，而对非理性少有顾及，中国哲学认识论则对认识活动中非理性因素多有论述。"虚壹而静"的"静"，主要是指人的一种心理状态，是对认识主体情感修养的要求。

孔子没有从认识论视角论及静，但他已提出人的情感对认识的影响问题。一次弟子樊迟向老师求教"崇德、修慝、辨惑"问题。关于"辨惑"，孔子的回答是："一朝之忿，忘其身，以及其亲，非惑与？"（《论语·颜渊》）从孔子的回答中可看出，忿（愤怒）的情感导致惑，不能理智地认识和处理问题。《大学》大大发挥了孔子的这一思想，指出，身有"忿懥、恐惧、好乐、忧患"者，则不得其正。"忿懥、恐惧、好乐、忧患"这四者皆是一种非常态的情感、情绪。这四者确实容易导致错误的认识和行动的发生。"正其心"就是以心（理智）来调整好情感、情绪，防止过于激烈或过于低落的情感、情绪导致错误的认识和行动。这实质上也是说在认识事物时心要保持冷静的心理状态。

从认识论上讲静最早的是老子。老子讲虚，也讲静，虚静连讲，而且归结为静。他说："致虚极，守静笃。……归根曰静，静曰复命。复命曰常，知常曰明。"（《老子·十六章》）他把静的思想运用于指导战争时说："善战者，不怒。"（《老子·六十八章》）孙武也有类似的认识："将军之事，静以幽，正以治。"（《孙子兵法·九地》）"主不可怒而兴师，将不可愠而致战。"（同上《火攻》）"忿速可侮。"（同上《九变》）这些都是要求战争指挥者有冷静的头脑，良好的性格和心理素质。《管子》的《内业》和《心术》认为："修心静意，道乃可得。""心静气理，道乃可止。""心能执静，道将自定。"对道，静则得之，躁则失之。忧乐喜怒欲利则失道。因此，修心在于静心。"人能正静，皮肤裕宽，耳目聪明，筋信而骨强"，就能大清大明。庄子对静做了比老子更进一步的解释。他说："虚静恬淡寂漠无为者，万物之本也。""万物无足以饶（挠）心者，故静也。水静则明烛须眉，……水静犹明，而况精神。圣人之心静乎！天地之鉴也，万物之镜也。"（《庄子·天道》）庄子认为，心静则明，心静才能认识万物，犹水静才能为镜照物。如何静心？"斋以静心"（《庄子·达生》），即通过心斋、坐忘，忘掉一切利禄、名誉、以至四肢形体。荀子综合了前人的思想，对静做了新的解释："心未尚不动也，然而有所谓静，不以梦剧乱知谓之静。"（《荀子·解蔽》）荀子的解释有比前人进步之处，即静不是绝对的不动、绝对的静，而是排除做梦和剧烈情感的干扰，保持一个正常的平静的心理状态。"虚壹而静"的提出是中国哲学对人类认识论的一大贡献。

佛教传入我国后，佛教的定止观与道家的虚静思想相融合，形成中国佛教的定慧双修观。唐朝道家哲学家司马承祯则吸取佛教的思想提出："静则生慧，动则成昏。""心为道之器宇，虚静至极，则道居而慧生。"（《坐忘论》）宋明时期，程朱理学会通儒、佛、道三家讲静。程颢认为，"人之情各有所蔽，故不能适道。"为不使心受内外之累，须定心，定心即定性。定者静也，"两忘则澄然无事。无事则定，定则明"（《答横渠先生定性书》）。朱熹说："盖欲应事先须穷理，而欲穷理又须养得心地本原虚静明澈，方能察见几微，剖析烦乱，而无所差错。"（《答彭子寿》）朱熹认为，"忿懥、恐惧、好乐、忧患"，人所不能无者，只能要求发而中节，要求过了则休，事过后须平了（《朱子语类》卷十六）。这要求在思考时要有平静的心态、情绪。他提倡静坐。他说："始学工夫，须是静坐。静坐则本原定。""精神不定，则道理无泊处。"为了做到静，"心要精一"（《朱子语类》卷十二）。脱离实践，脱离生活，没有丰富、真实可靠的感性材料和经验，仅仅进行精心静思，当然不可能获得正确的认识。但在有了丰富、真实可靠的感性材料和经验的基础上，反复精心静思、沉思确实是获得新知的一个必要条件。

现在的哲学家们在讲认识论时从不讲"静"，从不讲情感修养，倒是邓小平提醒了哲学家。20 世纪 80 年代末，国际上发生了一系列重大事变，邓小平提出"要冷静观察"，"要冷静、冷静、再冷静"①。这是

———————

① 邓小平：《改革开放政策稳定，中国大有希望》（1989 年 9 月 4 日），《邓小平文选》第 3 卷，人民出版社 1993 年版，第 321 页。

历史经验的总结，遇到重大事件，倘若头脑发热，情绪激动，精神亢奋，往往做出错误判断，导致实践上的失误。"大跃进"、人民公社化运动和"文化大革命"无不是在头脑发热时做出的错误决策的结果。若遇到挫折、失败，被困难吓破了胆，情绪低落，悲观失望，那同样不可能做出正确决策。由此可知，认识主体保持清醒冷静的头脑，保持平静的心理状态，是多么重要。当然在认识过程中，除了在思维时保持冷静、平静的心理状态外，并不否认热情以至激情的积极意义[1]。对真理的追求需要付出代价，需要有坚强的意志和巨大的热情。所以，列宁说："没有'人的感情'，就从来没有也不可能有对真理的追求。"[2] 毛泽东也曾说过："头脑要冷又要热"，"冲天干劲是热，科学分析是冷"。这是统一性的两个对立面[3]。

重视认识主体的修养，这是中国哲学的传统。中国共产党人批判地继承了这一传统。毛泽东提出，在改造客观世界的同时也改造主观世界，"改造自己的认识能力，改造主观世界同客观世界的关系"[4]。改造主观世界的内容甚多，但重点则是立场、态度、观点和方法。他提倡人民大众的立场、实事求是的科学态度、唯物主义的观点和辩证的方法。他还注意到情感的修养和意志的锻炼。

中国哲学认识主体修养论内容丰富，自然不限于以上四方面。本章的主旨在于引起同行对这一问题的注意和重视，希望哲学家们在建构当代中国哲学（亦即当代中国化的马克思主义哲学）时，批判地吸取中国传统哲学认识主体修养论的精华。

---

① 详见拙文《情感简论》，《现代哲学》2004 年第 4 期。

② 列宁：《书评》（1914 年 5 月 5 日），《列宁全集》第 25 卷，人民出版社 1988 年版，第 117 页。

③ 毛泽东：《关于帝国主义和一切反动派是不是真老虎的问题》（1958 年 12 月 1 日），《建国以来毛泽东文稿》第 7 册，中央文献出版社 1992 年版，第 612 页。

④ 毛泽东：《实践论》（1937 年 7 月），《毛泽东选集》第 1 卷，人民出版社 1991 年版，第 296 页。

六　吸取中国哲学中"时"的观念

时间是物质固有的属性及其存在的形式。"时"是中国哲学的一个重要范畴。中国哲学对"时"有着大量的、精辟的论述，包含有丰富的思想，但很长时期里我们忽略了中国哲学时间概念的特点，而简单地移用西方的时间概念来硬扣中国哲学的时间概念。结果，中国哲学的"时"概念被遮蔽了，中国哲学有关时间的丰富思想被遮蔽了。中国哲学史界几乎无人把"时"列为中国哲学的范畴加以研究，马克思主义哲学在讲时间时也很少联系、吸取中国哲学"时"中特有的内容。发掘中国哲学"时"的意义，不仅对丰富马克思主义哲学时间论有所裨益，而且对指导当代的实践和指导人生也颇有启迪。

（一）"时"是中国哲学的一个重要范畴

概念、范畴既是人类长期实践的产物和认识的结晶，又是人类进一步认识世界和改造世界的工具。我国古代社会是农业社会，农业生产同一年四季的气候等自然条件密切相关，先民在农业生产的实践中渐渐形成了"时"的概念。《尚书·洪范》提出的九类大法（范畴）之一是"五纪"，即五种计时方法：岁、月、日、星辰、历数。在第八类大法验证各种天气时提出："岁月日时无易（注：易，差错），百谷用成，乂用民，俊民用章，家用康平。"当"日月岁时既易"时，就会出现相反的消极后果。《尚书·尧典》说，尧帝命掌天地之官羲、和，"钦若昊天，历象日月星辰，敬授民时"。"敬授民时"表明，对天象的考察和"时"的使用成为统治者所关注的国家大事。

春秋时期齐国政治家、思想家管仲要求士、工、商、农中的后三者在自己的活动中"审其四时"、"察其四时"，认为"山泽各致其时，则民不苟。""无夺民时，则百姓富。"（《国语·齐语》）形成于战国时期的《管子》一书进一步发挥了管子有关"时"的思想。《管子》为稷下学派的论文集，其中《四时》、《宙合》两篇是专门论"时"的论文。《四时》篇开宗明义就说："管子曰：令有时，无时则必视，顺天之所以来。五漫漫，六惛惛，孰知之哉？唯圣人知四时。不知四时，乃失国之基。""是故阴阳者，天地之大理也。四时者，阴阳之大经也。刑德者，四时之合也。刑德合于时，则生福，诡则生祸。"《宙合》篇说："成功之术，必有巨获。必周于德，审于时。时德之遇，事之会也。"又说，圣人之动静开阖，必因于时也。"时则动，不时则静。"《管子》一书的其他篇章也多有论及"时"。如第一篇为《牧民》，该篇第一句话就是："凡有地牧民者，务在四时，守在仓廪。"该篇在结束时则说："故知时者，可立以为长。无私者，可置以为政。审于时而察于用而能备官者，可奉以为君也。"《白心》篇也在一开头就说："建当立，有以靖（静）为宗，以时为宝，以政为仪。"下文又说，圣人之治，"随变断事也，知时以为度"。《管子》一书中有关知时、审时、用时之重要的论述随处可见，不胜罗列。

春秋越国的政治家、思想家范蠡对"时"有独到的论述。《国语·越语下》记载了越国在灭吴国过程中范蠡的谋略，其中重要之点是要守时，掌握时机。文中记载，范蠡一再劝谏越王勾践在条件不成熟时不要轻易出兵攻吴国。范蠡提出："圣人随时以行，是为守时。天时不作，弗为人客。（注：客，主动进攻）""时不至，不可强生；事不究，不可强成。"人们只能因时之所宜，而不能逆天时。他引用当时流行的"圣人之功，时为之庸（用）"的话来为自己的见解论证，以说服越王。《国语·越语下》主要是记载范蠡有关时机思想的史料。

郭店楚墓竹简《穷达以时》篇可以认为是一篇战国时期论述时机的专题论文。穷，即困厄，不得志；达，即显达，飞黄腾达。论文从天人之分出发，通过舜、吕望、管仲、百里奚、伍子胥等人的穷达，论证："有其人，亡其世，虽贤弗行矣；苟有其世，何难之有哉？"《穷达以时》篇的主旨在说明，一个人的穷达，在于时，在于有没有机遇。论文有宿命倾向："遇不遇，天也。""穷达以时"的思想为后人多有论述发挥。

春秋战国时期，许多哲学家都注重"时"。孔子的"使民以时"（《论语·学而》）和孟子的"天时、地利、人和"（《孟子·公孙丑下》）是人们熟知而常引用的话。《孟子》一书多次讲到不违农时。荀子论及时更多。他说，四时代御，阴阳大化，是天（自然界）的客观规律。"天有其时，地有其财，人有其治，夫是之谓能参。""养备而动时，则天不能病。"（《荀子·天论》）他特别强调"无夺农时"和山林梁泽"以时禁发"。他把应时、适时、用时视为重要的治国之策。他说："无夺农时，如是则国富矣。"（《荀子·富国》）"养长时，则六畜育；杀生时，则草木殖；政令时，则百姓一，贤良服。"（《荀子·王制》）在论到各种官职的职责时，他说，各官吏均要"以时顺修"、"以时禁发"、"以时决塞"和要"审时事"（同上）。道家庄子也讲知时、顺时，不过他是把它运用在人生修养上，主张"安时处顺"。他说，真人，"以知为时"。"以知为时者，不得已于事也。"又说："夫得者，时也；失者，顺也。安时处顺，哀乐不能入也。此古之所谓县（悬）解也。"（《庄子·大宗师》）在庄子看来，人若能做到"安时处顺"，就摆脱了一切束缚，进入到自由的境界。

《易经》只有一处提到"时"："归妹愆期，迟归有时"（《归妹卦》），而到了《易传》，"时"则成为一个重要的范畴。《易传》成书于战国时期，是先秦学者们对《易经》解释的汇编。《易传》的不同作者普遍重视"时"。他们说："观乎天文以察时变"（《贲卦·彖传》），"天下随时，随时之义大矣哉"（《随卦·彖传》），"君子以治历明时"（《革卦·象传》）。《易传》强调变易，而变易一定要适时、及时。"变通者，趋时也。"道的变化，"不可为典要，唯变所适"，"六爻相杂，唯其时物也"（《系辞下》）。魏晋时期王弼认为："夫卦者，时也；爻者，适时之变也。夫时有泰否，故用有行藏。"（《周易略例·明卦适变通义》）宋朝学者们认为，"读《易》，贵知时"。对此，朱熹解释说，读《易》贵在"随时取义"，其义是不可教条式的"硬去安排"（《朱子语类》卷六十七）。朱熹在《孟子序说》中通过引程子的"学者全要识时，若不识时，不足以言学"来强调"识时"的重要（《四书章句集注·孟子集注》），指出不可不问时间条件，机械死搬圣人的话。在现代，冯友兰认为，位、时、中是旧时易学讲易传的三个重要观念。据黄庆萱统计，"《周易》言'时'凡六十次。"① 可以肯定地说："时"为《周易》的一个重要范畴。

---

① 黄庆萱：《〈周易〉时观初探》，转引自林丽真《〈周易〉"时""位"观念的特征及其发展方向》，《周易研究》1993 年第 4 期。

《吕氏春秋》是秦始皇"仲父"、秦国相国吕不韦主编的一部集体著作。该书现通行本的第一部分为纪,每纪为一月,十二纪为十二月。每纪的第一篇先讲该纪所在月的天象、物候等情况,再讲依据这方面的情况,天子所宜之起居饮食,应从事哪些祭祀、政治和农业生产等方面的活动,并指出倘若违背时令,则会导致灾祸。《吕氏春秋》十二纪首篇的内容甚为丰富,其中自然有阴阳家的迷信和牵强附会之处,但确也有不少合理因素。从"时"的视角看,反映了作者们对天时的重视,把天时看成是决定天子的活动和农事、政事的基础。《吕氏春秋》同样有《首时》、《审时》两篇专论"时"的论文。《首时》篇以总结历史经验来论"时"。开篇就说:"圣人之于事,似缓而急,似迟而速,以待时。"论文以周武王之灭商纣王之所以成功就在于时等事例来论证:"人虽智而不遇时,无功。""有道之士未遇时,隐匿分窜,勤以待时。时至,有从布衣而为天子者,有从千乘而得天下者,有从卑贱而佐三王者,有从匹夫而报万乘者。故圣人之所贵唯时也。""事之难易不在大小,务在知时。"论文通篇在说明贵时、知时、待时的重要。如果说《首时》是一篇论"时"的哲学论文,那么《审时》则是一篇专论农时的科学论文。文中总结农业生产的具体经验,记述粟、稻、菽等农作物先时、后时和得(适)时种植出现的不同生长情况和结果,适时种植的长势好,产量高,品质好,好吃。《吕氏春秋》反映了当时人们对时的普遍认识。

到了汉朝,对"时"更加重视。《淮南子》是淮南王刘安"招致宾客方术之士"编成的一部集体著作。作者把《吕氏春秋》十二纪每纪首篇汇集起来编成独立的《时则训》篇,这反映了编纂者对"时"的重视。在《淮南子》的其他篇章也常能见到对"时"的论述。它指出"勿夺农时"的重要:"为治之本,务在安民;安民之本,在于足用;足用之本,在于勿夺时;勿夺时之本,在于省事。"(《诠言训》)"先王之所以应时修备,富国利民,实旷来远者,其道备矣。"(《主术训》)它还提出各种礼乐制度,要与时推移,"应时而变","故圣人,法与时变,礼与俗化"。(《氾论训》)对个人而言,"穷达在时","事周于世则功成,务合于时则名立。""立功之人,简于行而谨于时。"(《齐俗训》)

汉朝人对"时"的重视还反映在《礼记》中。《礼记》同样是一本成书于西汉的论文集。它也把《吕氏春秋》十二纪每纪首篇汇集起来编成独立的《月令》篇。《礼记》为后来的统治阶级和儒者尊为经,月令图对后世影响甚大。

总之，从《管子》、《吕氏春秋》、《淮南子》、《礼记》四本古代集体编撰的论文集中均有有关"时"的专门论文看，从郭店楚墓竹简《穷达以时》篇对时机的专论看，从《周易》对"时"的重视看，从先哲的"敬授民时"、"勿夺农时则国富"、"与时偕进"、"法与时变"、"以时为宝"、"圣人所贵唯时"、"圣人之功，时为之用"等深刻认识看，"时"毋庸置疑是我国古代哲学、政治乃至社会生活中常用的重要范畴。

（二）中国哲学"时"的内涵

在古汉语中"时"字的意义甚多，《辞源》（1986 年商务印书馆出版）释有十四义，其中与时间相关的有九种。从哲学上看，我认为"时"主要有以下诸义：

第一，时为四时。我国古代先人基于农业生产的实践和对天象的观察，形成岁、月、日、星辰、历数五种计时的方法（"五纪"）和春、夏、秋、冬四季（"四时"）的时间观念。先人们"观乎天文以察时变"（《周易·贲卦·象传》），"观天之神道而四时不忒"（《周易·观卦·象传》），"治历明时"（《周易·革卦·象传》）。在农业生产的实践中，人们认识到，不违农时，适时耕种，以时禁发，就能丰收和保持大自然生态的平衡，就能民富、国强。正因为如此，历来统治者都重视"时"。知时、用时具有重要的政治意义。他们懂得"时以作事，事以厚生"，是"生民之道"，倘若政事违时，"何以为民"（《左传·文公六年》）。"不知四时，乃失国之基。"（《管子·四时》）秦始皇在给自己歌功颂德的《琅玡台石刻》中说到"时"："应时动事，是维皇帝。""节事以时，诸产繁殖。"（《史记·秦始皇本纪》）唐太宗也说："凡事皆须务本。国以人为本，人以食为本，凡营衣食，以不失时为本。夫不失时者，在人君简静乃可致耳。若兵戈屡动，土木不息，而欲不夺农时，其可得乎？"（《贞观政要·务农》）"敬授民时"、"使民以时"、"勿夺农时"、"以时为宝"、"天时"等中的"时"均指"四时"。正因为如此，许慎在《说文解字》中把"时"释为"四时"。总之，在古代汉语中，"时"的最初的基本意义为"四时"。在往后，"四时"的含义有所拓展，不限于春、夏、秋、冬四季，还包含与气候、天象等有关的天时。

第二，时为事物运动的延绵性、有序性和计算事物运动过程的度量。古代哲人们用阴阳二气的变化运行来解释日月、四季的变化，把时间看成是阴阳二气变化的过程。《管子》说："春秋冬夏，阴阳之推移也；时之长短，阴阳之利用也；日夜之易，阴阳之化也。"（《乘马》）"时之长短"之"时"，显然就不是"四时"，而是计算事物运动过程持续之度量。《管子·乘马》又说："时之处事精矣，不可藏而舍，故曰：'今日不为，明日忘货（注：言不为则失时）。'昔之日已往而不来矣。"（同上）此处之"时"，亦是现今所说时间之"时"，并且指出了时间的不可止息性、不可逆性，永远向前，一往而不复返。《周易》说："乾乾因其时而惕，虽危无咎矣。""君子进德修业，欲及时也，故无咎。"（《乾卦·文言》）此处之"时"，同样是指事物运动过程中的时间，要求做事要及时。对时间的不可逆性，《吕氏春秋》则说："天不再与，时不久留。能不两工，事在当之。"（《首时》）《淮南子》也说："时之至，不可迎而反也，要遮（注：遮通庶，幸也）而求合。时之去，不可追而援也。"（《淮南子·诠言训》）这表明我国先哲已认识到，时间是客观的，时之来去不以人的主观意愿为转移，人只能知时、顺时、合时。

第三，时为与事物运动发展过程相关的时间状态，即时势、时代、时事。主张变易、发展是中国古代哲学的主流。时并不仅仅指某一时刻，也不只是指某一过程的时间的度量，而是一个与物质运动相连的有具体内容的发展过程的状态。这就要求在农事、政事和所有实践活动上要适时，与时俱进。孟子称孔子为"圣之时者也"，"可以速而速，可以久而久，可以处而处，可以仕而仕"（《孟子·万章下》）。荀子说："王者之制，道不过三代，法不贰二王。""政令时，则百姓一，贤良服。"他提出各种官员均要"以时顺修"，以完成自己的职责（《荀子·王制》）。他又说："修百王之法"，要"应当时之变"（《荀子·儒效》）。《周易》更是贯穿着"与时偕行"、"与时消息"、"与时行也"的思想。《淮南子》说："世异则事变，时移则俗易。故圣人论世而立法，随时而举事。"（《齐俗训》）中国哲学注重"动静有时"。《淮南子》还说：圣人"随时而动静，因资而立功"（《氾论训》）。《周易》讲变易、运动，但它提出"时止则止，时行则行，动静不失其时，其当光明。"（《艮卦·彖传》）张载解释说："学者必时其动静，则其道乃不蔽昧而明白。""动静不失其时，是时措之宜也，集义也。集义久则自有光明。"（《横渠易说·艮卦》）总之，中国哲学中的"时"不是一个无内容的空洞过程，它与事物发展过程中的状态密切相连，不可分割。

第四，时为时机。事物的运动离不开一定时的条件，但在运动过程中时的条件不是不变的、均匀的，而是变动的、不均匀的，会出现有利于加快事物运动发展的特殊的时间，即时机。我国先哲所说的"时"，不少是指时机，而且强调，要抓住时机，利用好时机，倘若丧失了时机，就会延误事物的发展，甚至带来灾祸。范蠡说："从时者，犹救火、追亡人也，蹶而趋之，唯恐弗及。"他又说："得时无怠，时不再来，天予不取，反为之灾。"（《国语·越语下》）孔子认为："好从事而亟失时，可谓知（智）乎！"（《论语·阳货》）墨子也说："祭祀，不敢失时几。"（《墨子·尚同中》）荀子在《宥坐》篇中引了孔子厄于陈、蔡之间时与弟子子路的对话，说明即使是一个贤人，要成就功业，必须要遇有一定的时，倘若不遇时，也不能成就功业。"遇不遇者时也，贤不肖者才也，君子博学深谋不遇时者多矣！"因此，"君子博学、深谋、修身、端行以俟其时。"前面所提的"圣人所贵唯时也"、"穷达以时"等中的"时"，也均指时机。

在战争中，时机尤其重要。"圣人之功，时之为庸（用），因时乘宜，兵必成功。"（《黄帝四经·十六经·兵容》）不知时，失掉时机，即使兵多也无用，甚至会打败仗。军事家孙膑提出："兵用力多，功少，不知时也。"（《孙膑兵法·兵失》）这是说，兵力强，成效差，在于用兵不知时。我国兵家常说："兵贵神速，机不可失。"

社会革命、改革，同样也有时机。《周易》主张革命、变革，提出"革而当"，只有"当"，合于时，才能"元亨，利贞，悔亡"（《革卦，象传》）。汉朝扬雄说："夫道有因有循，有革有化。与道神之，革而化之，与时宜之。""夫物不因不生，不革不成。"但是，革要其时，"革之匪时，物失其基；因之匪理，物丧其纪。"（《太玄经·玄莹》）时机未到，不可妄动，要待时。但待时并不是消极等待，而是要积极有为，创造条件，以待时机到来。荀子说："望时而待之"，不如"应时而使之"（《荀子·天论》）。宋朝叶适专门写了《待时》篇。他以春秋战国时期越国"二十年日夜所为"灭吴国为例，说明待时并非消极坐等时机到来。他说："不为，则无时矣，何待？"（《水心别集·虚息论·待时》）"机不可失，时不再来"、"机不可失，时不我待"是人们常说的成语。把时间看作是事物运动发展的复杂的、非均匀的过程的思想是深刻的。时机论是中国古代哲学中的精彩篇章。

　　中国古代哲学还用宙来表达时间："上下四方曰宇，往古来今曰宙。"（《尸子》）《尸子》一书已失传，但此话却常为后人所引用。清朝戴望在《管子校正》的"宙合"篇题注中说："古往今来曰宙也，所陈之道，既通往古，又合来今，无不苞罗也。"墨家用"久"来表达时间概念。《墨子·经上》说："久，弥异时也。"《经说上》解释说："久：合古、今、旦、暮。"中国古代哲学还提出"宇中有宙，宙中有宇"（方以智《物理小识》卷二），认识到时间和空间的内在联系。这方面的内容，我国哲学界在讲时间时经常引用，故在此不再详说。

（三）中国哲学"时"的特点

　　时间和空间是物质的最基本的属性，也是物质存在和运动的基本条件。因而时间和空间是哲学的基本概念。中国哲学和欧洲哲学在对时间和空间的认识上自然有共同的、相通的地方。如：两者都论及到时间空间的客观性与主观性、无限性与有限性、连续性与间断性及时间空间之间的内在联系等问题，但它们之间确实有很大的差异。欧洲古代哲学在时间和空间两者中，更多的是重视空间，时间则相对讲得不多。与此相关，欧洲古代几何学相当发达，形成欧几里得几何学，由此推动逻辑学的发展。在讲时间时，欧洲古代哲学家德谟克利特、卢克莱修、亚里士多德等都讲到时间与物质运动不可分，但他们讲的运动主要是物体位置移动的机械运动。他们承认时间的连续性、有序性，不过他们认为时间是一个均匀的流，时间本身与物质的运动、物质自身的状态无内在的联系。到了近代，随着物理学的迅速发展，形成了以牛顿为代表的"绝对时间观"。牛顿把时间看成是同物质运动无关的、均匀的流逝过程。他说："绝对的、真实的和数学的时间，由其特性决定，自身均匀地流逝，与一切外在事物无关，又名延续。""所有运动都可能加速或减速，但绝对时间的流逝并不迁就任何变化。"[①] 到了 20 世纪，爱因斯坦的相对论揭示了物体运动的速度与时空的内在联系，打破了牛顿的"绝对时空观"，但在相对论里，时间仍然是

---

　　① ［英］伊萨克·牛顿著，王克迪译：《自然哲学之数学原理》，陕西人民出版社 2001 年版，第 10、12 页。

被看成是物质外在的条件，而与物质自身内部状态无关。欧洲哲学的时空观与自然科学的发展密切相关。欧洲哲学讲时间与物质运动的关系主要是讲与物体的物理运动的关系，较少联系到社会的发展，人生的际遇。这一点至今依然如故。英国物理学家霍金著的《时间简史》实际上讲的是宇宙学及西方宇宙学的发展简史，是一本科普性的自然科学读物，并非是讲时空论的哲学著作。

根据前面所述，同欧洲哲学时间观念相比，我国哲学的时间观念有着如下显著的特点。

第一，我国古代哲学十分重视时间，有多篇专门论述时间的论文，把对时间的认识和运用提到治国的高度，有所谓"以时为宝"、"圣人所贵唯时"、"圣人之功，时为之用"的说法。这与欧洲古典哲学重视空间、忽视时间明显不同。我国古代哲学的这种特点使我国哲学对时间有着丰富而深刻的认识，促进了与时间密切相关的天文学的发展。我国哲学对空间论述较少，这一不足影响到与空间直接相关的几何学的发展。

第二，我国古代哲学在讲时间时总是联系到农事、政事、军事、人生等具体的事物运动过程，突出了时间与物质运动的不可分性和客观性，突出了时间是事物本身的固有属性和生生不息的运动发展过程，突出了与时俱进的发展思想。中国古人直观地、天才地猜测到时间、空间与物质运动状态之间的内在关系。这种认识也形象地反映到杂记和小说里。南北朝人任昉撰的志怪杂记《述异记》（上）记载：晋朝人王质进山砍柴，遇见童子数人边下棋边唱歌，王质在旁观棋，一会儿工夫，自己的斧柄已烂。王质回到家里，发现世上已过很长时间，家人和相识故旧都已不在①。这是"烂柯人"的典故，表明时间与事物所处的空间、状态密切相连。明朝吴承恩著的古典小说《西游记》第四回也有"天上一日，下界一年"之说②。由于欧洲人讲时间与物体位置移动（距离）联系在一起，因此他们只把时间看成物质运动的一种形式、条件，而不把它看成物质固有的属性。

第三，我国古代哲学特别重视时机。这点与上一特点相关。欧洲哲学在很长时期里把时间看成是均匀的不变的持续性。这种时间观具有机械的形而上学性质。我国哲学讲时间总是同具体事物运动的内部状态和发展过

---

① 任昉：《述异记》，《四库全书荟要》第66册，吉林人民出版社2002年版，第196页。
② 吴承恩：《西游记》，人民文学出版社1962年版，第40页。

程相连的，而事物（尤其是社会和个人）的运动过程是变化的、复杂的、非均匀的，这种非均匀过程的时间观具有朴素的辩证的性质。在事物的非均匀的发展过程中会出现有利于加快发展的时机。在社会生活中时机有重大作用。我国哲学家、政治家、军事家都很重视时机，对时机有大量的论述。我国古代哲学时机论要远胜于西方哲学（现代西方学者主要是讲科学发现过程中的机遇问题）。作为政治家、军事家、哲学家的毛泽东常说，机不可失，时不再来。在决策时要抓住时机，当机立断，不可优柔寡断。在改革开放的新时期，邓小平反复讲，"抓住机遇，发展自己"。当代中国的实践丰富了时机论。

第四，我国哲学"时"的思想具有很强的实践意义。西方哲学讲时间主要同物理运动相关，而很少与人的实践、人生相连。我国哲学结合具体的事物运动讲"贵时"、"知时"、"用时"，使时间与农事、政事、军事和人生等实践活动密切相结合。实践性强的优点也蕴涵着不足，即对"时"的一般性理论讲得较少。中国哲学对"时"虽然有一个由具体的四时、农时、政时上升到一般性的时的抽象过程，但它对时间论述的抽象性不如欧洲哲学。今天，我们主要是通过中国古人对"时"的具体运用来发掘他们有关时间的一般思想。

近代以来欧洲哲学在时间论上讨论的主要问题有：时间是客观的，还是主观？是同物质运动有关，还是无关？是有限的，还是无限的？是连续的，还是间断的？时间与空间有无关系？等等。今天我国马克思主义哲学教科书基本上也是围绕这些问题来阐述时间论，仅仅把时间看成是物质运动的基本形式，看成是物质运动的持续性、间隔性和顺序性，而不是把它看成是物质固有的一种属性；仅仅联系物理运动、自然科学来讲时间，很少联系社会实践、人生际遇讲时间。依据这样时间论的框架审视中国哲学的时间论，中国哲学特有的丰富的时间思想就被遮蔽了。我认为，被遮蔽了的中国哲学有关时间的思想，在今天仍有其合理性和现实意义。现代系统论、耗散结构论认为，时间不仅作为系统的一种外在的形式，而且它本身就是系统内的一种参量、一种动力，成为事物内部的属性。中国古代哲学的时间思想尽管具有直观的、素朴的性质，但它与现代的时间观念有相暗合之处。中国马克思主义哲学的时间论应充分吸取中国哲学时间论的合理思想，使之具有中国的特色。

七 警惕传统文化消极因素的渗入

中国传统哲学也是一分为二的。中国传统哲学既有精华，也有糟粕；既有优良传统，也有不良传统。精华与糟粕、优良传统与不良传统并不是截然分开、泾渭分明的，而是错综复杂、互相交织的。即便是精华，优良传统，毕竟也是历史上的，有局限性。反之亦然，即便是糟粕，不良传统，其中也可能含有认识过程的某一片段，包含有片面真理。而作为现实的中国人，既有中国传统哲学文化中积极的、优秀的品质，也有千百年遗传下来的消极的、不良的习惯和传统。因此对传统哲学要取辩证分析态度，尤其要警惕在结合过程中传统文化中腐朽的消极因素的渗入，警惕腐朽消极因素以马克思主义的形式出现。

在国内外，有极少数人把马克思主义中国化诬蔑为"马克思主义的封建化"、"儒家化"。也有人把毛泽东的马克思主义称为"农民马克思主义"，把毛泽东的社会主义称为小资产阶级的社会主义、农业社会主义或封建社会主义。我们坚决反对上述说法，认为毛泽东思想是无产阶级的科学思想体系，是中国化的马克思主义，是马克思主义在中国的创造性的发展。但笔者认为，毛泽东在把马克思主义中国化的过程中是否有中国传统文化、哲学中的消极因素的渗入，则是一个值得我们研究的问题，也是一个不容回避的问题。

全面审视毛泽东晚年的理论和实践，我们发现，中国传统文化、哲学中消极因素确有对毛泽东产生负面的影响。

中国传统哲学注重人生哲学，注重人生修养，注重德治，注重道德精神的作用。这一传统自然有其积极的一面。毛泽东在中国革命和建设过程中继承了这一传统，注重思想政治工作，注重党性修养，注重精神的作用，把中国共产党建设成为一个无产阶级的政党，领导全国人民战胜国内的强大敌人，战胜了自然界的千难万险，取得了革命和建设的胜利。但毛

泽东和党中央对中国哲学文化重义轻利、重德治人治轻法治、重社会整体
轻个人等问题缺乏应有的清醒认识。因而在思想上、理论上和实践中出现
了重精神思想轻物质利益、重社会轻个人、重人治轻法治等错误倾向和做
法。"文化大革命"中的"精神原子弹"、"狠斗私字一闪念"、"斗私批
修"、"在灵魂深处爆发革命"等说法和做法，均是中国传统文化中消极
因素、不良传统的复活。

　　几千年来，中国是一个小生产者的社会，小生产者习惯势力根深蒂
固。小生产者的平均主义在中国传统文化中普遍存在。孔子提出："不患
寡而患不均，不患贫而患不安"，"均无贫，和无寡，安无倾"（《季
氏》）。孔子的"不患寡而患不均"、"均无贫"的思想对后世影响很大。
"均无贫"的思想反映了农民小生产者的平等要求，成为历史上农民起义
的思想武器。"均无贫"的思想与马克思主义平等观念有类似之处。因
此，有人把它视为社会主义。梁启超在《欧游心影录》中说："社会主义
自然是现代最有价值的学说"，社会主义的精神，"不是外来的，原是我
所固有。孔子讲的'均无贫，和无寡'，孟子讲的'恒产恒心'，就是这
主义精神的论据，我并没有丝毫附会"。① 梁启超最后一句表白是无用的。
他把现代的社会主义与孔子的"均无贫"混为一谈是典型的"附会"。在
很长时期里，毛泽东对科学社会主义与小生产者的平均主义的界限是比较
清楚的。他反对绝对平均主义，反对农业社会主义。1948 年 4 月，在晋
绥干部会议上的讲话中，他尖锐地批评土地改革过程中出现的绝对平均主
义。他指出：农村中流行的绝对平均主义，"是一种农业社会主义思想，
它的性质是反动的、落后的、倒退的，我们必须批判这种思想。"② 同月
29 日，他在批转薄一波关于工商业问题的报告中又指出：农业社会主义
思想，"其性质是反动的，落后的，倒退的，必须坚决反对"③。但在社会
主义时期，尤其是在 1958 年，农民的平均主义思想也反映到他的头脑中，
并且与历史上的农民平均主义联系起来。1958 年他发动搞起了人民公社

---

　　① 梁启超：《欧游心影录》（1920 年 3 月），《饮冰室合集·专集之二十三》。
　　② 毛泽东：《在晋绥干部会议上的讲话》（1948 年 4 月 1 日），《毛泽东选集》，解放社 1949
年版，第 138 页。又见《毛泽东选集》第 4 卷，人民出版社 1991 年版，第 1314 页。"是一种农
业社会主义思想"这句话在 1960 年收入《毛泽东选集》第 4 卷时删去。
　　③ 《毛泽东年谱》（1893—1949）中卷，人民出版社、中央文献出版社 1993 年版，第 305
页。

化运动。他对张鲁的原始社会主义运动产生兴趣。东汉末年，张道陵创立五斗米道，其孙张鲁在汉中建立地方政权近30年，实行政教合一，设立"义舍、义米、义肉"，路人量腹取食。陈寿的《三国志·张鲁传》有记载。1958年8月，毛泽东在北戴河会议上的讲话中就提到张道陵的五斗米道。同年11月，他在郑州会议上说：三国时候，汉中有个张鲁，曹操把他杀了。他也搞过吃饭不要钱。凡是过路人，在饭铺里吃饭、吃肉都不要钱，尽肚子吃，这不是吃饭不要钱吗？他不是在整个社会上都搞，而是在饭铺里头搞。他搞了30年，人们都很高兴那个制度，那是种社会主义作风。我们这个社会主义由来已久。随后，在12月召开的武昌会议期间，他对《三国志·张鲁传》写了两个很长的批语。12月7日的批语写道："这里所说的群众性医疗运动，有点像人民公社免费医疗的味道，不过那时是神道的，也好，那时只好用神道。道路上饭铺里吃饭不要钱，最有意思，开了我们人民公社公共食堂的先河。""现在的人民公社运动，是有我国的历史来源的。"12月10日，大概他感到这一批语有些不妥，就把它删了，重新写了一个，但基本精神与第一个相同。在中共八届六中全会上，他把第二个批语同张鲁传一起印发给到会者。这些都表明，现实的和历史的农民平均主义渗入到了毛泽东的社会主义思想中。平均主义、共产风，导致对农民的剥夺，造成农村生产力的严重破坏。毛泽东发现"左"倾冒险主义危害严重，大力纠正共产风和平均主义，使生产关系有所调整，但从"文化大革命"中再次批判资产阶级法权看，他的社会主义思想中依然杂有小生产者的平均主义。

中国数千年的封建社会是高度集权的专制社会。从理论上讲，毛泽东反对封建专制主义，提倡民主主义；反对"三纲"、个人专断、家长制、一言堂，强调民主集中制，提出集体领导和个人负责相结合的制度。在"文化大革命"中，他在讲党史时还批评陈独秀等搞家长制、一言堂。在民主革命时期，在困难的条件下，毛泽东民主作风比较好，能虚心听取不同意见，包括反对的意见，能团结不同意见的同志，包括反对自己并反对错了的同志一道工作。1956年，他正确批评斯大林个人专断，严重破坏民主集中制、破坏民主、破坏法制的错误。可是，他很快就重犯斯大林的错误，把个人凌驾于集体之上、党之上，个人专断、家长制、一言堂甚为严重。他与其他领导同志的关系已不是以往平等的同志关系，而是多少有一点儿类似封建时代的君臣关系。他沿用了封建主义的做法，自己选择自己的接班人。他主张人治，不主张法治。他对民主集中制、无产阶级专政等的理解和实践也渗进了某些专制主义的成分。

再如，个人崇拜。毛泽东在很长时期里是反对个人崇拜的。在延安时期，五十岁祝寿是一件平常事，不少同志搞过，但他不赞成对他祝寿，也不赞成大搞鼓吹他的思想。在革命胜利前夜召开的中共七届二中全会上，他提出："禁止给党的领导者祝寿，禁止用党的领导者名字作地名、街名和企业的名字，保持艰苦奋斗的作风，制止歌功颂德的现象。"① 建国之初，他不赞成人民币上印他的头像，不赞成在天安门广场上铸他的铜像，不赞成他主持制定的新中国第一部宪法称"毛泽东宪法"（苏联的第一部宪法称"斯大林宪法"），并删去了宪法中涉及他的文字。他肯定苏共二十大对斯大林个人崇拜的批判。但随着对国际国内形势判断的失误，他的看法有所改变，由反对个人崇拜到逐渐接受、欣赏对他的个人崇拜。他甚至在理论上提出有"正确的个人崇拜"和"不正确的个人崇拜"两种，把"个人权威"混同于"个人崇拜"。

野心家、阴谋家林彪一伙利用了毛泽东的弱点，在"文化大革命"中搞起了造神运动。他们公开鼓吹学董仲舒，搞文化专制主义。1966年8月8日，林彪在一次讲话中说："汉朝废百家，独尊儒术，有个董仲舒，我希望大家都当董仲舒。"陈伯达则进一步发挥说："林副主席号召我们做个革命的董仲舒，他是西汉人，秦始皇当皇帝后，主张愚昧政策，大搞焚书坑儒，使孔孟的学说吃不开了。这时董仲舒给皇帝讲道理，要想永远统一天下，就要有一种能统一人民的思想，这种思想只能是一种思想，那就是孔孟之道。……由于他高举孔孟之道，所以很快被人民接受了，一直传了几千年。"② 对造神运动，毛泽东开始是赞赏的，是为了打鬼，批判修正主义。当造神运动太过分时，他则表示讨嫌。但是，他认为，"要人们去克服三千年迷信皇帝的传统习惯是困难的事"。他本人也并没有想从根本上纠正对他的个人崇拜。因此政治生活、社会生活中对毛泽东个人崇拜继续存在。"文化大革命"结束后，邓小平反对"两个凡是"（即"凡

① 毛泽东：《党委会的工作方法》（1949年3月13日），《毛泽东选集》第4卷，人民出版社1991年版，第1443页。有的人说，毛泽东在1950年《庆祝五一劳动节口号》中自己加上了"毛主席万岁"一条。事实并非如此。"毛泽东同志万岁"一条是刘少奇审阅时加上的。详见《建国以来刘少奇文稿》第2册，第59—60页。

② 陈伯达1967年4月13日的讲话。引自《林彪与孔孟之道（材料之一）》。

是毛主席作出的决策，我们都坚决维护，凡是毛主席的指示，我们都始终不渝地遵循"），拨乱反正，纠正毛泽东晚年的失误。至此，对毛泽东的个人崇拜才逐渐消失了。对毛泽东不再崇拜，并不等于中国社会已不存在个人崇拜的社会条件，更不等于个人崇拜已退出政治生活。

如何认识个人崇拜？1956 年，毛泽东主持撰写和审改的《关于无产阶级专政历史经验》一文曾有精辟的论述。文章指出："个人崇拜是过去人类长时期历史所留下的一种腐朽的遗产，个人崇拜不只在剥削阶级中间有它的基础，也在小生产者中间有它的基础。大家知道，家长制就是小生产经济的产物。在无产阶级专政建立之后，即使剥削阶级消灭了，小生产经济已经由集体经济所代替了，社会主义社会建成了，但是旧社会的腐朽的、带有毒素的某些思想残余，还会在人们的头脑中，在一个很长的时期内保存下来。'千百万人的习惯势力是最可怕的势力'（列宁）。个人崇拜也就是千百万人的一种习惯势力，这种习惯势力既然在社会中还存在着，也就有可能给许多国家工作人员以影响，甚至像斯大林这样的领导人物也受了这种影响。"毛泽东在审改时还加写了这样的话："脱离群众的个人突出和个人英雄主义这一类现象还是会长期存在的。一次克服了，下次还会再出现。有时由这一些人表现出来，有时又由另一些人表现出来。……因此，反对脱离群众的个人突出和个人英雄主义，反对个人崇拜，是应该经常加以注意的问题。"[1] 遗憾的是，毛泽东本人重犯了斯大林欣赏个人崇拜的错误。社会主义国家发生个人崇拜这类现象，也还有制度上的原因。高度集中的政治、经济体制容易滋长个人崇拜。毛泽东的悲剧在于，他以为对他的个人崇拜是党和国家的需要，是为了保证党和国家的统一、稳定和不变色。

总之，毛泽东的晚年的思想中渗进了某种封建主义的和小生产者的消极思想，影响了他对社会主义的理解。这是他晚年犯错误的一个重要原因。

如何认识毛泽东身上发生的这一现象？为什么会发生这种情形？笔者以为，这种情形的发生一点儿也不奇怪。毛泽东晚年的严重失误和他思想中某些封建主义、小生产者习惯的势力杂质带有中华民族的特征和时代的

---

[1]　《关于无产阶级专政的历史经验》，这篇文章是根据中国共产党中央政治局扩大会议的讨论，由人民日报编辑部写成的，《人民日报》1956 年 4 月 5 日。

特征，从中我们也看到了我们民族存在的某些积弊与弱点。出现这一情况的原因是多方面的。

首先，这种情形的发生有着广泛而深刻的社会基础。旧中国是一个经济、政治、文化落后的半殖民地半封建国家，农民占全国人口的百分之九十。我国虽然取得了新民主主义革命的彻底胜利，并建立了社会主义基本制度，但几千年的封建主义传统根深蒂固，旧中国留下的封建专制传统比较多，民主法制传统很少。生产力不发达，落后的生产方式没有根本改变，自然经济半自然经济大量存在，中国共产党的党员和干部大都出身于农民。中国社会和中国共产党的这种特点，使得中国共产党及其领袖人物很容易受到封建主义和小生产者的思想的渗透和侵蚀。

其次，毛泽东是人，而不是神，他是从旧社会过来的，必然带有旧社会痕迹。每一个人一生下来，就遇到现成的生产力，现成的社会经济制度，现成的文化，现成的社会心理和习惯势力。即使是一个不识字的文盲，他在这样的环境中长大，也必然具有传统的思想、心理、思维方式和生活习惯。人当然也是可以改造的，在改造环境中改造自己。但他与传统不可能一刀两断，彻底决裂。这种情形，不仅在毛泽东身上发生，在其他人身上也发生过。孙中山是伟大的革命民主主义者，向往美国式的民主，反对专制、独裁。但他本人领导作风也是不民主的。凡是参加国民党的人都要宣誓效忠他个人，无条件地服从他个人。在国民党内是不能批评孙中山的。陈独秀，五四新文化运动的总司令，提倡民主和科学，向往的是法国式的民主。之后转变成马克思主义者，成为中国共产党的第一代领导人。但他的领导方式是家长制、一言堂，当时就遭到很多人批评。这说明，旧的传统不是你想摆脱就能摆脱了的，即使主观上想彻底决裂，客观上仍不能不受传统所制约。许广平在致鲁迅的信中说过："旧社会留给你苦痛的遗产，你一面反对这遗产，一面又不敢舍弃这遗产，恐怕一旦摆脱，在旧社会就难以存身。于是只好甘心做一世农奴，死守这遗产。"①鲁迅对许广平的信没有提出异议。许广平的话对我们理解毛泽东是否有某种启发呢？

笔者曾多次说过："如果说毛泽东对中国历史、哲学、文学的渊博知

---

① 　许广平致鲁迅的信（1926年11月22日），《两地书》，《鲁迅全集》第11卷，人民文学出版社1981年版，第220页。

识和精湛造诣曾是他将马克思主义中国化的一个重要的条件的话，那么到了晚年，毛泽东对中国历史、哲学、文学的酷爱在一定程度上限制了他的视野，中国传统的思想文化成了他身上的一个负担。"①

再次，毛泽东失去了对封建主义的警惕。在民主革命时期，毛泽东是注重对封建主义批判的。在新中国成立后，他注重的是无产阶级与资产阶级的矛盾，社会主义和资本主义的矛盾，而对思想文化和社会生活领域里的封建主义很少提及。他看到了中国"穷"与"白"，即生产力的不发达和科学教育文化的落后，但没有看到旧社会遗留下的传统对社会主义现代化的负面影响。列宁曾说过："由于历史进程的曲折而不得不开始社会主义革命的那个国家愈落后，它由旧资本主义关系过渡到社会主义关系就愈困难。"② 毛泽东不赞成列宁的落后国家革命开始容易而完成则要比高度发达资本主义国家难的观点。1959 年 12 月，他在读苏联《政治经济学教科书》时说："西方各国进行革命和建设，有一个很大的困难，这就是资产阶级的毒很厉害，已经渗透到各个角落去了。我国的资产阶级还只有三代，而英国这些国家的资产阶级已经十几代了。他们的资本主义发展的历史有二百五六十年至三百来年，资产阶级思想、作风影响到各个方面、各个阶层。"又说："在资本主义有了一定发展水平的条件下，经济愈落后，从资本主义过渡到社会主义是愈容易，而不是愈困难。人愈穷，才愈要革命。"这里，毛泽东只看到中国资产阶级影响比西方发达资本主义国家要小，要浅，但他忽视了中国的几千年的封建主义遗毒要比资产阶级的影响厉害得多。放松了对封建主义遗毒的警惕，忽视了对封建主义遗毒的批判，势必就容易受到它们的浸染。这是个人主观上的原因。在"文化大革命"中，我们吃尽了封建主义遗毒的苦。惨痛的教训使我们认识到在社会主义现代化的进程中还有一个批判封建主义残余的任务。

在当前的国学热中，我们始终要有清醒头脑，要立足当代中国和世界的现实，对中国传统文化、哲学进行具体的科学分析。我认为中国文化、哲学中有以下值得今天注意的缺点：

---

① 见拙著《毛泽东晚年的理论与实践》，中国大百科全书出版社 1993 年版，第 11 页。

② 列宁：《在俄共（布）第七次代表大会上关于战争与和平的报告》（1918 年 3 月 7 日），《列宁选集》第 3 卷，人民出版社 1995 年版，第 436 页。

　　一是中国传统哲学重整体，轻个人，否认个人的独立自主人格。君为臣纲、父为子纲、夫为妻纲的专制制度，造成为臣、为子、为妻者的奴性。中国哲学文化重修养，目的是要把人训育成听话的奴才，而不是独立自主的个人。李大钊指出："孔子的政治哲学，修身齐家治国平天下，'一以贯之'，全是'以修身为本'；又是孔子所谓修身，不是使人完成他的个性，乃是使人牺牲他的个性。"① 我们在讲弘扬中国传统道德，提倡修养时千万不要忘记这点。对三纲，对专制主义，对奴性，虽然经过一个多世纪的批判，但遗毒依然严重存在，不可低估。国民中的奴化意识，依然普遍存在，只是程度不同而已。因此，提倡独立自主的人格，提倡自由个性和个性解放，依然是建设社会主义民主政治，促进人的解放、人的发展所迫切需要的。

　　二是中国传统辩证法有注重对立面的互相依存、互相渗透、互相转化的优点，有注重和的传统，讲和为贵，讲贵柔、戒争、戒斗，讲中庸。中国古代的和同之辨是辩证法的，但贵柔戒斗则不是优点，而是缺点。"仇必和而解"不是优点，而是缺点。中庸反对走极端，提出"过犹不及"的两条战线的斗争方法，这要肯定和继承。但它与和一样，旨在维持事物的现状，反对质变、革命。今天在讲和、和合、和谐、中庸时一定要看到它的局限性，切忌将消极因素当作积极因素。

　　三是中国传统哲学重思考，重直觉，重整体，但秦之后，墨学中断，未能形成系统的形式逻辑。中国传统思维不注重分析，不注重体系的逻辑建构。当代中国哲学对逻辑（包括形式逻辑）依然不够重视，当代中国人依然缺乏条分缕析的思维方式，概念不清，命题含糊，以至许多讲话、文章、文件不合逻辑，理论体系不能自恰，含有内在的逻辑矛盾。

　　四是注经解经的教条主义传统。孔子讲"信而好古"、"述而不作"。到了汉朝，汉武帝独尊儒术，罢黜百家，经学大盛。此后，许多思想家、哲学家主要是通过注经解经的方式来讲自己的思想。这种影响既深且广。在20世纪，中国传统的经学的教条主义与由苏联传入的马克思主义的教条主义相结合，给中国革命和建设带来了严重的曲折。时至今日，注经解经的教条主义学风依然严重存在，窒息了创新力，严重阻碍了中国思想文

---

　　① 李大钊：《由经济上解释中国近代思想变动的原因》（1920年1月1日），《李大钊文集》（下），人民出版社1984年版，第178页。

化发展。

　　总之，在马克思主义与中国传统哲学相结合的过程中要十分警惕中国传统哲学中消极因素的渗入。有了这种警惕，头脑会清醒些，马克思主义中国化就可以得到健康的发展。

下篇 马克思主义哲学自我革命与当代化

马克思主义哲学自我革命最根本的是要总结和概括我国革命和建设、尤其是改革开放以来的新经验，总结和概括社会主义在苏联东欧兴衰的历史经验；总结和概括科学技术革命的新成果；总结和概括20世纪世界经济政治文化发展的新情况、新问题和新经验，吸取当代世界哲学及社会科学的新成果，从体系到内容要当代化，使中国化马克思主义哲学具有当代的新形态。

马克思主义哲学的当代化，可以分为不同的方面、层次，一是对原有的基本概念、范畴、原理给予当代的新的阐释；二是增加一些新的概念、范畴、原理；三是内在的结构和体系的当代化；四是从具体原理到体系要体现当代的时代精神。马克思主义哲学的当代化，决不是把当前的政治理论写进教科书，更不是要去注释和图解现行的政治，而是要真正体现时代精神和民族精神的统一。

马克思主义哲学的当代化是一项复杂的、庞大的、艰巨的工程。这一工程自然是笔者一人所不能胜任的。本篇仅对目前我国哲学界和教科书论述不多的、笔者以为是十分重要的若干问题提出一些看法，希冀对马克思主义哲学当代化有所助益。至于我国哲学界已取得的重大新成果（如主体问题、价值问题、人的问题、社会形态问题、文化哲学等）在此不再赘述。

一 实践理论的若干问题

自1978年"实践是检验真理的唯一标准"的全国性大讨论以来，实践问题一直是我国哲学界关注的重点问题之一。这不是偶然的，它反映了时代的需要。当代中国和世界，正处于深刻的大变革之中。大变革要求思想的不断解放和实践的不断创新。实践是冲破个人迷信、教条主义、僵死陈腐的观念和传统习惯势力的最锐利、最强大的武器，是思想解放运动的最有力的推动者。中国特色社会主义的新路正是在解放思想、实事求是的思想路线的指引下，在大胆地试、大胆地闯的过程中逐步开辟的。这是从正面来讲的。从反面来说，我国社会主义建设中的曲折和苏联及东欧社会主义兴衰成败的教训告诉我们：理论上轻视实践，行动上脱离实践，马克思主义就会走向反面，不是教条主义，就是修正主义。

实践问题的凸显还在于：当代科学技术的发展和运用，一方面极大地推动了人类社会的发展和文明的进步，另一方面，又给人类生存和发展造成了极大的危机。由现代科学技术形成的人类的新的实践给人类自身带来存亡续绝的危机，人类发出了自救的呐喊。这种严峻的现实同样要求哲学对当代实践做出反思、回答。

近30年来，我国哲学界在以下问题上进行了广泛的研究和讨论：实践在马克思主义哲学中的地位和作用；实践的内涵、特征、形式和分类；实践的要素和结构；实践的发展过程和阶段；实践证明和逻辑证明的关系；实践理性的合理性；虚拟实践；实践规律等。今天我们哲学教科书有关实践理论的论述比30年前有了很大的发展。这是我们应当加以充分肯定的。但也应看到：口头上承认实践理论是一回事，能不能在实践中运用它又是一回事；在理论上，研究者固然有很多共识，但也有诸多分歧，有的分歧直接关系到对马克思主义哲学的本质、体系和功能的不同理解；有些问题的研究还只是刚刚开始，而有些问题还尚未涉及。更值得引起我们重视的是：我国哲学界还没有把如何改造世界的问题作为研究的重点，还没有把改造世界的规律作为研究的对象。

以下就近几年笔者思考的若干问题提出一点儿意见。

（一）物质本体论与实践本体论之争

列宁曾说过："生活、实践的观点应该是认识论的首要的和基本的观点。"① 毛泽东在《实践论》里对实践在认识过程中的地位和作用做了系统的发挥。受列宁、毛泽东的影响，在此之后，国内外许多哲学教科书通常都把实践看成认识论的范畴，放在认识论部分讲。经过"实践是检验真理的唯一标准"的大讨论，我国哲学界有很大的突破，实践范畴在马克思主义哲学中的地位大大提升。多数学者认为，实践观点不仅是马克思主义认识论的首要的和基本的观点，而且是整个马克思主义哲学的首要的和基本的观点。这一论点已越来越多地被写进了哲学教科书。持这种观点的相当多的学者还主张用"实践唯物主义"来称谓马克思主义哲学。也有部分学者不赞成上述观点，不赞成将实践观点由认识论范畴或历史观范畴上升为世界观范畴，上升为整个马克思主义哲学的范畴。持这种观点的学者认为：说实践观点是整个马克思主义哲学首要的观点同物质与意识的关系是哲学的基本问题的论点相矛盾，客观的观点或物质的观点才是马克思主义哲学的首要的观点。他们坚持用"辩证唯物主义"或"辩证唯物主义和历史唯物主义"来称谓马克思主义哲学，不赞成把马克思主义哲学称为"实践唯物主义"。在编写教科书时，为协调上述两种不同观点，有的学者提出了双方都能接受的另一种提法：实践观点是马克思主义哲学的核心观点。这种说法当然没有问题，但笔者更赞同实践观点是马克思主义哲学首要的和基本的观点，并认为实践理论是整个马克思主义哲学体系的基础，是贯穿于整个哲学体系的一根红线②。笔者主张用辩证的历史的唯物主义来称谓马克思主义哲学。实践观点是不是马克思主义哲学首要的和基本的观点的不同见解，并不涉及马克思主义哲学的根本问题。主张

---

① 列宁：《唯物主义和经验批判主义》，《列宁选集》第 2 卷，人民出版社 1995 年版，第 103 页。

② 详见拙文《有关实践理论的若干思考》，《中共中央党校学报》1997 年第 3 期。

"实践观点是马克思主义哲学首要的和基本的观点"的学者并不否认世界物质性的唯物主义观点；不赞成这一提法的学者也承认实践论的地位很重要，它是历史观的核心。故在此对这一争论不作论析。

在突出实践观点在马克思主义哲学中的重要地位时，我国哲学界相当一部分学者主张用实践本体论（实践一元论）来取代物质本体论（物质一元论）。他们认为：马克思在哲学上的变革就是用实践思维方式取代了本体论思维方式，用实践本体论来取代物质本体论，马克思哲学就是实践哲学，就是实践本体论。在他们看来，马克思的辩证法只是主客体之间的实践辩证法、人学辩证法；在马克思那里，不存在离开人的贯彻于自然界、人类社会和思维的普遍的客观辩证法，不存在自然辩证法；自然辩证法，贯彻于自然界、人类社会和思维的普遍的客观辩证法，是恩格斯提出的，是恩格斯对马克思哲学的背离。持这类观点的有些学者还认为，教条主义、独断、专断同承认世界的物质性、规律性、必然性有关。在本体论的讨论中，相当多的研究者认为，物质本体论从脱离人的现实生活的抽象的物质本体出发，因而无法认识和把握现实。在他们看来，承认物质本体论，必然承认世界上存在着不以人的意志为转移的客观规律，而承认规律性、必然性，必然导致教条主义，导致政治上的专断、不民主、不自由。有的学者用实践论去诠释马克思哲学竟然得出回到康德的"抛弃知识，为信仰开拓地盘"的结论。也有的学者既不赞成物质本体论，也不接受实践本体论，主张取消本体论，主张"超越论"，认为马克思在哲学上的变革是超越了唯物主义和唯心主义的对立，不再追问世界的本体是什么。本体论的思维方式是前马克思的思维方式，马克思的思维方式是实践思维方式。主张这一观点的学者提出了"类哲学"。可以说，在现时我国马克思主义哲学界的时新学者中，主张物质本体论的观点是少数。许多学者认为，物质本体论的观点不符合马克思哲学的本意，是过时了的、保守的观点。

否认物质本体论的观点影响较为广泛。2000年，笔者评阅过一篇有关中国现代哲学史上科学与玄学论战的博士论文。作者为某大学哲学系的从事中国哲学史研究的颇有才华的青年教师，论文总体上甚好，富有新见。但论文涉及马克思主义哲学本体论的观点实难苟同。论文认为："物质决定论，本质上是一种机械决定论"；"按照马克思的实践唯物论，唯一的客观实在或客观存在不是所谓的'物质'，而应是人的实践活动"；

在马克思看来，"不以人的意志为转移的客观存在"是"不存在的"，"只有实践或生活才是唯一的实在，因而并不存在所谓的客观真理"，"科学的定律都是一种'假设'"；"客观实在"不仅科学无法证明，哲学无法证明，实践也无法证明，它不过是一种"预设"，一种"信念"①。显然，论文的上述观点，并非是他个人的独创，而是马克思主义哲学界流行说法的一种概括。这篇博士论文从一个侧面反映出否认物质本体论的思潮已有相当大的影响。马克思主义的辩证物质本体论正面临严峻的挑战。每一个马克思主义哲学工作者都应重视这种挑战。

笔者以为，物质本体论同实践本体论之争并非是一般的、无关紧要的个别观点之争，而是涉及马克思主义哲学根本性质之争。因此，在此有必要稍加辨析，以引起同行们的注意。

如本书上篇所述，科学实践观的创立是马克思主义哲学革命的实质所在，实践范畴不仅是认识论的范畴，而且也是整个马克思主义哲学的基本的范畴之一。充分重视实践论是必要的，但如果用实践本体论（实践一元论）来代替物质本体论（物质一元论）则大可商榷。因为实践是主观见之于客观的物质活动，是人按照自己的主观目的和需要，借助于工具等手段，作用于客观对象，改变客观物质世界的形态、性能，使之满足人的自身需要。人的实践活动是以不以人的意志为转移的自然界为前提的。马克思在《1844 年经济学哲学手稿》中说："没有自然界，没有感性的外部世界，工人什么也不能创造。它是工人用来实现自己劳动、在其中展开劳动活动、由其中生产出和借以生产出自己的产品的材料。""感性（见费尔巴哈）必须是一切科学的基础……只有从自然界出发，才是现实的科学。"② 这些话是如此清楚明白，任何一个不为唯心主义所迷惑的正常人都不会否认自然界的先在性，不会否认生产劳动以客观的物质资料为前提，不会否认独立于人的不以人的意志为转移的客观物质世界。

实践是主体与客体之间的主体的物质活动。实践范畴是个关系范畴，而不是实体性范畴。实践不是本体，更不是整个世界的本原。用实践本体

---

① 作者在博士论文正式出版后赠寄笔者一本。笔者发现上述所引的观点已基本删去，看来作者接受了本人提出的修改建议。

② 马克思：《1844 年经济学哲学手稿》，《马克思恩格斯全集》第 42 卷，人民出版社 1979 年版，第 92、129 页。

论来取代物质本体论的人，片面地理解马克思的哲学革命。他们没有注意到马克思对费尔巴哈的批判只是对旧唯物主义的批判，没有注意或忽视了马克思的哲学革命是在唯物主义基础上进行的，进行革命的目的，不是抛弃唯物主义，而是要把唯物主义贯彻到底，形成新的唯物主义。马克思的《关于费尔巴哈的提纲》的第一条鲜明地划清了新哲学同旧唯物主义和唯心主义的界限，该提纲的第七条则鲜明地用新唯物主义同旧唯物主义相对立。马克思、恩格斯合著的《德意志意识形态》"费尔巴哈"章的副标题为"唯物主义观点和唯心主义观点的对立"，该书贯穿着彻底的唯物主义（即历史唯物主义）对形形色色唯心主义的批判。确实，马克思的哲学既克服了旧唯物主义的片面性，又克服了唯心主义的片面性，同时又吸取了两者的长处，超越了两者的对立。但马克思的哲学即新唯物主义，并没有超越"唯物主义和唯心主义的对立"，更没有消解这种对立。说马克思哲学"超越了唯物主义和唯心主义的对立"，这不符合事实。马克思始终鲜明地表明自己的哲学是唯物主义，不同于黑格尔的唯心主义。整个哲学史表明并将继续表明，唯物主义和唯心主义对立是永远存在的，只不过在不同时期有不同的特点，"超越论"不能成立。

　　如果我们不否认马克思的哲学是"新唯物主义"，不否认马克思是一个唯物主义者，那么我们就得承认，马克思哲学的本体论就是物质本体论。因为，作一个唯物主义者的起码要求是承认外部的物质世界是不以人的意志为转移的客观存在，即主张物质为世界的本体、本原。一切唯物主义都以物质为本体，马克思的新唯物主义也不例外。笔者认为，物质概念是一切唯物主义体系的基石，主张唯物主义与主张物质本体论是一回事。在马克思主义哲学体系中，虽然实践概念的内涵比物质概念更丰富、更高级，但物质概念比实践概念更为基础、更为根本。科学的实践论是建立在物质论的基础上的，科学的实践论应包含物质论，与物质论相对立的实践论，决不是马克思的实践论。唯心主义否认物质世界，因而如马克思所说，它只是抽象地发展了能动性，并不真正知道实践活动及其革命意义。美国的实用主义哲学讲实践，我国蒋介石的力行哲学讲行，一切唯心主义都讲主体的能动性，但它们都否认物质的客观性，因此它们讲的实践、行，与马克思主义哲学讲的实践不是一回事。马克思主义者在讲实践论之前，首先要讲物质论，这样才能同唯心主义的实践论划清界限。离开物质前提来讲实践，就不是马克思主义的实践。离开物质论片面讲实践论，在实际工作中会导致主观主义，这方面的历史教训不应忘记。正因为如此，我国实践唯物主义的积极倡导者萧前在《实践唯物主义研究》一书的序言中坚决地、明确地声明：实践唯物主义，"首先是唯物主义。它坚持物质本体论，物质一元论。它认为，实践只改变物质存在的形式，实践并不能创造一切。因而，它坚决反对实践一元论或实践本体论，它是实践的唯物主义，并非实践主义"。① 对历史上的实践哲学，对不同哲学家讲的实践概念，要进行具体的分析，不要以为只要讲实践，只要强调实践的作用就是好的。

当然，马克思主义的物质本体论不同于以往唯物主义的物质本体论，它克服了旧物质本体论的机械性、形而上学性、直观性和不彻底性。它在社会生活中具体表现为生产力本体论。把马克思主义的物质论歪曲为机械物质论，不过是现代资产阶级哲学家攻击马克思主义哲学惯用的伎俩，对此我们应有清醒的认识。为了便于同旧唯物主义相区别，我们不妨把马克思主义的物质本体论称之为"辩证物质本体论"。这种"辩证物质本体论"要不断地吸取和总结自然科学和社会科学的最新成果以丰富、发展自己。辩证物质本体论与实践论内在地相一致。

否认物质本体论的学者为了给自己的观点做论证，他们在讲马克思主义哲学时，只讲马克思早期思想，不讲马克思在进行哲学革命后的成熟思想，他们更不讲恩格斯在《反杜林论》、《费尔巴哈论》和《自然辩证法》这三本著作中的哲学思想，他们否认马克思的哲学思想和恩格斯的哲学思想的一致性，否认恩格斯在马克思主义哲学创立过程中的作用。某些西方"马克思学"的研究者和西方马克思主义者极力将马克思与恩格斯对立起来，甚至制造"恩格斯反对马克思"的神话。他们认为，在马克思那里只有历史唯物主义，没有自然辩证法和没有辩证唯物主义，自然辩证法、辩证唯物主义是由恩格斯创立的，是恩格斯对马克思的"修正"。这种"对立论"，不仅贬低了恩格斯对创立马克思主义哲学的贡献，而且严重曲解了马克思主义哲学的基本思想和基本精神。我国某些学者受到"对立论"的影响，也在片面夸大马克思与恩格斯哲学上的差异。有的学者说："马克思的全部哲学就是历史唯物主义。""马克思从未提出历

---

① 萧前等主编：《实践唯物主义研究·序言》，中国人民大学出版社1996年版，第1页。又见《萧前文集》，中国人民大学出版社2004年版，第587页。

史唯物主义以外的任何其他的哲学理论。"这显然是一种严重的误解。

马克思主义哲学主要是由马克思创立的，但马克思一生的主要精力是运用自己的科学世界观研究政治经济学。他在《〈政治经济学批判〉序言》、《资本论》第 1 卷的序和跋等著作中曾十分简洁而精辟地论述自己的世界观和方法论。他多次谈到要写唯物辩证法的小册子，但因种种原因未能如愿以偿。马克思未能为自己的哲学思想做出较为系统的全面的阐述，这是事实。对马克思主义哲学系统而全面阐述的任务是由恩格斯来承担和完成的。这主要集中在《反杜林论》、《费尔巴哈论》和《自然辩证法》这三本著作中。《反杜林论》固然是恩格斯的著作，但也可以看作是他与马克思的共同合著。首先，马克思完全支持恩格斯对杜林的批判。其次，在批判过程中，他们两人经常交换意见。"政治经济学编"的《〈批判史〉论述》是由马克思撰写的。第三，恩格斯在书稿付印之前，曾把全部原稿念给马克思听。第四，该书出版之后，马克思给予很高的评价，他说："这本书对于正确理解德国社会主义很重要。"[①] 马克思主动向周围的人推荐、寄赠。第五，恩格斯在该书 1885 年版的序中说：本书是"对马克思和我所主张的辩证方法和共产主义世界观的比较连贯的阐述"，"本书所述的世界观，绝大部分是由马克思确立和阐发的，而只有极小部分是属于我的。所以，我的这部著作不可能在他不了解的情况下完成，这在我们相互之间是不言而喻的。"[②] 我们有充分理由认为：《反杜林论》所阐述的思想是他们两人共同的思想。我想，任何一个没有偏见的人在读了《反杜林论》后都不得不承认，马克思主义哲学坚决主张：世界的统一性在物质性，唯物辩证法是关于自然界、人类社会和思维的运动与发展的普遍规律的科学，马克思主义哲学的本体论是辩证物质本体论。

物质本体论不是马克思主义哲学的个别观点，而是涉及马克思主义哲学的性质、体系和功能的基本观点。坚持辩证物质本体论具有重大的理论意义。否认了物质本体论就等于挖去了整个马克思主义哲学体系的基石，马克思主义哲学就不成其为马克思主义哲学。否认了辩证物质本体论，实

---

① 马克思：《致摩里茨·考夫曼》（1887 年 10 月 3 日），《马克思恩格斯全集》第 34 卷，人民出版社 1972 年版，第 323 页。

② 恩格斯：《反杜林论》，《马克思恩格斯选集》第 3 卷，人民出版社 1995 年版，第 347 页。

质上是否认了唯物辩证法，从而也就抛弃了马克思主义的革命精神和活的灵魂。西方某些研究者否认物质本体论的目的正是这样。我国的有些学者公开地或拐弯抹角地否认我们周围的世界是不以人的意志为转移的客观存在，否认有整个世界发展的一般规律或普遍规律，从而也就这样或那样地否认了唯物辩证法，否认了马克思主义哲学的世界观和方法论的功能。我们承认主体与客体之间的实践辩证法，承认人学辩证法，但它不能代替作为反映自然界、人类社会和人的思维的最一般最普遍规律的辩证法。其实，后者是一般，前者是特殊，是一般在特殊领域的体现。

坚持辩证物质本体论有着直接的实践意义。党的实事求是的思想路线是马克思主义哲学在我国的运用和发展。邓小平说："马克思、恩格斯创立了辩证唯物主义和历史唯物主义的思想路线，毛泽东同志用中国语言概括为'实事求是'四个大字。"① 思想路线内容极为丰富，但它的首要理论前提是承认"实事"和"是"，即承认"客观存在着的一切事物"和"客观事物内部的规律性"。思想路线之所以重要，就是因为我们周围的世界是不以人的意志为转移的客观存在，人们要想得到工作的胜利，要想取得预想的结果，就一定要使自己的思想合乎外界的规律性，就一定要做到主观与客观相一致。主观与客观相脱离，工作就会失败。这是人类经过几千年的无数次实践得出来的科学结论。如果否认了世界的物质性和规律性，那就没有什么实事求是的思想路线可言，势必导致唯心主义和主观主义的大泛滥，给社会主义事业带来严重的损失。离开了物质论（亦即离开唯物主义）讲实践论，那就会在理论上和实际工作中导致唯心主义。那种以为承认物质本体论就是从"抽象物质"出发，势必导致哲学脱离现实生活的观点是不能成立的，因为这不符合马克思主义哲学发展的历史。

辩证物质本体论为科学的人生观提供了坚实的理论基础。人是世界的一部分，人生观要以世界观为基础。人生观需要本体论。没有本体论的人生观是无根底的人生观。不仅唯物主义者这么看，连唯心主义者也这么看。冯友兰认为，哲学是人生的反思，哲学的功能、使命是提高人的境界。但他讲哲学，却从本体论讲起，从他的不着实际的"理世界"讲起。

---

① 邓小平：《坚持党的路线，改进工作方法》（1980 年 2 月 29 日），《邓小平文选》第 2卷，人民出版社 1994 年版，第 278 页。

熊十力则明确批判取消本体论的观点，认为不承认宇宙有本体，"人生在实际上说便等若空华了"。为此，他为自己的新唯识论构造了"本心论"。总之，世界观决定人生观。有什么样的世界观，就有什么样的人生观。离开科学的世界观作指导，就很难有正确的人生理想、信念，有正确的价值观、生死观，甚至有可能走上邪路。共产主义人生观是建立在对社会发展客观规律、个人与社会的关系、个人的作用等这样一些重大问题的科学认识基础之上的。否定了社会发展客观规律性也就等于否定了共产主义理想、信念，否定了共产主义人生观。

应当指出，在国际上，拒斥本体论（或拒斥形而上学），尤其是反对物质本体论的思潮，由来已久。20世纪初，西方资产阶级利用自然科学革命的成果，鼓吹"物质消失了"，否认客观真理，拒斥形而上学。列宁对这股否认物质本体论的唯心主义思潮进行了批判。在20世纪第二次世界大战结束后，拒斥本体论，反基础主义，反本质主义，反绝对主义，否认客观真理，否认必然性和规律性，鼓吹相对主义，鼓吹怀疑主义，鼓吹主观主义，甚至鼓吹哲学终结论，一时成了西方哲学界的时髦和主流。近几年来，这股拒斥形而上学的思潮在西方受到了抵制和批判。在西方开始冷落的东西，却受到我国某些学者的青睐。近20年来，我国出现的否认物质本体论的思潮不能说同国际上这种思潮没有关系。这是值得我们深思的。

时代不同，哲学研究的重点也会有不同。本体论问题在古代、中世纪是哲学研究的重点。近代以来它已让位于认识论。到了马克思时代，认识论让位于实践论。在当代中国，本体论虽不是研究重点，但仍然是我们需要关注的一个基本问题。我们要善于用自然科学、社会科学和社会实践的新成果不断地丰富、发展辩证物质本体论。

（二）应重视改造世界的研究

"哲学家们只是用不同的方式解释世界，而问题在于改变世界。"马克思的这一名言为每一个马克思主义者所熟知。但熟知并不等于真知。如笔者在本书上篇"马克思主义哲学的自我反思"部分指出的：马克思这一名言的要义不仅在于指出"改变世界"比"解释世界"更重要，更主要的是在于提出了哲学研究的重点从以往的"解释世界"转向"改变世界"，把对"改变世界"规律的研究作为主要的对象。但时至今日，我们的哲学家，我们的哲学教科书，重点研究的、论述的还是"解释世界"的问题，而不是"改变世界"的问题。

人为了改造世界而去认识世界，而认识世界的目的又是为了改造世界。人只能在改造世界中认识世界，也只能在认识世界中改造世界。改造世界与认识世界、知与行是互相依存、互相渗透、密不可分的。但在马克思以前的哲学家那里，他们研究的主要是世界是什么和如何认识的问题，而不去研究世界应是什么和如何改造以满足人的需要的问题。无论是中国，还是西方，哲学家也讲实践，但在很长时期里，他们讲的实践的内涵主要是道德及政治的活动，而不把改造自然的生产劳动作为最基本的形式。他们所讲的实践哲学实际上就是道德哲学。在这一问题上，黑格尔有所突破。他虽然认为哲学的任务就是认识世界的本质，即理解绝对观念，哲学不提出世界应该是怎样的问题，认为密纳发的猫头鹰要到黄昏时才起飞，哲学不过只是对现实的反思，永远落后于现实。但他天才地认识到，劳动是人的本质，劳动是为满足人的需要、化主观为客观的对象性活动。他把实践看作是绝对观念外化为客观世界的一个环节，提出实践活动消除了理论的理念与实践的理念两者的片面性而达到了统一。黑格尔在《逻辑学》、《小逻辑》和《法哲学原理》中对实践观念、劳动等的论述有很多深刻的见解。黑格尔是唯心主义者，当然不可能从理论上科学地把握实践，他只把实践看作是绝对观念（认识）发展过程中的一个环节。至于观念如何外化为现实，黑格尔并没有展开，因为他的哲学的任务不在此。黑格尔有关实践的思想对马克思创立科学的实践观和唯物史观有重大影响，这已为学界公认。列宁在《哲学笔记》里对黑格尔逻辑学中的实践思想有诸多摘录和吸取。他指出：人的认识真理的途径是从生动的直观到抽象的思维，并从抽象的思维再回到实践；世界不会满足人，人决心以自己的行动来改变世界；观念的东西可以转化为实在的东西，人的意识不仅反映客观世界，而且创造客观世界；人给自己构成世界的客观图画，人的活动改变外部世界，使它成为客观真实的现实；人的活动的目的来自客观世界，目的之不能达成在于实践（意志）和认识的分开，必须把认识和实践结合起来，等等。

马克思、恩格斯、列宁对实践的许多精辟论述，已为许多文章、著作从不同角度反复梳理、诠释和发挥，在此不再赘述。马克思、恩格斯、列宁是哲学家，但他们首先是无产阶级革命家。他们积极参与无产阶级的实际运动，热情指导无产阶级的革命斗争。他们在无产阶级革命的理论、政策和策略方面为我们留下丰富的理论遗产。列宁不仅领导了俄国革命，而且在革命胜利后进行了社会主义的实践。他们不同于以往的剥削阶级的哲学家，十分重视实践理论，十分重视改造世界的实践活动。这些都应充分肯定。但通观他们的著作，我以为，他们的论述仍主要集中在实践的内涵、结构、形式和意义上，而对如何改造世界的问题、对理论（抽象思维、精神、观念）如何对象化为外部世界的问题论述不多。20 世纪 30 年代的苏联哲学家们虽然重视实践与理论的结合，甚至有的著作也提到马克思主义哲学是实践哲学，但他们在阐述认识论时只是详细地论述从生动的直观到抽象的思维过程（包括感觉、知觉、表象；概念、判断、推理；分析与综合、归纳与演绎、抽象与具体；真理与检验真理的标准等），基本上不讲从抽象思维再回到实践的过程。苏联哲学家在很长时期里都是按上述框架讲认识论的，直到 20 世纪 70—80 年代，《马克思列宁主义哲学原理》在"认识过程的辩证法"章中才增加了"知识在实践中的实现"一目，其中讲到人的实践始终既是理性的，又是非理性的，但对知识如何对象化为外界实在，则讲得十分简略。

　　中国古代哲学历来注重知行的统一。明清之际的王夫之对中国古代的知行学说做了总结。王夫之不仅认识到感性与理性既相互区别又相互渗透①，而且还认识到知与行既相互区别又相互渗透。他说："知行之分，有从大致分界者，则如讲求义理为知，应事接物为行是也。乃讲求之中，力其讲求之事，则亦行矣。应接之事，不废审虑之功，则亦有知矣。"（《读四书大全说》卷一）王夫之讲得多的是知来之于行，知以行为功，行为知之效。他强调"知行相资以为用"、"知行始终不相离"、"行可兼知，而知不可兼行"，批判"离行以知"、"以知为行"和"销行以归知"。他亦承认知对行的指导作用。他说："以知知义，以义行知，存于心而推行于物，神化之事也。""心之所存，推而行之，无不合理。"（《张

_____

①　王夫之对"格物致知"做了新解释。他说："大抵格物之功，心官与耳目均用，学问为主，而思辨辅之，所思所辨者皆其所学问之事。致知之功则唯在心官，思辨为主，而学问为辅，所学问者乃以决其思辨之疑。"（《读四书大全说》卷三）他认为格物与致知既不同但又互相渗透，格物以感性为主、理性为辅，致知则以理性为主、感性为辅。

子正蒙注·神化》）"知之尽，则实践之而已。实践之，乃心所素知，行焉皆顺。"（《张子正蒙注·至当》）王夫之提出的"存于心而推行于物"的论断是深刻的。心中的知如何"推行于物"，他认为很是玄妙，是"神化之事"，无有论述。他在注释张载的"物无孤立之理"时说："万物之成，以错综而成用。……金得火而成器，木受钻而成火，惟于天下之物知之明，而合之，离之，消之，长之，乃成吾用。不然，物各自物，而非我所得用，非物矣。"（《张子正蒙注·动物》）王夫之的这一论述虽非专门讲行，但从中可看出，他已认识到，自然界的万物，只有经过人的认识（"知之明"）和实践（"合之，离之，消之，长之"）活动才能为我所用，才是为我之物，成为真正的物。从总体看，王夫之讲的行，主要是指应事接物，道德践行，即将心中的道德意识化为行动。因此，王夫之还没有我们今天所说的人的主观目的、意图对象化为外界现实的含义。

到了 20 世纪初，资产阶级民主主义革命家孙中山基于革命的经验教训和基于现代的科学知识，对知行学说做了新的总结，提出了"知难行易说"。孙中山的知行的内容已不再囿于传统的道德范围，他的知包括对自然界和社会的认识，他的行包括生产活动、科学试验和社会变革。孙中山强调了知的艰难，知对行的指导作用，提出"能知必能行"。但从总体上看，他把行看作知的基础和动力，认为不知亦能行，知来之于行。对孙中山的知行学说，在此不作全面评介[①]。这里仅就与本题相关的合理思想做一点儿介绍。

孙中山认为，在历史上曾经有不知而行的时期，而到了现代，则是先知后行，知行分任。他列举十个例子论证先知后行、知难行易。第一例为建筑房屋。他说，现代屋宇，"无不本于建筑学，先绘图设计，而后从事于建筑"。马克思在《资本论》中说："最蹩脚的建筑师从一开始就比最灵巧的蜜蜂高明的地方，是他在用蜂蜡建筑蜂房以前，已经在自己的头脑中把它建成了。劳动过程的结果，在这个过程开始时就已经在劳动者的表象中存在着，即已经观念地存在着。"[②] 工程师如何设计建筑，形成建筑绘图（即"实践的观念"），马克思没有讲。孙中山对建筑师如何进行设

①　详见拙文《孙中山知行学说》，《毛泽东与中国二十世纪哲学革命》，当代中国出版社 1998 年版。

②　马克思：《资本论》第 1 卷，《马克思恩格斯全集》第 23 卷，人民出版社 1972 年版，第202 页。

计做了说明。他指出，建筑工程师首先要为建筑材料、工程造价进行计算，为此需要"实践之经济学所必需知识"；为了计算建筑之面积、高度、地基所受之压力等，为此需要有"实验物理学所必需知识"；住宅结构如何，使之钩心斗角，以适观瞻，为此需要"应用美术学所必需知识"；宅内光线如何引接，空气如何流通，秽浊如何去除，为此需要"居住之卫生学所必需知识"；客厅、饭堂、书房、寝室如何安排、布置，方适宜时尚，为此需要"社会心理学所必需知识"。"工师者，必根据于以上各科学而设计，方得称为建筑学之名家也。"① 孙中山以此来论证知难行易。孙中山的这些论述说明，设计是一件综合性的事，设计要满足人的价值、审美、心理、卫生等的多方面的需要，设计者需要多方面的知识和经验。孙中山看到了设计者与实行者的分工。他不懂辩证法，提出了知行分任，不能唯物而辩证地解决知行的统一问题。孙中山之后，蒋介石片面发展了他的知难行易学说，鼓吹"古今来宇宙之间，只有一个'行'字才创造一切"（《自述研究革命哲学经过的阶段》），提出愚民的力行哲学，要一般的民众盲目地照着他们的思想去力行。

毛泽东则依据马克思主义认识论和中国革命实践，全面发展了孙中山的知行学说，发表了《实践论》，唯物而辩证地解决了认识与实践、知与行的统一。在《实践论》里，毛泽东论述了实践的形式、实践在认识过程中的地位和作用、党内错误思想的认识论根源、认识的辩证过程和认识的总规律。毛泽东指出：对马克思主义哲学来说，认识运动如果是到理性认识为止，那还只说到问题的一半，而且是非十分重要的一半，更重要的是拿了对于客观规律的这种认识去能动地改造世界②。毛泽东的这些话既是针对教条主义讲的，因为教条主义轻视实践；也是针对包括苏联哲学教科书在内的以往哲学讲的，因为历来讲认识论只讲到理性认识为止，讲到求得真理为止。毛泽东的上述思想是深刻的，突破了苏联教科书的认识论框架。但《实践论》只强调从理性认识到实践飞跃的重要性，而对如何进行飞跃，理性认识如何转化为实践，没有更多的阐释。

毛泽东毕生致力于改造世界的实践活动，在如何改造世界问题上自然

① 孙中山：《建国方略·孙文学说》，《孙中山选集》，人民出版社1981年版，第146页。
② 毛泽东：《实践论》（1937年7月），《毛泽东选集》第2卷，人民出版社1991年版，第292页。

多有论述。在《论持久战》一书中，他先研究抗日战争为什么是持久战和为什么最后胜利是中国的，大体上说的是"是什么"和"不是什么"，阐述抗日战争的客观规律；之后再转到研究"怎样做"和"不怎样做"，阐述抗日战争的战略战术和行动方针。毛泽东的《论持久战》和他的其他军事著作及毛泽东的整个革命战争实践为我们研究如何改造世界提供了有益的启示和丰富的资料。在延安整风运动中，毛泽东在批评教条主义时说："一个马克思主义者如果不懂得从改造世界中去认识世界，又从认识世界中去改造世界，就不是一个好的马克思主义者。一个中国的马克思主义者如果不懂得从改造中国中去认识中国，又从认识中国中去改造中国，就不是一个好的中国的马克思主义者。马克思说人和蜜蜂不同的地方，就是人在建筑房屋之前早在思想中有了房屋的图样。我们要建筑中国革命这个房屋，也须有中国革命的图样。不但须有一个大图样，总图样，还须有许多小图样，分图样。而这些图样不是别的，就是我们在中国革命实践中所得来的关于客观实际情况的能动的反映。"党内的主观主义者（即教条主义者）只有一个改造中国的主观愿望，他们的革命图样，不是科学的，而是主观随意的，因而在革命实践中必然碰破自己的脑壳①。如何绘制中国革命和建设的图样，如何在实践中实现图样，最基本的、最重要的经验是把马克思列宁主义的普遍真理与中国具体实际相结合，坚持走群众路线。这一最基本的、最重要的经验包含有怎样改造世界的丰富内容。在改造社会的实践中，党的政策和策略就是讲怎么做的问题，"政策是革命政党一切实际行动的出发点，并表现于行动过程的归宿"②。毛泽东非常重视政策和策略的制定和执行，提出"政策和策略是党的生命"，政策和策略出了错误，革命就会失败③。毛泽东有关最高纲领和最低纲领、一般纲领和具体纲领、总路线总政策和具体路线具体政策的论述，有关政策和策略的论述，有关领导方法和工作方法的论述，都是改造世界经验的总结。总之，在怎样改造世界的问题上，毛泽东和中国共产党的理论与实践，值

① 毛泽东：《驳第三次"左"倾路线（节选）》（1941年），《毛泽东文集》第2卷，人民出版社1993年版，第344页。

② 毛泽东：《关于工商业政策》（1948年2月27日），《毛泽东选集》第4卷，人民出版社1991年版，第1286页。

③ 毛泽东：《关于情况的通报》（1948年3月20日），《毛泽东选集》第4卷，人民出版社1991年版，第1298页。

得我们研究、总结和概括，从中找出固有的规律。

　　根据毛泽东的《实践论》，我国的哲学家们在讲认识的辩证过程中强调了从理性认识到实践的飞跃比从感性认识到理性认识的飞跃更重要，这是与苏联哲学教科书不同的。但囿于传统体系的影响，我国的哲学家们对如何进行第二次飞跃，对如何改造世界的规律鲜有论述。到了 20 世纪 80、90 年代，我国的哲学教科书一般都把"由理性认识到实践的飞跃"列为"认识辩证过程"章的一节，阐述理性认识到实践的飞跃的必要性和重要性、飞跃的条件和途径，其中普遍都阐述了实践观念（实践理性）。这些论述，同"文化大革命"前的教科书相比，已有很大的进步。但仍囿于传统体系的影响，它仅仅从认识论（认识过程）来讲由认识到实践、由精神到物质的飞跃，而没有从改造世界的视角来阐述改造世界过程的环节和规律。今天，我国哲学界更多的是停留在阐述实践的地位、作用和实践的内涵、结构、形式、分类等静态的研究上，而对实践的过程和规律的动态研究则很不够。

　　马克思以前的哲学，主要研究世界是什么，我们怎么去认识，求得真理。经历了先哲两千多年的研究，今天我们对感觉的产生、感性认识的形式、理性认识的形式、从感性认识到理性认识的过程、理论思维方法等都比较清楚。相比之下，我们对从理性认识到实践的过程的研究则比较笼统，不深入、不具体。从感性认识到理性认识的过程十分复杂，中间要经过诸多小的阶段和环节，从理性认识到实践的过程，中间同样要经过诸多小的阶段和环节，而且更为复杂。实践不仅仅是认识问题，而且包含人的价值要求、审美要求，是真善美的统一。实践过程包含有实践主体人的组织和培训；实践手段和原材料的供给；实践活动的组织和实施；实践过程的监控和实践结果的评估等。在这复杂的过程中只要其中的任何一个环节或方面出了问题，实践就不能得到预期的结果，就会失败，甚至付出惨重的代价。人类在飞向太空的过程中，曾因航天器上的某一不重要的零件出了问题而发生空难。这就是管理学中所谓的"细节决定成败"。实践，尤其是现代社会的实践，除个人的文学艺术创作和个人的科学研究外，一般说来都是一个复杂的、综合的、动态的系统工程。精神变物质比物质变精神更复杂、更艰难，就此而言，"知之非艰，行之惟艰"，行比知更难。

　　现在很多人在讲哲学研究的转向：语言学转向、价值学转向、生存论转向、文化学转向等。我以为，对马克思主义哲学而言，语言问题、价值问题、日常社会生活问题、文化问题等都是需要加以研究的新领域，但它们都不是马克思主义哲学研究的重点。马克思主义哲学研究的重点应是如何改造世界的问题，主要包括对象世界应是什么和怎么做两大方面。

（三）世界应是什么，实践的观念

无论从感性认识来讲，还是从理性认识向实践飞跃来讲，人的需要是实践和认识的直接动因和逻辑起点。人为了生存、发展和享受，产生不同的需要。需要是人的本性。人的需要既是生理的，又是社会的、具体的、历史的。人的需要永无止境。客观世界不能满足人的需要，因而推动人去能动地认识世界和能动地改造世界。需要是实践的根本内在动力；需要也是实践的目的和评价实践的标准。物质生产一方面是满足需要，同时也产生新的需要；而新的需要又反过来推动新的生产。需要与实践的矛盾推动着人类社会的不断发展。需要是创新之母。抑制人的欲望和需要，是奴隶社会、封建社会缺乏发展活力的一个重要原因。在资本主义社会，资本为了最大限度追求剩余价值，不断激活、开发人的欲望，刺激人的消费，尽量满足人的欲望、需要，因而社会显得富有活力。不重视人的需要，不研究人的需要，直接影响到社会发展的原动力。马克思、恩格斯对需要有许多深刻的精辟的论述。遗憾的是，长期以来，我们不重视人的需要，马克思主义哲学教科书不讲需要。近 20 年来，我国哲学界在需要研究方面取得了显著的成果，需要作为一个范畴写进了教科书。不断满足广大人民群众日益增长的物质文化需要，是我们党和国家一切工作的最终目的。

理论的观念向实践的观念的转化。由认识第一阶段得到的理性认识，即理论的观念（即通常人们所说的理论），反映了认识对象的一般规律。它具有普遍的、一般的因而是抽象的特点。这样的理论的观念对实践具有指导意义，但它不能直接对个别的、具体的实践发生作用，为了产生作用，需要使之具体化为实践的观念，即形成改造对象的图样（即通常说的路线、方针、政策和计划，设计的方案、蓝图、模型）。黑格尔提出理论的观念与实践的观念的区分是深刻的①。在"实践、认识、实践"公式中的"认识"

―――――――――――

① 详见《小逻辑》的"概念论"篇的"认识"章。我国学者大都采用这两个概念，但也有学者用理论理性和实践理性来表述。笔者以为，还是用"理论的观念"和"实践的观念"较好。

需要有一个从对客观世界规律的认识（理论的观念）向改造客观世界图样（实践的观念）转化的过程。"实践、认识、实践"公式可分解为"实践、理论的观念—实践的观念、实践"。理论的观念根据抽象程度的不同也有不同的层次。就自然科学而言，有基础理论和应用理论。就社会科学而言，有最高抽象的作为世界观、方法论、价值观的哲学理论，有社会生活不同领域的经济、政治、法学、伦理、文学、历史等的基础理论，有不同领域的应用理论。实践的观念根据具体的不同程度也有不同的层次，如总的战略、总的路线、总的设计和总的图样；具体的路线和分图样；行动的政策、策略和具体实施方案等。对理论的观念如何向实践观念的转化问题，我国现行的论著和教材一般有所阐述。普遍都讲道：第一，理论要正确，反映了客观世界的规律；第二，理论要与实际情况相结合、具体化，要符合实践对象的情况和规律，亦即马克思所说的符合外在的尺度；第三，要正确反映实践主体的状况和满足实践主体的要求，亦即马克思所说的按照主体的自己的内在尺度；第四，实践观念要做到客观规律和主观要求的统一，亦即外在尺度和内在尺度的统一，真的观念、善的观念、美的观念三者的统一。

实践观念如何形成？还需要具体深入研究。有的学者把由理论观念到实践观念的过程仍视为认识过程的第一阶段，即认识对象观念化的过程，亦即我们通常所说的由实践到认识、由物质变精神的阶段。有的学者把人的认识形式一分为三，描述性认识、评价性认识和规范性认识，把实践观念看成是"规范性认识"的成果①。有的研究者认为，反映是从实践到认识的中介，"设计"则是由认识到实践的中介，强调"设计"在实践观念形成过程中的作用，主张把"设计"上升为一个哲学范畴，不赞成用"规范性认识"、"实践理性"、"实践观念"作为由认识转化为实践的中介②。

笔者以为，实践观念的形成过程依然是一个在实践基础上的认识过程，既有对实践对象的认识，又有对实践主体自身的认识，是理性认识的

---

① 详见陆剑杰的《实践唯物主义理论体系的历史逻辑分析》第八章第二节"规范性认识形式的详释"，河南人民出版社 1994 年版。

② 见陶富源的《实践主导论》第十一章第四节"'设计'则是由认识到实践的中介"，安徽人民出版社 2001 年版。

继续。但是，实践观念的形成过程与理论观念形成过程不同，甚至相反。它不是一个由个别到一般的过程，而是一个由一般到个别的过程，它的目的不是求得认识对象的一般规律，而是为了形成改造对象的蓝图、方案。实践观念已不仅体现对规律的理性认识，更主要的体现了人的多方的主观需要和目的。理论观念形成过程是一个由感性具体上升到发现客观规律（包括理性具体）的过程，其中主要是逻辑思维的科学抽象活动（当然也包含有想象、直觉思维、情感等非逻辑的活动）。理论观念形成过程自然也有思维的创造活动，它的本质是思维对认识对象的能动反映，揭示对象的本质和发展规律。实践观念的形成过程固然是以实践为基础的认识过程，仍离不开逻辑思维的科学抽象，但它主要是根据客观规律（外在的尺度）与主观要求（内在的尺度）统一的原则创造出现实世界中未存在的理想的模型、蓝图和制定改造对象的计划、方案。因此，实践观念的形成过程虽然仍包含能动的反映，但它的本质已不是能动的反映，而是为了满足主体需要的观念上的能动创新，形成新的理想客体、新的观念模型。总之，实践观念的形成过程，既是理论观念过程的继续，更是由认识到实践、精神变物质的开始。就此而言，把实践的观念放在由认识到实践、由精神变物质过程阐述较为恰当。

在改造世界过程中，"设计"活动带有普遍性。《人工科学》的作者西蒙说："工程师并不是唯一的专业设计师。凡是以将现存情形改变成期望情形为目标而构想行动方案的人都在搞设计。生产物质性人工物的智力活动与为病人开药方或为公司制订新销售计划或为国家执行社会福利政策等这些智力活动并无根本不同。如此解释的设计是所有专业训练的核心。"他在该书"前言"中又说："人工科学"，"不关心事物是怎样的，而关心事物可以成为怎样，简而言之，关心的是设计。"西蒙所说的人工科学是指在综合工程科学和应用技术基础上的创造人工物的一般方法论的新学科。改造社会也是一个工程，改造社会的活动家、政治家提出的改造社会的方案就是一种设计。西蒙认为："过去在整个社会的规模上进行设计的努力收效甚微，有时甚至惨败。"① 改造社会的设计比改造自然的设计更复杂，更难预期实现，但不是不可能的。人类改造社会的自觉性、预见力在不断增强。今天，在我国，各级党委、人大、政协就是政治设计

---

① 赫伯特·A. 西蒙：《人工科学》，商务印书馆1987年版，第111、2、139页。

院。人们亲切地称邓小平是改革开放的总设计师。可以认为，无论是改造自然的实践活动，还是改造社会的实践活动，抑或科学家的科学试验，都离不开设计。主张"规范性认识"的学者也很注重设计，认为"设计是一切实践活动所必须有的先导性活动"①。能否把设计上升为一个哲学范畴，这可以讨论。笔者以为，如果说，通常意义上的认识活动（即由实践到认识的认识活动，亦即形成理论观念的认识活动）的本质是能动反映，目的是为了认识对象的本质和规律，那么，由理论观念到实践观念的认识活动，它的本质则是能动创新，目的是为了创造出既符合客观规律，又能满足人的价值、审美等多方面主观需要的观念模型。创新是人的能动性的集中体现，是人类进步的不竭动力。创新应是一个哲学范畴。创新虽然也贯穿在理论观念的形成过程，但它更突出地体现在实践观念的形成过程和实践观念转化为客观实在的实践过程。因此，把创新范畴放在由理论观念到实践观念过程中比较恰当。

实践的观念要体现人的主观需要，而人的主观需要是多方面的、复杂的，主要有物质的、政治的、文化的、价值的、道德的、审美的、心理的。改造自然和社会的实践观念要反映实践者有关经济、政治、文化、道德、审美等社会需求。以建筑工程为例，一座理想的好建筑物，不仅要坚固安全、经济合理、舒适实用、人性化，而且要美观、好看，具有民族的、时代的、与内容相统一的美。在古代是这样，在现代更是这样。中外历史上遗留下来的建筑物（宫殿、寺院、教堂、剧场、竞技场、桥梁等）无不是艺术珍品，具有民族的、时代的风格。不仅如此，在今天，一座建筑物，还要与周围的人文环境和自然环境相协调和谐，还要环保节能。因此，实践的观念所反映和体现的规律，不仅是我们通常所说的由理性认识所得的事物发展固有的规律，而且还有价值方面的善的规律和审美方面的美的规律。人的价值要求要符合善的规律，人的审美情趣要符合美的规律。这就要求实践观念的构建者、设计者需要有伦理学和美学的理论知识，需要高尚的道德情操和健康的审美情趣。理想的实践观念要做到真、善、美三者的统一。这就要求哲学对价值学、伦理学和美学有所阐述。随着生产力的发展和物质文化生活的提高，人们对美的追求日益提高，不仅

---

① 陆剑杰：《实践唯物主义理论体系的历史逻辑分析》，河南人民出版社1994年版，第252页。

文学、艺术要求美，而且在衣、食、住、行等物质生活方面也要美，对大自然的改造（如农田水利工程、造林绿化、道路桥梁）、城镇和居民区的建设、一般的工业生产制成品等也都要求有美感。与此相适应，各种应用美学、实用美学得到蓬勃发展。总之，人民大众美化生活的要求日益迫切、强烈。

理论的观念主要是回答对象"是什么"和"为什么"的问题，实践的观念主要解决对象"应是什么"和"怎么做"的问题。因此，实践的观念内容首先是实践对象的蓝图、模型，实践的目标，即"应是什么"。但这不是它的全部，它还应包含实践的条件、实践的方式、实践的步骤、实践的进度和实践活动的组织管理等，即包含"怎么做"的内容。现在许多论著较多注意"应是什么"，而忽视了"怎么做"的内容。"应是什么"和"怎么做"，两者有着内在的联系。"怎么做"自然是由"应是什么"来决定的，按照"应是什么"来做。不过，"怎么做"的问题反过来也影响到"应是什么"。在构建理想蓝图"应是什么"时，必须要考虑到是否有条件实现、以什么方式实现等"怎么做"的问题，否则理想蓝图很可能是脱离实际的、是空想。在实践方式的选择上，既要考虑到客观的可能，又要考虑到符合人性、花最小代价获得最大的效益。改造自然的工程是这样，改造社会的工程也是这样。即使在战争中，也要考虑以最小的代价、最小的牺牲来赢得战争的胜利。如在中国人民解放战争的后期，中国共产党就依据不同情况，分别采用"天津方式"（打的方式）、"北平方式"（和平解放）和"绥远方式"（和平改编）结束战争，尽量减少人员的伤亡和财产的损失。在实践的步骤和进度上，要切合实际，留有余地，不可急躁冒进。在"怎么做"的内容中，不仅要讲"应怎么做"，还应指出"不应怎么做"，划清"能做"与"不能做"的界限。总之，"怎么做"的问题，同样是实践观念的重要内容，切不可忽视，需要认真加以研究。

客观事物的固有规律在特定的条件下是确定的，然而人的主观需要不仅是多方面的，而且可以有多种选择，具有不确定性，否则就成了机械论、独断论。因此，对同一实践对象可以有不同的改造方案。对客观对象的真理性认识在确定的条件下只有一个，但对客观对象的改造蓝图、方案可以有多个，也需要有多个，以便加以比较，从中选择最优的。理论的观念，真理，是一元的；实践的观念，改造世界的蓝图、方案，是多元的。

实践观念的正确是实践成功的前提，错误的实践观念必然导致实践的失败。为了保证改造蓝图、方案的正确，为了选择最佳的改造蓝图、方案，人们在经历了无数次的成功与失败的实践中总结出一条经验：对蓝图、方案进行可行性论证和典型的试验。在现代，凡是重大的行动方案、设计蓝图，都要经过专门的可行性论证、听证会的听证、设计监理机构的审定、典型的试验，以避免因方案、蓝图的错误而带来的不必要的重大损失。在建筑工程中，为了保证工程设计的科学、合理，设置了独立的"设计监理"的机构，负责对工程设计方案进行专门的审定。随着以计算机技术为核心的信息技术、虚拟技术的发展，产生了虚拟实践、虚拟生活。人们可借助于虚拟技术进行虚拟的实践，模拟试验（包括军事演习、太空飞行、热核试验等），验证设计方案，提高设计的质量和速度。在改造社会的实践方面，毛泽东提出了典型试验，取得经验，逐步推广，由点到面的领导方法和工作方法。新产品的试制过程一般都经过由小型试验、中型试验到正式生产等几个步骤。

将实践观念付之行动，还需要实践者的决断，需要实践者的意志和决心①。任何新的实践观念尽管进行了可行性论证、听证会的听证、设计监理机构的审定、典型的试验，但它毕竟还是观念的、纸上的东西，而实际情况是复杂的、多变的，总会有未被认识的、难以意料的情况。任何改造世界的实践都会遇到障碍、阻力，都会有风险，都要付出代价。这种情况在社会制度的变革中、在战争中尤其明显。在战争中，在情况不明时，倘

① 在当代，大工程，非少数个人所能决定，需要集体作出决断。长江三峡工程，是一项规模宏大的世纪性的巨系统工程，最后由全国人大来决断。建设长江水利工程，解决防洪、发电、航行三位一体问题，是中国人的百年梦想。20世纪70年代开始，建设葛洲坝水利枢纽工程，作为整个三峡工程的试验和准备。枢纽工程取得了成功。从1985年开始，国家计委、国家科委组织14个部门的108位专家，成立8个组对三峡工程进行论证。为配合论证工作，有近200个科研、设计单位的3000名专家进行科学研究和试验。之后，水利电力三峡工程领导小组统一领导组成由412位专家参加的地质地震、枢纽建筑物、水文、防洪、泥沙、航行、电力系统、移民、生态与环境、综合规划与水位、施工、投资估算、综合经济评估等14个专题组进行专题论证。经过两年零八个月的工作，形成14个专题论证报告和总体的可行性研究报告。1990年8月，国务院成立三峡工程审查委员会。审查委员会从国务院21个部委、4个省、16个科研单位和7所高等院校聘请163名教授、专家，成立10个专家组对14个专题论证报告和总体的可行性研究报告进行审核，又组织全国人大、全国政协的常委、委员对三峡工程进行考察。1992年4月3日，七届全国人大五次会议对《关于兴建长江三峡工程的决议》进行表决，表决结果高票通过。整个长江三峡工程是研究实践过程的最好的典型案例，值得哲学家尤其是工程哲学家去总结和概括。

若未经周密思考，盲目决断，鲁莽行事，那就可能成为败军之将，亡国之君。而倘若时机成熟，仍优柔寡断，那就会错失良机。作为领导者在决断时不仅要情况明，而且需要胆识、意志和决心，要善于抓住时机。在改革开放的新时期，邓小平十分强调改革开放和发展一定要抓住时机。

（四）改造世界实践活动的组织、实施和监控

精神、观念要转化物质，要对象化，必须经过人的实践活动，即实践着的人，运用物质技术手段，支出体力、智力，改变实践对象的物质性质和形态，以满足人的需要。现代的实践活动，除文学家艺术家的文学艺术创作实践活动外，一般地说是一个复杂的系统工程。前面讲到，理论的观念主要是对规律的理性认识，比较单一，而实践的观念则比较复杂，除了反映对规律的理性认识外还反映主体的价值需求和审美情趣，是真、善、美的统一。现实的事物是一个复杂的有机体，而人的认识只是对它的某一性质、某一方面的规律的认识。认识活动因认识的具体目的、内容的不同而具体的对象也不同。认识活动必须对密切关联的不同方面加以分割，使之确定专门的内容（如真、善、美）方可进行认识。实践活动则是综合的，是要把真、善、美三者统一的观念对象化，把包括人的意志、情感、理性等本质和力量对象化，因而更为复杂。我们应以系统的复杂的观点看待实践活动，力戒简单化、片面性。

观念、精神只有为实践着的人掌握，才能变成改造世界的物质力量。实践的观念（改造对象的蓝图、方案、计划、方针、政策）确定后，第一步，就要将它交给实践者，为实践者所掌握。就改造社会的工程而言，就是要将党的路线、方针和政策为广大干部、群众掌握，以便转化为他们的自觉行动。就改造自然的工程而言，同样要把工程的总的意图及具体的图样为各级管理者和施工人员掌握，使之化为他们的自觉行动。实践者的素质不同，对实践观念的理解和把握也不同，实际的贯彻执行也有差别。在实践的观念对象化为外界客观实在过程中，实践者的素质至关重要。在相同的条件下，由于实践者的素质不同，实践的结果也有很大的差异。理想的制度设计，若没有相应素质的人，仍然不可能实行，不可能化为真正现实的制度。在生产实践中，有了最好的设计，最好的设备、技术和工艺，最好的原材料，还须有高素质的管理者和劳动者，才能创造出优质工

程，制造出高质量的产品。实践的结果，对象化的存在，是实践者的本质和力量的体现。实践者（尤其是领导者）的素质决定着实践结果的质量。所谓"正确的路线确定之后，干部决定一切"，其道理就在于此。这就要求对实践者，尤其是领导者和管理者进行培训，全面提高他们的素质。

改造世界的实践活动需要有物质技术装备，需要有原材料，需要有实践活动的空间和时间。在设计、规划实践的蓝图、方案时，对所需要的上述物质条件都应有明确的要求和规定。保证物质技术装备和原材料的供应，是一个系统的组织工程。这是实践活动不可或缺的重要组成部分。

实践过程，情况复杂，任何一个环节出了问题，都不能得到预期的结果。为保证质量，需要对实践过程加以控制、反馈和监督，并根据新的情况，及时对原有的蓝图、方案、进度进行修正。在改造社会的工程中，为保证党的路线、方针、政策的正确贯彻执行，设有检查组、巡视组、督导员等进行检查监督。在建筑工程中，为防止出现违反设计蓝图、工艺和偷工减料等情况，以保证工程质量，需要对工程全过程进行质量监控。现代建筑工程，为保证设计质量，设有"设计监理"的独立机构；为保证工程质量，设有"工程监理"的独立机构。倘若设计正确，但工程质量出现问题，不仅施工者要负责任，监理者也要被追究责任。

（五）　实践结果的评估，实践的合理性

实践过程的最后环节是对实践的结果进行验收与评估。

实践是有目的的活动。验收的标准是实践开始时预定的目标。对建筑工程的验收标准是工程预定目标的各项指标，验收是看预定目标是否实现。据此，有的学者提出，实践目的是衡量实践的标准，这有一定道理，但不准确。就最终衡量实践的结果而言，实践目的就不是标准。因为实践目的本身是主观的，它是否正确、合理仍需要由实践来检验。除了按照实践目的进行验收外，还要对实践结果按其产生的实际效果进行评估。评估的标准与验收的标准则有所不同。评估的标准应是实践结果产生的实际成效。有时会出现这样的情况，实践结果达到了预定的目标，符合设计要求，但实际的效果并不好，这是因为预定的目标不正确、不合理，或设计本身不能达到预期的目的。实践效果有眼前的、局部的、直接显现的与长期的、整体的、间接隐秘的区分。人们在评价实践效果时往往偏重于眼前

的、局部的、看得见的利益，忽视长远的、整体的、根本的利益。有些实践的效果，从眼前的、局部的和直接的结果看，是达到了预期的目的，是积极的，但随着时间的推移，从全局看、长远看和从本质上看，它是消极的、甚至是失败的。在许多情况下，实践效果的全部显现要有一个较长的时间过程，尤其是积极效果所带来的负面的影响。在评价实践效果时，一定要反对实用主义，防止只顾眼前的、局部的利益，忽视长远的、根本的、全局的利益，努力做到长远利益与眼前利益、全局利益与局部利益、社会利益与个人利益的统一。对实践效果的评价本身不是一个真假的是非问题，而是一个复杂的价值问题，不同的人会有不同的标准。对实践效果的评价标准，我们的哲学鲜有研究。

对实践效果的评价涉及实践本身的两重性问题。

马克思主义哲学充分肯定实践的能动的革命意义：劳动实践在一定意义上创造了人类本身；实践是人类社会存在的基础，是推动人类社会发展的根本动力；人通过实践确证自身的本质和力量，并使自己得到发展和完善；人类社会本质是实践的，实践是认识一切社会现象的一把钥匙。马克思主义哲学把实践观点看成是自己的首要的基本观点，是贯穿自己体系的一根红线。马克思恩格斯在充分肯定实践的革命意义时，也指出实践同一切事物一样，自身具有两重性，在具有积极的作用的同时，也存在着消极的一面。马克思曾指出："在我们这个时代，每一种事物好像都包含有自己的反面。我们看到，机器具有减少人类劳动和使劳动更有成效的神奇力量，然而却引起了饥饿和过度的疲劳。财富的新源泉，由于某种奇怪的、不可思议的魔力而变成贫困的源泉。技术的胜利，似乎以道德的败坏为代价换来的。随着人类愈控制自然，个人却似乎愈益成为别人的奴隶或自身的卑劣行为的奴隶。甚至科学的纯洁光辉仿佛也只能在愚昧无知的黑暗背景上闪耀。我们的一切发现和进步，似乎结果是使物质力量成为有智慧的生命，而人的生命则化为愚钝的物质力量。"[①] 马克思深刻地揭示了在资本主义制度下的劳动异化、科学技术异化。恩格斯在《劳动在从猿到人的转变过程中的作用》一文中对劳动的两重性，尤其是人因眼前的利益

① 马克思：《在〈人民报〉创刊纪念会上的演说》（1856 年 4 月 14 日），《马克思恩格斯选集》第 1 卷，人民出版社 1995 年版，第 775 页。

而进行的生产活动所造成的自然生态的破坏做了精辟的阐述①。这是今天的理论工作者普遍都知晓的，也是经常引用的，故在此不再做引证。遗憾的是，长期以来，我们的哲学教科书主要是讲实践的积极、能动、革命的批判作用，很少讲实践自身的消极作用。近半个世纪以来，随着人口爆炸、生态恶化、环境破坏、水资源危机、能源危机、全球性疾病、两极分化、核威胁等问题的凸显，人类面临的生存危机日益严重。科学技术革命的负面效应与正面的积极作用同样明显，困扰着人类的生存与发展。实践的负面效应十分尖锐地摆在人类面前，为国内外学者们所重视。近十多年来，我国的哲学家们对实践的负效应、实践的合理性、发展的代价等问题进行了研究，取得了新的成果，不足的是我们的哲学教科书吸取这方面的成果不够。

对产生实践负效应原因的分析，多数文章和论著偏重于实践主体的局限性。实践是人的本质和力量的对象化的活动。作为实践主体的人是具体的、历史的，不可能是尽善尽美的，具有不可避免的历史局限性，因此，作为实践成果自然不可能是完满无缺的，总存在着局限性，不尽如人意，甚至适得其反，有违初衷，有害于自身。实践的负效应，是人的本质和力量缺陷的反映，是人的异化的一种形式。笔者以为，实践的负效应更深层的原因在于实践本身，在于人与世界的矛盾。客观世界有着不以人的意志为转移的规律，人化了的世界并不因它是实践的产物，打上了人的意志印记，就改变了自己固有的规律，它依然有着不以人的意志为转移的规律，依然走着自己的路。客观对象是复杂的，它（尤其是自然界）的性质、功能改变的显现和暴露有一个过程，有的要几年、几十年甚至几百年。因而人们对它的认识也有一个过程。这是人的实践产物发生异化，反过来束缚人、反对人的客观原因。

人是自然的产物，是它的一部分。人与自然世界是同一的，互相依存、密不可分，所谓天人合一、天人一体。但人又是万物之灵，不仅不同于无机物，不同于植物，而且不同于一般的动物。人不只消极地适应世界。客观的世界不能满足人的需要，人为满足自身的需要而去能动地认识世界和能动地改造世界，创造人为的新世界。人的实践是按照自己的需要对现存世界的改造，因而都是对现存世界的秩序和平衡的打破。就对原有

①　见《马克思恩格斯选集》第4卷，人民出版社1995年版，第373—385页。

的世界而言，实践活动本身就是一种破坏现存秩序和平衡的活动。中国古代哲学家庄子对此有深刻的认识。他崇尚天然，反对人为；主张无为，反对有为。他说："牛马四足，是谓天；落马首，穿牛鼻，是谓人。"他反对"以人灭天"，主张返回到自然本性（《庄子·秋水》）①。庄子"蔽于天而不知人"，主张极端自然主义、反知主义，这固然不可取。但他看到了人的有为、实践活动必然会带来负效应，这不能不说是哲人的洞见。古巴比伦人、埃及人创造了至今仍令人叹为观止的古代文明，后来这些地区的文明衰落了和中断了。其衰落和中断的原因是复杂的，其中重要的一点是因为他们自身的活动，造成这些地区严重的生态危机。我国西北地区"丝绸之路"上的楼兰古国也因为人的活动造成沙漠化而消亡。今天，工业文明的发展所造成的生态危机，更加严重影响人类的生存和发展。空气、水和食物均是人类生存的最基本的条件，但在现代化的今天，这三者均为现代化生产所产生的废气、废水、垃圾和形形色色的化学物质所污染，其后果不仅引发各种疾病，影响人的健康，而且人的精子的数量在减少，质量在降低，直接影响人的生育能力和生育质量。在现代化的进程中，因人的活动，地球上的物种在加速灭绝，人类正在自掘坟墓。为了保护、优化我们的生存环境，我们对人与自然的关系和对人类文明的发展有了新的认识，提出了生态伦理、生态文明、生态建设。人类文明已由工业文明进入生态文明。人类的发展不能仅仅理解人类社会的发展，而且包括人类生存的环境、人化了的自然的发展。

　　实践是为了满足人的需要的物质活动，人们对因认识和实践的错误、违背客观规律而带来的负面效果已普遍注意到了，但很少考虑成功的实践和满足了需要的积极的成果是否潜藏着负面的效应。人们对有利必有弊的辩证法缺乏认识。强调实践的两重性，目的是要对实践有一个全面的辩证的认识，不能只讲实践的革命的、批判的作用，还要讲实践必然会带来负面的、消极的影响。在创新、设计、规划"实践的理念"时要问一问，新的实践及成果会带来怎样的负面结果，要尽可能地考虑到可能产生的负

---

　　① 庄子还讲过这样的故事：南海的帝王儵和北海的忽，常受到中央的帝王混沌的善待。儵和忽为报答混沌的善待说："人皆有七窍，以视、听、食、息，唯独混沌没有，我们试着给他凿开。"一天凿一窍，到第七天，混沌便死了（《庄子·应帝王》）。在政治上，庄子主张不干涉，无为而治。

面效应以及如何应对负面效应，尽可能地减低负面影响。在实践过程结束后，要继续全面注意实践结果带来的正负效应。是否兴建长江三峡水利工程，国内外都有不同意见，争论激烈。争论的主要问题之一是，工程带来的结果是利大于弊，还是得不偿失。反对者提出工程可能会带来的种种生态破坏和消极后果。这种不同意见对工程设计很有好处。长江三峡工程的设计者在设计时尽可能吸取反对者提出的意见，尽可能减少工程在各方面的负面效应，做到趋利避害，做到防患于未然，做到对可能出现的最坏情况（包括如战争发生时敌方的轰炸破坏）有所应对。就此而言，"那些反对三峡工程和提出了许多不同意见的人"对三峡工程做出了"特殊的贡献"。当然，工程建成后，还要时时全面监测工程带来的效果，尤其是生态方面的负面效应。

改造社会的实践也是一个大工程，一个更为复杂的大工程。社会实践效果的两重性更为显著，但我们却对此缺乏应有的重视。在改革开放过程中，社会主义能否搞市场经济，两种意见，争论激烈。但这一争论主要集中在姓"社"姓"资"的政治层面，而没有深入到具体的制度设计。中国改革开放的总设计师邓小平做出了决断：社会主义可以搞市场经济。我们在搞社会主义市场经济时比较多的是看到市场经济的积极面，而没有注意如何防止它的消极面，以为我们手中有政权，即使产生消极的负面东西也容易解决。因此，改革的设计者们只考虑如何发挥市场经济的积极作用，而没有考虑如何防止、应对新的制度带来的负面效果。实践证明，社会主义可以搞市场经济，市场机制带来了生产力的大发展和经济的繁荣，反对者错了。实践同时也证明，反对者担心的市场经济的种种弊病（私有化、两极分化、拜金主义、干部腐败等）一一显现了，而这些负面东西并不是像预计那样容易解决的，反对者有部分真理。实践教育了我们：市场经济有两重性，我们的改革有两重性。在这方面，我们要去掉盲目性，增强自觉性。总之，对新的实践和新的实践成果，对新的科学技术和新的产品，都要问一问有何副作用，如何避免或应对负面效应。

在实践的两重性中，一般说来，正确的实践，积极方面应是主导的，消极方面是次要的，但积极方面中潜伏着消极因素，消极方面中隐藏着积极因素，所谓"福兮祸所伏，祸兮福所倚"。错误的实践是整个实践过程的一个必要环节，也不能简单否定，人们从错误中总结经验教训，错误可以转化为正确，成为新的实践的起点。我们始终是乐观主义者，人类面临的困境、危机，是人类自身的实践活动所造成的，也一定能为人类的实践所解决，悲观是没有理由的。

（六）改造世界的根本规律

笔者认为，马克思主义哲学研究对象是人类认识世界和改造世界的最普遍的规律，重点则在改造世界的规律，亦即实践的规律。近十多年来，学者们在实践和实践规律的研究方面发表了诸多专著和论文。有的论者提出，实践的主要规律有三个：实践的能动性与受动性统一规律、实践的正效应与负效应统一的规律和实践活动智体统一规律[①]。有的论者则认为，实践规律是由多个规律所组成的规律系统，其中以目的与手段辩证运动的规律为根本规律，实践的动力系统规律、分工协作规律、价值创造规律、内在尺度与外在尺度相统一规律、由可行性向现实性转化等为子规律。这些观点无疑带有启发性，拓宽了研究的视野，是对实践规律的可贵探索。

实践活动是由多种因素构成的复杂的社会活动。对实践活动可以从不同角度去研究，可以从哲学角度研究，也可以从经济学、社会学、生理学等其他视角去研究。研究的视角不同，所探讨、揭示的规律也不同。如从经济学角度去研究，效率问题就是中心问题，而从社会学的角度去研究，则效益问题更为突出。即使从哲学上研究，实践规律也确实是一个由不同规律组成的系统，而并非只有一两个规律。前面讲的一些问题，实际上也是实践过程中的带规律性的问题。实践规律究竟有几个，这需要进一步的研究。不过笔者以为，从哲学的视角看，实践与认识的矛盾运动规律，即实践、认识、再实践、再认识，是实践活动的最根本规律。

我国的学者通常把毛泽东在《实践论》中最后总结的"实践、认识、再实践、再认识"看成是认识的总规律或根本规律。这种理解自然是正确，但若仅限于此，则不够全面。实践与认识的矛盾不仅是认识过程的基本矛盾，而且也是实践过程的基本矛盾。人们只能在改造世界中认识世界，在认识世界中改造世界。人类的实践活动与认识活动是既互相对立、

---

① 详见崔自铎的《实践规律论》，刊《哲学问题研究》一书，中共中央党校出版社 1996 年版。

互相排斥，又互相依存、互相渗透、互相转化，两者密不可分。人类正是在实践与认识的相互作用、相互转化的过程中，一方面推动了实践由低级向高级的发展，另一方面又推动了认识由低级向高级的发展，或如毛泽东所说"实践和认识之每一循环的内容，都比较地进到高一级的程度"。因此，"实践、认识、再实践、再认识"不仅是人类认识的根本规律，而且也是人类实践的根本规律。

如何进一步深化对这一根本规律的认识，如何进一步全面认识实践规律系统，这是需要我们共同努力的。

二 创新问题三则

实践是人类为满足自身需要而改造世界的物质活动。因此，实践活动本质上是创新活动。实践上的创新推动认识上的创新，认识上的创新反过来又推动实践上的创新。创新是人类自觉能动性的最高表现，是人类文明的灵魂。人类的历史就是一个不断创新的历史。唯有创新，人类才能不断进步、发展。自20世纪第二次世界大战结束以来，科学技术革命突飞猛进，经济全球化日益加快，各国之间的竞争日趋激烈。激烈的竞争是推动创新的强大动力。从人类历史长河看，创新呈加速度发展，愈来愈快。当今时代是一个创新的时代。一个重视创新的民族才能永葆生机，蓬勃发展。一个没有创新能力的民族，难于屹立于世界先进民族之林。一个国家在创新上落后于时代，就会陷于被动挨打的境地。在当代，创新成为时代精神的重要特征。哲学，作为时代精神的精华和文明的灵魂，它应把创新作为一个范畴，并把创新精神贯彻于自己的整个体系。令人遗憾的是哲学家们对创新缺乏研究，至今还没有一本哲学教科书把创新作为一个哲学范畴加以阐释。

笔者是从研究五四精神开始关注创新的。1989年，在纪念五四运动70周年时，笔者撰写了《简论五四精神》一文，把创造精神与爱国精神、民主精神、科学精神、奋斗精神一起列为五四的五大精神。1999年，在纪念五四运动80周年时，笔者撰写了一篇专论《弘扬五四创造精神》。之后，又写过《创新与个性自由》、《创新与冒险》、《学习毛泽东的创新精神》、《学习邓小平的创新精神》。马克思主义哲学本质上是创新之学，是创新之认识论、创新之方法论、创新之逻辑学、创新之实践论。笔者在此仅就一般学者鲜有论及而又十分重要的有关创新的三个问题做一阐述。

（一）　创新应成为一个哲学范畴

创新的思想由来已久。我国古代先人早就提出"日新"的思想。《礼记·大学》说："汤之《盘铭》曰：'苟日新，日日新，又日新。'"《尚书·咸有一德》说："始终惟一，时乃日新。"《周易》的基本精神之一是主张变易、日新、与时偕行。《周易·乾卦·文言》说："终日乾乾，与时偕行。"《周易·系辞上》说："日新之谓盛德，生生之谓易。"先秦的"日新"思想对后世的影响既深且广。汉代《淮南子·缪称训》说："日滔滔以自新，忘老之及己也。"唐代刘禹锡说："以不息为体，以日新为道。"（《问大钧赋》）宋代张载说："日新者，久而无穷也。"（《横渠易说·系辞上》）朱熹说："'日日新，又日新'，只是要常常如此，无间断也。"（《朱子语类》卷十六大学传二章）明代颜元说："汤，圣人也，用日新功。吾辈常人，当时新，时时新，又时新。"（《颜习斋先生言行录·系辞上》）中国古代哲人强调的"日新"，主要是有关道德和社会政治方面的内容，而对生产、生产工具和技术方面的创新涉及不多，因而对如何创新也无有更多的研究。但不管如何，"日新"确是中国古代的一个哲学范畴，日新思想对人生、对社会的影响是深远的。

在西方，古希腊哲学家亚里士多德曾论及创造，将创造定义为"产生前所未有的事物"①。但在很长的历史时期里，哲学家、思想家、科学家虽然也有论及创新的但都没对创新做专门的研究。从人类认识史上讲，对创新进行科学研究是同资本主义的发展和科学技术的进步相连的，是随着创新的日益频繁、创新对社会发展的作用日益增大而展开的。马克思、恩格斯在《共产党宣言》中指出："资产阶级除非对生产工具，从而对生产关系，从而对全部社会关系不断地进行革命，否则就不能生存下去。"②由于市场经济和竞争，资本主义社会和以往的社会不同，生产工具、社会关系处在一刻不停的变革之中，资本为追求利润和在竞争中立于不败之地要求不断变革、创新。马克思、恩格斯从资本主义的现代化大生产中，看

---

① 转引自俞国良的《创造力心理学》，浙江人民出版社 1996 年版，第 11 页。
② 马克思、恩格斯：《共产党宣言》，《马克思恩格斯选集》第 1 卷，人民出版社 1995 年版，第 275 页。

到了科学技术对推动生产和社会发展的巨大作用。马克思在写作《资本论》的过程中对近代以来的科学技术变革和进步进行了研究。

在 19 世纪末 20 世纪初，自然科学发生了革命，欧洲的一些心理学家、经济学家和科学家开始关注创新的研究。早在 1898 年，想象和创造力研究的先驱、法国心理学家波扬（F. Paulhan）就说过："迄今我们仅仅获悉了创造发明的一般状况。"① 1912 年，奥地利经济学家熊比特在《经济发展理论》中提出了"创新理论"，并在 30 年代得到进一步的完善。熊比特经济创新理论的最大特色，是强调生产技术的革新和生产方法的变革在资本主义经济发展过程中具有至高无上的作用。熊比特的所谓创新，就是新技术、新发明在生产中的首次应用，是指建立一种新的生产函数，把一种从来没有过的关于生产要素和生产条件的新组合引入生产体系。他用创新来解释经济增长和社会发展，把创新看作社会进步的基本动力。熊比特的经济创新理论在当时未能引起重视。在 20 世纪 20—40 年代，科学创造心理学开始纳入科学学的研究领域，参与研究的有心理学家、哲学家、科学家、科学史家、逻辑学家等，并取得了一些成果，其中以德国的心理学家、格式塔心理学的创始人韦特海默的《创造性思维》为代表（该书主要内容写于 30 年代，是在作者去世后的 1945 年出版的）。该书通过对儿童、成人和一些名人（如爱因斯坦）思维活动的分析，试图对创造性思维进行概括和总结。1950 年，美国心理学家吉尔福德大力提倡和积极研究"创造力"的概念，由此创新理论的研究进入了一个蓬勃发展的新时期，取得了显著的成果。继美国之后，在 60 年代，日本也出现了创造学研究的热潮，以提高国民的创新力和企业的竞争力。有的研究者称，20 世纪 60 年代以来，关于研究创造、发现、发明的心理学的专著和论文像雨后春笋般地涌现，各国出版的专著在 60 年代达 50 多种，70 年代增加到 70 多种②。

创新理论的研究同提高企业和国家的竞争力密切相连。

美国是获得诺贝尔奖最多的国家，美国的创新力是很强的，但美国人并不满足，他们十分注重创新理论的研究，十分注意反思在创新方面的不足。1957 年，一位精神病学家在一篇文章中指出，瑞士人按人口比例计算

---

① 转引自俞国良《创造力心理学》，浙江人民出版社 1996 年版，第 3 页。
② 周昌忠编译：《创造心理学》，中国青年出版社 1983 年版。

要比美国的诺贝尔奖获得者多得多。1964 年，一位历史学家在题为《美国是否忽视了有创造力的那些少数人?》的文章中指出："为潜在的创造力提供良好的机会，这对任何一个社会来说都是生死攸关的事情，这一点极为重要，因为按人口比例看相当少的那种杰出的创造能力是人类社会最重要的财富……"美国著名心理学家 S. 阿瑞提在《创造的秘密》一书中引用了上述两人的材料，并认为，美国社会中确实存在着不利于创造力的文化因素。他说："现在在美国已经到了对我们那种促进创造力的方式方法进行重新考察的时候，这就好像在人造卫星上天之后要对我们的教育方法进行重新考察一样。"[①] 在读到上述文字时，笔者内心感触很深。美国人的危机意识是如此强烈，这也许正是他们不断创造的一个重要原因。

中华民族是一个勤劳、勇敢、智慧的民族，创造了灿烂的古代文明，为人类的发展做出了重大贡献。有人统计，明代以前，世界上主要的发明创造和重大科技成就大约有三百项，其中中国的发明创造占了相当大的比例。只是到了明代末年，在创新方面，我们民族开始落后于西方国家。自五四新文化运动开始，我国进入了思想大解放的时期，长期被压抑、束缚的创新力逐渐得到解放和发展。马克思主义科学世界观的传入给中华民族的创新力注入了新的活力。毛泽东提倡的实事求是的思想路线就是不断开创新局面的思想路线。以毛泽东为代表的中国共产党人开辟的以农村包围城市，最后武装夺取全国政权的中国革命道路是马克思主义发展史上的伟大创举。以邓小平为代表的第二代中国共产党人开辟的中国特色社会主义道路是世界社会主义史上的伟大创举。毛泽东讲："人类的历史，就是一个不断地从必然王国向自由王国发展的历史。""人类总得不断地总结经验，有所发现，有所发明，有所创造，有所前进。"[②] 中华民族应对人类发展做出更大的贡献。毛泽东、邓小平是伟大的创新者，没有理论上、实践上的创新，就没有中国革命的胜利，就没有今日社会主义的新中国。但我们也应承认，在 20 世纪 80 年代前，我国学术界对创新、创新力几乎没有研究，整个中华民族创新力在许多方面落后于发达国家，我国至今无诺贝尔自然科学奖获得者。我们的思维方式、价值观念、文化因素、社会心

---

① ［美］S. 阿瑞提：《创造的秘密》，辽宁人民出版社 1987 年版，第 462—463 页。

② 毛泽东：《学习马克思主义的认识论和辩证法（五）》（1964 年 12 月 13 日），《毛泽东文集》第 8 卷，人民出版社 1999 年版，第 325 页。

理、习惯势力、教育制度、科研体制和诸多制度严重抑制、阻碍着创新力的发挥。我国学术界对创新的研究是在"文化大革命"结束后开始的。首先是心理学界对创新的心理学研究，其次少数搞思维科学的学者开始关注创造性思维的研究。遗憾的是直至今日，我国的马克思主义哲学研究者并没有把创新纳入自己的研究视野，更没有把"创新"作为一个范畴写进哲学教科书。

随着科学技术革命的迅猛发展，科学技术成为第一生产力，科学技术是决定综合国力竞争的关键因素，科学技术创新成了推动社会发展，提升国际竞争力的主要手段。1987年，美国经济学家弗里德曼在研究日本的技术政策和经济绩效时率先使用了"国家创新系统"概念。到20世纪90年代初，一些学者对"国家创新系统"进行了研究，出版了一些著作。1994年，联合国经济合作与发展组织启动了"国家创新系统项目"，对多个国家的创新体系进行了研究，并发表了一系列的研究报告。1996年发表的《以知识为基础的经济》报告指出："国家创新体系的结构是重要的经济决定因素。"建构科学的有效的国家创新体系成为世界各国提高综合国力和竞争力的重要战略措施①。面对世界科技革命的迅猛发展和知识经济时代的来临，面对激烈的国际竞争和严峻的挑战，我国党和国家的领导人、科学家、研究创新的学者们，大力提倡科技创新、知识创新、制度创新，提倡创新精神，极力促进我国的国家创新体系的建构。江泽民指出："创新是一个民族进步的灵魂，是国家兴旺发达的不竭动力。如果自主创新能力上不去，一味靠技术引进，就永远难以摆脱技术落后的局面。一个没有创新能力的民族，难以屹立于世界先进民族之林。"②他又说："科学的本质就是创新。创新是一个民族进步的灵魂，是一个国家兴旺发达的不竭动力。整个人类历史，就是一个不断创新、不断进步的过程。没有创新，就没有人类的进步，就没有人类的未来。"③

---

① 有关世界各国创新体系的情况可见曾国屏、李正风主编的《世界各国创新系统》，山东教育出版社1999年版。

② 江泽民：《努力实施科教兴国的战略》（1995年5月26日），《江泽民文选》第1卷，人民出版社2006年版，第432页。

③ 江泽民：《科学的本质是创新》（2000年8月5日），《江泽民文选》第3卷，人民出版社2006年版，第103页。

创新精神是当今时代的重要时代精神，创新已成为一个时代十分流行的话语。建设创新型的国家，已成为国人的一种共识和国策。现在讲得多的是科技创新、知识创新、制度创新。其实，最根本的应是思维创新，是提高整个民族的创新力。而这恰恰是现在的时论所忽视的。研究和宣传创新思维，提高整个民族的创新力，这是哲学工作者的任务。中国化的马克思主义哲学要不落后于时代，就必须十分重视"创新"范畴的研究，为提高整个民族的创新力做出贡献。

把"创新"作为马克思主义哲学的一个范畴不仅是时代的要求，而且也有马克思主义哲学的内在根据。从一般意义上说，哲学是智慧之学，求真之学，教人如何去认识世界，发现真理，发现事物的特性和规律，因此，哲学本身就是最普遍的创新之学。马克思主义哲学把自然界、人类社会和人的思维看成是一个由低级向高级不断创新的历史过程。它的使命不仅在于认识世界，更在于改造世界。它不仅是求真之学，也是实践之学。实践是主体的需要、本质和力量的对象化活动，是创造出客观世界中没有的人化客体，以满足人的主观需要。实践的本质就是创新。认识世界的过程是发现真理的创新过程，改造世界的过程更是创造出新的事物、新的世界的过程。马克思、恩格斯说："对实践的唯物主义者即共产主义者来说，全部问题都在于使现存世界革命化，实际地反对并改变现存的事物。"① 所以，马克思主义哲学从其内容、功能和使命讲，它本身就是最高的创新之学。创新精神同批判精神一样，贯彻于马克思主义哲学的各个方面。随着创新意识的增强，有的研究者提出创新实践唯物主义，并力图以此建构当代马克思主义哲学新形态。

创新作为一个哲学范畴，它应包括认识上的发现和实践上的发明、创造。创新力既包括认识上的创新力，又包括实践上的创新力。我们在研究、阐释由感性认识向理性认识飞跃（其中包括直觉、灵感）过程时需要认识的创新，在研究、阐释由理论的观念转变为实践的观念及将实践的观念对象化过程时需要实践的创新。如何吸取心理学、思维科学、创造学、创新经济理论、认识史、科学史等方面的成果，对创新进行哲学上的研究，这是一个新问题，需要学术界共同的努力。对创造力和创造性思

---

① 马克思、恩格斯：《德意志意识形态》，《马克思恩格斯选集》第 1 卷，人民出版社 1995年版，第 75 页。

维，思维科学和创造力心理学有专门研究，在此仅对创新与个性自由、创新与冒险做一些阐述。

（二）创新与个性自由

为提高中华民族的创新力，我们不仅要从思维方式、思维方法加以研究，还要从价值观念、文化传统、社会心理、社会制度和教育制度等方面进行反思。笔者以为直接影响中华民族创新力的最重要因素是个性自由。

国内外的研究者普遍认为，富有创新的人大致具有以下的个性特征：有强烈的好奇心和旺盛的求知欲；有极强的自主性、独立性和自觉性；有怀疑精神，不迷信他人，不盲从，不雷同，好独辟蹊径；有丰富的想象力和敏锐的直觉；思维敏捷、灵活、流畅，好标新立异；有对事业和科学的献身精神；有克服困难的百折不挠的坚强意志和勇于探索的冒险精神；有广博的知识，善于向他人学习，等等。总之，大凡中外历史上有成就的科学家、发明家、思想家、文学家、艺术家，无不具有鲜明的个性特征，他们的新发现、新发明、新思想、新创造，他们不朽的传世艺术珍品，无不与他们独特的个性有着密切的关联。可以说，无个性也就无创新。

世界是无限丰富多彩的，需要有无数的各色人才去揭示它的种种奥秘，反映和描述它的无尽风采。人的个性、才能也是因人而不同，千差万别。每个人都有某一方面或几方面的特殊才能、天赋，都具有创新力。唐朝大诗人李白说得好，"天生我材必有用"（《将进酒》）。创新理论研究的一个基本共识是，人人都有创新能力，但创新能力的实现则有赖于多种因素的综合。一切伟大的发现、发明、创新，都不是按预订计划制造出来的，而是带有很大的偶然性（只是在事后才发现其中隐藏着历史的必然性），是同发现、发明、创新者本人的兴趣、爱好、志向、直觉、想象力等个性品质有关。创新需要有广阔的思想自由，需要有个性自由。人类创新的历史，尤其是近代以来科学技术发明的历史证明：尊重个性自由的社会有利于调动人们创造历史的主动性、积极性，有利于创新的实现和发展；反之，一个抹杀个性、束缚个性的社会则抑制、甚至扼杀人的主动性、积极性和创造性，妨碍创新的实现和发展。资本主义社会的发现、发明和创新远远超过以往的社会，其重要的原因之一就在于它比以往社会有更大的个性自由。

一个社会是这样，一个团体也是这样。据报道，美国贝尔实验室从成立至 2000 年，共获得 11 次诺贝尔奖、4 次图灵奖、9 次美国国家科学奖章、3 万余项专利。贝尔实验室何以总是创新，贝尔实验室的总裁认为："首先，要尊重个人的特长、兴趣和研究方向，不强求他们一定去做某一项目，科学家可以提出自己的研究课题，只要他的课题有研究价值就可以。其次，创造一个宽松的研究环境。贝尔实验室并不要求科学家们所做的研究一定能在市场价值上得到体现。""最后要有团队精神。"① 我国的研究者也认识到，"科技人员在科技活动中的个体性、自主性、创造性的特点"，要求充分重视科技人员的个性，以调动科技人员的积极性。"英国学者查尔斯·汉普登·特纳在《国家竞争力》一书中写道：'美国社会鼓励个人发挥潜力，成为你自己。''个人主义在美国被作为发明创造的思想根源。'西方学者认为，知识经济时代的到来，进一步强调了个人在知识发展中的独特作用。因此，尊重科技人员的个体性是科技社会关系的必然要求。科技人员作为科技社会关系的主体，在科技活动中往往形成自身的科研习惯、兴趣、志向等，这正是科技人员自主性的表现，如果忽视了这一特点，完全以计划管理的方式来开展科研，其结果只能是事倍功半。"② 我国有的科学家已提出，要改革目前我国科研的管理方式和拨款制度，增加科学家个人选题的自由度，加大对个人选题的投入。当然，科学研究中的自由，不仅体现在选题上，更主要的是体现在研究过程和成果的表达上，给研究者以充分的思想自由。这一点，对哲学社会科学的研究和文学艺术的创作尤其重要。

笔者在此不进行创新自由的全面反思，而仅从个性方面做一点说明。笔者认为，中国几千年的专制统治，使得个性丝毫没有自由。这种不尊重个性的习惯势力，至今仍在社会生活的各个领域中严重存在，极大地妨碍了中华民族创新力的发展。

先说家庭生活中对个性的泯灭。心理学、教育学、创新理论都表明，家庭教育对一个人的智力、创新力和道德品质的养成，至关重要。受传统的家长制的影响，在家庭生活中，许多父母不能以平等的

---

① 蔺玉红：《贝尔实验室缘何总能创新》，《光明日报》2000 年 3 月 29 日。
② 江流、邓海燕：《科技创新与科技法制》（笔谈），《政治与法律》1999 年第 4 期。

态度对待自己的子女，尊重子女的人格、兴趣、爱好、特长。许多家长一味要求子女做一个听话、服从的乖孩子，很少教育和鼓励子女养成独立、自主、自强、创新的精神。少数家长望子成龙，对子女提出不切实际的过高的期望，经常责备子女，甚至打骂子女，侮辱子女的人格，结果给子女幼小的心灵造成极大的创伤。受家庭和学校的压力，有的孩子甚至产生心理障碍、精神性疾病，有的离家出走，有的自杀，也有个别的发展到暴力反抗父母，甚至杀害自己的父母，酿成家庭悲剧。在我国，家长制的遗毒很深，这严重影响到子女的身心健康和智力、创新力的发展。

再说学校教育对个性的忽视。学校教育，尤其是中小学教育，对一个人个性和创新力的形成关系极大。但受传统的影响，我们的学校教育严重忽视学生个性和创新力的培养。牟丕志的《雷同》一文尖锐地指出：社会生活中普遍存在"雷同"的现象，其根源在于学校教育。文章引用了一位老教授对一所中学所做的作文的调查材料。文章说：老教授在调查后惊讶地发现，同学们作文内容的雷同现象比比皆是，尤其是命题作文。如《我做了一件好事》的作文，同学中写自己拾金不昧将钱包交警察的占51％；《记一位老师》的作文，同学们写自己认识的一位老师在身患癌症或白血病的情况下还坚守岗位，教书育人，直到"蜡炬成灰泪始干"的达63％。文章作者说："如果我们的学校就像砖厂一样，不断地培制模样相同的砖，那么带给社会的必然是令人乏味的单调和雷同，大家把相互模仿当作主要工作，而窒息了人的想象力、创造力。"① 社会生活中普遍存在的雷同现象的病根是否就在学校，这是可以讨论的。在笔者看来，高度集权的社会体制、强调统一的舆论导向和几千年"述而不作，信而好古"的文化传统是更为重要的原因。然而，文章对学校教育中忽视个性和忽视创新力的培养的批评是十分中肯的。

笔者还有一个材料，从另一侧面反映学校教育的问题。2001年11月29日，《光明日报》以《一位小学生家长的忧虑》为标题发表了一位家长的一封信。信对小学教育中存在的课业负担重和教学观念、教学方法等方面存在的问题提出了批评。这位家长尖锐地指出："可以看到，孩子在上学之前，哪怕是在幼儿园阶段，都是个性纷呈，非常有活力，

---

① 牟丕志：《雷同》，《中华读书报》2000年12月6日。

有智慧，可是上学之后，特别是三年级之后，单个的孩子消失了，都变成模式化的老师所谓的好学生的小大人了，个性的泯灭怎么会指望创造性呢？"① 这位家长的认识十分深刻。不改变传统的教育观念，不改革旧的教学方法，不尊重和发展学生的个性，怎么能培养出具有创造性的学生呢？这是关系到中华民族是否有创新力的大问题，值得我们深思啊！

近几年来，我国教育界开始重视学生的个性发展和创新力的培养。有的教育工作者大胆地提出，应当改变以往的"听话的孩子是好孩子"的片面看法，认为"听话的孩子是有问题的孩子"。因为，听话的孩子缺乏独立思考和创新能力。1999 年 11 月，时任教育部副部长的周远清在全国研究生培养工作会议闭幕式上的讲话中说："研究生培养应更加重视个性发展。从 1994 年开始提出重视学生个性发展，得到了各方面的认同，因为没有个性就很难有创造性。"② 教育部颁发的《关于加强和改进研究生培养工作的几点意见》（2000 年 1 月 13 日）指出："现行研究生培养制度、培养模式等还不能完全适合人才的个性发展和创新力的培养。"今后研究生教育改革，"要重视和促进研究生个性的健康发展"。当然，要把重视学生个性发展，重视学生创新力培养的思想真正贯彻到从幼儿教育到研究生教育的全过程是一件十分艰难的事。

最后说整个社会对个性和创新力的忽视。我们的整个社会生活，从经济制度、政治制度到舆论导向、文化生活，都是在强调统一、一致、相同、求同，而不是鼓励创新、求异、宽容，强调个人服从社会、服从集体，很少讲或不讲社会、集体也要尊重个人，尊重个人的兴趣、爱好和权利。迷信圣人，崇拜英雄，是中国几千年来的传统，根深蒂固。这种旧传统的后果之一是泯灭了个性，使个人失去了独立自主之人格，抑制了个人的创造性和主动性。这种旧传统至今仍然广泛存在。笔者认为，尊重个人、尊重个性自由发展的思想至今没有得到社会普遍的认同，更没有成为人们行为的基本准则。马克思所追求的理想社会是每个人自由而全面发展的社会，而我们的时文却常把"自由"两字砍去，更不敢讲"个性自

---

① 《一位小学生家长的忧虑》，《光明日报》2001 年 11 月 29 日。

② 周远清：《在全国研究生培养工作会议闭幕式上的讲话》（1999 年 11 月 27 日），《学位与研究生教育》2000 年第 2 期。

由"、"个性解放"。我们强调创新，却讳言个性的自由发展，其结果只能是南辕北辙。

总之，创新需要个性自由。为了提高中华民族的创新力，我们需要新的个性解放。

（三）创新与冒险精神

创新不仅是人的理性思维活动的产物，而且同人的欲望、需要、热情、意志、冒险等非理性因素密切相关，其中尤以冒险为最。近期研究创新的论文甚多，但论及创新与冒险者寥寥。中国传统文化缺乏冒险精神，这直接影响着中华民族的创新力。为提高中华民族的创新能力，有必要大力提倡冒险精神。

创新，不论是自然科学、社会科学、文学艺术的创新，还是技术、制度、实践的创新，都需要冒险。创新者，不论从事何种工作，都需要有冒险精神。

创新需要冒险，险从何来？要冒什么样的险？

首先，创新要冒失败之险。人的认识是一个复杂的、曲折的过程。任何一个新的认识都需要有由实践到认识、再由认识到实践的多次反复才能完成。这中间失败、挫折是不可避免的，有的要经过十几次、几十次甚至成百上千次的试验、失败才能完成。创新者要有不怕失败、不怕挫折的顽强意志和冒险精神。可以讲，没有失败就没有成功。失败就要付出代价，甚至流血牺牲。有的科学试验、探索、考察，因不确定的因素很多，要冒很大的风险。大陆漂移说创立者、德国地球物理学家魏格纳为了证明大陆漂移，曾四次冒险到极地进行考察，其中一次摔断过一根肋骨，最后一次在与暴风雪搏斗后殉职于极地冰原。在科学史上，为科学事业献身、殉职的科学家不在少数。社会比自然更复杂，变革社会的试验就更要冒风险，失败所付出的代价就更大，流血牺牲更是常事。许多探索、试验往往以失败或无果而告终，只给后人留下教训，成为后人继续前进的起点。孙中山在辛亥革命前"十落十起"，愈挫愈奋。他在总结革命经验教训时说："知识皆从冒险猛进来。"他认为，变革社会的活动尤其需要冒险精神，他把伟人杰士改造社会的实践活动称之为"冒险也"。他十分赞赏美国人的冒险精神。他认为，美国进步、发展之所以很快，是因为美国人"皆具有冒险之精神"。① 从认识规律讲,没有冒险,就没有失败,也就没有成功。

其次,创新要冒传统习惯势力、权威反对之险。传统是一种巨大的保守力量。任何创新都是对已有理论、制度、秩序、做法的挑战和否定。否则,就不是创新。创新与原有的理论相对立,为传统习惯势力所不容。新的理论往往被视为谬误毒草,目为异端邪说,斥为离经叛道。新的理论在开始时只为少数人所掌握,经过斗争才逐渐为多数人所承认,这是真理发展的规律。因此,创新者要有挑战权威的胆量和勇气。俄国数学家罗巴切夫斯基创立了非欧几何理论,却受到学术界权威的攻击和讥讽。非欧几何新理论在罗巴切夫斯基生前始终未能得到学术界的承认和重视。被称为"欧洲数学之王"的高斯,在罗巴切夫斯基之前就有非欧几何的思想,但因怕传统习惯势力的反对,不敢公之于世,也不敢公开支持罗巴切夫斯基新的几何理论。爱因斯坦创立相对论,是物理学的革命。受传统的牛顿经典力学理论的束缚,相对论未能及时为人们所接受。在德国甚至有人成立反对相对论的组织,攻击相对论和爱因斯坦。在科学史上,也常有这样的情形,当一个科学家还未成名时往往受权威们的压制、打击,而当他成名后,又自觉或不自觉地压制新生力量的成长,成了创新的阻力。俄国化学家门捷列夫在发现化学元素周期律过程中,受尽了学术界权威们的压制、讽刺和打击之苦,但他到了晚年却反对新的科学发现,如对原子的复杂性和电子的客观存在持否定的态度。爱因斯坦反对玻恩提出的波函数"统计解释"是又一例证。从真理发展规律讲,不大胆,就不可能提出新的见解;不冒同习惯势力和权威斗争之险,就不可能坚持真理。

再次,创新要冒同保守势力和反动势力斗争之险。创新本质上是革命,是推动社会进步的利器。创新有利于社会的进步势力,不利于保守势力和反动势力。因此,创新会受到保守势力和反动势力的反对、打击和摧残。在欧洲,自然科学的发现触犯了宗教教条,遭到教会的激烈反对。西班牙医生、生理学家塞尔维特发现了人体的血液循环,结果被教会活活烧死。波兰天文学家哥白尼的《天体运行论》一书提出了日心说,反对托勒密的地心说。该书出版后立即遭到教会的查禁。意大利哲学家、天文学

---

① 孙中山:《孙文学说》(1918 年),《孙中山选集》,人民出版社1981 年版,第160、163、185 页。

家布鲁诺因宣传日心说和进步的哲学思想，在罗马鲜花广场被教会用烈火烧死。意大利科学家、天文学家伽利略因坚持和宣传哥白尼的日心说，被教会判处终身监禁。社会科学的创新，社会实践的革命，更是直接触犯了反动势力的利益，革命家、进步的思想家遭到反动势力的迫害、摧残和杀戮，更是屡见不鲜。即使是在现代，哲学社会科学和社会实践方面的创新仍要比自然科学冒更大的风险。

总而言之，一句话，创新需要冒险，没有冒险，也就没有创新。

创新离不开冒险，冒险孕育着创新。因此，一个富有冒险精神的民族，它的创新能力也就强。在当今，美国的创新居世界各国之首。美国创新能力强的原因是多方面的，其中十分重要的一点是，美国是富有冒险精神的国家。

美国历史很短，只有二百多年，是一个由移民组成的年轻国家。在17—18世纪交通不十分发达、交通工具不十分安全的年代，背井离乡、漂洋过海到美洲的人是要有点冒险精神的。实用主义是美国的国家哲学。实用主义是唯心主义哲学，这是没有问题的。实用主义也有它的优点：注重利益，注重行动，提倡冒险。美国实用主义哲学家杜威说：实用主义的实在与理性主义的实在不同。"理性主义以为实在是现成的，永远完全的；实用主义以为实在还正在制造之中，将来造到什么样子便是什么样子。"实用主义的宇宙"是一篇未完的草稿"，"是还在冒险进行的"。① 在美国，从大众文学、影视文化到政治家、政府文件都在提倡冒险精神。尼克松在《1999：不战而胜》一书中说："冲突是创造之母。没有冒险，就不会有失败。然而没有冒险，也就不会有成功。我们永远不要满足于成功，我们也永远不要因失败而气馁。"② 尼克松在他的另一本著作《超越和平》中又说："我们不应该宣扬以斗争和不顾一切的冒险本身为目的的行为。但是，我们应该承认，人生最重大的成就中至少包含有某些冒险、斗争和对立。"③ 尼克松虽不是哲学家，不懂得唯物论、辩证法，但他上述说法包含有真理性。1997年美国总统科学技术政策办公室编写了致国

---

① 胡适：《实验主义》（1919年4月），《胡适文集》第2卷，北京大学出版社1998年版，第226页。

② 尼克松：《1999：不战而胜》，中国人民公安大学出版社1988年版，第384页。

③ 尼克松：《超越和平》，世界知识出版社1995年版，第207页。

会的科学技术的双年度报告。在报告正文之前有总统克林顿致国会的一封短信。信的第一句话是："发现的激情与冒险的意识一直驱使这个国家向前。这些根深蒂固的美国品质激励着我们决心去探索新的科学前沿，鼓舞着我们在技术创新上有能力去做（can—do）的精神。"① 美国国家科学技术委员会编写的《技术与国家利益》的报告中说到"美国在技术创新方面有无与伦比的能力"时列了五个方面的优势，最后的一条是"一种鼓励竞争、冒险和创业精神的社会风气和文化"。② 确实，创新、冒险成了美国国民的品质和精神。这种创新、冒险的品质和精神值得我们学习。

中国数千年以农业为基础的自然经济，形成了一种因循守旧、怕担风险的社会心理。我国传统文化和风尚中缺乏冒险精神。梁启超在《新民说·论进取冒险》中说：进取冒险精神，人有之则生，无之则死；国有之则存，无之则亡。欧洲民族之所以强于中国，其富于进取冒险精神乃是最重要的一个原因。他认为，中国道家的"知白守黑，知雄守雌"、"不为物先，不为物后"和儒家的"无多言，多言多患；无多事，多事多败"、"危邦不居"等一套说教，"将使进取冒险精神，渐灭以尽"。③ 梁漱溟在《中国文化要义》一书中也认为守旧、极少进取冒险精神是中国民族品性之特点。中国传统道德提倡谨言慎行、稳妥、保险。时至今日，我们的家庭教育、学校教育和社会教育都缺少冒险精神的培养。诺贝尔奖获得者、美籍华人科学家杨振宁教授在谈到中美教育比较时说，中国学生成绩很好，缺点是知识面不宽，胆子太小，觉得书本上的知识就是天经地义，不能够随随便便地加以怀疑。越念书胆子越小。这样的人，知识虽多，但不会有创新力。我国的科学家已开始注意这一点。赵忠贤院士指出："中外人士都不否认'中国人聪明'，但也都感到中国人缺少'冒险'精神。这与中庸之道的'四平八稳'及力求'万无一失'观念有关，也与在这种熏陶中形成的不太容忍'标新立异'的习惯有关。"④ 据有关调查材料显示：46.43%的科技工作者认为，制约科技工作者创新能力开发

---

① ［美］总统科学技术政策办公室：《改变21世纪的科学与技术——致国会的报告》，科学技术文献出版社1999年版，第1页。

② ［美］国家科学技术委员会：《技术与国家利益》，科学技术文献出版社1999年版，第12页。

③ 梁启超：《新民说·论进取冒险》（1902年），《饮冰室合集·专集之四》。

④ 赵忠贤：《关于"创新"的几点看法》，《理论前沿》1998年第14期。

的个人因素是"缺乏冒险精神"①。笔者认为：提倡和培养进取、冒险精神，是一个有关民族品格、民族精神和民族创新力的大问题，值得引起领导者、教育家以及全社会的关注和重视。

梁启超说："自古英雄豪杰，立不世之奇功，成建国之伟业，何一非冒大险、夷大难，由此胆力而来者哉！"② 确实，凡历史上有所作为的人无不都具有冒险精神和百折不挠的顽强意志。毛泽东青年时就"通身是胆"。他的"胆识"远超乎一般同学之上，为同学所肯定赞赏。他立志改造中国和改造世界，毁旧宇宙而得新宇宙。他一生喜欢挑战和冒险，一生都在挑战、应战和冒险。他敢于到波涛汹涌的大海中游泳，搏击风浪。当有人劝阻他时，他却说："风浪越大越好，可以锻炼人的意志。""你不要怕冒险，凡是不冒险，就不能成功，许多成就是经过冒险才得来的。"毛泽东身边的工作人员深切地感受到，"他最大的快乐莫过于去冒风险"，"不停地挑战应战""是他性格的基础和核心"。③ 当然，毛泽东并不提倡盲目地去冒险。他说，他讲冒险，主要是"要有勇气，不是盲目冒险"。冒险属非理性范畴。我们提倡的冒险，是建立在理性的科学分析基础上的，离不开理性的指导。离开理性指导的冒险就是盲目的冒险，就是鲁莽灭裂的蛮干。这是我们所反对的。

邓小平亦是个敢于冒险、提倡冒险的人。改革开放是一场广泛而深刻的革命性变革，是前无古人的伟大试验。改革开放不会一帆风顺，会有很大的风险，需要有极大的勇气和胆略。针对干部和群众中存在的怕担风险，怕走错了路，搞了修正主义、资本主义的思想，他一再鼓励大家，"要克服一个怕字，要有勇气。什么事情总要有人试第一个，才能开新路。试第一个就要准备失败，失败也不要紧。"④ "改革开放胆子要大一些，敢于试，不能像小脚女人一样。看准了的，就大胆地试，大胆地闯。深圳的重要经验就是敢闯。没有一点闯的精神，没有一点'冒'的精神，没有一股子气呀、劲呀，就走不出一条好路，走不出一条新路，就干不出

① 孙健敏、张明睿：《提升创造力时不我待》，《光明日报》2007 年 1 月 18 日。
② 梁启超：《新民说·论尚武》（1902 年），《饮冰室合集·专集之四》。
③ 朱仲丽：《毛泽东、王稼祥在我的生活中》，中共中央党校出版社 1995 年版，第 206—207 页；权延赤：《红墙内外》，昆仑出版社 1989 年版，第 67—68 页。
④ 邓小平：《视察上海时的谈话》（1991 年 1 月 28 日至 2 月 18 日），《邓小平文选》第 3卷，人民出版社 1993 年版，第 367 页。

新的事业。不冒点风险，办什么事情都有百分之百的把握，万无一失，谁敢说这样的话？"① 邓小平的这些话是有着鲜明的针对性的，他希望我们的同志，思想再解放一点，胆子再大一点，改革开放和建设的步子再快一点。邓小平在提倡大胆地试、大胆地闯的同时也讲，步子要稳，要善于总结经验，不可蛮干。这样就把冒险精神和科学精神结合起来，防止重犯"人有多大胆，地有多大产"的主观主义错误。

　　当今时代，科学技术革命突飞猛进，经济全球化日益加快，各国之间的竞争日趋激烈。激烈的竞争是推动创新的强大动力。创新就要大胆，就要冒险。不大胆，不冒险，四平八稳，前怕狼，后怕虎，那就不可能有创新。言创新，而不言冒险，创新就很可能落空，甚至会变成一句套话。我们要冲破怕担风险、一味求稳的保守主义的社会心理，大力提倡冒险精神、探索精神和创新精神。只有这样，我们的民族才能有虎虎生气，才能不断开拓创新，在激烈的竞争中屹立于世界先进民族之林。

---

　　① 邓小平：《在武昌、深圳、珠海、上海等地的谈话要点》（1992 年 1 月 18 日至 2 月 21 日），《邓小平文选》第 3 卷，人民出版社 1993 年版，第 372 页。

三　直觉新论

　　直觉是人类认识世界的一个重要的创新思维形式。自 20 世纪 80 年代以来，直觉已为思维科学、科学哲学、文艺理论、伦理学、心理学等学科广泛关注，有关直觉的研究论文、专著迭出，取得了令人欣喜的成果。本人关注直觉研究已有 20 余年，读过一些中国哲学、西方哲学有关直觉的论著，读过一些我国学者有关直觉、灵感研究的论文和专著。本人一直在不断地思考这样一些问题：直觉的本质、特征、作用；直觉是属于理性的，还是非理性的；直觉是否就是由感性认识向理性认识的飞跃，是否就是认识渐进过程中的中断；哲学家对整个世界的哲学认识的直觉与自然科学家、艺术家、政治家、军事家以至普通人对具体事物认识的直觉的区分和联系；直觉与实践、生活的关系；直觉与逻辑思维的关系；直觉与创造性思维的关系；直觉由于其对象的不同而呈现出具体形态的多样性，直觉能否分类，直觉与灵感的关系；中西直觉论的同与异；直觉的心理机制；直觉思维能力的培养和增强等。我发现，受传统的束缚，我国马克思主义哲学界依然对直觉没有足够的重视。可以讲，直至今日，我国的马克思主义哲学教科书和认识论专著很少有论及直觉的。本人说不上对直觉有深入的专门研究，只是因感到这问题很重要而加以关注而已。本章试图在吸取已有研究成果的基础上，从认识论视角对直觉思维做一综合的阐述，对上述的某些问题提出自己的见解，以期引起我国马克思主义哲学界的重视，希望我国的哲学教科书把直觉作为一种不可或缺的思维方式加以阐述。

（一）　西方哲学直觉论

　　直觉，作为人类认识世界的一种思维方式，中外历史上古已有之，历史上的诸多哲学家、思想家、艺术家、科学家对它有所论及，不过大多是零散的，语焉不详，在许多情况下只是承认直觉这一认识形式或思维形式，而未能对其进行专门的研究。对直觉进行专门的哲学研究并发生大的争论，则是人类进入 20 世纪的事，是以柏格森的《形而上学导言》（1903 年）为标志的。

笔者在查阅文献资料时，尚未发现有学者对西方哲学史上有关直觉的思想进行较为系统、完整的梳理①。本章试图做一十分粗略的勾勒。

古希腊人无疑是有天才的直觉力。恩格斯曾说到"古代人的天才的自然哲学的直觉"②。古希腊科学家阿基米德在洗澡时因身体浸入浴缸而水溢出并觉得自己变轻，由此突然悟出了破解萦绕于脑际的国王皇冠是否是纯金的难题，从而提出著名的阿基米德浮力定律，这是科学史家乐道的、差不多每一个中学生都知道的轶事。欧几里得几何学是长期生产、生活实践的理论总结。在几何学中，公理（如两点之间直线最短）是不证自明的，其实它们是人类在长期生产、生活实践中直觉（直观）的产物。亚里士多德是逻辑学的创立者。亚里士多德的逻辑学同几何学的产生和发展密不可分。亚里士多德重视逻辑思维，但他也讲到非逻辑思维，讲到 nous（努斯或译直觉、理会）③。亚里士多德认为，科学知识是普遍的、必然的，是建立在逻辑推理的基础上的。逻辑推理需要有前提知识，亚里士多德将它称之为"知识的本原"。作为推理前提的"知识的本原"从何而来？对这一问题的回答，亚里士多德陷入矛盾。一方面，他认为，"我

---

① 现代直觉思维力倡者柏格森在论述直觉论时没有涉及历史上的和他人的直觉思想。《英国美学杂志》主编 H. 奥格本（H. Osborne）于 1979 年在其主编的杂志上发表《论灵感》（中文《国外社会科学》1979 年第 2 期全文译载）一文。文中依历史过程把西方历史上灵感观分为古代的神赐的灵感观、近代的天才的灵感观和现代的无意识的灵感观。作者为美学家，他的灵感论着眼于艺术创作，对哲学史上的直觉论鲜有论及。

② 恩格斯：《自然辩证法·导言》，《马克思恩格斯选集》第 4 卷，人民出版社 1995 年版，第 260 页。

③ 据汪子嵩等著的《希腊哲学史》说，nous 在西方有不同的翻译："intuition"（直觉）、"intutive rseason"（理性直观）、"comprehnsion"（领悟）。该书把努斯理解为"理性直观"，并对亚氏的"理性直观"作了论析，指出："努斯是从个别、特殊的可变事物中直觉地洞悉科学知识的普遍基本前提的能力。""奴斯直观地洞察事物的普遍定义与公理，它们本身不是证明的知识，却是科学知识的首要的原理和终极根据。"人民出版社 2003 年版，第 370—374 页。苗力田主编的《亚里士多德全集》则把 nous 译为"理会"。李匡武在翻译亚氏《工具论》时则把 nous 译为直觉，上述引文为："除直觉外，没有任何东西比科学知识更为真实，了解原始前提的将是直觉。"广东人民出版社 1984 年版，第 256 页。

们必须通过归纳获得最初前提的知识"，另一方面，他更多地则认为它来自于直觉。他说："科学知识不可能通过感官知觉而获得。""直接前提的知识不是通过证明获得的"。"科学知识和理会（nous，引者注：即直觉）是始终真实的。""由于除了理会外，没有比科学知识更为正确的知识，所以把握基本前提的必定是理会。"① 很明显，亚里士多德认为，直觉（或理性直观，或理会）是一种比一般理智更高的认识形式，直接洞悉对象的本质，获得不证自明的知识，获得"知识的本原"。在亚里士多德那里，直觉并不神秘。他只是说出一个基本事实：最初的基本的不证自明的知识来自于直觉。尽管他对直觉没有做更多的理论说明，但"理性直观"这个概念，"后来长期发生重大影响，被不少哲学家、思想家奉为至宝"②。

几何学中的公理来自直觉，这是许多数学家都承认的。研究一下伟大数学家或一般数学家的著作，就可发现，"一些人尤其专注于逻辑"，"另一些人受直觉指引"，前者称为解析家，后者称为几何家，当然两者的区分是相对的③。意大利的伽利略不仅是伟大的天文学家、物理学家，也是数学家和哲学家。"伽利略推崇数学，肯定通过数学可以理解自然、宇宙，是撇开感性经验、信赖理性而重建世界的典范。他漠视经验中之所与（the given），直接诉诸理性直觉，深入透视世界的本质，这为树立理性主义认识论准备了必要条件。"伽利略这方面的思想对近代理性主义的创始人笛卡尔有重大影响④。

笛卡尔是法国17世纪著名的哲学家和杰出的数学家，他十分注重方法论研究。他的《探求真理的指导原则》是他长期思考如何获得真知的方法论结晶。他认为，在已知的各门科学中，只有算术和几何可免除虚假或不确实的缺点。它们之所以这样，是因为用的是直观（intuius 直觉）和演绎。笛卡尔由此推定：我们认识事物而丝毫不必担心会失望的只有两个可靠的途径："直观和演绎。"或如他在另一处所说："若不通过心灵直

①　亚里士多德著，余纪元等译：《工具论》（上），中国人民大学出版社2003年版，第346、302、249、347页。该译本是苗力田主持编译的《亚里士多德全集》单行本。
②　杨适：《哲学的童年》，中国社会科学出版社1987年版，第760页。遗憾的是，受传统的影响，杨适对理性直观持批判的态度。
③　彭加勒：《科学的价值》，辽宁教育出版社2000年版，第3页。
④　葛力：《西方哲学认识论》，中共中央党校出版社1997年版，第116—117页。

观或者通过演绎，就不能掌握真知。"他与亚里士多德一样，认为演绎推
理的"起始原理"，"本身仅仅通过直观而得知"。因而他把直观看得比演
绎更可靠、更重要。他所说的直观是什么？"是纯净而专注的心灵构想"，
"换句话说，意思也是一样，即，纯净而专注的心灵中产生于唯一的光
芒"。他举例说，人人都能用心灵来直观：他存在，他思想；三角形仅以
三直线为界，诸如此类 。笛卡尔反复地说明，直观的发生是纯净的心灵
专注地、不间断地、连续地思维运动的结果。他提出，在考察事物时要多
次地通观全体，精细分辨，由此及彼，熟烂于心。他批评这样的哲学家：
"忽视经验，认为真理可以从他们自己的头脑里蹦出来，就像米纳娃从朱
庇特头脑中蹦出来一样。"① 笛卡尔的直观并不排斥经验，并不神秘，而
是经验中唯一没有失误危险的形式。他提出的心灵的"纯净而专注"，是
要求思维长久专注于对一事物的反复连续地思考而无旁骛杂念。

荷兰杰出的唯物主义哲学家斯宾诺莎同样是一位理性主义者。他与笛
卡尔一样，推崇逻辑演绎，认为只有像几何学一样，人们凭借理性能力，
从最初的几个由直观（直觉）获得的公理和定义出发，通过逻辑的演绎
推理出的知识，才是具有确定性的知识。他用几何学的方法阐述自己的哲
学思想，按几何学的定义、公设、推理和论证的方式来论证实体、上帝、
自然和心灵等命题。他根据心灵的机能把知识分为四类：一是由传闻得来
的知识；二是由泛泛经验得来的知识；三是由推理得来的知识；四是由直
观得来的知识。他认为，直观是："纯粹从事物的本质来考察事物。"数
学家对数学上的某些结果，"是全凭直观得来的，并不经过演算的历程"。
他的结论是："只有第四种知识才可以直接认识一件事物的正确本质而不
致陷于错误。"② 作为一个直观唯物主义者，他不懂得理性的直观（直觉）
源于实践、生活。斯宾诺莎所说的直观，犹如我们现在讲的直觉的一种特
殊形态。他认为，这种直观认识形式的基本特征是直接得来的，而不经过
概念、判断、推理的逻辑过程。

在近代，与理性主义相对立的经验主义同样承认直觉在认识世界中的
重要作用。洛克是 17 世纪英国经验主义的创始人，他反对天赋观念，认

---

① 笛卡尔：《探求真理的指导原则》，商务印书馆 1991 年版，第 10、14、11、22 页。

② 北京大学哲学系外国哲学史教研室编译：《十六——十八世纪西欧各国哲学》，商务印书
馆 1961 年版，第 154—157、160 页。

为一切知识来源于经验，但他也承认直觉的重要作用。他在论述知识的可靠性时把知识分为三等：直觉的知识、证明的知识和对特殊存在物的感性知识。他说："心灵直接从两个观念本身，不必插入任何别的观念，就觉察到这两个观念的符合或不符合；这种知识，我想我们可以称为直觉的知识。……我们全部知识的可靠性和明确性都依靠这种直觉。"① 洛克认为，直觉的知识是最可靠的，理性在证明知识中的每一步都必须有直觉的证明，没有它，我们就不能得到知识和可靠性。他对直觉的特征做了明确的界定：不必借助于任何其他观念而获得知识的认识形式。他所说的直觉主要是指感性的直觉。

在 17—19 世纪的欧洲，无论在哲学上，还是在科学研究中，理性主义、逻辑主义占主导地位。在那时的哲学家、科学家看来，直觉是理性认识世界的一种形式，甚至是一种高级形式。他们并没有赋予直觉以神秘色彩②。把直觉与非理性、神秘主义联系起来是 19 世纪的事。在 19 世纪末 20 世纪初，针对理性主义、逻辑主义暴露出的弊端，西方哲学界出现了非理性主义、非逻辑主义思潮。一些哲学家提倡意志、欲望、生命、情感、无意识，在认识论上提倡直觉、整体、综合，不承认理性可以认识世界本质。一部分自然科学家、伦理学家、美学家也在提倡直觉。

彭加勒是 19 世纪和 20 世纪之交的法国著名的科学家。他在数学研究方面有开拓性的贡献。他也是哲学家，对科学方法论很有研究，他本人有研究数学的直觉体验③。他极力提倡科学直觉，尤其是数学研究中的直觉。他在《数学中的直觉和逻辑》一文中明确地指出：逻辑"是证明的工具；而直觉则是发明的工具"。受传统的逻辑主义的影响，他认为，数

---

① 北京大学哲学系外国哲学史教研室编译：《十六——十八世纪西欧各国哲学》，商务印书馆 1961 年版，第 270 页。

② 西方哲学史上宗教哲学家有关对上帝、神、世界的认识和体悟的理论自然具有神秘的、非理性的性质。笔者对宗教哲学提倡的非理性的神秘直觉无有研究，故在此不论。

③ W. I. B. 贝弗里奇在《科学研究的艺术》中在阐述直觉时引用彭加勒的两个例子："彭加勒讲到，在进行了一段时间紧张的数学研究以后，他到乡间去旅行，不再去想工作了。'我的脚刚踏上刹车板，突然想到一种设想……我用来定义富克斯（Fuchs）函数的变换方法同非欧几何学的变换方法是完全一样的。'又一次，在想不出问题时，他走到海边，然后'想些完全不相干的事情。一天，在山岩上散步的时候，我突然想到，而且想得又是那样简洁、突然和直截了当：不定三元二次型的算术变换和非欧几何的变换方法完全一样。'"见科学出版社 1984 年版，第 74—75 页。

学中的公理来自直觉，逻辑是以直觉为前提、基础的，"纯逻辑永远也不能使我们得到除同义反复的任何东西；它不能创造任何新的东西；任何科学也不能仅仅从它产生出来"。① 彭加勒讲的逻辑，主要是分析逻辑，他对逻辑功能的看法带有很大的片面性。恩格斯早就指出：把形式逻辑或初等数学狭隘地理解为单纯的证明工具是错误的，形式逻辑"首先是探寻新结果的方法，由已知进到未知的方法"②。彭加勒注重直觉的创造性，这是正确的。作为数学家，他认为，"没有直觉，年轻人在理解数学时就无从着手"，直觉"对有创造性的科学家来说，它更是须臾不可或缺的"。他也指出直觉有局限性，"直觉不能给我们以确定性"，"唯有逻辑能给我们以确定性"，因此"逻辑和直觉各有其必要的作用。二者缺一不可"。对直觉如何产生，他没有论及，但他提出"我们有多种直觉"的观点，首先，求助于感觉和想象；其次，通过归纳进行概括；最后有纯粹数的直觉。③ 这说明，直觉的形式是多样的，有不同的层级。笔者以为，直觉形式的多样性不仅表现为不同的层级，更表现为在不同领域有不同的特点和形态，这是彭加勒没有讲的，在后面我们将做适当说明。他在《科学与假设》一书中亦谈到数学中的直觉。彭加勒作为著名数学家，他的直觉论在学术界有很大影响，远在美国留学的冯友兰在述说柏格森的直觉论时就提到彭加勒④。基于直觉在数学中的特殊意义，在 20 世纪，荷兰数学家、逻辑学家布劳维尔（L. E. J. Brouwer, 1881—1966）倡导直觉，开创了以他为代表的直觉主义数学⑤。

直觉认识除突出体现在数学中之外还比较明显地表现在伦理学中。在古代，无论在中国还是在外国，都有人把道德观念、伦理范畴看成是先天的、直觉的。到 19 世纪末，在西方逐渐形成直觉主义伦理学。德国哲学家、伦理学家泡尔生在其主要代表作《伦理学体系》中就明确指出：伦理学之研究方法有两种：经验论与直觉论。他指出："吾人之知识，可别

① 彭加勒：《科学的价值》，辽宁教育出版社 2000 年版，第 13、8 页。
② 恩格斯：《反杜林论》，《马克思恩格斯选集》第 3 卷，人民出版社 1995 年版，第 477 页。
③ 彭加勒：《科学的价值》，辽宁教育出版社 2000 年版，第 10、6、13、9 页。
④ 冯友兰：《柏格森的哲学方法》（1920 年 12 月 31 日），《三松堂全集》第 11 卷，河南人民出版社 1992 年版，第 16 页。
⑤ 见王宪钧著《数理逻辑引论》，北京大学出版社 1982 年版，第 312—315 页。

为二种：一曰得之于经验者，二曰得之于直觉者。直觉之知识，可以数学为模型。盖先立单元，而演绎之以为种种之公理，以理论证明之。""经验之知识则反之。"就伦理学而言："持直觉论者，以伦理学为无关于经验之知识，以为设道德之条目者，不可以恃经验，且亦无待乎经验焉。伦理学中之命令，出于人类之良心，是即天命之性，本具有立法决事之能力者也。且为之说曰，凡人屏除一切经验，而尚有善恶之观念者，事实也。何者为利，何者为害，诚待经验而后知。而何者为善，何者为恶，则于未有经验之前，固已有知。"① 泡尔生本人主张经验伦理学，不赞成直觉伦理学。《伦理学体系》出版后翻译成多种文字。1900 年，日本学者蟹江义丸依据 1899 年纽约英文第 5 版将《伦理学体系》的"序论"和第二篇"伦理学原理"译成日文，以《伦理学原理》为书名出版。我国哲学家、伦理学家蔡元培又将日译文本译成中文出版。由此看来，泡氏《伦理学原理》是一本有影响的著作。青年毛泽东在长沙求学时认真阅读了此书，写了一万两千余字的批语。对上面所引的直觉论，他批写道："此举直觉论者之说。孟轲之义内，王守仁之心即理，似均为直觉论。"② 这表明，在青年毛泽东看来，直觉论并非西方特有，中国古代就有。从整个批语看，毛泽东赞同泡尔生的观点，持经验论，不赞成直觉论。

　　一般伦理学史家都认为，在西方，直觉主义伦理学形成的标志是英国伦理学家。G. E. 摩尔在 1903 年发表了《伦理学原理》。摩尔认为，伦理学的本原问题或首要问题，不是"什么是善的行为"，而是"什么是善"，"什么是恶"。因此，"怎样给'善'下定义这个问题，是全部伦理学中最根本的问题"。怎样给"善"下定义呢？他的回答是："善就是善"，"不能给它下定义，并且这就是我必须说的一切"。他认为，善是不能分析的，是不证自明的，只能靠直觉来认识。他把伦理学的命题分为两类，一类是"除了仅仅它们自身以外，不可能从其他任何真理来推论他们正确的或错误的"；一类是"它的任何答案都是能够予证明或反证的"，因而是不确定的。他把前一类命题称为直觉的结果。他对直觉本身没有研究。什么是直觉？他说："我的意思仅仅是断言它们是不能证明。"他甚至认

① 泡尔生：《伦理学原理》，商务印书馆 1911 年版，第 4—5 页。
② 毛泽东：《〈伦理学原理〉批注》，《毛泽东早期文稿》，湖南出版社 1990 年版，第 119 页。

为：直觉只是为不证自明的一类命题的"真实性而提供的理由"①。善是不证自明的，来自直觉，而正义、应当、义务等道德范畴并不是不证自明的，而是从善推出的。至于什么范畴是直觉的，不同的直觉主义伦理者是不同的，甚至是相反的。直觉主义伦理学不了解伦理学的范畴、概念是人们在社会生活、实践中形成和确证的，并非是先天的不证自明的。

如本章开头所说，对直觉进行专门研究并在哲学界引起大争论的是柏格森。柏格森在1903年发表的《形而上学导言》是专门阐述直觉的论文。柏格森的哲学是生命哲学。他认为，世界的本质是不绝运动的绵延，是生命之流，是生命的不断的创造。他说："实在就是在时间中流动的我们自己的人格，也是绵延的自我。"柏格森所说的绵延本质上是一种主观的意识状态，因此，生命哲学是一种主观唯心主义。在他看来，对世界的本质（或实在），不能靠分析的理智来认识，而只能靠整体的直觉。当时盛行实证科学运用的方法是分析方法，"是运用符号进行研究的"，把对象进行分解，把较复杂的东西归结为较简单的东西，归结为已知要素。他认为，这种实证科学的分析方法对认识具体事物是必要，有用的，但它不能适用于研究世界的本质，不能把握不绝运动的绵延，不能把握绝对。他提出：掌握实在的形而上学方法，"使人置于实在之内，而不是从外部的观点来观察实在，他借助于直觉，而非进行分析。……因此，形而上学就是一门不用符号的科学"。柏格森在这里说的"符号"是指逻辑思维时所使用的概念。他又说："绝对的东西只能在直觉中获得，而其他任何东西则属于分析的范围。所谓直觉，就是一种理智的交融，这种交融使人们自己置身于对象之内，以便与其中独特的、从而是无法表达的东西相合。反之，分析则是一种这样的活动，它把对象归结为已知要素。"他还说："我们的思维可以从运动的实在中引出固定的概念，但是决不能用固定的概念来重新构成实在的东西的可动性。"② 柏格森把直觉看作是与科学研究中的分析方法相对立的思维形式或方法。他指出了当时盛行的片面夸大分析作用的逻辑主义的局限性，这是应该肯定的；但他把整个自然科学研究方法归结为分析方法则显然是片面的。他看到了符号（概念）的局限性，这也有合理之处；但他否认概念在认识世界本质上的意义，否认逻辑

① 摩尔：《伦理学原理》，商务印书馆1983年版，第11—12、3页。
② 柏格森：《形而上学导言》，商务印书馆1963年版，第3—4页。

思维能认识现实，则无疑是错误的①。他指出研究实证科学的方法与研究形而上学（哲学）的方法的区分，这应该肯定。但他夸大了直觉的作用，贬低了理性（逻辑）思维的价值，否认科学的理性（逻辑）思维能认识世界的本质，这应该否定。

　　还应指出，柏格森对直觉这种认识形式不仅限于对世界实在的认识，即哲学的形而上学，而且还推广为一般的实证科学的认识。他指出："一部经过深思熟虑而写出的人类思维史会表明，科学上一切伟大的发现以及形而上学中一切具有永恒价值的东西，都是出于这种扭转（引者说明：依洪谦主编的《现代资产阶级哲学论著选辑》将"逆转"改为"扭转"，所谓"扭转"，即与通常认为的逻辑思维不同的直觉思维）。人类的心灵所使用的最有力的研究方法，即微分分析法，正是由这种扭转而来的。他又说："直觉是发明的根源。"②柏格森从人类思维史视角得出了这样的结论："科学上一切伟大的发现以及形而上学中一切具有永恒价值的东西"都是出于直觉。这一结论，尽管有过分夸大直觉作用之嫌，但它无疑是十分重要的。直觉既然如此重要，为什么它会被科学家们忽视呢？他回答说："其原因就是直觉一经达到，便必须寻求一种适合我们的思维习惯的表达方式和应用方式，以及一种以既定的概念的形式为我们提供我们所迫切需要的坚实的立脚点的东西。……这种运用以及这种逻辑上的改进工作，可以延续于几个世纪，然而创造方法的行为只能持续于一个瞬间。因此，我们往往把科学的逻辑工具当作科学自身，却忘记作为其余一切的发生的根源的形而上学的直觉。"③柏格森的这一说明是合理的。用我们今天易懂的话说是：在认识过程中，直觉的发生是短暂的，甚至是一个瞬间，在此之后，还要把直觉的结果用逻辑方式加以表达和证明，使之成为一个坚实可靠的理论，而这一逻辑思维的证明过程，需要很长时间，花费

---

　　①　列宁在《哲学笔记》里曾指出："运动是（时间和空间的）不间断性和（时间和空间的）间断性的统一。""如果不把不间断的东西割断，不使活生生的东西简单化、粗糙化，不加以碎，不使之僵化，那么我们就不能想象、表达、测量、描述运动。思维对运动的描述，总是粗糙化、僵化。不仅对运动是这样，而且对任何概念也都是这样。"《列宁全集》第38卷，人民出版社1963年版，第283、285页。柏格森只看到运动的不间断性，否认有间断性一面；只看到逻辑思维运用概念在描述运动的简单化、僵化的一面，而否认人能描述、反映运动的一面。

　　②　柏格森：《形而上学导言》，商务印书馆1963年版，第31—32页。

　　③　同上书，第33页。

很大的工夫。正是这种情形，我们只看到逻辑工具在科学研究中的作用，却忘记了作为创新根源的直觉。笔者以为，今天许多研究者仍然犯有柏格森所指出的错误：忽视甚至忘记了直觉。

什么是直觉？柏格森说："所谓直觉，就是一种理智的交融，这种交融使人们自己置身于对象之内，以便与其中独特的、从而是无法表达的东西相合。"他对直觉的这种界定直接与他本人是文学家（他曾获1927年度诺贝尔文学奖）密切相关。根据自己的亲身体验，他指出："作家可以给他的主人翁的性格加上各种各样的特征，可以任其所好地描绘主人翁的言行举止。但是，如果我有一刹那使自己与主人翁本身同一起来，我就会体验到一种单纯而不可分割的感受，这种感受是与作家的上述这一切描述不等值的。对我来说，人物的言行举止之出自这种不可分割的感受，犹如涓涓不息的源头。"他在总结自己的直觉论时再次说道，作家在文学创作时，"假如主题已经过详细研究、材料已收集齐全，笔记都已作就"，但为创作，作者还要有"非常艰苦的努力"，"使自己直接处于主题的核心中，尽可能深入地寻得一种我们唯一需要自己寻得的冲动"。一旦得到冲动，就文思喷发，不可遏止，创作出感动人的作品。柏格森论述的这一过程，可以说是每一个作家在创作过程中都经历过的。真正的作家不是一个旁观者，他本人必须要融入故事过程，犹如身临其境，与作品中的主人翁有同甘苦、共命运之感。所以他说：直觉能力"并无任何神秘之处。在一定程度上，每个人都有机会运用这种能力"。他由自己文学创作过程中的亲身直觉体验进而推断到对世界本质的哲学认识。他说："形而上学的直觉看来与此相同。"① 柏格森强调"直觉是认识主体置于对象之内的理智的交融"，这是把作家创作过程中的特殊直觉形态普遍化的结果。自然科学家的直觉，数学家的直觉，就谈不到将自己置于对象之内的"理智的交融"，而只是把认识对象看成是独立于主体之外的客观存在，反复加以考察与思索。柏格森强调直觉是认识主体置于对象之内的理智的交融，与中国古代朱熹讲的"体认"是"将自家这身入那事物里面去体认"、"是置心在物中，究见其理"（《朱子语类》卷九十八）有契合之处。科学家的直觉虽谈不到将自己置于对象之内的"理智的交融"，但它要求科学家全身心地投

①　柏格森：《形而上学导言》，商务印书馆1963年版，第2、40页。

入，以至达到物我两忘的境地。

直觉从何而来？柏格森强调："谁都可以由直觉而通达分析，但是却不可能由分析而通达直觉。"不过，在直觉的来源上，他则十分明确地说："文学作品中的文献和笔记，相应于实证科学所汇集起来的观察和实验的总和。因为，除非我们通过长期与实在的外部表现的接触而了解到它的秘密，我们就不能由实在获得直觉。""形而上学的直觉只有通过物质的知识而获得。"① 很清楚，直觉来自于长期与实在的接触，来自于长期的观察和实验的总和，来自知识的积累和综合。直觉离不开科学的实验和逻辑思维。他也认为，科学直觉"只能借助于天才之力"②。这是就直觉能力而言，而非指直觉的来源。确实每个人的直觉能力的不同固然同后天的努力有关，但也与每个人的先天素质密切相连。

直觉是"一种理智的交融"，这是柏格森多次讲的。这一直觉的界定表明，直觉是理智的一种认识方式，直觉既不是非理智的，更不是反理智的。把柏格森的直觉论说成是非理性主义或非理性的，显然是不恰当的。柏格森提出："科学和形而上学在直觉中结合起来了。一种真正的直觉哲学必能实现科学和哲学的这种渴望已久的统一。它既使形而上学成为一种实证科学，即成为一种愈来愈进步的并且可以不断地完善的科学；同时它又使真正的实证科学能意识到它们的真实范围远比它们所想象的要大。"他还提出："并不存在两种根本不同认识事物的方法，不同的科学起源于形而上学。"③ 他的这些论述涉及哲学与具体科学的关系、直觉思维与逻辑思维的关系、哲学能否成为科学等重要问题，如何评析，学术界会有不同见解，在此不论。但有一点可以肯定，他的直觉思维与逻辑思维两种认识方法应当统一、结合的思想是可取的。"哲学可以成为不断地完善的科学"的观点也值得否定哲学可以成为科学的学者们思考。在《形而上学导言》之后的《创造进化论》（1907 年）等著作中，柏格森更多的是强调直觉和理智（智慧）是两种不同的认识能力，认为直觉适合生命，理智适合物质，只有直觉才能认识生命之流（绵延），认识世界的本体，直

---

① 柏格森：《形而上学导言》，商务印书馆 1963 年版，第 22、40—41 页。
② 同上书，第 33 页。
③ 同上。

觉高于理智①。

柏格森的直觉论在当时的哲学界、科学界引起很大的反应。一些推崇逻辑主义、机械主义的哲学家、科学家公开著文反对，认为柏格森的直觉论是非理性主义，毫无价值②。在这方面逻辑主义者罗素可称为典型代表。罗素从柏格森提出直觉论之时起就加以反对。1920 年，他来中国讲学时还向中国学者表达反对邀请柏格森来中国讲学的意向。罗素认为："他（柏格森）的盛名是骗巴黎的时髦妇人得来的。他对于哲学可谓毫无贡献；同行的人都很看不起他。"③ 罗素在《西方哲学史》（1945 年）中仍称柏格森的哲学为反理智哲学，"这种哲学靠着理智的错误和混乱发展壮大"，"宁可喜欢坏的思考而不喜欢好的思考"，"把一切愚蠢的错误者看作显示理性的破产和直觉的胜利"④。尽管有人反对，柏格森的直觉论还是在 20 世纪初就传到中国，对中国哲学的发展产生重要影响，这一点我们将在后面说到。

在讲到西方现代直觉论时，不能不讲到意大利哲学家、美学家克罗齐。克罗齐把直觉理论运用于美学，提出了直觉即表现，直觉即艺术，形成直觉美学理论。我国著名美学家朱光潜在《西方美学史》中对此有系统的评介，在此从略。

在 20 世纪，许多科学家，包括一些著名的诺贝尔奖获得者，充分肯定直觉在科学研究中的创造性作用。爱因斯坦是最具有代表性的人物。在1909 年 9 月 21 日召开的德国自然科学家协会第 81 次大会上，爱因斯坦在做有关辐射的本质的学术报告中说：光量子理论的方案，"由于对它的直觉性对我似乎特别具有说服力"⑤。1918 年 4 月，他在普朗克 60 岁生日庆

<hr>

① 柏格森在《创造进化论》中说：直觉超越智慧，"但帮助直觉达到目前高度（即认识生命本质）的动力还是来自智慧。如果没有智慧，直觉将依然处在本能的形式中"（商务印书馆2004 年版，第 149 页）。由此看来，把柏格森的直觉论说成是反理智的观点，显然不符合事实。

② 1921 年商务印书馆出版了额略第（Elliot）著、陈正谟和刘奇译的《近代科学与柏格森之谜妄》一书。兰克斯特（F. Ray. Lankester）在 1912 年为该书写的序中说："我觉得柏格森所著充满荒诞的各种书都是无价值的东西，使其读者浪费时间，淆乱思想。"该书作者站在机械论立场上批评柏格森哲学，批评直觉论。

③ 见丁文江《玄学与科学》，《科学与人生观》，山东人民出版社 1997 年版，第 51 页。

④ 罗素：《西方哲学史》（下），商务印书馆 1983 年版，第 360 页。

⑤ 爱因斯坦：《辐射的本质和组成的观点的发展》，《爱因斯坦文集》第 1 卷，商务印书馆1976 年版，第 63 页。

祝会上又说："物理学家的最高使命是要得到那些普遍的基本定律，由此世界体系就能够利用单纯的演绎法建立起来。要通向这些定律，并没有逻辑的道路。只有通过那种以对经验的共鸣的理解为依据的直觉，才能得到这些定律。"① 1931 年，他在通信中说："我相信直觉和灵感。"② 他始终认为：从经验材料中是归纳不出普遍原理的，"这两者之间没有一条逻辑的道路"。"一般地可以这样说，从特殊到一般的道路是直觉性的，而从一般到特殊的道路则是逻辑性的。"③ 受传统的影响，爱因斯坦对逻辑的看法是否全面，这可以讨论，但他对直觉的认识是正确的，这是基于自己的亲身体验及他人的经验提出的。著名的理论物理学家、日本第一位诺贝尔奖（1949 年）获得者汤川秀树同样十分注重直觉，注重科学方法论研究。他根据自己的经验和体验，出版了《创造力和直觉》一书。他认为，仅有逻辑思维抽象力还不够，它必须同直觉和想象力相结合。他说："单靠逻辑是什么也干不成的。唯一的道路就是直觉地把握整体，并且洞察到正确的东西。"④ 德国的著名物理学家、诺贝尔奖（1954 年）获得者玻恩也说过："实验物理的全部伟大发现都是来源于一些人的直觉。"⑤

在 20 世纪，有些重视科学方法论研究的科学家对直觉思维进行了专门的研究。W. I. B. 贝弗里奇在《科学研究的艺术》（1953 年第 2 版）一书里把直觉专列为一章加以阐述。他在这一章的开头就肯定前人在直觉课题上所做出的宝贵贡献。他列出的科学家有：美国化学家普拉特（Platt）和贝克（Baker），法国数学家彭加勒（Henry Poincare）和哈达马（Hadamard Jacques），美国生理学家坎农（W. B. Cannon）和心理学家华勒斯（Graham Wallas）。他承认，他在写本章时，"援引了普拉特和贝克著作中的材料，他们两位用填写调查表的方式就这个题目调查了很多化学家"。"直觉"全章共分"定义与实例"、"直觉心理学"、"探索与捕获直觉的

① 爱因斯坦：《探索的动机》，《爱因斯坦文集》第 1 卷，商务印书馆 1976 年版，第 102 页。
② 爱因斯坦：《论科学》，同上书，第 284 页。
③ 爱因斯坦：《特殊和一般，直觉和逻辑》，《爱因斯坦文集》第 3 卷，商务印书馆 1979 年版，第 490—491 页。
④ 汤川秀树：《创造力和直觉——一个物理学家对东西方的考察》，复旦大学出版社 1987 年版，第 42 页。
⑤ 玻恩：《论物理实在》（1953 年），《我这一代物理学》，商务印书馆 1964 年版，第 183 页。

方法"和"科学鉴赏力"等部分①。贝弗里奇本人是一位自然科学家，他的论述，既有科学史上诸多直觉创新的生动事例，又有精到严谨的理论分析。这是笔者读到的对自然科学中直觉思维研究的最好阐述。遗憾的是他不熟悉哲学和哲学史，因而他只研究了自然科学研究中的直觉思维，未能涉及哲学家的直觉论。这似乎也有点代表性，在柏格森之后，直觉主义并没有在西方哲学中盛行，倒是在一部分自然科学家那里，直觉却备受青睐。

总之，直觉是西方哲学的一个重要范畴。西方的主流哲学认为，直觉是一种不凭借概念、推理而直接把握对象本质的一种理性思维形式。逻辑推理的前提，不证自明的公理和创造性的思想，来自于直觉。直觉思维与逻辑思维互相依存。由于逻辑主义占主导地位，直到20世纪，哲学家才对它进行了专门的研究，形成了直觉论，并运用于数学、伦理学、美学等方面。

（二）中国哲学直觉论

直觉作为人类思维的一种形式，并非西方人特有。与西方民族一样，古代东方民族同样具有很强的直觉思维能力，古代东方哲人在研究如何认识世界过程中也必然会涉及直觉这种认识形式或思维方式。现在国内外学术界普遍认为，中国古代哲学重整体、重直觉，西方哲学重分析、重逻辑。

在论述中国古代直觉思想时，首先要讲到的自然是道家的创始人老子。老子哲学的中心范畴、最高范畴是道。道的含义诸多：产生万物的总根源；隐藏在万物后面的本体；万物运动的总规律等。老子肯定规律的客观性，强调认识规律的重要性。规律是在运动发展过程的重复产生中表现出来的，是变中之不变，老子称之为"常"。他说："知常曰明"，不认识规律的蛮干，在实践中就会失败，遭惩罚，这就是所谓"不知常，妄作凶"（《老子》第十六、五十五章）。如何认识世界万事万物？他认为通过"观"。他说："以身观身，以家观家，以乡观乡，以邦观邦，以天下观天下。"（《老子》第五十四章）老子还不可能认识到通过实践（行）去认

---

① 贝弗里奇：《科学研究的艺术》，科学研究出版社1984年版，第72—85页。

识世界①，但他提出的按照事物本身来"观"事物的总原则无疑是可贵
的。他认为，道无形相，视之不见，听之不闻，博之不得，不可言说，非
一般的感觉、名言所能认识。如何认识道？他指出，对玄之又玄道的认识
也是通过"观"。他说："常无欲以观其妙，常有欲以观其徼。"（《老子》
第一章）如何观道？老子对认识的主体提出了要求，他说："致虚极，守
静笃，万物并作，吾以观复。"（《老子》第十六章）"致虚极"，就是要
求认识主体没有任何私欲、杂念、成见，以便做到客观的"观"事物
（如"以天下观天下"）。"守静笃"，就是要求认识主体要冷静地思考问
题。"致虚极，守静笃"是说，认识主体只有做到虚极、静笃，才能从世
界万物的纷繁复杂的运动中"观"到其中反复显现的规律，即道。怎样
做到"致虚极，守静笃"？老子提出"涤除玄览（鉴）"（《老子》第十
章），就是要把主体的私欲、杂念、成见都去掉，犹如把鉴（镜子）上的
尘污清洗掉。在此，笔者要强调老子对"前识"的批评，因为这是为历
来众多研究者所忽视了的。老子说："前识者，道之华也，而愚之始也。"
（《老子》第三十八章）前识者，前人之认识也。老子认为，前识不过是
对道的华而不实的认识。因而，虚极、玄览的内容之一就是要去掉前识，
不要让前识成为获得新的认识的障碍（"愚之始"），从而做到一切从现实
出发，亦即所谓"大丈夫处其实而不居其华"。在老子看来，前识会妨碍
客观地"观"。从人的实际认识过程看，前识确实有两重性。前识是前人
认识的成果，是今人获得新的认识的起点。任何人的认识离不开前识，但
前识又可能是创新的障碍，正所谓"尽信书不如无书"（孟子语）、"书愈
读愈蠢"（毛泽东语）是也。老子把一切前识简单地视为"道之华"、
"愚之始"，这无疑是片面的。但他指出，前识有局限性，迷信前识，心
中充满前识，就不能获得新的正确认识，这无疑是深刻的。"前识者，道
之华也，愚之始也"，惊世骇俗，不仅具有解放思想、破除迷信的实践意
义，而且也有认识论的意义。

　　老子提出"致虚极，守静笃"、"涤除玄览"并非是要认识主体的头
脑绝对空虚、清静，而只是要求抛弃成见杂念，专心精思。他提出"执

---

　　① 《老子》说："不出户，知天下；不窥牖，见天道；其出弥远，其知弥少。……圣人不行
而知，不见而名，不为而成。"（第四十七章）又说："塞其兑，闭其门，挫其锐，解其纷，和其
光，同其尘，是谓玄同。"（第五十六章）

（抱）一"的原则。他说："圣人执（抱）一，以为天下式（牧）。"
（《老子》第二十二章）如何理解"执一"？历来注家的解释不一。笔者
以为，《管子》的《心术》和《内业》提供了对"执一"的最好注解。
《心术下》说："专于意，一于心，耳目端，知远之证。能专乎？能一乎？
能毋卜筮而知吉凶乎；能止乎？能已乎？能毋问于人而自得于己乎？故
曰，思之思之，不得，鬼神教之（引者按：《内业》篇为"思之思之，又
重思。思之不通，鬼神将通之"）。非鬼神之力也，其精气之极也。一
气（戴望本注：专一其气）能变曰精，一事（戴望本注：专一其事）能
变曰智。……执一之君子执一而不失，能君万物，日月之与同光，天地
之与同理。"《心术》及《内业》的这些话的意思是说：在认识事物时要专
心思索，思之思之，又重思之，但思索不通，受阻，无结果，忽然间通
了，这看起来似乎是鬼神通的，其实是专心思索的结果，是执一的结果。
笔者认为：这里的"执一"就是专一深思[①]。"思之不通，鬼神将通之"，
这实际上是指认识过程中由感性认识向理性认识的飞跃，是认识过程的中
断，是突然而来的直觉。古人不理解这种飞跃、中断，故而说"鬼神教
之、通之"。笔者以为：上述论述是我国哲学史上对直觉的最早的说明。
《心术》及《内业》的作者是无神论者，他们把"鬼神"看成是"精气
专一之极"的结果。他们反对用卜筮定吉凶的神秘主义，强调在认识事
物时不靠他人，不靠卜筮，而要靠自己，靠专心思索，思之思之，又重思
之。笔者以为《心术》及《内业》的思想与《老子》的虚极、静笃、执
一是相通的，前者是对后者的继承和发展。

　　我们在把握老子认识论时要把"观"、"玄览"、"致虚极"、"守静笃"
和"执（抱）一"统一起来理解，不能仅孤立地抓住其中的一点。倘若统
一地看，老子的认识论就不难理解，也不神秘。老子确实有贬低经验，过
分强调主体的虚、静、执一的倾向，片面强调直觉的作用。但从总体上讲，
他把观与思结合起来，突出思的作用，因而不能简单地认为老子的认识论
是神秘主义、非理性主义，也不能认为老子的观是经验的、反理性的直观。
在老子的时代，易经、五行思维方式占统治地位，从上层统治者到下层的
老百姓，一切皆由卜筮定吉凶。老子反对传统的思维方式，强调"玄览"、

---

　　① 若依"圣人抱一"说，在道家那里"抱一"也是"精思固守"的意思。见《辞源》对
"抱一"的释文，商务印书馆 1986 年版，第 2 册，第 1241 页。

"执一（抱一）"，这是中华民族认识史上的一大进步，有利于整个民族抽象思维能力的提高。一个民族，倘若在认识世界、思考问题时总离不开龟、蓍等工具，总离不开卦、爻等具体图式，那就会严重影响思维的抽象能力的提升和发展，尤其是逻辑思维能力的提升和发展。从这方面看，历史上对《周易》的推崇，有碍于中华民族抽象思维能力的提升和发展。

庄子发展了老子的直觉思想。与老子一样，庄子认为，道是无形无相的，不可闻，不可见，不可言，不可传，因此不是通过感觉、思虑所能认识。如何认识道，庄子吸取了老子和《管子·心术》虚、静的思想。他说："万物无足以铙（挠）心者，故静也。水静则明烛须眉，平中准，大匠取法焉。水静犹明，而况精神，圣人之心静乎！天地之鉴也，万物之镜也。""夫虚静恬淡寂漠无为者，万物之本也。"（《庄子·天道》）他认为，虚则静，静则明。如何做到静心？他提倡，"斋以静心"，即是心要专于一，忘掉一切杂念，以至"忘吾四枝形体"（《庄子·达生》）。他又说："唯道集虚，心斋也。""虚室生白。"（《庄子·人间世》）《庄子·知北游》篇专门讨论如何认识道，其中说道："齐（斋）戒疏瀹而心，澡雪而精神，掊击而知。""无思无虑始知道，无处无服始安道，无从无道始得道。"庄子还主张"坐忘"，"堕肢体，黜聪明，离形去知，同于大通（道）"（《庄子·大宗师》）。庄子没有继承老子重视思索的"执一"思想，他排斥思虑（"无思无虑"），提倡通过心斋而虚静的方式达到道。庄子的这种直觉具有神秘主义性质。但庄子在对具体事物道的认识上，并不神秘，而是注重实践，注重经验①。要注意庄子对整体世界道的直觉和对

---

① 庄子的思想是复杂的。他认为，道是普遍存在于万事万物的，人要做好具体的事，同样要认识具体事物的道，否则就不能获得成功，达到自由自在的境界。《庄子》一书中的"庖丁解牛"、"轮扁斫轮"、"痀偻承蜩"、"削木为鐻"、"捶钩豪芒"等故事，都说明要得到具体事物的道，非要下一番苦工夫不可，非要经过长期、有的甚至要几年几十年的潜心钻研不可。《庄子·达生》有这样的故事：梓庆是一位做一种叫鐻的乐器的大师。人们见到他做的鐻，惊叹为鬼斧神工。他何以能做到这样？梓庆说：我做鐻的时候，"未尝敢以耗气，必斋以静心。斋三日，而不敢怀庆赏爵禄；斋五日，不敢怀非誉巧拙；斋七日，辄然忘吾有四枝形体也"。达到了忘掉这一切的时候，然后入林，观树木的质地，察树木的形状，见有合适做鐻的料，才动手做，否则不动手。这样，"以天合天，器之所以疑神者，其由是与！"很明显，这里所说的"斋以静心"，毫不神秘。《庄子》书中不少类似的故事表明，对具体事物的直觉和精湛的技艺：一需要长期的实践，庖丁用三年，捶钩者用二十年；二需要专心致志的思索，"以神遇而不目视"，"得之于手而应于心"。从这方面看，庄子有关对具体事物上的直觉并不神秘。

具体事物道的直觉的区分。

人的逻辑思维离不开概念，人的思维成果离不开用名词、概念来表达。但名词、概念在思维过程中，在表达思维成果时，又有局限性。中国古代哲人早已认识到言与思的矛盾和言与意的矛盾。老子就说："道可道，非常道；名可名，非常名。"（《老子》第一章）他又说："知者不言，言者不知。"（《老子》第五十六章）在老子看来，道是玄之又玄的，普通的语言、名词不能言说和表达，能言说和表达的不是根本的道，而是具体事物的道。庄子进而提出："道不可言，言而非也。知形形之不形乎？道不当名。"（《庄子·知北游》）他又说："意之所随，不可言传。"（《庄子·天道》）老庄主张直觉思维是同他们的道不可道、道不可名、道不可传的思想密切相关的。庄子把言与意的关系比做手段与目的关系。他说："筌者所以在鱼，得鱼而忘筌；蹄者所以在兔，得兔而忘蹄；言者所以在意，得意而忘言。"（《庄子·外物》）"得意而忘言"的观点，庄子本人似乎并不完全赞成（"吾安得夫忘言之人而与之言哉！"），但它对魏晋玄学影响甚大。

魏晋玄学继承和发展老庄的直觉思维。玄学代表人物王弼，在本体论上"贵无"，在认识论上"体无"。他在《老子注》中说："凡有皆始于无。"（一章注）"有之所始，以无为本。将欲全有，必返于无。"（四十章注）如何认识作为世界本体的无？王弼则明确提出"体无"的概念，把"体"作为认识道的一种方式①。他认为，世界的本体为无，无形无相，不可言说，只能以体悟的方式去把握、体会。他说："圣人体无，无又不可训，故不说也。"②他又说："（圣人）以无为君，不言为教。"（《老子注》二十三章注）王弼提出"体无"的概念对后世有较大影响，为宋儒所发挥，"体"成为一个认识论的范畴，认识世界本体的一种方式。他在《周易略例·明象》中对象、言、意的关系做了阐述，对庄子的"得意而忘言"和《周易》的言、象、意三者的关系有所发挥。他提出："夫象者，出意者也。言者，名象者也。尽象莫若言。""言者所以明象，得象而忘言。象者所以存意，得意而忘象。"他进而又得出："得意

① 庄子已说到"体道"。他在《刻意》篇末说："能体纯素，谓之真人。"他在《知北游》中讨论如何认识道时又说到"体道者"。但他还没把"体"作为认识道的形式。
② 何劭：《王弼传》，见《三国志·钟会传》注。

在忘象，得象在忘言。"从现代观点看，言（概念）在思维过程中有两重
性，既是思维的工具，有达意、存意的一面，又有妨碍创新和不能尽意的
一面，片面执言，可能以言害意。王弼的"得意在忘言"，则否认言（概
念）、逻辑思维在得意过程中的作用；"得意而忘言"则忽视了得意后意
本身还须言来表达、论证和传达。在言与意的关系上，"得意在忘言"、
"得意而忘言"的直觉思想忽视了对直觉结论的逻辑表达和证明。这种思
想有碍于逻辑思维和形式逻辑的发展。

　　老庄的直觉思想在隋唐道教哲学中得到进一步发展。重玄宗是道教中
以"重玄"思想注解老子《道德经》而闻名于世的一个学派。唐代重玄
宗最重要的代表人物成玄英认为："道以虚通为义。"道不可言说、不可思
虑，"常道者，不可以名言辩，不可以心虑知，妙绝希夷，理穷恍惚"。
至道虚寂，妙绝名言。如何得道？他认为通过静修。修行人灵府寂泊，
"自守虚静，则道心坚固，不可拔也"。① 成玄英的修心得道显然不是为了
认识世界的本质和规律，而是为了达到一种真人的境界，是一种主客体冥
合为一的神秘体验。重玄宗另一重要人物李荣也认为：玄之又玄的道，是
虚寂的，无形无象，不可言说，"无劳言教，悟至理"，"得意忘言，悟理
遗教，言者不知。"他认为，认识道的真髓，在于"体道忘言"、"悟理遗
教"②，即排斥概念、逻辑思维的神秘体悟（直觉）。唐代道教影响最大者
是茅山宗代表人物司马承祯。他在所著《坐忘论》中对道教修炼方法做
了系统论述，其中对直觉多有涉及。如前所述，"坐忘"原为庄子提出，
是一种达到物我两忘、道通为一的神秘境界的修炼方法。魏晋玄学对
"坐忘"有所发挥。司马承祯则在道家思想的基础上吸取了佛教的修炼方
法，形成《坐忘论》。他继承前人虚静思想，明确提出："静则生慧，动
则成昏。"修养就是涤除被染习的心，使心一无所染，一无所有，达到心
虚、心安。"心安而虚，道自来居。""心为道之器宇，虚静至极，则道居
而慧生。"③ 虽然有"静则生慧"的说法，但从总的看，道家、道教哲学

---

　　① 成玄英：《道德经开题序决义疏》第 1 卷，第 1—2 页；第 5 卷，第 11 页。转引自卿希
泰主编：《中国道教史》（修订版）第 2 卷，四川人民出版社 1996 年版，第 175、177、179 页。

　　② 李荣：《老子注》，转引自卿希泰主编：《中国道教史》（修订版）第 2 卷，四川人民出
版社 1996 年版，第 200—201 页。

　　③ 司马承祯：《坐忘论》，转引自卿希泰主编：《中国道教史》（修订版）第 2 卷，四川人
民出版社 1996 年版，第 227 页。

的直觉目的不在认识世界的本体和规律，而是为了达到万物一体、道通为一的心理体验和神秘的精神境界。

中国哲学中对直觉有专门篇章阐述的是佛教哲学。佛教源于印度，印度佛教重直觉思维。传说释迦牟尼有一次单身端坐在菩提树下，苦思人生解脱之道。经过数昼夜冥思苦想，忽然大彻大悟，发现了宇宙人生的奥秘，找到了解救众生苦难之道，创立了佛教。这一传说告诉人们，佛教的产生同直觉有关，甚至从某种意义上说，佛教是直觉的产物。佛教从两汉之际传入中国，到隋唐时期，逐渐中国化。在这一过程中，佛教哲学家在吸取道家和道教哲学直觉思想的基础上逐渐形成了具有中国特点的直觉思想。

僧肇是东晋时期的一位重要佛教哲学家。他由老庄的道家哲学转向佛教哲学，他的哲学是当时玄学和佛学的结合。他认为，世界万物，"非有非真有，非无非真无"，亦即有非真有，无非真无，"有无称异，其致一也"。因此，不必执著非有非无，有无皆不真，不真即空，世界本身是"万物之自虚"。这就是不真空论（《肇论·不真空论》）。如何得道，认识世界本体？他在《不真空论》的最后说了这样两句话："道远乎哉？触事而真。圣远乎哉？体之即神。"这是说，道并非远不可及，身边的事事物物都有道；要成圣人也不远，只要去"体"就可得道。他的《般若无知论》则是专论认识论的，是对"体之即神"的展开，体现了他的直觉论。"般若"为印度佛教的专用名词的音译，指能洞察真理的最高智慧。僧肇认为，般若所认识的对象，是"无相无名，乃非言象之所"，是"实而不有，虚而不无，存而不可论者"。如何认识？他吸取道家思想，指出："圣人虚其心而实其照，终日知而未尝知也。故能默耀韬光，虚心玄监（鉴），闭智塞聪，而独觉冥冥者矣。"他强调的是圣人无知无虑，虚静玄监，因而"圣人以无知之般若，照彼无相之真谛"。这就是所谓的"知即无知，无知即知"，"般若无知而无不知"（《肇论·般若无知论》）。可见，僧肇的直觉论虽然引了不少佛教经典，但骨子里是排斥言象的道家直觉思想。

佛教内部宗派林立，其中以唐朝慧能创立的禅宗的顿悟直觉论最有代表性，影响也最大。在慧能之前，顿悟成佛说早已有之。东晋南朝佛教哲学家竺道生提倡一切众生，皆有佛性，皆可成佛，即便是一阐提（断绝善根者），也有佛性，也可成佛。如何修行成佛，当时流行的是须经过一定阶段的渐悟说。竺道生则倡导顿悟说。他提出："夫象以尽意，得意忘象；言以诠理，入理则息言。……若忘筌取鱼，始可与言道矣。"正是在此基础上，他研思因果，"酒立善不受报，顿悟成佛"。① 这清楚地表明，竺道生的顿悟说与庄子的"得意忘言"说有密切关系。他认为，真理玄妙，不可分，只能通过顿悟的方式才能照极获得。由顿悟得到的是"见解"，是真理；由传闻得到的是"信解"，不是真理。顿悟发生，信解就失去作用，这是自然之数，犹如果子熟了就会自然掉下。竺道生首创顿悟说，但他并不否认信解（渐悟），而是认为顿悟必须借助于"信解"。

　　唐朝禅宗六祖慧能进一步阐发了顿悟说。慧能是彻底主观唯心论者。他成为禅宗六祖的名偈云："菩提本无树，明镜亦非台；本来无一物，何处若尘埃！"（《坛经·自序品第一》）他认为，万法尽在自心，要识得万法，得到真如本性，只需自识本心，明心见性。"智慧观照，内外明彻，识自本心。若识本心，即本解脱。"因此，他反复说：般若即智慧，"菩提般若之智，世人本自有之，只有心迷，不能自悟，须假大善知识，示导见性"。佛性人人皆有，本无差别，只缘迷悟不同，所以有愚有智。"念念不愚，常行智慧，即是般若行。一念愚即般若绝，一念智即般若生。"凡夫与佛，就在一念之间，"前念迷即凡夫，后念悟即佛。"他强调主体内心修养，自我觉悟。他说："不悟即佛是众生，一念悟时，众生即佛。"若悟得解脱，无染无杂，就来去自由（《坛经·般若品第二》）。如何才能明心见性，一悟成佛？慧能认为佛性、真如人人有，只是为尘世的欲望迷，为了自识本心，只须排除一切杂念。因此，他说："此法门立无念为宗。""於诸镜上，心不染，曰无念。"（《坛经·定慧品第四》）怎样才能无念，还是靠传统的坐禅、禅定。他说："无障无疑，外于一切善恶界，心念不起，名为坐；内见自性不为动，名为禅。""外离相为之禅，内不乱为之定。"通过禅定，"自见本性清净，自修自行，自成佛道"（《坛经·妙行品第五》）。慧能宣扬以"无念为宗"，通过坐禅，达到无念，即能见自性，即能成佛。这种顿悟说显然是一种非理性的神秘主义，是广大劳苦大众进入天堂佛国的最简易的廉价入门券。慧能提倡人人皆有佛性，人人皆能靠自己成佛，反对烦琐的修行，提倡顿悟成佛，这是佛教史上的一次变革。从哲学上讲，他高扬了主体能动性、人性平等和直觉论。经慧

---

① 释慧皎撰，汤用彤校注：《高僧传·竺道生传》卷七，中华书局1992年版，第256页。

能的阐扬，顿悟说成为一个有影响的学说。与道教的直觉一样，佛教的顿悟说也是一种获得人生解脱的直觉伦理，而非认知客观规律、客观真理的认知直觉。佛教顿悟说对宋明哲学有重要影响。

老子说："为学日益，为道日损。"（《老子》第四十八章）老子尊道，而对学持否定态度，甚至说"绝学无忧"（《老子》第二十章）。因此，在认识论上，老子强调直觉。孔子则不同，他是教育家，一生主要以教书为职业，从事的是为学。《论语》第一句就是"学而时习之，不亦说乎！"他虽然承认有"生而知之"，但他强调的是学而知之，提倡博学于文，学而不厌。他主张学与思结合。他说："学而不思则罔，思而不学则殆。"（《论语·为政》）可以认为，一部《论语》鲜有论及直觉。到了孟子，情况有所变化。孟子主张："万物皆备于我，反身而诚，乐莫大焉。"（《孟子·尽心上》）他说："仁义礼智，非由外铄我也，我固有之也。"因此"学问之道无他，求其放心而已矣"。他认为："耳目之官不思，而蔽于物"，"心之官则思，思则得之，不思则不得也。"（《孟子·告子》）孟子突出"思"的作用是有意义的。他提出的"专心致知"成为一个广泛引用的成语典故。他的思是强调反求于心："尽其心者，知其心，知其心则知天。"（《孟子·尽心上》）如何尽心？他没有明确讲。但他提出"养心"。他说："养心莫善于寡欲。"（《孟子·尽心下》）总的看，孟子的"思"主要是反求内心，通过道德修养，尽心、知性、知天。孟子是道德先验论者，主张仁义理智根于心，有不学而知的良知良能。就孟子的道德论而言，如青年毛泽东在《〈伦理学原理〉批语》中所写的，可视为直觉道德论。

儒家认识论讲学与思、知与行，《大学》讲"格物致知"，《中庸》讲"博学之，审问之，慎思之，明辨之，笃行之"。在很长时期里，儒家的这些思想是与道家、佛家的直觉思想相对立的。孟子以后的儒家哲学，很少有论及直觉的。到了宋明时期，出现了儒、佛、道三家的融合。在认识论上，儒家哲学家吸取佛、道的直觉论。这一时期儒家哲学家注重"体悟"和"豁然贯通"的直觉形式。

张载是唯物主义者，认为人的认识源于现实世界，"人谓己有知，由耳目有受也；人之有受，由内外之合也"。他强调心在认识世界中的作用，"大其心则能体天下之物，物有未体，则心为有外。世人之心，止于闻见之狭。圣人尽心，不以见闻梏其心"。他注重体、悟。他说："体物体身，道之本也，身而体道，其为人也大矣。""能以天体身，则能体物也不疑。"（《正蒙·大心篇》）如何体道体物，他没有讲。他又说："学贵心悟，守旧无功。"（《经学理窟·义理》）"理不在人皆在物，人但物中之一物耳，如此观之方均。故人有见一物而悟者，有终身而悟之者。"（《张子语录》上）张载讲体、悟，但不赞成顿悟。他说："穷理亦当有渐，见物多，穷理多，如此可以尽物之性。"（同上）他不讲"豁然贯通"之类的话，而这正是在他之后的程颐、朱熹反复所讲的。

宋明时期理学家讲得最多的直觉形式是"豁然贯通"。程颐认为："天下物皆可以理照。有物必有则，一物须有一理。"如何通过具体的物认识一般的理？他在解释"格物致知"时多次说："凡一物上有一理，须是穷致其理。""须是今日格一件，明日又格一件，积习既多，然后脱然自有贯通处。"（《河南程氏遗书》卷十八）"人要明理，若止一物上明之，亦未济事。须是集众理，然后脱然自有悟处。"（《河南程氏遗书》卷十七）在程颐的语录中，"脱然贯通"、"豁然觉悟"等类似说法甚多，这是中国哲学中关于直觉的典型说法，是对《心术》、《内业》篇中"思之思之，又重思之。思之不通，鬼神将通之"的一种较为准确的表达，也是对佛教哲学顿悟思想的扬弃。"脱然贯通"实质是毛泽东在《实践论》中所说的思维在感性认识向理论认识过程的飞跃，也是在反复思索诸多个别时发生的向一般的飞跃。

程颐继承了儒家注重思的传统，强调深思。他说："为学之道，必本于思，思则得之，不思则不得也。""不深思则不能造于道，不深思而得者，其得于失。"他对前人"无思无虑而得者"作了这样的解说："以无思无虑而得者，乃所以深思而得之也。以无思无虑为不思而自以为得者，未之有也。"（《河南程氏遗书》卷二十五）程颐的这一论述是深刻的。在发生"脱然贯通"之时，即直觉之时，确实"无思无虑"，但它的产生则来自于长期的深思，离开了思虑，不可能有直觉。有学生问："张旭（引者注：唐代大书法家，以狂草闻名于世）学草书，见担夫与公主争道，及公孙大娘舞剑，而后悟笔法，莫是心常思念至此而感发否？"程颐回答："然。须是思方有感悟处，若不思，怎生得如此？然可惜张旭留心于书，若移此心于道，何所不至？"（《河南程氏遗书》卷十八）《遗书》的这一记载，文字虽不多，却是古籍中少见的有关直觉的具体记述。它生动地说明：（一）直觉发生是由于认识主体长时期专注于某一方面的实践或问题的研究；（二）必须深思、常思，这样方能思有感悟处，产生飞跃，获得新的体会、创见；（三）直觉具有普遍意义，从对具体事、物规律的认识，到对世界整体规律（道）的认识都适用。

宋明理学集大成者朱熹进一步发挥了二程的"脱然贯通"思想。朱熹在这方面的经典表述是他对"格物致知"所做的解释，其中说道：在即物穷理时，"至于用力之久，而一旦豁然贯通焉，则众物之表里精粗无不到，而吾心之全体大用无不明矣"（《〈大学〉章句注》）。他认为，要做到豁然贯通，需要积累。他说："这一件理会得透，那一件又理会得透，积累多，便会贯通。"（《朱子语类》卷四十四）"格物多后，自然豁然有个贯通处。"（《朱子语类》卷九十八）朱熹的这些说明是对认识过程的一种总结，豁然贯通是建立在格物基础上的，是对感性材料长期思索的飞跃。朱熹对张载的"体认"也有发挥。他认为，"体认"、"体物"之"体"，与"体、用"之体不同。"此是置心在物中，究见其理，如格物、致知之义。"有人问："体物""是将自家这身入那事物里面去体认否？"朱熹回答："然。犹云'体群臣'也。伊川曰'天理'二字，却是自家体贴出来的，是这样的'体'。"（同上）他用"格物致知"来释义"体认"，其中强调"置心在物中"。如前已说到的，朱熹的"置心在物中"与柏格森的"人们自己置身于对象之内"的说法完全相契，其意是指认识主体要全身心地投入认识之中，以至达到忘我的境界。

宋明时期，陆王心学是与程朱理学相对的另一重要学派。我国学术界普遍认为，程朱理学的直觉论是向外的，格物致知；陆王心学的直觉论是向内的，明心见性。陆象山（九渊）发挥孟子的"万物皆备于我"，首创心学。他提出："宇宙便是吾心，吾心便是宇宙。"（《杂说》）在认识论上，他继承孟子的尽心知性知天的思想。他说："人心至灵，此理至明，心皆具是理。"（同上）"所贵乎学者，为其欲穷此理，尽此心也。"（《与李宰相书》）如何尽心？他的答案还是孟子的"养心莫善于寡欲"。他说，吾心之良，吾所固有也。良知不能自保，是由于人欲之害，"欲去则心自存矣"（《拾遗》）。有人问："先生之学，当来自何处入？"陆九渊回答："不过切己自反，改过迁善。"（《语录》）这样，陆九渊把认识问题完全归结为道德修养。他批评朱熹的今日格一物、明日格一物是"支离事业"，终将"沉浮"；而自己的"切己自反"是"易简工夫"，终成"久大"。受佛、道的影响，他主张静坐直觉。《语录》中有陆的学生詹阜民有关静坐直觉一事的记载："他日待坐，无所问。先生（陆九渊）谓曰：'学者能常闭目亦佳。'某（即詹阜民）因此无事，安坐瞑目，用力操存，夜以继日，如此者半月。一日下楼，忽觉此心，已复澄莹中立。窃异之，遂见先生。先生曰：'此理已显。'"学生又说：往日，他读张南轩的《洙泗言仁》，"考察之，终不知仁，今始解矣。"（《语录》）这一记载，说明当时的一部分儒家学者受到当时佛、道静坐直觉论的影响。

宋明心学的集大成者王阳明更是推崇内向直觉。王阳明在本体论上主张"心外无物"、"心外无理"，在认识论上主张"致良知"。他对"格物致知"做了新的解释："所谓致知格物者，致吾心良知于事事物物也。吾心之良知即所谓天理也。致吾心良知之天理于事事物物，则事事物物皆得其理也。"（《答顾东桥书》）王阳明先于康德二百多年提出，心为事事物物立法，为道德立法。从伦理学上看，他是典型的直觉道德论者。他说："知是心之本体，心自然会知。见父自然知孝，见兄自然知弟，见孺子入井自然知恻隐，此便是良知。"（《传习录上》）王阳明推崇向内直觉，自然是由他的本体论决定的，同时，这也与他自己亲历直觉的体验"龙场悟道"有密切关系。据《王阳明年谱》记载，王阳明37岁时因反对宦官刘瑾，被贬黜到偏远荒凉的贵州龙场。在龙场，他"日夜端居澄默，以求一静；久之，胸中洒洒，而从者皆病。""（王阳明）因念：'圣人处此，更有何道？'忽中夜大悟格物致知之旨，寤寐中若有人语之者，不觉呼跃，从者皆惊。始知圣人之道，吾性自足，向之求理于事事物物者误也。乃以默记《五经》之言证之，莫不吻合，因著《五经臆说》"。王阳明"龙场悟道"的这些文字记载是对一个哲学家的根本哲学观念（至于观念是否正确，则另当别论）产生的直觉过程的完整记述，其中有：（一）直觉发生之前的主体状态："日夜端居澄默，以求一静"，"久之，胸中洒洒"。（二）直觉发生之时的主体状态："忽中夜大悟格物致知之旨，寤寐中若有人语之者，不觉呼跃。"（三）直觉的结论："圣人之道，吾性自足，向之求理于事事物物者误也。"（四）直觉发生之后的主体工作：对直觉的结论及时进行逻辑论证，"乃以默记《五经》之言证之，莫不吻合，因著《五经臆说》"。如前所述，西方有自然科学家通过直觉思维而做出科学发现过程的诸多记载，但未见哲学家对哲学观念的直觉思维记录。《王阳明年谱》的这一哲学史上著名的"龙场悟道"的生动、具体、完整记载，是研究直觉思维的十分珍贵、十分经典的史料，值得重视。

明清之际，宋明理学、心学和佛教哲学、道教哲学受到王夫之等哲学家的批判，经世致用的实学兴起，认识论中重直觉的思潮消退。

到了 20 世纪初，随着西学的大规模输入，西方直觉论也随之引进，中国古代直觉论与西方直觉论逐渐交融。在 19 世纪末 20 世纪初，严复是介绍西学最力者、影响最大者。中国古代并无"直觉"一词，此词是对 intuition、intuit、inspration 等英语的汉语翻译。严复在 1900—1902 年间翻译《穆勒名学》（1905 年版）时未将 intuition 译为"直觉"，而是译成"元知"①。该书中有这样的译文："人之得是知（引者按，指'真实无妄之知'）也，有二道焉：有径而知者，有纡而知者。径而知者谓之元知，谓之觉性；纡而知者谓之推知，谓之证悟。故元知为智慧之本始，一切知识，皆由此推。""推知可妄，故名学言之；元知无妄，故名学不言。"② 穆勒是经验者，推崇归纳，但也因袭亚里士多德以来的传统，认为逻辑推理的前提——元知是由直觉得来的、无须证明的、不妄的。穆勒所说的推知即由逻辑推理而获得的知识，须要证明。严复肯定穆勒对元知与推知的区分。他也赞成穆勒对先验良知说的批评，指出："良知与元知绝异，穆勒之论乃辟良知，非辟元知。元知与推知对，良知与阅历之知对。"③ 严复在英国留学时，西方哲学界和科学界还没有对直觉引起特别的关注和讨论。严复本人对元知（直觉）了解不多，也没有评论。

梁启超也是积极介绍西学的思想家、哲学家。他在 1901 年 12 月 1 日的《清议报》上发表《烟士披里纯（INSPIRATION）》一文，介绍和述说灵感（直觉），但他用的音译。他对灵感做了这样的描述："突如其来，莫之为而为，莫之致而至者。若是者我自忘其为我，无以名之，名之曰'烟士披里纯'（INSPIRATION）。"又说："'烟士披里纯'之来也如风，人不能捕之，其生也如云，人不能攫之，虽然，有可以得之之道一焉，曰至诚而已。更详言之，则损弃百事，而专注于一目的，忠纯专一，终身以事之也。"④ 梁启超不是从认识论上阐述灵感，而是从历史学、社会学上讲灵感对社会历史的作用。他的叙述，文笔优美，情感洋溢，当然也不免

① 严复：《〈穆勒名学〉中西名表》，《严复集》第 4 册，中华书局 1986 年版，第 1070 页。

② 严复：《穆勒名学》，商务印书馆 1981 年版，第 5 页。

③ 严复：《穆勒名学》部乙篇五夹注，商务印书馆 1981 年版，第 218 页。

④ 梁启超：《烟士披里纯（INSPIRATION）》，《梁启超哲学思想文选》，北京大学出版社 1984 年版，第 69、71 页。

夸大其词。他认为历史上千古英雄豪杰"惊天地泣鬼神之事"，皆为"烟士披里纯"之鼓动。不过从他的论述中可显现，灵感（直觉）有以下特点：一是突然发生；二是时间很短，一刹那间；三是长期专注一事，至诚尽心。他把西方的 INSPIRATION 与中国古代的至诚相连，但未涉及现今学术界所认为的中国哲学中的直觉思想。

直觉在我国哲学界引起注意、重视和研究，是同柏格森哲学在我国的介绍密切相关的。1913 年，钱智修在《东方杂志》第 10 卷第 1 号发表了《现今两大哲学家学说概略》一文，介绍布格逊（柏格森）和郁根（倭铿）两人的哲学思想，其中说："近年以来，欧美各国，咸感物质文明之流梏，而亟思救正，故哲学家之持论，亦一更常轨。历史派与实验派之说，渐成腐臭；而直觉说与唯灵说，乃代之而兴。"钱智修的这一文章可能是在我国最早介绍柏格森直觉论的文字。

在新文化运动时期，受东邻日本的影响，我国的思想家和学者们关注东西文明比较。陈独秀在 1915 年 12 月发表了《东西民族根本思想之差异》一文。他着眼于从思想、伦理方面对东西文明进行比较，因而在文中并没有论及直觉、理智的问题。1918 年 7 月，李大钊发表了《东西文明根本之异点》一文。他参考和吸取了陈独秀和外国学者的思想，赞同当时盛行的"西方文明主动，东方文明主静"的观点。他用简洁、对应的"一为……，一为……"句式列举东方文明与西方文明的十五个方面的不同，其中说道："一为因袭的，一为创造的；一为保守的，一为进步的；一为直觉的，一为理智的；一为艺术的，一为科学的。"[1] 东方文明为直觉的，西方文明为理智的，这一观点也许不是李大钊首次提出的，但它代表了当时一种流行观点。对这一观点，李大钊没有论证。笔者也没见到他人的论证，这很可能是有的学者对东西文明差异的一种直觉式的感想表达。这种观点实质上把直觉与理智简单对立起来，不认为直觉是理智的一种特殊形态。

到 20 世纪 20 年代，随着柏格森哲学影响的扩大，一部分哲学家开始重视直觉。梁漱溟是这一时期"第一个倡导直觉最有力量的人"[2]。他在

① 李大钊：《东西文明根本之异点》（1918 年 7 月 1 日），《李大钊文集》（上），人民出版社1984 年版，第 557—558 页。
② 贺麟：《宋儒的思想方法》（1942 年），《哲学与哲学史论文集》，商务印书馆 1990 年版，第 175 页。

《东西文化及其哲学》一书中用柏格森的直觉哲学来读解孔子，反复述说孔子的仁就是直觉，孔子很排斥理智，中国哲学的方法为直觉的①。然而他对中国哲学上的直觉思想没有论述。他把孔子说成任直觉而反理智，这不符合历史实际。他把直觉理解为一种意味精神、体验，一种反功利的人生态度，这也是似是而非的、片面的。不过，他认为，感觉（现量）、理智（比量）、直觉（非量）是构成知识的三种不可缺少的成分，这一点是合理的，打破了西方哲学感性、理性的二元认知结构。他强调直觉的作用，认为世界未来的走向是任直觉，这是为他的尊孔论所做的主观主义论证，并不可取。

梁漱溟的直觉论对熊十力建构新唯识论有重要影响。熊十力把人的认识能力分为理智与性智两部分。他认为，科学研究的对象是本体显现的万象，所凭借的是理智。哲学研究的对象是本体，所凭借的是性智。西方哲学重理智，靠思辨。中国哲学重性智，靠证会、体认、修养。理智、思辨讲分析，不能获得世界本体，对世界本体的把握只能靠中国的证会、体认、修养。他创立的新唯识论的根本宗旨在于通过体认、修养，证会本体，获得本体，给人以安身立命的根本。他主张中西哲学交融："西哲思辨，须与东圣修养冶于一炉，始可得到本体。"② 熊十力是 20 世纪中国哲学家中对体认、修养的重要意义阐扬最力的一位哲学家。但他仅仅把对本体的体认归结为德性修养，即王阳明的"即工夫即本体"，而对如何体认、修养，则无更多论述。③

① 梁漱溟：《东西文化及其哲学》（1921 年），《梁漱溟全集》第 1 卷，山东人民出版社 1989 年版，第 452—453、504 页。

② 熊十力：《新唯识论》，《熊十力全集》第 3 卷，湖北教育出版社 2001 年版，第 545 页。

③ 熊十力不赞成柏格森在《创造进化论》中把"直觉似与本能并为一谈"，从而否认他的体认、性智与柏格森的直觉说有相似之处。熊十力本人也不用直觉一词。但他承认新唯识论吸取了西方哲学，其中包括生命哲学。因此从实质上讲，柏格森的直觉论与熊十力的性智、体认论这两者之间无疑有一致之处。熊十力讲的性智、体认实质上是直觉。张岱年正是从熊十力哲学中认为中国重直觉。熊十力对灵感有所论及。他说："凡学问家之创见，其初皆由倏然神悟而得。但神悟之境，若由天启，其来既无端，其去亦无纵，譬尔灵思自动，事物底通则，宇宙底幽奥，恍若冥会。然此境不可把捉，稍纵即逝。必本此灵感，继续努力，甄验事物，精心析之，而观其会通。又必游心于虚，不为物挂，方令初所倏悟得以阐发，得以证实，而成创见，且推衍为系统的知识。如虽有灵机，恒任乍兴乍灭，而无所努力，久之心能亦渐弛废，尚有何发现可耶?"（《十力语要·与高硒庄》，《熊十力全集》第 4 卷，湖北教育出版社 2001 年版，第 137 页。）熊十力对灵感的创造性、灵感的特点、灵感与思辨关系等的论述大体正确。

　　冯友兰、胡适重视逻辑、重视理性，同时也介绍柏格森的直觉论，承认直觉的价值，但他们只是介绍而已。他们在自己的中国哲学史著作中几乎不提中国哲学史上的直觉思想。

　　对中国哲学史上直觉思想作较为系统梳理和研究的首推张岱年。张岱年的《中国哲学大纲》同胡适、冯友兰等著的中国哲学史不同，它以哲学问题为纲来整理和论析中国哲学。受熊十力的影响，张岱年认为，中国哲学的特点之一是"重了悟而不重论证"，中国哲学中的"体认"与西方的"直觉"是"同义的名词"。他在"致知论"（即通常说的"知识论与方法论"）中认为，老子、庄子的"体道"，荀子及《周易》、宋明时期的邵雍、张载、程颐、朱熹等人的"体物或穷理"，孟子及陆九渊、王阳明的"尽心"，都是直觉法①。在论述致知论（尤其是其中的方法论）时，他着力挖掘了中国哲学史上的直觉思想资料（如他后来所说，那时把一些不是直觉的资料也当成直觉了），但未能对直觉做现代的阐释。张岱年没有把中国佛教哲学列入中国哲学的范围，因而他的致知论也无中国佛教哲学的直觉论，这是一个缺憾。

　　在 20 世纪前半期，我国对直觉做出最有价值阐述的哲学家则是新心学的提倡者贺麟。1942 年，贺麟在综合中西哲学直觉论的基础上对直觉做了精辟的论述。他认为，宋儒，无论朱（熹）陆（象山）两派，其思想方法均系我们了解的直觉法。他对梁漱溟把直觉仅仅看作一种态度而不是一种方法的观点进行了质疑。他认为："直觉是一种经验，复是一种方法。所谓直觉是一种经验，广义言之，生活的态度，神契的经验，灵感的启示，知识方面的当下顿悟或触机，均包括在内。所谓直觉是一种方法，意思是谓直觉是一种帮助我们认识真理，把握实在的功能或技术。"他进而对直觉的这两方面的特点、价值做了扼要说明。他批评否认直觉、把直觉视为反理性反理智的错误观点，全面论述了直觉方法与抽象理智方法的关系。他指出，直觉法"是一种基于天才的艺术，而此种艺术之精粗工拙仍须以训练学养之酣熟与否为准"。直觉的结果，犹如实验的结果一样，不一定都正确。"直觉的方法是不断在改进中，积理愈多，学识愈增进，涵养愈酣熟，而方法愈随之逐渐愈为完善。"他把直觉方法区分为先

---

　　①　张岱年：《中国哲学大纲》，《张岱年文集》第 2 卷，清华大学出版社 1990 年版，第 8、605、574 页。

理智的与后理智的两类。"先用直觉方法洞见其全体,深入其微,然后以理智分析此全体,以阐明此隐微,此先理智之直觉也。先从事于局部的研究,琐屑的剖析,积久而渐凭直觉的助力,以窥其全体,洞见其内蕴的意义,此是后理智之直觉也。"贺麟的这种区分是形式上的,但它说出了直觉与理智的关系。事实上,任何直觉的发生都是在实践、实验、生活的基础上对研究对象思之思之、又重思之而发生的,它不是凭空洞见对象的本质和全体,而以理性的逻辑思维为前提;直觉发生后,理智还要对直觉的结果进行逻辑的分析、证明和实验的检验。他正确地指出:"无一用直觉方法的哲学家而不兼采形式逻辑及矛盾思辨的。同时亦无一理智的哲学家而不兼用直觉方法及矛盾思辨的",他又说:"形式的分析与推理、矛盾思辨法、直觉三者实为任何哲学家所不可缺一,但各人之偏重略有不同罢了。"这一结论无疑是正确的。其实不仅哲学家是这样的,科学家、政治家、军事家、艺术家、发明家同样都是这样。因为,人的思维包含知性思维(形式逻辑)、辩证思维(辩证法)、直觉思维和形象思维等多种形式。贺麟反复说:直觉不是反理智反理性的方法,真正的哲学的直觉方法,"须兼有先天的天才与后天的训练,须积理多,学识富,涵养醇,方可逐渐使成完善的方法或艺术"。① 他认为,直觉方法的种类甚多,大致有"向内反省"与"向外透视"两大类。宋儒陆象山代表前者,朱熹代表后者。他对宋儒的两种方法的同异做了论析。笔者认为:"贺麟对直觉的论述是他哲学中有价值的思想之一,高出于同时期的其他哲学家。"② 当时马克思主义者把贺麟的直觉论视为神秘主义加以批判是明显的错误③。

直觉在文学家、艺术家的创作过程表现为灵感。如何看待艺术创作过程中的灵感,郭沫若有一段十分精彩的文字:"灵感在英文称为'烟士披里纯',以前的人对于这种东西看得神乎其神,现今的人视为神秘主义加以批判,差不多把它骂成狗屁胡说。这东西到底有没有呢?如有,到底是需要不需要呢?在我看来是有的,而且也很需要。不过这种

---

① 贺麟:《宋儒的思想方法》(1942 年),《哲学与哲学史论文集》,商务印书馆 1990 年版,第 179、180、181、183 页。

② 许全兴等著:《中国现代哲学史》,北京大学出版社 1992 年版,第 459 页。

③ 见胡绳的《一个唯心论者的文化观》(1942 年 9 月 21 日),《胡绳全书》第 1 卷上。

现象并不是什么灵魂附了体或是所谓'神来'，而是一种新鲜的观念突然使意识强度集中了，或者先有强度的意识的集中而获得了一种新鲜的观念，而又积累地增加着强度意识的集中度的那种现象。这如不十分强烈的时候，普通所谓诗兴，便是这种东西。如特别强烈，可使人作寒作冷，牙关发战，观念的流如狂涛怒涌，应接不暇，大抵有个这种经验的作家，便以为这种现象为灵感了。我自己也有这样的经验的，因而我并不想一味骂斥灵感。我毋宁认为，诗人的努力应该是怎样来诱发灵感。"灵感怎样发生？他接着写道："忠于一种正确的思想即真理，以这为生活的指标，而养成自己的犀利的正义感，因而能极端地真挚地憎与爱，这便是诱发灵感的源泉。你的生活范围越大，你的灵感的强度也就越大，你如能以人民大众的生活为生活，以人民大众的感情为感情，那你的灵感便是代表人民大众的。更进一步的努力便是要用人民大众语言来巧妙地记录这种灵感。"① 这些论述既是作者亲历的经验总结，也是对以往历史上有关灵感的一种总结。这些论述说明：（一）作家、艺术家的灵感源于生活，源于人民大众的生活；（二）作家、艺术家要忠于真理，要有理性的头脑，高度专注于创作题材；（三）作家、艺术家要有强烈的爱憎分明的情感；（四）作家、艺术家要用人民大众的熟悉的艺术语言记录这灵感，使之成为艺术佳作。

受罗素等人的反柏格森直觉论的影响，我国有一部分哲学家、科学家也简单地把直觉与理性对立起来，把直觉论视为非理性主义、神秘主义而加以批判。在科学与人生观问题论战中，玄学派主张人生观起于直觉，科学派中多数人对此则持批判态度。在这一时期，马克思主义者杨明斋却承认直觉。他在批判《东西文化及其哲学》时指出，梁漱溟并不了解直觉，梁漱溟讲的直觉与柏格森的直觉不一样。杨明斋并不否定直觉这种认识形式，他把直觉视为中国哲学的悟性。他说："直觉这种东西似中国所说的那种'悟性'的作用。中国常说'恍然大悟'，开博思说他是'顿悟的结论'，这话有理。他既是'悟性'的作用，那么感觉以后非经过想象、记忆、经验等的时间。"他认为，在认识过程中，"应该感觉为先，理智次之，而直觉为最后"。他不赞成梁漱溟所说的孔子、儒家任直觉的观点。他说："总起来说，儒家用理智比较用直觉多得多。"他强调理智的作用，

---

① 郭沫若：《诗歌的创作》，《文学》1944 年第 2 卷第 3、4 期。

认为直觉离不开理智，直觉随理智发达而发达。他说："理智发达高明的民族，他的直觉就随着增高。譬如，不研究哲学的人，他的直觉怎能够像柏格森那样悟到宇宙万物之进化是有新的分子增加！不研究数学的民族，怎能够如爱因斯坦氏那样悟到相对（论）的原理。"[①] 马克思主义者杨明斋在 1924 年就有这些认识，是难能可贵的。

在 20 世纪 30 年代至 70 年代，我国的马克思主义哲学界对直觉基本持否定的批判态度[②]。到了 20 世纪 80 年代初，科学家、哲学家钱学森提出研究思维科学，其中包括对灵感（顿悟）的研究。他指出："创造性思维中的'灵感'是一种不同于形象思维和抽象思维的思维形式。文艺工作者有灵感，科学技术工作者也有灵感，它是创造过程所必需的。凡是有创造经验的同志都知道，光靠形象思维和抽象思维不能创造，不能突破；要创造要突破得有灵感，而灵感出现于大脑高度激发状态，高潮期为时很短，瞬息即过。"又说："灵感是综合性的。"[③] 他认为思维科学体系的基础科学包括抽象（逻辑）思维学、形象（直感）思维学、灵感（顿悟）思维学[④]。

经钱学森等人的大力提倡，我国诸多学者从思维科学、科学哲学、心理学等方面对直觉（灵感）进行了广泛的研究，并取得丰硕成果。一些中国哲学史研究者大力发掘、阐发中国哲学史上的直觉思想。有的学者在研究中国传统思维方式时对历史上直觉思维做了系统的梳理和分析。有的学者在研究儒家、道家、佛家诸流派的哲学时分别探究和阐述各家的直觉思想。遗憾的是时至今日，我国的马克思主义哲学界对直觉没有给予应有的重视，对思维科学、科学哲学、心理学等在直觉研究上取得的成果未能

① 杨明斋：《评中西文化观》，北京印书局 1924 年版，第 54、62、74 页。

② 苏联科学院哲学研究所编著的《马克思主义哲学原理》（1958 年版）教科书对直觉持否定态度（人民出版社 1959 年版，上册，第 340—341 页）。到 20 世纪 60 年代，苏联哲学界对直觉的态度有了根本的变化。科普宁的《马克思主义认识论导论》（1966 年）虽然仍批判柏格森的直觉主义，但承认直觉这种认识现象，把直觉视为认识运动的飞跃、渐进过程中的中断（见中译本，求实出版社 1982 年版，第 195—202 页）。1972 年以后出版的《马克思列宁主义哲学原理》教科书对直觉做了肯定性的阐述。凯德洛夫认为：直觉是一种创造性思维（见《论直觉——凯德洛夫答〈科学与宗教〉杂志》，中文《国外社会科学》1980 年第 6 期）。

③ 钱学森给吴廷嘉、沈大德同志的信（1980 年 7 月 1 日），见刘奎林著《灵感》，黑龙江人民出版社 2003 年版，第 1—2 页。

④ 钱学森：《关于思维科学》，《关于思维科学》，上海人民出版社 1986 年版，第 20 页。

吸取和概括。我国现行的哲学教科书对直觉鲜有论及。

（三）直觉综合论

以上对西方哲学和中国哲学直觉思想的梳理自然是极其粗略的、极不完整的。下面结合当代的研究，对前人的直觉思想做一综合的阐述，并发表个人的一点儿看法。

直觉是一种重要的创新思维形式。人类为了生存、发展，必须改造世界，而为了有效地改造世界，就必须认识世界。人类只能在认识世界中改造世界，在改造世界中认识世界。人类如何认识世界？就认识过程而言，大致可分为感性和理性两大阶段。人由眼、耳、鼻、舌、身等获得的只是感性认识，它还不能认识世界的本质和规律。人还须凭借大脑的思维对感性材料加以加工制作，科学抽象，才能把握认识对象的本质和规律，这就是理性认识阶段。思维就把握对象的本质和规律的形式而言，则可分为逻辑思维和非逻辑思维。逻辑思维又可分为知性思维（形式逻辑）和辩证思维（辩证逻辑）。非逻辑思维则可分为直觉思维、形象思维等。知性思维、辩证思维、直觉思维、形象思维各有其自己的特点、任务，无高低之分，不可互相代替①。在现实的思维过程中，尤其是在创造性思维过程中，它们密切相连，不可分割，相辅相成，形成一个完整的思维。一般地说，在日常的生活、学习、工作中，逻辑思维是基础，起主导作用，非逻辑思维则处于辅助地位。在某些情况下，因思维的对象不同、思维的任务不同，某一种思维形式则可能凸显出来，起主导作用。如，在对世界整体的哲学认识时，直觉思维起着主导作用；在对具体事物的本质和规律探究时，逻辑思维起主导作用，而当逻辑思维受阻不通时，非逻辑思维则起主导作用；文学家艺术家在进行文学艺术的创作时，形象思维则占主导地

---

①　侯才在《论悟性——对中国传统哲学思维方式和特质的一种审视》一文中认为中国传统哲学以悟性（直觉）思维为特质，悟性是感性与理性的统一。它既同感觉主义、经验主义、直觉主义相对立，又同理性主义、逻辑主义、思辨主义相对立。因此，感性、理性、悟性是人类认识的三种要素或三个主要层次。三者都是人类认识固有的，不可缺少的。见《哲学研究》2003年第1期。笔者则认为，直觉（悟性）思维是理性思维之一种，并非是感性与理性的统一，也并非高于理性思维。再者，知性思维（形式逻辑所研究）与辩证思维（辩证法所研究）也是人类思维所不可或缺的两种思维方式，无高低之分，不可互相代替。

位。从人类认识史看，哲学家们对知性思维、辩证思维、直觉思维、形象思维的研究和认识有一个过程，不同的哲学家也会有不同的偏好。两千多年来，西方哲学家们长期研究的重点则是逻辑思维（先是知性思维，之后才是辩证思维）。他们对逻辑思维过程中的概念、判断、推理、分析与综合、归纳与演绎、抽象与具体等思维形式、思维方法有了系统的、深入的研究，形成了形式逻辑和辩证逻辑（辩证法）。直到了 20 世纪初，随着片面强调逻辑思维（尤其是片面强调逻辑分析）的局限性日益暴露，有些西方哲学家和科学家开始提倡直觉思维，注意研究直觉思维，甚至认为只有直觉思维才能把握世界的本体，只有直觉思维才有创造性，逻辑只是证明的工具。中国哲学（尤其是道家哲学和佛教哲学）偏重于直觉，但中国哲学讲直觉主要是为了追求得道、成仙、成佛的神秘境界，而不是为了把握对象的本质及其规律。中国哲学家常常把直觉变为道德修养的一种方式，形成直觉伦理学。

从认识论讲，直觉这种思维是在由感性认识向理性认识飞跃过程中发生的。在科学研究中，研究者为研究和认识某一对象，通过实践、实验和生活，获得了大量的、丰富的感性材料，然后运用概念、判断、推理等思维形式和分析与综合、归纳与演绎等思维方法对丰富的感性材料进行加工、制作，产生认识上的飞跃，由现象深入到本质，由个别上升到一般，从而获得对认识对象的本质和规律的认识。科学认识上的重大发现，往往是一个十分艰难的探索过程，在许多时候，仅靠逻辑思维难以实现飞跃，即如中国古人所说"思之不通"，需要"思之思之，又重思之"，从而"通之"，实现飞跃，达到所谓"豁然贯通"，"众物之表里精粗无不到，吾心之全体大用无不明"。但认识过程中飞跃的时间是短暂的，有的甚至只是一瞬间。飞跃所得的结论，并非是逻辑思维的直接结果，往往具有模糊性、不确定性。这种直觉的飞跃有时往往又是在逻辑思维过程之外受到某种偶然因素的启示而无意中突然发生的，带有一点神秘性。这种直觉的结果打破常规逻辑，具有创造性。人类认识史，尤其是科学技术史表明，直觉是重要的创新思维形式。

直觉作为创新思维的一种重要形式具有普遍性，无论是对自然界的认识，还是对社会、人自身的认识；无论是对某一具体对象的具体认识，还是对整个宇宙整体的哲学认识，都是适用的。自然科学家在科学研究中由直觉获得重大发现的事例甚多，在此不再赘述。这里要说明的是直觉与哲学认识的关系。如前所说，中国哲学的直觉主要是对世界本体的体悟，老子、庄子、王弼、成玄英、司马承祯、慧能、张载、程颐、朱熹、陆象山、王阳明等从不同方面讲了自己的认识和体验。柏格森否认理智能认识世界本体，这显然不对，但他强调"形而上学中一切具有永恒价值的东西"是直觉结果，这有其合理性。哲学是时代精神的精华，民族精神的结晶，文明的灵魂，这是今天哲学家们普遍承认的。笔者认为，哲学家对时代精神、民族精神、文明灵魂的获得和把握，对时代重大哲学问题的提出和解决，主要不是靠逻辑思维，而是靠对实践、生活和历史的反思和体悟。哲学的结论、原理、规律具有最大的普遍性、必然性、绝对性，它们主要不是通过逻辑的归纳、综合得出的，而是哲学家在实践、生活中长期思考和体悟的结果。真正的哲学家，无不具有很强的直觉能力。哲学的命题、原理（如：世界是物质的抑或世界是精神的、世界是运动的抑或世界是静止的等等），不论其正确与否，主要不是逻辑思维的结果，而是直觉的结果。哲学家通常是先有对某哲学问题的直觉观点、结论，然后再进行概念的界定，逻辑的分析和证明，构建其理论体系。

　　直觉也是认识社会的重要思维形式。前面提到的梁启超的《烟士披里纯（INSPIRATION）》一文主要是讲社会活动方面的直觉。政治家、军事家有时确实凭直觉做出重大决策。1971 年 4 月，毛泽东邀请美国乒乓球队访华就是典型的一例。1971 年，第 31 届世界乒乓球赛在日本名古屋举行。在因"文化大革命"而中断参加世界乒乓球赛后，毛泽东决定派遣我国乒乓球健儿恢复参赛。4 月 3 日，外交部、国家体委就是否邀请美国乒乓球队访华一事写报告给国务院总理周恩来。报告认为目前时机还不成熟。4 日，周恩来圈阅同意，并报送毛泽东审批。毛泽东也圈阅同意。他十分关注世界舆论对我乒乓球代表团参赛一事的反映。4 月 4 日，美国乒乓球选手格伦·科恩在乒乓球馆练球后，找不到车，错上了中国乒乓球队的汽车，受到中国队员的欢迎，并得到世界乒乓单打冠军庄则栋赠送的礼物。在中美关系处于敌对的僵局状态时，这一花絮引起了国际舆论的注意。毛泽东赞赏庄则栋做得好。6 日，毛泽东让身边工作人员、医生吴旭君把圈阅过的文件退回外交部办理。吴旭君后来回忆道：那些天，我的直觉告诉我，主席总是有些心事。文件退走后的当天晚上，主席要提前吃安眠药。晚 11 点多，吃完晚饭，由于安眠药的作用，他已经困极了，趴在桌子上似乎要昏昏睡去，可就是不肯躺。过了一会儿，他突然说话了，嘟嘟哝哝的，听不清楚说什么。听了半天，我才听出来，他要我去给王海容（当时的外交部副部长）打电话，声音低沉、含糊地说："邀请美国队访华。"如果是平时跟他不熟悉的人是根本听不懂的。邀请美国队访华这一决定跟白天退走的文件正好相反。主席曾经跟我交代过，他说他吃了安眠药后的话不算数。那么现在交办这件事的话算不算数？吴旭君想方设法让毛主席确认他说的"邀请美国队访华"是否算数。主席说："算，赶快办，要不就来不及了。"吴旭君回忆说：我意识到，毛主席做出了最新决定①。毛泽东"邀请美国乒乓球队访华"的决策，打开了中美两国人民交往的大门，"乒乓外交"带来"小球转动大球"的效应，成了世界外交史上的美谈。毛泽东这一决策是他及中央有关领导同志对1969年以来国际关系变动研究的结果，决非一时的冲动，这是无疑的，吴旭君的文章对此做了具体的记述和分析。但也无可否认，这一决策并非是逻辑思维的直接产物，而是在昏昏欲睡状态时的直觉思维的结果。这与德国有机化学家凯库勒在半睡眠状态发现苯环状结构很是相似②。"毛泽东经常是凭直觉办事，而他这样的伟人的直觉有时确实入木三分。"③ 曾长期在毛泽东身边工作的医生、吴旭君的丈夫李涛在回忆毛泽东时如是说。李涛所说"毛泽东经常是凭直觉办事"的"事"，主要是指日常生活中的"事"，但也不排除在特定情况下对军事、政治等方面"事"的决策。

　　直觉是感性认识向理性认识飞跃的形式，这是没有问题的。但能否反过来说，感性认识向理性认识飞跃就是直觉，亦即如国内外有的哲学家那样把这种飞跃等同于直觉。笔者认为，这是可以商榷的。应当承认：通过

　　① 吴旭君：《毛主席的心事》，载《缅怀毛泽东》（下），中央文献出版社1993年版，第640—641页。又见中央文献研究室编：《毛泽东传（1949—1976）》（下），中央文献出版社2003年版，第1630—1631页。

　　② 凯库勒长期从事结构化学研究，长期（12年之久）思考苯的结构，试图揭开有机物中碳原子之间是如何结合的，但一直没有结果。他在写作化学教科书时遇到了这一难题，在半睡眠状态时梦见了蛇咬住自己的尾巴，由此启发，发现了苯环结构，引起了有机化学的革新，为有机化合物结构理论奠定了基础。凯库勒自己有过这样的记述："事情（指写作化学教科书）进行得不顺利，我的心想着别的事了。我把坐椅转向炉边，进入半睡眠状态。原子在我面前飞动：长长的队伍，变化多姿，靠近了，联结起来了，一个个扭动着，回转着，像蛇一样。看，那是什么？一条蛇咬住自己的尾巴，在我眼前轻蔑地旋转。我如从电掣中惊醒。那晚我为这个假说的结果工作了整夜。"转引自贝弗利奇《科学研究的艺术》，科学出版社1979年版，第60页。日有所思，夜有所梦。在科学研究、文学艺术的创作和技术发明中，由做梦解决问题的事例并不鲜见。

　　③ 权延赤：《红墙内外》，昆仑出版社1989年版，第72页。

分析与综合、归纳与演绎、类比等可以产生认识上的飞跃，通过综合创新可以有所发现、有所发明、有所创造、有所前进。那种认为逻辑只是证明的工具、由个别到一般只能靠直觉的观点是片面的。若"思之思之而通之"，就不会发生直觉。但也确实有这样的情况，逻辑思维难以实现由感性认识到理性认识的飞跃，难以由个别上升到一般，即所谓"思之不通"，所谓"百思不得其解"。这时，若认识主体继续全神贯注地思考时，就会发生"豁然贯通"，这就是直觉。所以，直觉是只在逻辑思维受阻（"思之不通"）时感性认识向理性认识飞跃的一种特殊形式，而不是这一飞跃的全部形式。同样，直觉只是创造性思维的一种重要形式，而不是创新性思维的唯一形式。逻辑思维同样有创新的功能。彭加勒、柏格森、爱因斯坦等人把逻辑思维仅仅归结为逻辑的分析、演绎显然是片面的，把逻辑仅仅看成是证明的工具是不符合认识史和逻辑史的。逻辑思维，尤其是辩证的思维，主张分析与综合、归纳与演绎、部分与整体的辩证统一，它同样具有创造性，可以把握对象的本质和规律。从整体上看，创造性思维应是逻辑思维、形象思维、直觉思维综合作用的结果，三者缺一不可。

直觉的特征。什么是直觉？直觉是不借助于概念、判断、推理等逻辑思维活动而直接把握认识对象本质和规律的一种非逻辑的思维形式，是由感性认识向理性认识飞跃过程中的一种特殊的飞跃形式。直觉思维的主要特征有：非逻辑性、突发性、瞬间性、模糊性、不确定性等。

直觉是在对感性材料进行"思之思之，又重思之"基础上发生的，但直觉思维活动本身不存在概念、判断、推理、分析与综合、归纳与演绎等思维活动。直觉是逻辑思维过程的中断，是认识主体对认识对象本质和规律的直接把握。非逻辑性是直觉思维的最本质的特征，以区别逻辑思维。直觉思维的突发性、瞬间性、模糊性、不确定性等其他特征均是由它的非逻辑性派生出来的。有的研究者承认："未经过严密的逻辑程序，是理解直觉的关键环节。"这完全正确。但这位研究者又认为："未经过严密的逻辑程序不等于没有严密的逻辑程序，更不能把直觉与逻辑对立起来，甚至把非逻辑性当作直觉的特征。"① 笔者认为，把直觉与逻辑对立起来自然是不对的，直觉是在逻辑思维基础上发生的，直觉的认识还有待逻辑思维的表达和论证。直觉是逻辑思维、非逻辑思维（包括形象思维）

---

① 赵光武主编：《思维科学研究》，中国人民大学出版社 1999 年版，第 347 页。

和实践的、感性的经验诸方共同作用的产物。但应当承认，直觉本身无逻辑思维活动，不需要借助概念、判断、推理，否则就不是直觉思维。西方的亚里士多德、笛卡尔、斯宾诺莎、洛克、柏格森、彭加勒等人都认为，直觉是认识主体对客体本质的直接把握，而无须介入概念、分析等思维活动；中国哲学的"玄览"、"体道"、"顿悟"、"得意在忘言"、"悟理遗教"等实质上也是讲，直觉认识不用概念，不用逻辑推理。我国研究灵感（直觉）的学者刘奎林把灵感（直觉）定位为"创新性的非逻辑艺术"是正确的，他抓住了灵感（直觉）的本质特征①。

直觉的性质。由于直觉的非逻辑性、突发性、瞬间性、模糊性、不确定性，国内外一些哲学家将直觉定性为非理性。近20年来，我国诸多的非理性研究者也把直觉列为非理性范畴而加以研究。他们的研究成果推进了对直觉的哲学认识，应予充分肯定②。但他们把直觉归之于非理性范畴，则可以讨论。笔者以为，如前所述，西方哲学，在叔本华、柏格森之前，像亚里士多德、笛卡尔、斯宾诺莎、洛克等一些理性主义者和经验主义者，都没有把直觉视为非理性。西方哲学史上的"理性直觉（直观）"这一概念本身就说明直觉是理性的直觉，属理性范畴。20世纪以来，把直觉视为非理性是由多方面的原因造成的。首先是直觉本身的非逻辑性、突发性、瞬间性、模糊性、不确定性等特点。这些特点使人很容易把它视为非理性，甚至把它神秘化，如中国古人所说"鬼神通之"或"鬼神教之"。其次是同叔本华、尼采、柏格森等人的非理性主义有关。他们把直觉视为人的本能，片面夸大直觉的作用，贬低甚至否认理性的作用。再次是以罗素为代表的理性主义（尤其是逻辑主义）者和部分的马克思主义者对直觉持否定的错误态度。我们应冲破把直觉视为非理性因素的旧观念，对它做出正确的定性。笔者认为，直觉同欲望、情感、意识、信仰等非理性因素不同，它是人类认识世界的思维形式，而且是一种不可或缺的创新思维形式。把人类认识世界的创新性思维形式归之于非理性显然是不妥的。思维本身就是理性的。非逻辑性不等于非理性。说直觉思维是非理

---

①　见刘奎林著《灵感——创新的非逻辑思维艺术》，黑龙江人民出版社2003年版。

②　见夏军著的《非理性世界》，上海三联书店1993年版；胡敏中著的《非理性：创造认识论解读》，北京师范大学出版社1998年版；何颖著的《非理性及其价值研究》，中国社会科学出版社2003年版。王勤著的《非理性的价值及其引导》则未将直觉列为非理性范畴，中共中央党校出版社2001年版。

性，这犯了自相矛盾的逻辑错误。既然直觉是思维的一种特殊形式，那它就应同通常所说的逻辑思维一样属于理性范畴。至于对直觉做出神秘的、非理性的解释，那是另一回事，这并不等于直觉本身是非理性。

直觉的发生往往是突然的、无意识的，在许多情况下是因偶然的因素而触发的，而且时间很短，甚至发生在瞬息之间。因此，在科学研究和文学艺术创作过程中要善于抓住直觉，及时把直觉的结果记录下来，以便做进一步的研究和创作。由于直觉思维的突发性、瞬间性，因而如柏格森所言，它往往为研究者所忽视，遗忘。逻辑思维在创新过程中确实起主导作用，也最费精力，最艰难。因而，许多研究者所重视的只是逻辑思维，只记住逻辑思维的功绩。由于直觉的非逻辑性、突发性、瞬间性，因而它的结果与逻辑思维的成果有显著的不同，具有模糊性和不确定性。就科学研究而言，仅有直觉的结果是远远不够的，甚至可以认为，它只是研究的新的开始，更重要更艰巨的工作还在于对直觉的成果进行逻辑的表达和论证，形成理论形态，最终还须通过实践检验，确定其是否正确。就文学艺术创作而言，作家艺术家还须经过艰苦的艺术创作，用不同的艺术语言、艺术手段、艺术形式，才能将直觉（灵感）转化为文学作品和艺术作品。逻辑思维的成果，不可能都正确，其中真正有创新的只可能是很少的部分。创新直觉结果的不确定性、可错性的概率就更大，正确的概率就更小。甚至可以说，直觉的百分之九十九的结果，是错误的，经过逻辑证明和实践检验为真理的恐怕不足百分之一。当然，也正是这不足百分之一的直觉创新，为人类文明提供了前进的动力。现在科学家、研究者所乐道的只是直觉成功的事例，至于无数错误的、无效的直觉就遗忘了、消失了。总之，创新直觉的结论，正确的少，错误的多。正如不能因逻辑思维有错误就否定逻辑思维一样，也不能因直觉思维有错误就否定直觉思维。须知，许多原创新的成果源于直觉思维。

直觉的类型。直觉总的特征是非逻辑性、突发性、瞬间性、模糊性、不确定性，但它的具体形态是多样的，它们之间有很大的差异。对直觉形态进行分类并不容易，不同的标准有不同的分类。按对事物认识的程度而言，直觉通常分为感性直觉和理性直觉两大类。感性直觉是指凭借感觉和经验直接洞察对象的本质，并做出应对，这是日常工作、生活中的大量发生的经验直觉。理性直觉是在实践基础上，经过长期反复思考而产生的直觉，这主要是哲学研究、科学研究和文学艺术创作过程中的直觉。按直觉的对象分，则可分为对世界本体的哲学直觉（包括宗教哲学的直觉）和对具体对象的一般直觉两大类。对具体对象的一般直觉又可因研究的对象和任务不同，分为科学研究的直觉和文学艺术创作的直觉。再细分，科学研究的直觉又可分为自然科学研究的直觉和社会科学研究的直觉，其中每门具体学科（如数学、逻辑学、伦理学、美学等）的直觉也有各自的特殊形态。文学艺术创作各门类（文学、戏剧、舞蹈、音乐、美术、工艺等）的直觉也各有自己的特点。现在研究者所讲的直觉主要是科学研究中的直觉、文学艺术创作中的直觉（灵感）和哲学研究中的直觉。

　　这里还需要讨论的是直觉与灵感、顿悟的关系。国内学术界对此意见不一。钱学森较多地讲灵感、灵感思维，很少用直觉、直觉思维。但从他把灵感等同于顿悟看，从他的"爱因斯坦就倡导过这个（灵感思维）观点"论述看①，他的灵感或顿悟思维与直觉思维没有本质上的不同。因为爱因斯坦惯用的是直觉一词。有的研究者把直觉与灵感作为并列的两种非逻辑的思维形式。有的学者则把直觉、顿悟、灵感作为三种思维形式。也有学者把灵感看作是直觉发生时的一种特殊的心理体验。笔者以为直觉思维的最本质特征是非逻辑性，即不须经分析与综合等逻辑思维活动而直接把握对象的本质和规律，它的具体形态是多样的，顿悟、灵感不过是它的特殊形态。如：直觉在文学艺术创作中表现为灵感。中外文学家艺术家喜欢用灵感，较少讲直觉。前面注中讲到《英国美学杂志》主编 H. 奥格本（H. Osborne）的《论灵感》一文讲的就是文学创作中的灵感，而无论及哲学上的直觉。直觉在对人生价值、人生经历的体悟上表现为顿悟。因此，把顿悟、灵感看作同直觉并列的思维形式是欠妥的。事实上，许多研究者论述顿悟、灵感的特征和机制与论述直觉的特征和机制并无本质上的不同，而且举的典型例子也差不多。

　　直觉形成的基础。作为认识形式或思维的形式的直觉，它的形成和发生，离不开实践、生活。没有科学家长期的科学试验，认真的调查研究，深入细致的观察，就不会产生直觉。没有作家艺术家长期的深入社会，深入生活，体察人民的甘苦，进行实地的考察，就不会有创作的灵感。如前所述，就是唯心主义者柏格森也认为，除非我们通过长期与实在的外部表现的接触而了解到它的秘密，我们就不能由实在获得直觉，形而上学的直

_____

①　钱学森：《关于思维科学》，《关于思维科学》，上海人民出版社 1986 年版，第 23 页。

觉只有通过物质的知识而获得①。每个人具有直觉的潜在能力，但这种潜在的直觉能力，只有在社会实践、科学实践、文学艺术创作的实践和社会生活中才能转变为真正的直觉力。而当这种直觉力形成之后，它仍只有实践中才能产生直觉，做出科学上发现、发明、创造，才能产生优秀的文学作品和艺术作品。直觉的发生是一瞬间的，带有偶然性，全不费工夫，有许多时候是在实践过程之外，但它的形成却是经历了一个实践、生活的过程，是花费了艰苦的努力。直觉的结果往往只是思想的闪光，它需要在实践过程中逐步补充、完善和验证。

直觉形成和发生不仅需要实践、生活，而且需要深入、持久的思考，即"思之思之，又重思之"。这种思，要专注，要"执一"，要"虚壹而静"，要心无旁骛，做到全身心的投入，即如朱熹讲的"置心在物中"、柏格森讲的"认识主体置于对象之内"，做到物我两忘、主客体交融。这种专注、深思、物我两忘，打破了原来的知识框架和思维定式，从而产生逻辑思维不能产生的新思想、新观念、新体验，产生文学艺术创作的灵感。这里的专心致知的"思"，这里的"虚壹而静"、"执一"，不只是要求思维的专一、集中、持久，而且包含有价值方面和情感的因素，心无杂念，执著于对真、善、美的无私真诚的追求。总之，哲学家、科学家、艺术家、作家、工艺大师和一切专门的研究者、实践者，只有全身心地投入自己所钟爱的事业，矢志不渝地追求，思之思之，又重思之，才会有直觉，有灵感，有打破常规的创新。

如前所述，直觉最本质的特征是非逻辑性，但直觉的形成是以逻辑思维为前提的，为基础的。没有"思之思之，又重思之"，就没有直觉。科学研究中直觉的结论，需要用逻辑的形式加以明晰的表达和严密的论证。柏格森和贺麟均指出这一点。直觉的发生只是很短的时间，有的甚至只是瞬间，但此前的逻辑思考和此后对其结果的逻辑证明，则需要一个过程，需要付出巨大的心血。因此，没有逻辑思维就没有直觉思维，两者相辅相成。

科学创新、艺术创新，离不开想象力，离不开形象思维。在实际的思维活动中，逻辑思维和形象思维是互相渗透、交织在一起的。直觉的发生，同样离不开形象思维。许多大科学家，不仅有很强的逻辑思维力和直

---

① 柏格森：《形而上学导言》，商务印书馆 1963 年版，第 22、40—41 页。

觉思维力，而且有艺术爱好，有丰富的想象力，有很强的形象思维力。为培养创新性人才，提高中华民族的创新力，著名的科学家钱学森晚年极力提倡科学与艺术的结合。他说："欧洲是先有文艺的发展后有科学的发展，中国有几千年的文明史，只要处理好科学与艺术的关系，完全可以在文学艺术与科学上都超过外国。"他又说："处理好科学和艺术的关系，就能够创新，中国人一定能赛过外国人。"① 著名的物理学家、诺贝尔奖获得者李政道与著名的画家吴冠中联袂大力提倡科学与艺术的联姻。他们的这一见解十分深刻，值得国人重视。总之，笔者以为，逻辑思维（包括知性思维、辩证思维）和非逻辑思维（包括直觉思维、形象思维），各有其职，相互渗透，相辅相成，不可分离。片面强调某种思维而轻视别的思维，片面发展某种思维力而忽视发展别的思维力，都不利于思维力的整体发展，不利于创新力的提高。

直觉的心理机制。在古代，哲学家对直觉感到很神秘，无法解释，《管子》称之"鬼神教之"或"鬼神通之"，古希腊哲学家则认为灵感由"神赐"。柏格森用人的本能解释。现代心理学把人的意识一般分为显意识、潜意识（无意识）和下意识三个层次。显意识是直接感知、觉察到的由感觉、知觉、表象直至理想、信仰、意志等通常所说的意识。潜意识是以往显意识在大脑中的积淀和思维过程中尚未形成的潜藏在大脑中的意识，简言之，是潜藏在大脑而未显现出的意识。下意识仅仅是对外界刺激引起的一种本能性和习惯性的反应。国内外的学者普遍用潜意识来解释直觉发生的心理基础。贝弗里奇在阐述直觉的心理机制时说："一般地，虽不是普遍的意见认为：直觉产生于头脑的下意识活动，这时，大脑也许已经不再自觉注意这个问题了，然而，却还通过下意识活动思考它。"② 从文中意义看，这里的"下意识"应译为"潜意识"。刘奎林在《灵感》一书中用一章阐述灵感与潜意识的关系。

笔者认为，直觉思维是在很短时间内突然发生的，可遇而不可求，它不可按计划产生，不可能预先知道，不可能进行实验（包括用仪器观察，实验时就不可能发生直觉），因此要揭示它的心理、生理机制很难。在今天，用潜意识来解释直觉是较有说服力的。直觉发生之前，认识主体对所

---

① 见记者吕贤如写的《钱学森喜度 96 岁华诞》报道，《光明日报》2007 年 12 月 12 日。
② 贝弗里奇：《科学研究的艺术》，科学出版社 1979 年版，第 77 页。

认识的客体、所研究的问题，思之思之，又重思之，虽然思之不通，但在大脑中却留下丰富的、深刻的印记和积淀。由于认识主体的全身心的投入，因而即使在对所思问题不再思考时，甚至在大脑处于半休眠、休眠状态时，积贮的潜意识却并未停止活动，而当受到外界的某种因素的触发时，这种潜意识的活动就会被激发起来，使在显意识时"思之不通"之路而"通之"，从而产生出新的意念、新的思想火花，潜意识就转化为显意识。在显意识时，认识主体往往受传统观念、思维方式的限制而"思之不通"，而潜意识的思维活动（即潜思维）则不受这种限制，结果由潜思维而通之。这也可说明，虽然直觉的具体形态没有一个是相同的，但它们却有一点是共同的，即对直觉对象"思之思之，又重思之"，全身心的投入。没有"思之思之，又重思之"的积淀和以往显意识的贮备，没有全身心的投入，就不会有潜意识的活动，不会有直觉的产生。现代脑科学研究表明：人脑的左半球同逻辑思维关系密切，显思维功能强；人脑的右半球则同非逻辑思维、同形象思维关系密切。当显意识停止时，潜意识便活跃起来，潜思维就增强。至于潜意识如何活动，潜思维如何思维，对今天的人来说还是一个谜。

直觉能力的培养。每一个正常人都有认识能力，也都有直觉能力。一个人的直觉能力同先天的生理素质有关，这是应承认的，否认这一点，不是唯物主义者，但不应过分夸大。实际的直觉能力是在后天的实践中形成、发展的。直觉能力与实践能力、逻辑思维能力、形象思维能力是密切相关的，互相促进的。实践能力、逻辑思维能力和形象思维能力强的人，直觉能力也强，反之亦然。提高直觉能力最根本的途径，一是勇于实践，二是勤于思考，亦即通过增强实践能力、逻辑思维能力和形象思维能力来提高直觉能力。离开实践能力、逻辑思维能力和形象思维能力的增强，孤立地苦思冥想，孤立地效仿历史上的直觉事例，不仅不能提高直觉能力，反而有害于整体思维能力的发展。

总之，人类认识史和哲学史表明，直觉是一种非逻辑的特殊的创新思维形式。否认直觉是一种创新思维形式是错误的；夸大它的作用，把它视为唯一的创新思维形式，同样也是片面的。直觉思维同逻辑思维、形象思维密不可分，相互促进。直觉并不神秘。直觉的发生基础是实践、实验和生活。直觉是逻辑思维在感性认识向理性认识飞跃受阻时发生的一种特殊的飞跃方式。直觉发生前，需要对认识对象深入、持久、专注的思考；直觉发生后，则需要对直觉的结果进行逻辑表达和证明，需要实践的检验和完善。直觉是潜意识活动的产物。在创新的时代，要重视直觉的研究，提高直觉创新力。哲学教科书应对直觉思维有必要的阐述。

四　情感新论

　　人是理性的存在，亦是感性的非理性的存在。人的思想、言论、行动，不仅受理性支配，而且为欲望、情感、意志、信仰等非理性方面所影响，以至左右。人的实践所显现的本质和力量既包括理性方面，也包括非理性方面。理性是人的实践活动的指南针，而非理性是人的实践活动的发动机。两者缺一不可。长期以来，马克思主义哲学对非理性少有研究。绝大多数哲学教科书没有从正面去阐述非理性范畴，似乎人们在认识世界和改造世界过程中只是理性在起作用，而与人的欲望、情感、意志、信仰等无关。哲学教科书所讲的人只是抽象的理性人，而非有血有肉的有感情的理性人，这种状况是到了改变的时候了。

（一）　中国哲学情感论

　　"人非草木，孰能无情。"人不仅需要物质生活，而且需要情感生活。人的情感生活是人生的重要内容。人的情感世界是人的基本存在方式。中国哲学重人道，重人生。人的情感（中国哲学简称为"情"）是人的重要本性，情与性、理一起成为中国哲学的重要范畴。

　　孔子哲学的核心是仁。孔子讲仁者爱人。爱人的基础就是人与人之间有感情。人与人之间无感情，就谈不到爱人，谈不到仁。孟子讲的恻隐之心、羞恶之心、辞让之心、是非之心"四端"，除是非之心外都可说是情。孟子主张性善说，在他看来，道德源于人的情。庄子则主张无情，他说："有人之形，无人之情。"（《庄子·德充符》）又说："悲乐者德之邪，喜怒者道之过，好恶者德之失。"（《庄子·刻意》）庄子认为，情是物引起的，情有害于道德，主张人不为物所动，不为情所累。但庄子并不根本否定情，只是"不以好恶内伤其身"，主张超越喜怒哀乐之情，无为而任其自然，"安其性命之情"（《庄子·在宥》）。荀子对情作了明确的界定，他说："生之所以然者谓之性"，"性之好、恶、喜、怒、哀、乐谓之情。情然而心为之择谓之虑。"（《荀子·正名》）荀子主张性恶论，认为人生而好利，好声色，"从人之性，顺人之情，必出于争夺，合于犯分乱理而归于暴"。他认为，可通过制定礼义、法度，"以矫饰人之情性而正之，以扰化人之情性而导之也"（《荀子·性恶》）。荀子主张"以礼节情"。韩非把情与法治联系起来。《韩非子·八经》篇一开头就说："凡治天下，必因人情。人情者，有好恶，故赏罚可用。赏罚可用，则禁令可立，而道治具矣。"《礼记·礼运》说："何谓人情？喜、怒、哀、惧、爱、恶、欲，七者弗学而能。"《礼运》继承了荀子的思想，认为用礼能"治人七情"，使人的情皆中节而发，做到"父慈子孝，兄良弟弟，夫义妇听，长惠幼顺，君仁臣忠"这人的"十义"。郭店楚简《性自命出》篇说："性自命出，命自天降。道始于情，情生于性。"这里提出了一个不同寻常的"道始于情"的命题，把情提到前所未有的高度：道源于情，情产生道。总之，自先秦起，性与情就是中国哲学的一对重要范畴。中国古代哲学家围绕着性与情、有情与无情、情的善与恶等问题展开了争论，为我们今天研究情感问题提供了丰富的思想资料。

中国古代哲学家虽然在性、情等问题上分歧很大，争论激烈，但就总的倾向来讲都强调性，强调理，贬低情，把情看成是恶，是坏，是消极的东西。汉朝董仲舒认为："性者，生之质也；情者，人之欲也。"人之身有性情，若天之有阴阳，人不可无情。董仲舒是天人感应论者，主张人副天数，天有阴阳，人有贪仁。仁者即性，贪者即情。他强调通过教化、制度使人为善。他说："质朴之谓性，性非教化不成；人欲之谓情，情非制度不节。"（《汉书·董仲舒传》）唐朝李翱的《复性书》是性善情恶论的典型。他在《复性书》的一开头就说："人之所以为圣人者，性也；人之所以惑其性者，情也。喜、怒、哀、惧、爱、恶、欲七者，皆情之所为也。情既昏，性斯匿矣。"他又说："情者，妄也，邪也。"他主张通过灭情复性，以达到圣人境界。王安石则反对"性善情恶"的观点，提出性体情用论，主张"性情一也。"他说："喜怒哀乐好恶欲，未发于外而存于心，性也。喜怒哀乐好恶欲，发于外而见于行，情也。性者情之本，情者性之用，故吾曰性情一也。"他认为人的七情是生而有之，接物而后动焉，关键在于当不当于理。"动而当于理，则圣也，贤也；不当于理，则小人也。"（《性情》）程朱理学抬高天理，贬低人欲，认为人欲遮蔽了天理。程颐说：人心，私欲；道心，天理。"灭私欲，则天理自明矣。"（《河南程氏遗书》卷二十四）朱熹讲："学者须是革尽人欲，复尽天理。"（《朱子语类》卷十三）但在情的问题上，朱熹则承认有情，不赞成无情。他认为："性者，心之理；情者，性之动；心者，性情之主。"（同上书，卷五）他维护《中庸》讲的"喜怒哀乐发而皆中节"的节情说，赞成张载的心统性情说。

　　清朝戴震对程朱理学的"存天理，灭人欲"的思想进行了猛烈批判。他认为："人生而后有欲、有情、有知，三者血气心知之自然也。"（《孟子字义疏证》卷下）人的欲和情是人的自然本性，"喜怒哀乐之情，声色臭味之欲，是非美恶之心，皆根于性而原于天"（《孟子字义疏证》卷上）。人欲是人生、做事的原动力。人不可无欲，不可无情。"生养之道，存乎欲者也；感通之道，存乎情者也。"（《原善上》）理与情密切相关，理不能离情。"理也者，情之不爽失也，未有情不得而理得者也。""（理）在己与人，皆谓之情；无过情、无不及情之谓理。"舍情求理，其所谓理，无非意见也，任其意见行只能殃民。"圣人治天下，体民之情，遂民之欲，而王道备。"他痛斥宋儒的"存天理，灭人欲"，指出，在理学盛行的社会，"人死于法，犹有怜之者，死于理，其谁怜之"（《孟子字义疏证》卷上）。梁启超在《清代学术概论》中盛赞戴震的"情感哲学"，他说：戴震的《孟子字义疏证》一书，"字字精粹"，"综其内容，不外欲以'情感哲学'代'理性哲学'。就此点论之，乃与欧洲文艺复兴时代思潮之本质相类。"梁启超对戴震有如此之评论，是因为他本人亦重视情感。他写过《中国韵文里头所表现的情感》一文，其中说："天下最神圣的莫过于情感。"情感是"人类一切动作的原动力"。"情感的性质是本能的，但他的力量，能引人到超本能的境界；情感的性质是现在的，但他的力量，能引人到超现在的境界。"他甚至认为，人可以通过情感这一关，达到把自己的思想行为和自己的生命合并为一，把自己的生命和宇宙与众生生命合并为一。他还指出："古来大宗教家教育家，都最注意情感的陶养。""情感教育最大的利器，就是艺术。音乐美术文学这三件法宝，把'情感秘密'的钥匙都掌住了。"① 为此，他提倡情感教育、美育教育。

---

① 梁启超：《中国韵文里头所表现的情感》，《饮冰室合集四》。

　　20 世纪的 10—20 年代，我国有少数哲学家讲情感。陈独秀在比较东西民族思想根本差异时指出："西洋民族以法治为本位，以实利为本位；东洋民族以感情为本位，以虚文为本位。"① 陈独秀对以感情为本位持批判态度。梁漱溟则与陈独秀相对立。受柏格森直觉论的影响，他认为，孔子的"仁""就是本能、情感、直觉"。在社会生活方面，"西洋人是要用理智的，中国人是要用直觉的——情感的"②。梁漱溟把直觉等同于情感，对情感并无更多论述。科学与人生观论战涉及情感问题。玄学派主将梁启超提出，人类生活，除了理智之外还有情感，情感"可以说是生活的原动力"。③ 科学派主将丁文江也承认情感，他甚至说："情感是知识的原动力，知识是情感的向导；谁也不能放弃谁。""一个人的人生观是他的知识情感，同他对知识情感的态度。"④ 在情感问题上玄学派与科学派的区别在于：前者认为情感问题不能由科学来解决，而是靠玄学（哲学）来解决；后者则认为，情感问题的解决离不开科学。菊农则从现代教育出发，提出培养全面的人格需要体育、知识教育、艺术教育、意志教育、精神教育五个方面，其中艺术教育是为了训练人的情感。他说："人是情感的动物，教育应当训练人的情感，使情感得以发扬。培养情感的东西便是艺术。……个人为培养情感起见，亦可窥见宇宙的神秘，领略到超人格活动的意义。"⑤ 这些都是顺便论及，并非是对情感的专论。

　　1924 年上海泰东图书局出版了朱谦之的《一个唯情论者的宇宙观及人生观》和袁家骅的《唯情哲学》。朱谦之力图把孔子的仁的哲学与西方生命哲学糅合起来建立他的唯情哲学。他说："我主张宇宙生命——就是'真情之流'，在人生哲学上就主张'复情'。""本体不是别的，就是眼前原有的宇宙之生命，就是人人不学而能，不虑而知的一点'真情'，我敢说，这个'情'字，就是宇宙的根本原理了。"他认为："孔家讲的就是生命进化的大道理"，他讲的这一套中国生命派的普遍真理："就是孔

　　① 陈独秀：《东西民族思想根本之差异》，《陈独秀文章选编》（上），三联书店 1984 年版，第 99 页。
　　② 梁漱溟：《东西文化及其哲学》，《梁漱溟全集》第 1 卷，山东人民出版社 1989 年版，第 455、479 页。
　　③ 梁启超：《人生观与科学》，《科学与人生观》，山东人民出版社 1997 年版，第 141 页。
　　④ 丁文江：《玄学与科学》，《科学与人生观》，山东人民出版社 1997 年版，第 206 页。
　　⑤ 菊农：《人格与教育》，《科学与人生观》，山东人民出版社 1997 年版，第 251 页。

家的真理。""孔子就是唯情论者。"根据这种哲学，他认为理想的世界是爱的世界，不是法治，而是人情政治。①袁家骅的唯情哲学则受到西方唯意志论的启发，用情感代替意志作为世界的本体。他说："真情生命就是宇宙本体，就是真我。他是绝对的超越，绝对的实在。"他认为知情意三者并不分离，"在全体上，无论意志、理智和多种复杂的感情作用，实都拿'情'作其生命，作其根底"。他把理智、意志都归结为情②。唯情哲学看到了情感在人生和社会生活中的作用，这有片面真理，但它把情感作为宇宙的本体则明显离开了真理。唯情哲学在中国学术界几乎无影响。

在 20 世纪 20 年代后，中国哲学界，无论是马克思主义哲学，还是非马克思主义哲学，都很少论及情感，有的只是心理学家讲情绪（情感）。

总起来看，中国古代哲学把情感作为一个重要的范畴加以阐述，有的哲学家甚至有情性方面的专论。但中国哲学情性论的重点则在人生、道德方面，而且主要倾向是重性轻情。这是中国古代情感论的特点。

（二）　西方哲学情感论

既然人是感性的存在物，情感是人的本质之一，那么任何民族的哲学都不可能不讲情感。情感也是西方哲学的一个重要范畴。

中国古代的圣人是孔子，希腊古代的圣人则是苏格拉底。苏格拉底与孔子一样，也把人作为自己哲学研究的中心。但两者讲人则有很大不同。苏格拉底认为，研究哲学的目的，就是求善，认识和达到善；哲学家的使命就是教导人们关心智慧和真理，教导人们改善自己的灵魂和行动上行善。苏格拉底强调理性的意义，他认为，一个人如果在理性指导下做事，那是有益的，结局是幸福的；若在愚蠢的指导下，那就是有害的，结局就相反。"一切的事物都系于灵魂，而灵魂本身的东西，如果它们要成为善，就都系于智慧。"③他论证了"知识即美德"的命题。人如何达到智慧？他认为，只有凭借理智，并且在思考时不把视觉或其他感觉带到理性

①　朱谦之：《一个唯情论者的宇宙观及人生观》，上海泰东图书局 1924 年版，第 37、58、43—44、140 页。

②　袁家骅：《唯情哲学》，上海泰东图书局 1924 年版，第 27、73—74 页。

③　北京大学哲学系外国哲学史教研室编译：《古希腊罗马哲学》，三联书店 1957 年版，第 166 页。

中来才能求得真理。在苏格拉底看来，感觉、情感一类感性东西有碍于获
得真理。他甚至认为，人只有死亡、摆脱了感性欲望后，灵魂才能达到
善。柏拉图认为，人的灵魂由理性、激情和欲望三部分组成。理性具有智
慧，控制着思想的活动。激情控制着情感，欲望支配着肉体趋乐避苦的倾
向。在这三者中，理性居于主导地位，情感居下，需要加以节制。一个人
的灵魂若在理性的主宰下和谐统一，那他就是一个公正的人。亚里士多德
推崇理性，他认为，人是理性的动物，哲学就是爱智慧，人们追求智慧是
为了求知，并不是为了实用。但他并不否认情感。他认为，激情、官能、
性格状况是人的灵魂中的三种东西。所谓激情，"是指食欲、愤怒、恐
惧、信心、妒忌、快乐、友善的心情、憎恨、渴望、好胜心、怜悯，以及
一般地说来那些伴有愉快和痛苦的许多感觉"。"美德或恶行都不是激
情。"上面所讲到的恐惧、信心、欲望等激情的具体表现，"都可以是太
过或太少，而这两种情形都是不好的；但是，在适当的时候、对适当的事
物、对适当的人、由适当的动机和以适当的方式来感觉这些感觉，这就是
中间的，又是最好的，而这乃是美德所特具的"。"因此，美德乃是一种
中庸之道。"① 亚里士多德认为，情感本身并无好坏、善恶，关键是要表
现得适度，合乎中庸之道。这与我国《中庸》说的"喜怒哀乐发而皆中
节"相类似。古希腊哲学家伊壁鸠鲁是唯物主义经验论者，在伦理学上
是个快乐主义者。他认为，情感是人体内的感觉，小孩子一生下来就喜欢
快乐，避免痛苦，这是人不教而有的本性。他说："快乐是幸福生活的开
始和目的。""幸福生活是我们天生的最高的善，我们的一切取舍都从快
乐出发；我们的最终目的乃是得到快乐，而以感情为标准来判断一切的
善。"② 可以认为，伊壁鸠鲁的伦理学是以情感为基础的，因此，有人称
他为情感主义伦理学的始祖。古希腊哲学虽然讲到情感，但很难说情感已
是一个重要的哲学范畴。

　　在中世纪的欧洲，基督教占统治地位。基督教把人与人的关系转变成
人与上帝的关系。基督教的原罪说把人的情欲说成是人堕落的根源，提倡
禁欲主义，人的欲望、需要、情感受到极大的压抑。文艺复兴时期，资产

---

　　① 北京大学哲学系外国哲学史教研室编译：《古希腊罗马哲学》，三联书店1957年版，第
318、321页。

　　② 同上书，第367页。

阶级人文主义者猛烈抨击基督教，批判禁欲主义，提倡个性解放，提倡人道主义，以人性否定神性。可以讲，近代以来情感问题为越来越多的哲学家、文学家、艺术家所重视。

作为英国唯物主义和实验科学的始祖的培根，崇尚知识，崇尚理性。虽然他的哲学重点在认识论，但他也论及情感问题。他把人的心灵机能分为理解、理智的机能和意志、情欲的机能。前者是认识论研究的，后者是伦理学研究的。他认为，人生的最高理想，哲学和科学的目的，在于使人过幸福生活。培根认识到情感对理性、认识的影响。他在《新工具》中说："人的理智并不是干燥的光，而是有意志和感情灌输在里面的。""总之，情感以无数的，而且有时觉察不到的方式来渲染和感染人的理智。"他较多的是看到情感对理性的消极作用。他认为，由于意志和情感在认识过程中的作用，"由此便产生了可以称为'任意的科学'的科学"。① 培根强调理性对情感的主导作用，即使是男女之间的爱情，也要有理性的指导，一个人若沉湎于爱情，则有可能丧失自身。

17世纪荷兰唯物主义哲学家、伦理学家斯宾诺莎认为，哲学的目的在于使人永远享受连续无上的快乐。他承认，人的情感是人的天然本性，对人的情感决不可压抑，更不可禁欲。由于人类情感的复杂性，斯宾诺莎认为，许多著述人类情感的人，否认人的情感也有规律可遵循。他不赞成这种观点。在《伦理学》中，他说："仇恨、愤怒、嫉妒等情感就其本身看来，正如其他个体事物一样，皆出于自然的同一的必然性和力量。"他进而提出，要用科学的态度和方法，"来考察情感的性质和力量，以及人心征服情感的力量；并且我将要考察人类的行为和欲望，如同我考察线、面、体一样"。斯宾诺莎认为，人类社会，人的情感，同其他事物一样，其间存在着必然性，要用科学的态度和方法加以研究。这有其真理性的一面。但他没有注意到情感的特殊性、复杂性，企图用研究几何学的方法研究人的情感，这未免太简单化了。在理性与情感的关系上，他认为："一个人为情感所支配，行为便没有自主之权，而受命运的宰割。"② 在他看来，奴役人的主要东西是人的情欲或被动的情感。自由是对必然的认识。

① 北京大学哲学系外国哲学史教研室编译：《十六——十八世纪西欧各国哲学》，商务印书馆1961年版，第16—17页。
② 斯宾诺莎：《伦理学》，《西方哲学原著选读》上卷，商务印书馆1981年版，第440页。

人是有理性的，通过理性，正确认识了情欲的本质，认识了它发生发展的原因，亦即认识了其中的必然性，那就克服了情欲的混乱模糊，得到了主动的情感，由奴役变为自由。

休谟是英国唯心主义经验论哲学家，长期以来，马克思主义者只注意他的不可知论，而忽视了他最重要的哲学思想——人学理论。他在《人性论》中明确地说："一切科学对于人性总是或多或少有些关系，任何科学不论似乎与人性离多远，它们总是会通过这样或那样的途径回到人性。""任何重要问题的解决，无不包括在关于人的科学中间。""关于人的科学是其他科学的唯一牢固的基础。""人性研究是关于人的唯一科学，可是一向却最为人忽视。"他认为，人性由情感和知性两部分组成。他的《人性论》分三卷，第 1 卷"论知性"；第 2 卷"论情感"；第 3 卷"道德学"。他在第 2 卷里对什么是情感、情感的分类、各种具体情感、情感与理性、情感与意志等问题进行了研究。他认为，"情感是一种原始的存在"，当我饥饿时，我现实地具有那样一种情感。"这个情感不能被真理和理性所反对，或者与之相矛盾。"在理性与情感的关系上，他不赞成传统的理性高于并主宰情感的观点。他认为，古今精神哲学大都是建立在理性原则基础上的，大都把理性视为永恒的、不变的、神圣的，而情感则是盲目的、变幻的、欺骗的。休谟认为这种哲学观点是荒谬的。他肯定情感的积极作用，指出：单有理性不足以产生任何行为，"理性单独决不能成为任何意志活动的动机；理性在指导意志方面并不能反对情感"。他夸大了情感的作用，走向另一极端，认为"理性是情感的奴隶，服务于和服从于情感"。当然，休谟并没有否认理性的指导意义。他也说过："人类之所以高出畜类，主要是因为他们的理性优越性"；"技术所带来的种种利益，都是由人类理性带来的"；"感情的盲目活动，如果没有知性的指导，就会使人类不适合于社会的生活"。休谟把情感分为直接情感和间接情感两种："所谓直接情感是指直接起于善、恶、苦、乐的那些情感。所谓间接情感，是指由同样一些原则所发生、但是由其他性质与之结合的那些情感。"前者包括了"欲望、厌恶、悲伤、喜悦、希望、恐惧、绝望、安心"；后者则包括了"骄傲、谦卑、野心、虚荣、爱、恨、妒忌、怜悯、恶意、慷慨和它们的附属情感"。① 他对各种情感进行了论述。他还

---

① 休谟：《人性论》，商务印书馆 1997 年版，第 6—8、304、453、451、310 页。

研究了情感与意志的关系。休谟的道德学说是建立在情感论的基础上的。他认为，道德并不是理性的对象，而是情感的对象。道德上善恶的区别不是从理性来的，而是由道德感来的，是由被快乐和痛苦所决定的。休谟曾把《人性论》第 2 卷改写为《情感论》，单独出版。可以认为，休谟是西方近代以来第一个系统专论情感的哲学家。

法国启蒙思想家看到情感的两重性。爱尔维修在《论精神》一书中一方面指出了"情感引导我们陷于错误"，情感使人不能客观公正全面地认识事物，"情感成了无穷错误的种子"；另一方面他又指出，情感"也是我们文化的源泉"，"只有它们才能给予我们前进的必要力量"。他在《论人》一书中说："人的推动力是肉体的快乐和痛苦"，"快乐和痛苦永远是支配人的行动的唯一原则"。① 与爱尔维修生活在同一时代的狄德罗也不赞成把情感仅仅视为人性中的消极因素的看法。他在《哲学思想录》一书的开头就说："人们无穷无情地痛斥情感；人们把人的一切痛苦都归罪于情感，而忘记了情感也是他的一切快乐的源泉。因此，情感就其本身性质来说，是一种既不能说得太好，也不能说得太坏的因素。""只有情感，而且只有大的情感，才能使灵魂达到伟大的成就。如果没有情感，则道德文章就都不足观了，美术就回到幼稚状态，道德也就式微了。"他在往下的第 2 至第 5 段里进一步论述情感的意义。他指出："情感淡泊，使人平庸。""情感衰退使杰出的人失色。一勉强就消灭了自然的伟大和力量。"强烈的情感使人幸福，"有意摧残情感是绝顶的蠢事"。他尤其强调情感与文艺和伦理的关系，认为情感是"艺术的生长点"，"道德的拱心石"。② 狄德罗大力赞扬情感的积极作用，这是值得肯定的。

德国古典哲学对情感多有论述。康德把人的精神分为知、意、情三方面，他的《纯粹理性批判》、《实践理性批判》和《判断力批判》分别研究了这三个方面，从而构成了他的哲学、伦理学和美学。在《实践理性批判》中康德反复说明人的道德与情感无关，不赞成一般的道德学把快乐与不快乐的情感作为道德的基础。他认为，理性为自然立法，也为道德立法。"理性在实践中直接决定意志，而不必借助于偶然发生的快乐与不

---

① 北京大学哲学系外国哲学史教研室编译：《西方哲学原著选读》下卷，商务印书馆 1982 年版，第 175—176、178—179 页。

② 《狄德罗哲学选集》，商务印书馆 1983 年版，第 1—2 页。

快乐的情感，甚至不必借助于对这个法则的快乐与不快乐的情感。""（道德）情感仅仅是由理性导致的"，"它看来只听命于理性，并且只听命于纯粹理性。"① 康德否定情感在道德领域里的意义，却强调它是审美判断的主要内容。他认为，美不美与概念无涉，而取决于人的情感。他说："美若没有着对于主体的情感的关系，它本身就一无所有。""美是那不凭借概念而普遍令人愉快的。""是主体的情感而不是客体的概念成为它（美）的规定根据。"② 康德对情感与美感关系的说明虽有深刻之处，但他否认道德与情感的内在联系的看法是错误的。黑格尔是理性主义最典型的代表，但他在讲到历史发展和人的活动时并不否认情感的作用，认为人的活动离不开热情。他在《历史哲学讲演录》中说：人类的行动都发生于他们的需要、热情、兴趣、个性才能。"需要、热情、兴趣，便是一切行动的唯一源泉。""假如没有热情，世界上一切伟大事业都不会成功。因此有两个因素就成为我们考察的对象：第一个是那个（理性）'观念'，第二个是人类的热情。这两者交织成世界历史的经纬线。"③ 热情只是情感的一种表达方式，而不是情感全部。黑格尔对情感论述不多。唯物主义者费尔巴哈不满意黑格尔的思辨哲学，厌恶抽象的人，重视有血有肉的感性人。他在《基督教的本质》中指出：人的本质，就是理性、意志、心。"思维力是认识之光，意志力是品性之能量，心力是爱。理性、爱、意志力，这就是完善性，这就是最高的力。"人是充满着爱的，充满着感情的。他用感情来解释宗教。他认为，"感情是宗教的基本工具"，"上帝的本质，只不过表明感情的本质"。感情是至贵的，神圣的，所以具有宗教性。④ 在费尔巴哈看来，"爱"是人的最高本质，是人永恒不变的本性。"爱"是人类感情中最重要的感情。他提倡爱的宗教。他想竭力抓住现实的人，而实际上，他讲的人，如马克思和恩格斯所说，仍然是抽象的、贫乏的。

总之，在西方，尤其是近代以来，哲学家们对情感有大量的多方面的论述。一般地说，重视理性的哲学家，较多地从消极方面去看情感，强调

① 康德：《实践理性批判》，商务印书馆2000年版，第25、83页。
② 康德：《判断力批判》，商务印书馆2000年版，第56—57、70页。
③ 黑格尔：《历史哲学讲演录》，三联书店1956年版，第58、62页。
④ 《费尔巴哈哲学著作选集》下卷，商务印书馆1984年版，第27—28、34—35页。

理性对情感的指导；重视经验的哲学家，则能从积极方面去看情感，有的甚至认为理性服从于和服务于情感。多数人是从情感与道德、审美的关系讲情感，但也有少数的哲学家看到了情感对人的活动和人类历史的积极作用。从 19 世纪 70 年代起，心理学开始从哲学中分离出去，逐渐成为一门独立的学科。情绪是人的重要心理现象。但由于受理性主义传统的束缚，心理学家对情绪的研究仍没有足够的重视。这种情况直到 20 世纪 60—70 年代才有所改变，逐渐形成了情绪心理学。情绪心理学为哲学对情感的研究提供了科学基础。

（三）　马克思主义哲学情感论

马克思恩格斯在创立自己的哲学过程中并没有把情感作为一个哲学范畴或概念加以阐述，这是事实。这一点影响到后来马克思主义者在讲哲学时通常照例都不讲情感问题。但若仔细阅读马克思恩格斯著作，我们就能发现他们在阐述自己的思想时也常常涉及情感问题，肯定情感是人的本质存在，指出情感在人的实践活动中的作用。

马克思在《1844 年经济学哲学手稿》中明确说："人作为对象性的、感性的存在物，是一个受动的存在物；因为它感到自己是受动的，所以是一个有激情的存在物。激情、热情是人强烈追求自己的对象的本质力量。"[①] 激情、热情是情感表现的两个层次。现代心理学认为，激情是人受外物的作用而引起的强烈的、爆发性的和相当短暂的情感体验；热情则是受生活和行动目的的制约，对所追求事物态度的一种稳定的、强有力的情感体验。在激情、热情的驱使下人的本质力量会得到充分发挥和表现。恩格斯在谈到人的历史活动特殊性时说："在社会历史领域内进行活动的，是具有意识的、经过思虑或凭激情行动的、追求某种目的的人。"人们在进行活动时总有一定的愿望、目的。"愿望是由激情或思虑来决定的。而直接决定激情或思虑的杠杆是各式各样的。"[②] 这里恩格斯指出了

---

① 马克思：《1844 年经济学哲学手稿》，《马克思恩格斯全集》第 42 卷，人民出版社 1979 年版，第 169 页。

② 恩格斯：《路德维希·费尔巴哈和德国古典哲学的终结》，《马克思恩格斯选集》第 4 卷，人民出版社 1995 年版，第 246—247 页。

激情或思虑对确定人们行动的愿望、目的的决定作用，指出了激情在人的活动中的意义。

马克思曾把情感作为社会意识形态之一，归入上层建筑。他说："在不同的占有形式上，在社会生存条件上，耸立着由各种不同的、表现独特的情感、幻想、思想方式和人生观构成的整个上层建筑。……通过传统和教育承受了这些情感和观点的个人，会以为这些情感和观点就是他的行为的真实动机和出发点。"① 马克思用历史唯物主义的观点揭示了情感的本质，指出了历史唯心主义的认识论根源。费尔巴哈用情感来解释宗教的起源，这固然不对。但宗教感情确实是宗教信仰的心理基础。马克思对宗教感情作过精辟的说明。他说："宗教的苦难既是现实苦难的表现，又是对这种现实苦难的抗议。宗教是被压迫生灵的叹息，是无情世界的感情，正像它是没有精神状态的精神。"② 宗教是无情世界的感情，离开了宗教感情也就没有宗教。因此，宗教感情是宗教学研究的不可或缺的内容。在日常社会生活的交往中，人们要注意尊重宗教徒的宗教感情，千万不可伤害他们的感情。

列宁很少论及情感，但他的下列话却为现今的论著经常引用："没有'人的感情'，就从来没有也不可能有对于真理的追求。"③ 因为对真理的追求需要付出代价，需要有坚强的意志和不屈不挠的毅力，需要有巨大的热情，只有热爱真理，倾注全部精力和热情的人才能找到真理。热情是科学家的重要品质之一，这是许多科学家的共识。

与其他马克思主义哲学家相比，毛泽东则较多地论及情感。还在青年时代，他在论体育运动的功效时就对感情发表了独到的见解。他认为体育除了能"强筋骨"、"增知识"，还能"调感情"、"强意志"。关于感情，他说："感情之于人，其力极大。古人以理性制之，……然理性出于心，心存乎体。常观罢弱之人，往往为感情所役，而无力以自拔；五官不全及肢体有缺者多因于一偏之情，而理性不足以救之。故身体健全，感情斯

---

① 马克思：《路易·波拿巴的雾月十八日》，《马克思恩格斯选集》第 1 卷，人民出版社 1995 年版，第 611 页。

② 马克思：《黑格尔法哲学批判导言》，《马克思恩格斯全集》第 1 卷，人民出版社 1956 年版，第 453 页。

③ 列宁：《书评》，《列宁全集》第 25 卷，人民出版社 1988 年版，第 117 页。

正，可谓不易之理。"① 这些话虽是顺便说及，但却道出了情感的作用及局限性。在情感与理性的关系上，他赞同以理制情，不赞成感情用事。他十分赞成同学罗学瓒对"感情迷"缺点的批评。他说："感情的生活，在人生原是很要紧，但不可拿感情来论事。"② 无论处世接物，拿个人的感情的好恶来判断是非，往往会出错。

在革命战争时期，为了战胜敌人，克服种种困难，做好工作，毛泽东提倡革命者要有一不怕苦、二不怕死的革命精神，要有一股革命的热情。在社会主义建设时期，针对一部分同志革命意志衰退，革命热情不足的情形，他提出："我们要保持过去革命战争时期的那么一股劲，那么一股革命热情，那么一种拼命精神，把革命工作做到底。"③ 革命精神，革命热情，革命意志，是推动革命和建设事业的强大的精神动力。当然，这是事情的一个方面。事情还有另一个方面，热情固然可贵，但也有个度，并且必须由理性指导。倘若热情离开了理性的指导，超过了一定的度，就会变成盲目的狂热，干出蠢事。这一点对领导者、决策者尤其值得注意。为了防止热情过度，毛泽东提出要冷热结合。他说："头脑要冷又要热"，"冲天干劲是热，科学分析是冷"。这是"统一性的两个对立面"。④ 这里讲的冷热问题实质上是情感、情绪问题。胜利冲昏头脑，或受到突如其来的冲击，精神亢奋，头脑发热，一时冷静不下来，势必造成决策失误。这方面的教训甚为深刻，值得我们认真总结记取。从某种意义上说，对情感问题研究的忽视，看不到情感在认识世界和改造世界过程中的两重性，是导致领导者在决策和行动中犯头脑发热错误的一个原因。

总起来看，尽管马克思主义经典作家并没有把情感作为哲学范畴加以论述，但他们零散的言论仍为我们今天研究情感问题提供了有益的启示。他们这方面的思想有待我们进一步发掘。

---

① 毛泽东：《体育之研究》，《毛泽东早期文稿》，湖南出版社1990年版，第71页。

② 同上书，第566页。

③ 毛泽东：《坚持艰苦奋斗，密切联系群众》，《毛泽东选集》第5卷，人民出版社1977年版，第420页。

④ 毛泽东：《关于帝国主义和一切反动派是不是真老虎的问题》，《建国以来毛泽东文稿》第7册，中央文献出版社1977年版，第612页。

（四）情感综合论

以上从中国哲学、西方哲学和马克思主义哲学三方面摘要有关情感的重要论述，十分简略，挂一漏万，旨在说明情感是一个重要哲学范畴，情感在人们认识世界和改造世界过程中，在人们的生活和行动中具有非常重要的作用。下面再对情感做一综合阐述。

人是有血有肉的、有着七情六欲的理性存在，是理性与感性的统一，人的精神世界和人的行为活动都渗透着、贯穿着理性与情感两种因素。无理性，人不成其为人，沦为一般的动物；同样，无情感，人也不成其为人，成为抽象的僵尸。情感与理性一样，同是人的存在方式和本质。人的发展不只是理性的发展，而且也是情感的发展。因此，对情感的研究是哲学研究不可或缺的一个重要内容。

什么是情感（feeling）？从哲学上讲，情感是人对所感受事物（信息）态度的主观体验，是人的需要和要求得到满足与否的反映。人的情感是由高等动物的情感发展而来，但又与高等动物的情感有着本质的不同。人的情感虽然有其客观的生理和心理基础，有其生物自然本性的一面，但更重要的则是在社会生活中形成的，受社会生活所制约，具有社会性、历史性。情感是人性的重要组成部分，是人的本质和力量之一。不同的人有不同的情感；不同的情感表现出不同人的个性、本质和力量；在阶级社会中，人的社会感情带有阶级性。

人的情感是复杂的，多变的，甚至可以说是人的精神世界中最为复杂、最为神秘、最深不可测的部分。"悲喜交加"、"喜怒无常"、"破涕为笑"、"又恨又爱"、"喜极而泣"、"说不出的滋味"、"不可名状的神情"等日常用语都说明了这一点。

情感可分为不同的层次。受客观的感性刺激而引起的喜、怒、哀、乐、欲、恶、惧等感受性的情感是低级的情感，生活中常把这一类情感称为情绪。把在道德实践、审美活动、认识活动和改造世界过程中形成的道德感、美感、理智感等称之为高级的社会性的情感。

依据是否满足人的需要，情感大致可分为积极的、消极的和中间的三类。积极的情感，不仅使人生活愉快，享受高质量的生活，而且成为推动学习、生活、工作的精神动力。消极的情感，不仅使人感到不快、焦虑、痛苦，影响人的身心健康和生活质量，而且妨碍学习、生活和工作，导致出错，甚至酿成一失足成千古恨的终身憾事。

情感的表达程度有强弱之分，不同强弱程度的情感在不同的领域内有不同的作用。艺术表达的是人的情感。情感是艺术的本质。艺术创作需要艺术家有丰富的、强烈的感情，需要有创作的激情。没有激情，没有情感，就没有艺术。"愤怒出诗人"，但愤怒、激情却不利于理性的思考和科学的决策。科学需要冷静的思考，追求真理亦需要热情。

情感本身是复杂多变的，它的作用更是复杂的、不确定的。

人的认识活动和认识过程都渗透着情感因素的作用。首先，兴趣、好奇性、热情是推动人们探求世界奥秘的内在驱动力。前面所引列宁的话说明了这一点。贝弗里奇在《科学研究的艺术》一书中引用了俄国生理学家巴甫洛夫在临终前对青年的祝愿，其中第三点为："热情。记住：科学是要求人们为它的贡献毕生的，就是有两次生命也不够用。在你的工作和探索中一定要有巨大的热情。"接着，贝弗里奇说："热情是一种巨大的推动力量"，"是一种非常可贵的动力"。[1] 情绪心理学研究表明："情绪是激发心理活动和行为的动机。""情绪既策动人的自然本性，又驱使人的社会学习和创造，它是整个人的活动的生动而灵活多变的动力。"[2] 当然，消极的负的情绪、情感则成为认识的障碍。其次，情感对认识过程中的信息的选择和加工有重大的影响。"情人眼里出西施"的谚语和艺术创作中的"移情"现象，表明认识主体的情感对于人的认识有多么大的影响。"文化大革命"中提出的"带着深厚的无产阶级感情读毛主席的书"和现代新儒家提出的"要带着同情与敬意的态度读儒家经典"都说明情感在信息的选择、接受和加工过程中起着价值导向作用。在阶级社会，正是由于人的情感的阶级倾向才导致人的思想带有阶级的烙印。再次，情绪、情感的强弱程度对认识有重要影响。情绪、情感过强，脑子过于兴奋，静不下来，就不利于认识。荀子提出的"虚壹而静"中的静，就是要求人在认识世界时保持冷静的头脑。《大学》讲："修身在正其心者，身有所忿懥，则不得其正；有所恐惧，则不得其正；有所好乐，则不得其正；有所忧患，则不得其正。心不在焉，视而不见，听而不闻，食而不知

---

① 贝弗里奇：《科学研究的艺术》，科学出版社 1984 年版，第 160 页。

② 孟昭兰：《人类情绪》，上海人民出版社 1989 年版，第 28、42 页。

其味。"这里讲了主体的消极情感、情绪对认识和行动的影响：忿怒、恐惧、好乐、忧愁、注意力不集中都不能正其身，都不能获得正确的认识和行动。日常生活经验和现代情绪心理学研究表明，过弱或过强的情绪都不利于思维的正确加工和人的有效工作。

情感对人的行动的影响更为显著。理性是人行动的指南，但直接推动人去行动的动力则是情感、欲望、意志等。没有革命的理论，就没有革命的运动；同样，没有革命的热情，也就没有革命的运动。宣传、鼓动工作就是为了激发、保持、提高人们为完成一定任务和实现一定目标的热情。前面所引狄德罗的"情感淡泊，使人平庸"和"情感衰退使杰出的人失色"的话、毛泽东的"感情力极大"及有关革命热情的论述，有力地表明了情感对成就个人事业和推动社会进步的巨大作用。当然，情感必须受理性支配。离开正确理性指导的情感，那就是盲目的、错误的情感。而盲目的、错误的情感势必导致盲目的、错误的行动，给个人和社会带来损失。"大跃进"年代和"文化大革命"时期，整个党，整个社会为狂热所支配，失去了理性，干出了不少今天看来荒唐可笑的蠢事。这一教训有切肤之痛，应牢牢记取，永志不忘。

人是感性的存在物，情感对个人、对社会的发展有重大的作用。人的全面发展应包含情感的发展。人的生活质量的提高包含有感情世界在内的精神生活质量的提高。因此，如何进行情感教育，培养健康的、高尚的情操，正确表达、运用情感，避免消极情绪对人生、事业的负面影响，这是一个值得研究的问题。如前所说，艺术的本质是情感。很多哲学家、教育家把艺术教育、美育教育作为情感教育的重要途径。我国古代的孔子就十分重视通过乐、诗两教来陶冶人的情操。鲁迅在《摩罗诗力说》中说：艺术的本质在于"使观听之人，为之兴感怡悦"，文学可以"美善吾人之性情，崇大吾人之思理"。① 蔡元培在五四时期提出"美育代宗教"。他指出，"纯粹之美育"，可以"陶养吾人之情感"。② 前面讲到梁启超对情感作用有独到的论述，这里需要进一步指出的是，他在同一篇文章中对情感教育也有精彩说明。他认为，情感的作用固然是神圣的，但他的本质不能

---

① 鲁迅：《摩罗诗力说》，《鲁迅全集》第 1 卷，人民文学出版社 1982 年版，第 71、69 页。
② 蔡元培：《以美育代宗教说》，《蔡元培全集》第 3 卷，人民出版社 1984 年版，第 33 页。

说都是善的美的，他也有很恶很丑的一面。所以古来大宗教家教育家，"都最注意情感的陶养"，"把情感教育放在第一位"。"情感教育的目的，不外将情感美的善的方面尽量发挥，把那恶的丑的方面渐渐压伏淘汰下去。"他又指出："情感教育的最大利器，就是艺术。音乐、美术、文学这三件法宝，把'情感秘密'的钥匙都掌握住了。"① 马克思主义在中国的第一传人——李大钊把情感培养当作人修养的重要内容之一。他也说："文学可以启发我们感情。所以说，诗可以兴，可以怨，……文学是可以发扬民族和社会的感情的。"他是史学大家，也很看重史学对情感的影响。他认为史与诗（文学）一样具有陶冶情感的功能。他说："读史读到古人当急存亡之秋，能够激昂慷慨，不论他自己是文人武人，慨然出来，拯民救国，我们的感情都被他激发鼓动了，不由得感奋兴起，把这种扶持国家民族的免于危亡的大任放在自己的肩头。"② 历史上留下的可歌可泣的悲剧、壮剧，会给后世读史者强烈的感染，培养后继者为民族独立、国家富强、社会进步而奋斗的事业心和民族感。

人的精神世界中知、情、意三者是互相联系、互相渗透的。高级的道德感、审美感、理智感主要是通过道德教育和道德实践、美育教育和审美活动（包括艺术教育和艺术欣赏）、理性教育和科学的认识活动而逐步形成的。理性对情感的控制需要通过意志的作用。意志力强的人对情感的控制就好，不易为一时的情感而左右；反之，意志力薄弱的人则容易感情冲动，为情所左右、甚至为情所奴役。人的情感渗透在人的活动的各个方面，因此，情感教育要贯穿于德育、智育、体育、美育等诸多方面，而不能仅仅局限于美育、德育。健康的、高尚的情感是一个人综合素质的表现。

人最早受的教育是情感教育。人在未出生前在胞胎中就有与母亲的情感交流（所谓胎教），在出生后的婴儿阶段，则受自己的母亲或养育他的人的情感教育，与之进行情感交流。情感教育是客观存在的，只是我们没有自觉地注意到罢了。美国哈佛大学心理学家戈尔曼提出情绪智商（Emotion Intelligence Quotient）简称情商 EQ 的概念。他认为，传统的智商 IQ（Intelligence Quotient）在人生成功因素中只占百分之二十，而情商则占百分之八十。受此理论的影响，美国开始出现了情感教育，有的小学尝

---

① 梁启超：《中国韵文里头所表现的情感》，《饮冰室合集·文集之三十七》。
② 李大钊：《史学与哲学》，《李大钊文集》上卷，人民出版社 1984 年版，第 644 页。

试开设情感教育课。这种教育也传到了英国。2001 年 2 月英国《经济学家》周刊刊登的《感觉良好的因素》一文报导英国一小学开设情感教育课的情况（见《参考消息》2001 年 3 月 12 日）。我国对情感教育关注很不够，以至许多人在听到"情感教育"一词时感到很新鲜。如何在人的不同阶段开展情感教育，这是一个有待研究的新课题。

　　总之，情感是人的本质存在之一，情感对人的认识和实践、生活和人生有重大作用。它是人生的动力和催化剂，运用得好，可以起积极的、促进的作用，反之，则起消极的、破坏的作用。情感是人的精神世界的存在方式，直接决定精神生活愉快与否，完满与否，自由与否。具有高尚的情操是社会主义新人的重要品质。马克思主义哲学要重视对情感的研究，并将它纳入自己的体系之中。

五　意志新论

　　意志同理智、情感一起构成人的精神世界。意志是人的意识能动性的集中体现，在认识世界和改造世界过程中，在日常的生活中，均起着巨大的作用。可长期以来，马克思主义哲学没有把意志作为一个哲学范畴加以研究和论述。本人是在研究毛泽东哲学过程中感到意志的重要。同时也看到，在市场经济条件下，因竞争的激烈，工作和生活压力增大，有的人由于意志品质方面的缺陷而导致诸多社会负面现象乃至人生悲剧的发生。理论和现实促使我对意志发生兴趣，作了一点儿研究，发表过《意志简论》（《南京社会科学》1998 年第 2 期）、《毛泽东论意志》（《毛泽东邓小平理论研究》2003 年第 3 期）、《毛泽东诗词里有意志》（《湖湘论坛》2003年第 6 期）。下面是对以往这方面研究的总结。

（一）意志在认识世界和改造世界过程中的作用

　　一个新的发现、发明、创造，无不需要由实践到认识、再由认识到实践的多次反复，无不需要经过多次（有些甚至是数十次、数百次）的失败和挫折，无不需要同旧的观念和传统习惯势力进行长期的斗争，一句话，无不需要克服来自多方面的（包括认识主体自身的）困难和障碍。马克思在《资本论》法文版序中说得好："在科学上没有平坦的大道，只有不畏劳苦沿着陡峭山路攀登的人，才有希望到达光辉的顶点。"① 美国著名发明家爱迪生在小时候被学校老师视为不可教的弱智儿童，但他顽强学习，醉心于科学的试验和发明，成就了留声机、碳丝电灯泡、电车、电

---

　　① 马克思：《资本论》第 1 卷，《马克思恩格斯全集》第 23 卷，人民出版社 1972 年版，第 26 页。

话机、发电机、电动机等诸多影响近现代社会发展的重大发明。有人问这位发明大王成功的秘诀，他回答道："天才就是百分之一的灵感，加百分之九十九的汗水。"他又说过："伟大人物的最明显的标志，就是他坚强的意志。不管环境变到何种地步，他的初衷与希望不会有丝毫的改变，而终于克服障碍，以达到期望的目的。"① 专门研究科学研究艺术的贝弗里奇在论到科学家的品质时指出："几乎所有有成就的科学家都具有一种百折不回的精神，因为大凡有价值的成就，在面临反复挫折的时候，都需要毅力和勇气。达尔文的这种性格非常突出，据他的儿子说，他的这种性格超出了一般的坚韧性，可被形容为顽强。巴斯德说：'告诉你使我达到目标的奥秘吧。我的唯一的力量就是我的坚持精神'。"② 这里所说的"百折不回的精神"、"坚韧性"、"坚持精神"都是坚强意志品质的体现。

　　意志的作用不仅表现在认识世界过程中，更突出地表现在改造世界过程中，表现在实践活动中。我国古代典籍《尚书·周官》说："功崇惟志"，意思为功高在于志。我国古代哲学家老子说过，"强行者有志"（《老子》三十二章）。我国有句广为流传的成语："有志者事竟成。"这些都朴素地道出了意志在生活和实践中的巨大意义。黑格尔在《小逻辑》中说："理智的工作仅在认识这世界是如此，反之，意志的努力即在于使得这世界成为应如此。"他又说："如果世界已是它应该那样，则意志的活动将停止。"③ 把黑格尔的话翻译成我们今天的语言就是：理智的任务在于认识世界的规律，即世界是什么，而意志则是要根据理智获得的认识和主体自身的需要去改造世界，使世界成为主体所希望的那样。黑格尔在理念的理论活动之后讲意志，在讲主观的理论转化为客观的现实时讲意志，是有道理的。他把主观的理论转化为客观的现实的活动称之"意志的实践活动"，这是深刻的。他认为，通过意志的实践活动，一方面消灭了主观的片面性，另一方面又消灭了客观的片面性，达到了理论的观念和实践的观念统一，主观和客观的统一。列宁在《哲学笔记》里对黑格尔的上述思想给予充分的肯定。在《逻辑学》里，黑格尔只讲了意志在实践活动中的作用。他在《法哲学原理》中则承认，认识活动也离不开意

---

① 王通讯、朱彤编：《科学家名言》，河北人民出版社 1980 年版，第 27、94 页。

② 贝弗里奇：《科学研究的艺术》，科学出版社 1984 年版，第 114 页。

③ 黑格尔：《小逻辑》，商务印书馆 1980 年版，第 420 页。

志。他认为，思维和意志是不能截然分开的，"思维和意志的区别无非是理论态度和实践态度的区别。它们不是两种官能，意志不过是特殊的思维方式，即把自己转变为定在的那种思维"。黑格尔把意志看成是特殊的思维方式，把观念转化为外界实在的过程看成是认识过程继续的思想是深刻的。他认为："如果没有理智就不可能具有意志。反之，意志在自身中包含着理论的东西。""人不可能没有意志而进行理论的活动或思维，因为在思维时他就在活动。"①与康德及其他前人不同，黑格尔讲意志已不囿于道德领域，而是拓展到人的整个认识活动和实践活动。

　　马克思恩格斯对意志在生产劳动、社会生活和历史活动中的能动作用多有论述。马克思认为，在整个劳动过程中"有目的意志"始终在起作用，"而且，劳动的内容及其方式和方法越是不能吸引劳动者，劳动者越是不能把劳动当作他自己体力和智力的活动来享受时，就越需要这种意志"。② 这是讲意志对人的行为的调控作用。恩格斯认为，人的有计划的劳动同动物的有计划的行动不同，动物"不能在地球上打下自己的意志的印记。这一点只有人才能做到"③。这是讲意志在劳动过程中的对象化，外化为劳动成果。恩格斯又指出：新的历史唯物主义反对唯心主义，但决不否认作为外部世界在人脑中反映的感觉、思想、动机、意志等的能动作用。"就单个人来说，他的行动的一切动力，都一定要通过他的头脑，一定要转变为他的意志的动机，才能使他行动起来。同样，市民社会的一切要求……，也一定要通过国家的意志，才能以法律形式取得普遍效力。"④他还指出，社会的发展有不以人的意志为转移的客观规律，但它也是无数个人意志合力作用的结果，"每个意志都对合力有所贡献"⑤。他在批评无政府主义者否定一切权威的错误时指出，革命无疑是天下最有权威的东西。革命就是一部分人用枪杆、刺刀、大炮等非常权威的手段强迫另一部

---

　　① 黑格尔：《法哲学原理》，商务印书馆1995年版，第12、13页。

　　② 马克思：《资本论》第1卷，《马克思恩格斯全集》第23卷，人民出版社1972年版，第202页。

　　③ 恩格斯：《劳动在从猿到人转变中的作用》，《马克思恩格斯选集》第4卷，人民出版社1995年版，第383页。

　　④ 恩格斯：《路德维希·费尔巴哈和德国古典哲学的终结》，《马克思恩格斯选集》第4卷，人民出版社1995年版，第251页。

　　⑤ 恩格斯：《致约·布洛赫》（1890年9月），《马克思恩格斯选集》第4卷，人民出版社1995年版，第697页。

分人接受自己的意志，就是把自己的意志强加给别人①。可见，在社会革命中，革命意志的作用尤为显著。

确实，与认识世界相比，改造世界更需要意志的努力，因为改造世界的实践需要克服更大的困难、阻力和障碍。受五四时代思潮的影响，毛泽东在青年时就十分重视意志的作用。他读《伦理学原理》时注重个性、自我、意志，他为该书写的最后批语是："意志力。心力。"② 他写过《心之力》的文章，得到他的恩师杨昌济的赞扬，给了一百分。他在《体育之研究》一文中指出意志的意义。他说："夫力拔山气盖世，猛烈而已；不斩楼兰誓不回，不畏而已；化家为国，敢为而已；八年于外，三过其门而不入，耐久而已。""猛烈、不畏、敢为、耐久"，"皆意志之事"。他的结论是："意志也者，固人生事业之先驱也。"③ 他本人从青少年时起就十分重视锻炼意志。在与天奋斗、与地奋斗、与人奋斗的过程中，在种种艰难困苦的革命环境中，他锤炼成钢铁般的意志。早在 1935 年 12 月，《共产国际》杂志（第 33—34 期合刊）在"中国人民领袖毛泽东"的标题下介绍毛泽东的生平时称："钢铁般的意志，布尔什维克的决心，英雄无畏的精神，革命名将和政治领袖的无限天才，——这就是中国人民的领袖毛泽东的优秀品质。"举世公认，毛泽东的一生，他的生活，他的革命实践，他的诗文和书法，无不显现他的超人的意志力。尼克松的女儿、艾森豪威尔的儿媳在撰写回忆毛泽东接见他们夫妇的文章时最后说："不论历史如何下结论，毛的一生肯定将成为人类意志的力量的突出证明。"④ 这一结论是很有见地的。需要补充的是，毛泽东的意志，表达的不仅仅是他个人的意志，而且是中国共产党人的意志，中华民族的意志。

不仅毛泽东具有钢铁般的意志，可以说，古往今来，中国外国，大凡有作为的政治家、军事家、思想家、革命家都无不如此。英国陆军元帅、

---

① 恩格斯：《论权威》，《马克思恩格斯选集》第 3 卷，人民出版社 1995 年版，第 227 页。又见恩格斯：《卡·特尔察吉》（1872 年 1 月），《马克思恩格斯选集》第 4 卷，人民出版社 1995 年版，第 606 页。

② 毛泽东：《〈伦理学原理〉批语》，《毛泽东早期文稿》，湖南出版社 1990 年版，第 275 页。

③ 毛泽东：《体育之研究》（1917 年 4 月 1 日），湖南出版社 1990 年版，第 71—72 页。

④ 朱莉·尼克松·艾森豪威尔：《毛主席说再见》，转引自郭思敏编的《我眼中的毛泽东》，河北人民出版社 1990 年版，第 313 页。

第二次世界大战名将蒙哥马利，研究总结了自 17 世纪至当代的包括克伦威尔、林肯、丘吉尔、戴高乐、斯大林、铁托、尼赫鲁、毛泽东等数十位军事家、政治家的领导艺术，出版了《领导艺术之路》一书。他在书中写道："领导艺术的第一步应当是才智。"才智的正确定义则是："团结人们朝着一个共同目标努力的能力和意志，以及鼓舞人们的信心品格。如果没有意志，即使有能力也无济于事。"他认为，领导者无论是好还是坏，"都需要勇气和意志去实施他们的领导艺术"。意志力是领导者性格中不可或缺的①。蒙哥马利本人就具有很强的意志力。

尼克松是西方世界中在第二次世界大战结束后较为有战略头脑的领袖人物。尼克松之成为尼克松，这与他精心研究领袖人物成功之道不无关系。1982 年，他出版了《领导者》一书，书的最后一章是总结性的"谈领袖之道"。他在这章的一开头就写道："有建树的领袖人物都具有坚强的意志，而且懂得如何调动别人的意志。本书论及的领袖人物，都是用自己的意志影响了历史进程的人，其中有的成就大些，有的成就小些。他们是与众不同的人物。他们之所以能这样，不是凭愿望，而是靠他们的意志。"他又说："没有坚强的意志……成不了伟大领袖。"② 确实，惊天动地的伟业需要坚强的意志，而与意志薄弱者无缘。不仅如此，国家意志是构成一个国家综合实力的重要因素。美国学者克莱因提出的综合国力计算方程式为：综合国力 =（基本实体 + 经济实力 + 军事实力）×（战略意图 + 国家意志）。英国学者汤普逊的方程则为：国家实力 =（人力 + 资源）×意志③。当一个民族、国家处于特殊的紧急情况时，万众一心的民族意志、国家意志的作用尤其凸显。

最近二三十年，西方心理学界比较重视意志等非智力因素在人的活动中的作用。美国哈佛大学心理学教授丹尼尔·戈尔曼提出情绪智商 EQ（Emotionl Intelligence Quotient）的概念。他认为，人生的成功因素中智商 IQ（Intelligence Quotient）因素只占百分之二十，情绪智商 EQ 则占百分之八十。他在书中举了一个很有趣的例子：研究者请来一批小孩，把他们一个个带进房间，告诉他们："这里有棉花糖，你们可以马上吃，但如果

①　蒙哥马利：《领导艺术之路》，世界知识出版社 1992 年版，第 3—5 页。
②　尼克松：《领导者》，世界知识出版社 1992 年版，第 370、379—380 页。
③　转引自郑必坚主编《当代世界经济》，中共中央党校出版社 2003 年版，第 2—3 页。

你们等我出去办完事回来再吃，你们可以得到双份棉花糖。"他说完就走了。有些孩子看他一走，便急不可待地拿起棉花糖往口里塞。另一些孩子等了几分钟就不再等了，也把棉花糖吃了。剩下的孩子决心等研究者回来再吃。这项追踪实验研究的结果是：那些有忍耐等待的孩子长大后比较能适应环境，比较讨人欢心，比较敢冒险，比较有自信，比较可靠。那些满足眼前欲望的孩子，他们没有办法克制自己，他们的 EQ 比较低，长大后各方面的成就，都比能克制自己的孩子低[1]。这是一个主要测试自我克制能力的试验。

忍耐是意志力的重要体现，它对成就一个人的事业有重要意义。我国古代孔夫子曾说过"小不忍则乱大谋"（《论语·卫灵公》）。此话对后世影响很大。苏轼的《留侯论》通篇只说了一个"忍"字："忍小忿而就大谋。"毛泽东也说过："凡事忍耐，多想自己缺点，增益其所不能；顾全大局，只要不妨碍大的原则，多多原谅人家。忍耐最难，但作一个政治家，必须练习忍耐。"[2] 这可以说是经验之谈，肺腑之言。1967 年 5 月，毛泽东让人转告邓小平，"要忍，不要着急"。[3] 1979 年，加拿大前总理特鲁多对邓小平讲，我现在下野了，希望重返政治舞台。你曾经有过这种经历，你的秘诀是什么？邓回答：只有一个，忍耐。确实，政治家必须有忍耐力，而忍耐力是意志品质中自我控制力的一个方面。邓小平的女儿认为，他父亲的最高德行是"善于忍耐"。

意志等非智力因素在成就一个人事业中的作用也开始为我国心理学界和教育界所重视。有的心理学教材和辞书也认为，一个人的成就和贡献大小，意志可能比智力起更大的作用，甚至起决定的作用。一个最聪明的人，没有坚强的意志也不行。

综上所述，人的活动，尤其是改造世界的实践活动离不开意志。意志是人的本质、力量的一个重要方面，是人的意识能动性的集中体现。意志力是推动、支配人的思想和行为的内在精神动力。人们改造世界的实践活动不仅是把头脑中的观念对象化，而且把意志、情感对象化，在实践的结

---

① 新加坡国立大学心理学和社会工作系讲师曾增博士：《EQ 是什么，你懂吗？》，《新加坡联合早报》1997 年 2 月 28 日。转引自《参考消息》1997 年 3 月 28 日。

② 毛泽东：《致陈毅》（1944 年 4 月 9 日），《毛泽东文集》第 3 卷，人民出版社 1996 年版，第 127 页。

③ 毛毛：《我的父亲邓小平——"文革"岁月》，中央文献出版社 2000 年版，第 44 页。

果上打上意志的印记。要生存、发展，要成就自己的事业，要对社会做出贡献，要成为名垂千秋的伟人，除了其他条件外，还必须有钢铁般的、百折不挠的坚强意志。一个没有良好意志的人则将一事无成。

任何真理，超过了一定的限度，就会变成谬误。若把认识过程中感觉的作用加以片面夸大，就成了唯心主义感觉论。若把认识过程中概念的作用加以片面夸大，就会把概念当作世界的本质，陷入客观唯心主义的概念论。同样，若把认识过程和实践过程中的意志的作用加以片面夸大，就会把意志当作世界的本质，世界不过是意志的表象，世界就是权力意志，那就成了唯心主义的唯意志论。在生活和实践中，片面夸大意志的作用，否认客观规律和客观条件的制约，那就在实践上必然碰壁，导致失败，付出代价。

（二）意志的界定

人的活动，尤其是实践活动，离不开意志的作用。因此，人们广泛使用意志一词。如"自由意志"、"意志力"；"意志坚强"、"意志薄弱"；"个人意志"、"阶级意志"、"人民意志"、"国家意志"、"民族意志"；"统一意志"、"共同意志"；"革命意志"、"意志消沉"；"不以人的意志为转移"、"打上意志的印记"；"意志关系"；"锻炼意志"，等等。但若进一步问，意志究竟是什么，则很难找到一个明确的答案。

那么意志究竟是什么？如何界定意志？

现在我们所说的意志，英语为 will 或 volition，德语为 wille，俄语为 Воля。笔者查阅了我国的《英华大辞典》、《德汉大辞典》、《俄华大辞典》等多种权威性的辞书，发现这些辞典对这一词的释文大体相同：决心、意志、意志力；愿望、希望、要求、志向。在作动词用时具有使什么变为什么、支配什么的意思。在西方哲学史上，意志很早就是一个哲学范畴。但在很长的时期里，西方哲学家们的研究主要是围绕着道德中意志与自由的关系而开展的。在中世纪，基督教哲学认为，上帝给予人类自由意志，自由意志既可以选择行善，也可以选择从恶。意志具有选择的能力和功能。人的德行的善恶同人的意志的选择相关。到了近现代，资产阶级哲学家强调个性自由，强调意志的本质是自由的，认为意志是人的本质之一，意志服从理性。西方哲学理性主义占主导地位，在许多哲学家看来，意志是非理性的，因而不重视意志的研究。到了 19 世纪，首先是叔本华，继之是尼采，举起反理性主义的旗帜，提出了唯意志论，把意志作为自己哲学的出发点和基础。对什么是意志，叔本华和尼采的看法也很是不同。尼采说过："叔本华根本误解了意志（他似乎认为渴望、本能、欲望就是意志的根本），这很典型。因为他把意志的价值贬低到应该予以否定的地步。"① 在尼采看来，权力意志就是世界的一切，是最有价值的，此外一切皆无。叔本华讲"意志是世界的本质"也好，尼采讲"世界就是权力意志"也好，都不过只是对意志意义、作用的一种设定。至于意志本身是什么，从他们的著作中也难觅到明确的界定。

在我国古代汉语中，意与志分开使用的居多。《说文解字》将"志"、"意"互释："志，意也，从心之声。""意，志也，从心察言而知意也。"现代《辞源》将"意"释文为：意思、愿望、意图、料想、猜想等。单独的"意"与现在使用的意志关联不是很大。《辞源》"志"的第一义释为："志向，立志。"可以说，"志"是我国古代一个很重要的哲学范畴，它与意志有较多的相连、相通之处。许多政治家、哲学家、思想家经常讲到"志"，其意思大多是：立志、志气、意志等。如，孔子讲："三军可以夺帅，匹夫不可夺志"（《论语·子罕》）；"士志于道"（《论语·里仁》）；"五十有五而志于学"（《论语·为政》）；"不降其志，不辱其身"（《论语·微子》）等。老子讲："知人者智，自知者明。胜人者有力，自胜者强。知足者富，强行者有志。"（《老子》第三十二章）不过老子反对强其志，主张："虚其心，实其腹，弱其志，强其国。"（《老子》第三章）与老子相反，墨子主张强志："志不强者，智不达；言不信者，行不果。"（《墨子·修身》）孟子也很重视志："夫志，气之帅也；气，体之意也。夫志至焉，气次焉。故曰：持其志，无暴其气。"（《孟子·公孙丑上》）荀子更多地讲到志，他说："无冥冥之志者，无昭昭之明；无惛惛之事者，无赫赫之功。"（《荀子·劝学》）他把志与意联用："凡用血气、志意、知虑，由礼则治通，不由礼则勃乱提僈。""志意修则骄富贵，道义重则轻王公，内省而外物轻矣。"（《荀子·修身》）他又说："志意致修，德行致厚，智虑致明，是天子所以取天下也。"（《荀子·荣辱》）我国古代志与意联用者虽不多，但除荀子外也还有别的人。如荀子之前，商

① 尼采：《权力意志》，商务印书馆 1991 年版，第 228 页。

鞅就说："夫微妙意志之言，上知之所难也。"（《商君书·定分》）魏晋时期的葛洪也说过："既性暗善忘，又少文，意志不专，所识者甚薄。"（《抱朴子·自序》）他又说："坚志者，功名之主也；不惰者，众善之师也。登山不以艰险而止，则必臻（至）乎峻岭矣；积善不以穷否而怨，则必永其令问（闻）矣。"（《抱朴子·外篇·广譬》）南宋陈淳在所著的《北溪字义》里把"志""意"看成同命、性、心、情、仁、义、礼、智、信等一样重要的哲学范畴分别加以阐释。他指出："志者，心之所之。之犹向也，谓心之正面全向那里去。如志于道，是心全向于道；志于学，是心全向于学。一直去求讨要，必得这个物事，这便是志。""意者，心之所发也，有思量运用之义。"明朝吕坤说："心不坚确，志不奋扬，力不勇猛，而欲徙义改过，虽千悔万悔，竟无补于分毫。"（《呻吟语·品藻》）近代，康有为认为："其止其行，其成其败，皆在人之强力坚志。"（《论语注》卷九）总上所引文可见，我国古代汉语中的志、志意、意志在不同语境中其具体含义不尽相同，有差异。但异中有同，大抵都有现今的志气、志向、欲望、要求、追求、决心、坚毅、意志等方面的含义。现代汉语词典一般将意志释文为："自觉地确定目的，并根据目的来支配、调节自己的行动，克服困难，实现预定目的的心理过程。"（《辞海》，上海辞书出版社 1999 年版）这种释文显然是参照了古代心理学的定义，而较少考虑汉语一词中的传统含义。①

那么，心理学对意志是如何界定的呢？

德国心理学家、哲学家冯特把意志理解为独立调节表象流的能力。这

---

① 若仅从我国古代典籍中涉及志、志意等的文字来考察我国古代的意志，那是很不够的。张岱年的《中国哲学大纲》没有论及意志。他晚年著的《中国伦理思想研究》一书第九章为"意志自由问题"，其第一节为"古代关于意志的学说"。从文中所引史料看，与西方相比，我国古代有关意志的论述甚少。但若从思想的实质内容看，我国古代除"志"、"志意"等与西方的意志相通外，"勇"也有与西方意志相通的一面。西方古代哲学家把人的灵魂分为理性、意志、欲望三方面。我国古代哲学家在春秋战国时代则把智、仁、勇三者视为理想人格应具有的品德。孔子讲："君子道者三，我无能焉：仁者不忧，知者不惑，勇者不惧。"（《论语·宪问》）《中庸》将智、仁、勇尊之为"三达德"。勇的内涵很丰富，但其基本的意义是孔子所说的"不惧"。荀子也说："折而不挠，勇也。"（《荀子·法行》）贾谊说："持节不恐谓之勇。"（贾谊《新书·道术》）"赴汤火，蹈白刃，武夫之勇可能也；克己自胜，非君子之大勇不可能也。"（《二程集·河南程氏粹言》卷一《论学篇》）张锡勤教授认为："勇即无畏无惧，是属于道德意志方面的品格。"（《中国传统道德举要》，黑龙江教育出版社 1996 年版，第 168 页）张锡勤的这一见解是很有见地的。

种能力是激情制约的，但是激情本身也被归结为意志动作。美国实用主义
者詹姆士则认为，意志的基础是一种特殊的努力（"fiat"—"行"），这
种努力之所以需要，是为了在意识中存在着几个思想的情况下，抑制其中
的某些思想，从而保证合意的思想过渡到行动的范围中去。这个过渡是按
照意想性运动原则完成的。C. 林德沃尔斯基则认为，意志是个性借以自
我确立的基本能力。① 直到 20 世纪 50 年代，苏联马克思主义哲学教科书
中还没正面阐述意志的内容。在 50 年代出版的心理学教科书对意志则有
专章的阐述。由阿·阿·斯米尔诺夫总主编的《心理学》教科书"意志
行动"章的第一行文字为："意志行动是旨在达到那些自觉提出目的的行
动。"1960 年出版的《苏联哲学百科全书》设有"意志"条目，释文为：
"人对自己的活动的自觉而有目的的调节。和其他各种心理现象一样，意
志就其生理基础与实现类型来说也是反射的过程。"② 虽说是哲学百科全
书，但整个阐述是从心理学角度作的。

　　我国心理学界对意志的界定大体吸取了外国学者的观点。

　　《中国大百科全书·心理学卷》的释文是："意志（Volition）是有意
识、有目的、有计划地调节和支配自己行动的心理过程。"

　　由朱智贤主编的《心理学大词典》为："意志（Vill）是人自觉地确
定目的，并根据目的调节支配自身行动，克服困难，去实现预定目标的心
理过程。它是人的意识能动性的集中表现。"

　　受苏联哲学的影响，长期以来我国哲学界只是在批判唯意志论时或讲
自由与必然的关系时涉及意志。1987 年出版的《中国大百科全书·哲学
卷》没有意志条目。1995 年出版、由萧前主编的《马克思主义哲学原理》
在论述非理性因素时谈到意志，但没有专门论述与界定。1990 年出版、
由黄楠森主编的《人学词典》和 1992 年出版、由冯契主编的《哲学大词
典》中设有"意志"条目，其界定与前面提到的辞书大体相同，内容也
还是从心理学角度去阐述的。

　　笔者在研究意志问题过程中曾查阅过国内外数十种哲学教科书和辞
书，结果令人失望。可以说，直至 1997 年，真正从哲学上对意志做出界

①　转引自康士坦丁诺夫主编《苏联哲学大百科全书》第 1 卷，俄文 1960 年版，中文上海
译文出版社 1984 年版，第 471 页。
②　同上书，第 470 页。

定的几乎没有。

那么，从哲学上如何界定意志呢？

笔者认为，从哲学上看，意志包括以下三个方面的含义：

第一，意志是人自觉追求的目标，是人的欲望、要求、思想的集中和凝聚。"个人意志"、"阶级意志"、"国家意志"、"民族意志"、"统一意志"、"共同意志"、"打上意志的印记"等语中的意志，主要是表达这方面的含义。

第二，意志是指人选择、确定行动目标的能力。通常说的"意志自由"中的"意志"就是指这方面的含义。恩格斯说："意志自由只是借助于对事物的认识来作出决定的那种能力。"① 意志品质中"果断性"、"决断力"主要也是指选择、确定行动目标的能力。

第三，意志是指人调节、控制自身自觉确定目标行动的能力。"意志坚强"、"意志薄弱"、"锻炼意志"等的"意志"即是此义。这是日常运用最为广泛的意志含义。意志品质中的"自主性"、"坚持性"、"自制性"主要是指自觉调控主体自身思想和行为的能力。

上述三方面，可以视为意志自身的内部结构。其第一方面偏重于意志的内容，涉及意志与客观世界的关系。意志作为精神、意识的一种形式，它同感觉、表象、思维、情感等一样，在形式上是主观的，但就其内容而言则来自于客观的现实世界，来自于现实的社会生活。意志的内容直接来源于意志者的生活和实践。不同的人，不同的社会集团，在阶级社会中不同的阶级、政党和个人，其意志的内容是不同的，甚至是相反的。"阶级意志的内容""是这个阶级的物质生活条件来决定的"② 马克思恩格斯曾多次（如《共产党宣言》、《反杜林论》）论及意志的内容，批判唯心主义的意志论。因此，在论及意志时，首先有一个意志正确与否的问题。正确地反映了社会生活和社会发展的意志，是正确的、进步的意志，而歪曲地反映了社会生活和社会发展的意志，则是错误的、有害的、甚至是反动的意志。意志的能否实现首先取决于意志的内容是否正确，是否符合客观

---

① 恩格斯：《反杜林论》，《马克思恩格斯全集》第20卷，人民出版社1971年版，第125页。

② 马克思、恩格斯：《共产党宣言》，《马克思恩格斯选集》第1卷，人民出版社1995年版，第289页。

规律，是否符合社会生活和社会发展。在意志与现实的关系上，存在着唯物主义与唯心主义的对立。唯心主义否认意志内容来自现实世界，来自社会实践，认为意志是主观自生的，或先天具有的。唯心主义的唯意志论颠倒了意志与客观世界的关系。

意志不同于欲望、需求，甚至也不同于一般的要求和思想，而是经过人的思考将欲望、需求提升为自觉追求的目标，是欲望、要求和思想的集中和凝聚。意志总是同目的（目标）相连，意志的内容就是它所追求的目的。从这方面讲，意志是思维的结果，理性的产物。虽然许多时候，意志的内容并不完全符合实际，甚至与实际完全相脱离，但它毕竟是思维的产物，不过不是正确思维的产物，而是错误思维的产物。当然，凭一时冲动、缺乏深思熟虑形成的意志，不加思考随附他人的意志，不是基于理性思考形成的意志，则是盲目的意志。盲目意志具有非理性的性质。因此，严格地说，把意志简单地归入理性或非理性范畴是值得商榷的。

意志第二、三方面的内容偏重于意志力。就意志力而言，无所谓正确与错误，有的只是强弱的问题。意志力强者在选择、确定行动目标时有很强的决断力，而不是优柔寡断，举棋不定。意志力强者有自信心、自信力，为了实现自己的目标、理想，能奋力拼搏，能百折不挠，甚至能赴汤蹈火；能沉着应对各种环境，能屈能伸，胜不骄败不馁；能慎独，拒腐蚀永不沾；能在任何情况下坚持对目标、理想、信念的追求；能在任何情况下控制自己的情绪、思想和行为，做到"泰山崩于前而色不变，麋鹿兴于左而目不瞬"（苏洵《心术》）。意志力强者相信"有志者事竟成"，相信自己能支配自己的命运，不相信宿命论。意志力薄弱者在选择、确定行动目标时优柔寡断，犹豫不决，在行动过程中往往缺乏自信力，遇到困难挫折时，经不起磨难和考验，轻易放弃个人主观努力，随波逐流，听天由命，陷入宿命论和悲观论。

意志的能力与意志的内容是有区别的。一个人的意志能力很强，他追求的目标也正确，那么，这目标就能经过意志的努力而实现。若一个人的意志能力很强，但他追求的目标不符合实际，脱离了现实的可能，甚至与社会发展背道而驰，那目标就不能实现。意志内容错误，意志力愈强，付出的代价就愈大，危害也就愈烈。所以，讲意志首先要看意志内容正确与否。历史上反动阶级的代表人物中不乏有意志刚强的所谓铁腕人物，但由于他的意志是逆历史潮流的，因而最终逃脱不了受历史惩罚的命运。就意志力只有强弱而无正确与否而言，意志带有非理性的特点。

意志的能力与意志的内容虽有区别，但两者又有着密切的关联。一般说来，人对意志目标内容有着坚定的、明确的认识和信念时，人对实现目标追求的意志力也强，反之则意志力弱。人只是为着实现正确的目标、美好的理想而甘愿断头流血，万死不辞。红军不怕远征难的顽强革命意志是同红军所追求的高于天的革命理想相连的。科学家百折不挠的意志是同他对科学研究目标、科学研究的理想的追求密不可分的。目标的正确、合理、美好，有助于意志力的形成和加强。理性有益于意志力。从这点上讲，正确的理性指导，正确的理想、信念是锻炼意志、增强意志的前提条件。当然，意志力对意志内容有能动反作用。意志力是实现目标、理想的不可少的精神动力。意志力有益于理性的发展和提高。

综上所述，笔者以为给"意志"作如下的哲学界定较为合适：意志是人们的欲望、需求、思想的集中体现和确定行动的目标及调控实现目标行动的能力。意志的内容和能力是在社会生活和实践中逐渐形成的。意志就其内容而言，是理性的；就其控制能力而言，是非理性的。意志是理性和非理性的统一。

（三）应重视意志的研究和意志的锻炼

意志对认识世界和改造世界，对成就一个人的事业，对社会的发展，都有巨大的意义。意志是中外哲学史上的一个重要范畴。受德国古典传统哲学的影响，马克思和恩格斯在自己的著作中论及意志的有数十处之多（最方便的方法是通过1995年版的《马克思恩格斯选集》索引去查阅），而且主要是从正面论述意志的本质、含义和作用及意志与自由的关系。当然他们对唯意志论进行了批判。列宁的情况有所不同，在《唯物主义和经验批判主义》一书里，他主要是在思维与存在、自由与必然的关系上批判唯意志论。在《哲学笔记》里，他对黑格尔哲学全书《小逻辑》第233节中"意志"做了很简要的摘录，他关注的不是意志，也没写批语。在十月革命后，列宁在批判无政府主义时论述了"统一意志"的意义，他指出，现代化的大工业"要求无条件的和最严格的统一意志"①。他又讲到，为了战胜资产阶级，工农群众必须有自觉的纪律，形成"千百万人的统一意志"，"没有这样的统一意志，我们就必然会遭到失败"②。此外，我们很少见他有从正面论及意志，尤其是从哲学意义上论及意志。斯大林本人正像他的俄文名字那样是一个具有钢铁般的意志的人。但他也少有论及意志。从20世纪20年代至80年代，苏联哲学教科书都没有把意志作为哲学范畴加以正面阐释。1988年出版的《哲学原理》算是一本打破了传统哲学体系、具有许多新内容的哲学教科书，该书手稿曾获全苏高等学校大学生教科书竞赛奖。但就是这样一本中文有46万余字的教科书也还只是十分简略地有所涉及"作为道德范畴的意志自由"。总之，可以认为，整个苏联时期的哲学界都没有把意志作为一个范畴纳入马克思主义哲学体系。

　　如前面所说，在很长时期里，受苏联哲学影响，我国哲学界以至整个理论界，对意志问题太不重视。有一本心理学著作说：关于意志问题，自从实验心理学兴起后，西方心理学的课本中就绝少提及。这主要是意志问题很难用实验心理学方法去研究。因此直接探讨意志问题的科学研究成果少。这本教科书哀叹心理学中意志问题可讲的太少③。这本教科书认为我国的哲学、伦理学、教育学等对意志问题论述很多。笔者对教育学不了解，不敢论列。从1997年我开始关注意志问题，撰写《意志简论》一文前，我国哲学界、伦理学界对意志的研究少有人涉猎。从20世纪90年代开始，包含意志在内的非理性因素（在此仍沿袭传统说法）为一些学者重视，取得了相当的成果。如夏军著的《非理性世界》（1993年）、胡敏中著的《理性的彼岸——人的非理性因素研究》（1998年）、王勤著的《非理性的价值及其引导》（2001年）、何颖著的《非理性及其价值研究》（2003年）等，这些著作对意志均有所论述。2002年张明仓出版了《实践意志论》的专著。近几年来出版的有些哲学教科书写进了包括意志在内的非理性的内容。这些进步、成绩都应加以充分肯定。但仍应承认，我

---

　　①　列宁：《苏维埃政权当前的任务》，《列宁选集》第3卷，人民出版社1995年版，第500页。

　　②　列宁：《青年团的任务》，《列宁选集》第4卷，人民出版社1995年版，第286页。又见《共产主义运动中的"左派"幼稚病》，《列宁选集》第3卷，人民出版社1995年版，第135页。

　　③　张祖述、沈德立：《基础心理学》，教育科学出版社1987年版，第183、191页。

国学术界对意志的研究仍属起步阶段。相当多的哲学教科书仍无意志范畴，即使有的讲到，也还很不够。更值得全社会注意的是，时至今日，我们的教育工作，从幼儿教育到成人教育，从家庭教育到学校教育、社会教育，都只注重智力方面的培养、训练，忽视了非智力因素，尤其是意志品质的培养、训练。

在革命战争年代和改革开放前，由于有高昂的政治热情和革命精神支撑着，人们普遍受革命意志的浸润，所以在社会生活中并没有感受到因意志薄弱发生的负面现象的存在（当然个别事件的发生总是有的，但未成普遍关注的问题）①。改革开放以来，随着社会主义市场经济的发展，社会矛盾的复杂化，社会竞争的加剧，工作和生活的压力增大，对人的意志品质要求越来越高。由于意志品质方面的缺陷而发生的社会负面现象日益严重。如，有的意志薄弱者不能做到"拒腐蚀，永不沾"，经不起财、色等引诱，为糖衣炮弹所击中，腐化变质，违法犯罪；青少年中，由于忽视心理素质的培养和思想品德的教育，精神心理障碍者迅速增加，严重的发生精神分裂、自杀；有的企业经营者，甚至有的党政领导干部，本身清正廉洁，但因承受不了工作责任的心理压力而有精神障碍，严重的也发生自杀；有的人自制能力差，沾染上毒品而不能自拔，而对戒毒者来讲，戒毒能否成功首要的、最重要的是看其意志是否坚定；对电脑、互联网这样一类高科技产品的使用，倘若缺乏自制力，就会成为"网虫"，造成精神心理方面的负面影响，不少青少年因迷恋上网而造成学业的荒废。总之，种种消极的社会现象的发生，要求我们重视意志的研究，重视意志品质的培养和锻炼。

从世界范围看，根据西方研究意志问题的学者讲，西方社会发生现代人的"神经官能症"，"其核心就在于意志丧失，决策能力的丧失，和个人责任的丧失"②。也有的学者称，意志的颓丧是当今人类的症结所在，当今的时代是"意志障碍的时代"③。他们认识到，意志的丧失、意志的贬值，所造成的不仅是纯粹的伦理问题，而且失去了勇气，使社会陷于迷

---

① 新中国成立后，毛泽东担心共产党的干部革命意志衰退。他希望通过整风运动，振奋革命精神，坚定革命意志。见《毛泽东选集》第5卷，人民出版社1977年版，第419—420、460页。

② 罗洛·梅：《爱与意志》，《罗洛·梅文集》，中国言实出版社1996年版，第214页。

③ 转引自张明仓《实践意志论》，广西人民出版社2002年版，第34页。

茫、沉沦，使人类瘫痪于进退两难的处境。为此，他们亦呼吁要重视对意志的研究。

意志是人的意识能动性的集中体现，是成就个人事业的决定性的精神因素，是使社会具有生气活力的重要精神力量。全面发展的人必须具备良好的意志品质。我们的哲学家、心理学家、教育家、社会学家都应重视对意志问题的研究，我们的整个社会，从家庭到学校、社会都应重视意志品质的培养。

虽说笔者读过一些有关意志问题的文章和论著，也对现实生活中因意志品质的缺陷而产生的社会现象有所思考，但对意志仍说不上有所研究。笔者以为，从哲学角度看，至少以下七方面的问题值得深入研究：

（一）意志的内涵、结构、性质及作用；

（二）意志与客观世界的关系，与社会实践的关系；

（三）意志与理智、欲望、情感、信仰等的关系；

（四）个人意志与群体（集团、阶层、阶级、民族、国家）意志、统一意志、普遍意志的关系；

（五）意志的品质（自觉性、果断性、坚持性、自制性等）；

（六）意志的培养和锻炼；

（七）中外哲学史上的意志论，当代西方心理学、教育学的意志论。

笔者在此对意志的培养和锻炼再提供点意见。

一个人的意志同个人的生理因素、心理因素和气质有一定的关系，但这不是主要的。如前所述，意志是社会的产物，是人在后天的环境中、社会生活中形成的。怎样培养和锻炼人的意志，如同怎样培养和提高人的智力一样，是一个人从生下来之后就应加以注意的问题。就意志的内容问题，它是对现实世界的反映，属认识论问题。立志，树立正确的、远大的、高尚的志向和理想，是培养意志品质的前提条件，这属于品德教育。这方面内容在此不论。这里讲的培养和锻炼意志主要是指培养和锻炼意志力。培养和锻炼意志的途径、形式和方法是很多的，不同年龄时段的人不同，不同方面的意志力也不同。前面讲的棉花糖的试验，其实也是培养和锻炼自制力的一种。

有一点是可以肯定的：体育运动是培养和锻炼意志的重要手段。如前面已讲过，中国古代称智、仁、勇为三达德，其中的勇就含有意志品质的意义。到了近现代，西方教育思想传入，我国的教育家将智、仁、勇改为德、智、体三育。西方教育中，体育不仅可锻炼身体，而且可锻炼意志。杨昌济认为，手工劳动、体育运动、道德教育等都是培养和锻炼意志的重要途径。受现代教育思想和杨昌济的影响，青年毛泽东十分重视通过体育运动培养和锻炼意志。他在《体育之研究》一文中指出："体育之效"除有"强筋骨"、"增知识"、"调感情"之外，还有"强意志"，并说"体育之效盖尤在此矣"。"夫体育之主旨，武勇也。武勇之目，若猛烈，若不畏，若敢为，若耐久，皆意志之事。""皆可于日常体育之小基之。"正是在此段文字之后，毛泽东紧接着写了本文前面已引的："意志也者，固人生事业之先驱也"的名言。青年毛泽东特别喜好在湘江里游泳，锻炼意志，陶冶情操。直至晚年，他依然提倡到大海大江中游泳，认为这可以锻炼身体，锻炼意志。毛泽东对体育运动功效的认识是全面的、深刻的，我们今天许多人对体育运动的认识远没有达到此程度。西方人十分重视体育运动对锻炼意志的功效，他们的许多的体育运动项目（如攀登、滑板、冲浪、蹦极跳等）在很大程度上是着眼于培养人的意志品质和冒险精神。这一点值得我们学习。今天，我们的幼儿园，我们的从小学到大学的各级、各类学校，真正把体育课，把体育运动，当作培养和锻炼幼儿、青少年的意志课程的究竟有多少，这是值得追问和反思的。体育运动，不仅锻炼身体，尤在锻炼意志，体育运动是青少年培养和锻炼意志的重要途径。遗憾的是至今我们仍对此缺乏认识。

中国古语讲："艰难困苦，玉汝于成。"坚强的意志是在艰苦困难的环境中锻炼出来的。孟子讲："天将降大任于斯人也，必先苦其心志，劳其筋骨，饿其体肤，空乏其身，行拂乱其所为，所以动心忍性，增益其所不能。"（《孟子·告子下》）毛泽东十分赞赏孟子的这番话。1965年，他将此语录送给大学毕业的女儿李讷。一个人在逆境中尤其能锻炼顽强的意志。毛泽东是从逆境中走过来的。在江西时期，他本人多次受到错误处分和批评。他在一次讲话中说：在工作中受到错误的处理，或下降或调动，"都是有益的，可以锻炼革命意志，可以调查和研究许多新鲜情况，增加有益的知识。我自己就有这方面的经验，受到很大的益处。"他还引用了司马迁如下的话作佐证："文王拘而演周易，仲尼厄而作春秋。屈原放逐，乃赋离骚。左丘失明，厥有国语。孙子膑脚，兵法修列。不韦迁蜀，世传吕览。韩非囚秦，说难孤愤。诗三百篇，大抵贤圣发愤之所为作也。"（《史记·太史公自序·报任安书》）① 这些可以说是宝贵的历史经验的总结。

意志是在克服困难过程中形成的。为了锻炼意志，在平时，要自找苦吃，在各种艰难困苦和多种不利条件下磨炼自己。外国有专门培养人的意志等品质的拓展训练。这种训练缘起于 20 世纪 40 年代的英国。在第二次世界大战中，英国舰艇在遭到德国潜艇的袭击后沉没了，大批水兵因此丧生。但总有少数人在灾难中幸存下来。后来人们发现，这些幸存者并不是体能最好的，而是求生意志最强的人。他们顽强抗争，不坚持到最后一刻决不放弃。正因为如此，他们终于活到了获救的那一刻。于是人们创办了这种生存训练的学校。战争结束后，这种学校保存下来，并扩大了训练项目。目前世界各地都有拓展训练学校。1997 年北京房山也有了中国人办的这类学校。参加训练的人员大都为国家机关、企业事业单位、"三资"企业、民办高科技企业的干部、职员②。今天，拓展训练广为开展，成为一种时尚。

上述少数海军士兵获救生存的事实，证明了生存意志对人的生命具有重大的意义。有些日本的教育家认为，生存意志教育是品德意志教育的一个重要内容。现代社会日趋富裕的物质生活条件削弱了孩子们应具备的生存能力、心理承受力和克服困难、坚忍不拔的意志力，为了纠正这种不足，有些中小学注意培养学生生存意志的训练。办法是学生在没有老师的带领下到既无电源，又无淡水的孤岛上或森林里，安营扎寨，自己寻觅水源、野果，捡拾柴草，培养吃苦、自救的生存能力③。与此相比，我们的学校教育和家庭教育几乎完全忽视了意志品质的培养。

意志是人的品质的重要方面，因此不仅心理学、教育学要注重意志的研究，而且哲学、伦理学也要把意志品德的培养作为人生修养的重要内容。我国古人讲智、仁、勇，讲立志，就包含有意志的修养和锻炼。在 20 世纪 30 年代，冯定在《青年应当怎样修养》的小册中把意志修养作为一题专门加以论说，其标题为"意志是发动机——谈意志和意志的修养"。他指出："只有意

---

① 毛泽东：《在扩大的中央工作会议上的讲话》（1962 年 1 月 30 日），《毛泽东文集》第 8 卷，人民出版社 1999 年版，第 291 页。

② 详见冯玥、汤登连《拓展：给你第三种力量》，《中国青年报》1997 年 5 月 23 日。

③ 贺雄飞主编：《世界艺术教育大观》，远方出版社 1996 年版。

志特别坚强的人，才能克服大困难，实现大思想，成就大事业；意志不坚强的人，一辈子也不会有成就的。所以思想好像飞机上的方向舵和升降舵，意志好像发动机。"① 新中国成立后，作为马克思主义哲学家、伦理学家的冯定依然把意志修养作为人生修养和伦理学的不可或缺的内容。他把"坚强而旺盛的战斗意志"列为工人阶级修养内容的第三条②。他在《人生漫谈》的小册子中仍然把"意志"作为一题来谈。他指出："无产阶级的意志是来自真理的，人们越认识真理，革命意志就越坚强。""所以培养和锻炼意志，归根到底还是要培养和锻炼对真理的认识，并为真理而斗争。"他又指出："意志的培养和锻炼，虽然可以从小的地方入手，然而必须从大的地方着眼；抓了小事，扔了大节，那末就是本末颠倒了。"③ 冯定对意志修养的论述具有普及、通俗的特点，用朴素的语言说出了深刻的、对人生切实有用的真理。他始终重视意志的培养和锻炼，始终把意志修养作为伦理学的一个范畴，这是十分可贵的。十分遗憾的是，直至今天，我国许多马克思主义伦理学教科书依然没有把意志和意志修养纳入自己的体系。

优良意志品质的培养同样需要有自觉性。艰苦条件、逆境固然可以锻炼意志，做到"贫贱不能移，威武不能屈"，"泰山崩于前而色不变"，受挫折、失败时，不气馁、不悲观。顺境时同样也可以锻炼意志，做到"富贵不能淫"，"坐怀不乱"，"麋鹿兴于左而目不瞬"，胜利时不骄傲。道德修养本身就是锻炼意志。慎独，就是对意志力的一种要求，即自我控制的能力。在金钱、美色、物欲、权力等诱惑面前，能做到"拒腐蚀，永不沾"，需要坚强的革命意志，更需要有道德修养的高度自觉。可以讲，意志的锻炼，随时随处可以进行，问题在于有没有锻炼意志的自觉性。

为了避免在我国出现当代西方社会意志丧失、意志障碍的现象，我们就一定要重视意志的研究，一定要提倡意志的锻炼。

毛泽东在 1958 年给女儿的信中说："一定要锻炼意志。"④ 让我们记住这句话吧！

---

①　冯定：《青年应当怎样修养》，《冯定文集》第 1 卷，人民出版社 1989 年版，第 32—34 页。

②　冯定：《修养无时可息，学习终生不停》，《冯定文集》第 2 卷，人民出版社 1989 年版，第 49 页。

③　冯定：《人生漫谈》，《冯定文集》第 2 卷，人民出版社 1989 年版，第 471—472 页。

④　毛泽东：《给李讷的信》（1958 年 2 月 3 日），《老一辈革命家家书选》，中央文献出版社、三联书店 1990 年版，第 55 页。

六　马克思主义哲学是自由哲学

哲学不仅是智慧之学，哲学也是自由之学。马克思主义哲学，不仅是科学的世界观、方法论，是现代的智慧之学，而且也是价值观，现代的自由之学。但在很长时期里，我们只把它看成是世界观、方法论，而没有认识到它也是价值观，是自由之学。就是在今天，我国的理论界、哲学界对自由仍缺乏应有的重视，有些人敢讲民主，但不敢谈自由。现在的马克思主义哲学教科书也只是在书的最后讲人的自由而全面发展，不敢在书的绪论中公开申明，马克思主义哲学是自由哲学，自由精神应贯彻于全书。反思 20 世纪社会主义兴衰的历史，我们不难发现，对马克思主义哲学理解上的这一偏差，对马克思主义中的自由、人权、人道主义、民主等属于价值方面问题的忽视，是导致社会主义在实践上发生严重挫折的一个重要理论根源。在构建当代马克思主义哲学形态时必须郑重提出自由问题，重视自由的价值观。

（一）　对德国古典哲学自由精神的继承和发展

资产阶级政治家、思想家反对社会主义主要是两条：一条是社会主义不自由，一条是社会主义不民主。似乎自由、民主成了资产阶级的专利。他们极力在全世界推行资产阶级的自由价值观和民主制度，企图用资产阶级的自由化、民主化来和平演变社会主义制度。其实，马克思主义哲学本身就是自由哲学，社会主义所追求的价值目标就是人的自由而全面的发展。自由是马克思主义、社会主义题中应有之意。

马克思、恩格斯在《共产党宣言》中明确提出："代替那存在着阶级和阶级对立的资产阶级旧社会的，将是这样一个联合体，在那里，每个人的自由发展是一切人的自由发展的条件。"①《共产党宣言》是马克思主义经典中的经典，工人阶级的"圣经"。马克思、恩格斯关于"自由人的联合体"的思想是偶然的、一时的吗？当然不是。这是他们对人类争自由的思想，尤其是对德国古典哲学自由传统的继承和发展，是他们自己以往思想的高度总结。关于"自由人的联合体"的论述是经典中的名言，它充分体现了时代精神。为了说明这一点，有必要对"自由人的联合体"的思想做理论上的溯源。

自由是一个古老的概念，是数千年来人类梦寐以求的理想境界。自由是一个历史过程。可以说，人从脱离动物界成为人的那时起，就具有不同于一般动物的特殊的自觉能动性，获得了最初的一点自由。随着生产力的发展，文化的进步，人的主体性、自觉能动性的不断增强，人的自由也在不断扩大。自由是历史的、具体的。人类的历史从某种意义上讲是不断挣脱自然束缚和社会束缚的历史，是争自由的历史。历来哲学家们都只强调哲学的本义是爱智，哲学是智慧之学，很少有人把哲学称为自由之学。其实，哲学不仅是智慧之学，而且也是自由之学，其目的是为了获得自由。

古希腊哲学家苏格拉底认为，"哲学家的职责在于使灵魂脱离肉体而获得自由和独立"②。亚里士多德认为："哲学是唯一的一门自由的学问。"③ 伊壁鸠鲁、卢克莱修哲学中的原子偏离说表达了自由的倾向，反对宿命论。古希腊哲学家们认为，哲学是最需要自由的，没有自由就没有哲学。但人类普遍自觉地争自由确实是近代以来的事，是同资本主义生产方式的产生、发展有关，是同反对封建专制制度的资产阶级革命有关。在17世纪英国资产阶级革命时期，霍布斯、弥尔顿、洛克等思想家、哲学家提出，人是生而平等自由的，每个人自己要自由，就必须使别人也有自由。谁要是侵犯了别人的自由，那他就会失去自己的自由。因此，在社会里，自由决不是任性，决不是自己想干什么就干什么，而是必须遵循法律，受法律约束。自由是在他所受约束的法律许可范围内，可以自由地遵

① 马克思、恩格斯：《共产党宣言》，《马克思恩格斯选集》第1卷，人民出版社1995年版，第294页。

② 《苏格拉底的最后日子——柏拉图对话集》，余灵灵、罗林平译，上海三联书店1996年第2版，第130页。

③ 北京大学哲学系外国哲学史教研室编译：《西方哲学原著选读》上卷，商务印书馆1981年版，第119页。

循他的自由意志。马克思称洛克是新兴资产阶级的代表、"自由思想的始祖"①。

自由成为一个响亮的战斗口号，是在法国大革命时期。卢梭的自由思想最具有代表性，影响也最大。卢梭提出："人是生而自由的，但却无往不在枷锁中。""人所共有的自由，乃是人性的产物。""每个人都是生而自由、平等。"人们生活在社会中，如何才能做到保障每个人的自由？卢梭是社会契约论者，主张通过订立某种社会契约来实现。他说："'要寻找出一种结合形式，使它能以全部共同的力量来卫护和保障每个结合者的人身和财富，并且由于这一结合而使每一个与全体相联合的个人又只不过是在服从自己本人，并且仍然像以往一样地自由。'这就是社会契约所要解决的根本问题。"②卢梭的这一论述，表达了他想通过契约的形式来建立自由人的联合体的设想，这当然是一种空想。卢梭的思想在法国产生了巨大的革命作用。"不自由，毋宁死"成为鼓舞人们反对封建专制主义、争取独立和自由的一个战斗口号。1789年法国国民议会通过的《人权和公民权利宣言》的第一条就是"人们生来是、而且始终是自由平等的"。第四条则规定："自由就是指有权从事一切无害于他人的行为。"自由既受到法律的保障，又受到法律的限制。自由打上了鲜明的资产阶级印记。

德国的资本主义经济比同期的法国落后，因而德国的资产阶级比法国的要软弱，但它追求、向往自由的愿望却是相同的。德国哲学是法国革命在理论上的反映，同样体现了对自由精神的追求。德国古典哲学的开山康德推崇卢梭，崇尚自由。他认为，自由是每个人与生俱来的权利，人的意志是绝对自由的。他自认为，"启蒙运动除了自由而外并不需要任何别的东西"③，他的哲学"能替一切人恢复其为人的共同权利"④。他把自由看成自己哲学体系"整个建筑的拱顶石"，他说：自由是"我们所知的道德法则的条件"，"假使没有自由，那么道德法则就不会在我们内心找到。"⑤

────────────

①　马克思：《〈新莱茵报·政治经济评论〉第2期上发表的书评》，《马克思恩格斯全集》第7卷，人民出版社1959年版，第249页。

②　卢梭：《社会契约论》，商务印书馆1996年版，第8、9、23页。

③　康德：《历史理性批判文集》，商务印书馆1990年版，第24页。

④　转引自诺曼·康蒲·斯密的《康德〈纯粹理性批判〉解义》，商务印书馆1961年版，第39页。

⑤　康德：《实践理性批判》，商务印书馆1999年版，第2页注。

康德是先验论者，主张理性为道德立法。为解决人与人之间在道德实践上的矛盾，解决人与人之间在自由上的矛盾，他提出了这样的道德律："你应当这样地行动：使你的行为的准则通过你的意志成为普遍的自然法则。"① 他提出了"人是目的，而不是手段"的著名命题。康德提出的道德律仅仅停留在精神世界，反映了德国资产阶级的软弱性。

费希特批判康德取消了物自体，更强调自我的作用，走向主观唯心主义的唯我论。他继承和发展了康德重视自由的思想。自由"是费希特全部哲学的出发点、前提、核心和最终目的。费希特本人明确表示：'我的体系是第一个关于自由的体系'；'我的体系自始至终只是对自由概念的一种分析'"②。如何解决自我与他我在自由问题上的矛盾？费希特提出了不同于康德的设想："只有假定一切自由存在物都必然抱有同样的目的，这个矛盾才能解决，道德规律的自相一致才能恢复；这样一来，一个自由存在物的合乎目的的做法对于所有其他自由存在物就会同时也是合乎目的的，一个自由存在物的解放就会同时也是所有其他自由存在物的解放。"他又说：理性必定是独立的。除了借助于一切个体的形式自由，决不存在任何（实质）独立性。"一切个体的形式自由是全部理性的一切因果性的唯一条件。"③ 费希特所追求的理想社会同样是自由人的联合体。费希特尤其强调人的主体能动性，强调行动，反对只说不做。他说："我寄希望于行动"，"行动！行动！——这是我们的生存目的。"④ 费希特自由思想影响甚大。黑格尔指出："自由是理性的特征，它是扬弃一切限制本身的东西，是费希特体系的至高无上者。"黑格尔从费希特那里认识到："人们与他人结成的共同体从根本上说，必定不是被看做对真正的个体自由的限制，而是被看做这种自由的扩展。最高的共同体就是最高的自由。"⑤

黑格尔是德国古典哲学的集大成者。他是客观唯心主义者，把人的精神绝对化、客观化，当成世界的本体，把自然界、人类社会看成是绝对精

---

① 康德：《道德形而上学原理》，上海人民出版社 1986 年版，第 73 页。
② 郭大为：《费希特伦理学思想研究》，中国社会科学出版社 2003 年版，第 75—76 页。
③ 费希特：《伦理学体系》，中国社会科学出版社 1995 年版，第 232、234 页。
④ 费希特：《论学者的使命 人的使命》，商务印书馆 1984 年版，第 57 页。
⑤ 黑格尔：《费希特与谢林哲学体系的差别》，《黑格尔著作集》第 2 卷，第 82 页。转引自郭大为著的《费希特伦理学思想研究》，中国社会科学出版社 2003 年版，第 240—241 页。

神的外化。受法国大革命的影响，黑格尔崇拜法兰西的理性和自由，他十
分赞赏卢梭天赋人权和自由平等的主张。他把自由抬高到前所未有的本体
论高度，将自由规定为绝对精神的内在本质。他认为："现代世界是以主
观性的自由为其原则的"①，"理性与自由永远是我们的口号。"② 在历史
哲学中，他说：如同"'物质'的'实体'是重力"一样，"'精神'的
实体或'本质'就是'自由'"。"'精神'的一切属性都从'自由'而得
成立。""一切都是为着取得'自由'的手段"，"一切都是在追求'自
由'和产生'自由'"，"'自由'是'精神'的唯一真理"。"'精
神'——人之所为人的本质——是自由的。"黑格尔把人类历史看作是精
神发展的历史，也是自由发展的历史。他视自由为推动历史前进的动力，
历史发展的最终目的。他说，"整个世界的最后目的"，"就是当做那种自
由的现实"。③ 他认识到自由是一个历史过程。他说，东方人只知一个人
（专制君主）是自由的，希腊罗马人只知道少数人是自由的，日耳曼人首
先知道，人类之为人类是自由的，人人是自由的。世界历史不过是自由观
念的发展。他还认为，自由本身包含有绝对的必然性，因此它必然展现为
世界历史，最终实现自己。他所希望建立的最终的理想社会是人人自由的
社会。他指出，人类天性是自由的，但自由并不是无限制、无约束的天然
状态，自由需要法律和道德。法律是"精神"的客观性，体现了精神的
意志自由。他由此得出了十分保守的结论：国家是自由的实现，只有服从
法律，意志才有自由。黑格尔还正确认识到，自由与必然不是绝对对立、
排斥的，自由是对必然的认识，自由要靠知识和意志的无穷训练才可以找
出和获得。总之，从客观唯心主义出发，黑格尔把自由看成是精神的本
质，世界历史追求的目的。直至晚年，他仍追求自由，向往自由。他说：
"自由精神的旗帜"，"就是我们现在所拥护的、我们现在所擎举的"。④
这表明，政治上保守的黑格尔始终向往自由，坚持自由精神，把自由人的
联合体视为成人类追求的最终的理想社会。

黑格尔逝世后，青年黑格尔派发展了黑格尔思想中革命的方面，开展

---

① 黑格尔：《法哲学原理》，商务印书馆 1995 年版，第 291 页。
② 黑格尔：《致谢林的信》（1795 年 1 月底），《黑格尔通信百封》，上海人民出版社 1981
年版，第 38 页。
③ 黑格尔：《历史哲学》，三联书店 1956 年版，第 55—56、58 页。
④ 同上书，第 464 页。

了一个新的资产阶级思想解放运动。青年黑格尔派继承前人的自由传统，反对封建专制主义。赫斯认为，法国革命是自由行动的开端，德国的宗教改革则是精神自由的开端。他极力把德、法、英三国的自由有机地结合起来。他说："精神的自由行为，是现代一切企图的出发点和归宿的核心。"他本人的行动哲学只是"以自由为行动的基础"的斯宾诺莎伦理学的一个新发展，"费希特为这个演进奠定了第一块基石"[①]。他认为："人的本质，这一独特物，他所以同动物的区别，恰好在于他的自由的、独立于任何外在强迫的活动。"他把社会主义理解为自由与平等的统一，社会主义社会是"自由共同体"。他还提出了由必然状态向自由王国的转化。赫斯与马克思、恩格斯的关系一度（尤其是在《德法年鉴》时期）曾甚为亲密。他的"自由共同体"的思想对马克思、恩格斯有着直接的重大影响[②]。

　　从上面十分简略的追溯中可以看出，自由原则是现代世界的基本原则，自由精神是现代世界的时代精神。崇尚自由，追求自由人的联合体，是德国古典哲学的优良传统[③]。

　　青年时代的马克思，参与青年黑格尔运动，深受启蒙思想的熏陶和黑格尔主义的影响，是一位激进的革命民主主义者。他热烈地追求民主自由，反对封建专制主义。还在学生时代，他就自觉地意识到："哲学研究的首要基础是勇敢的自由精神。"[④] 他倾心于古代哲学家伊壁鸠鲁的原子偏斜观点，赞扬伊壁鸠鲁关于精神自由和独立的主张。他用充满着战斗激情的文字写道："哲学，只要它还有一滴血在它那个要征服世界的、绝对自由的心脏跳动着，它就永远用伊壁鸠鲁的话向他的反对者宣称：'渎神的人并不是那抛弃众人所崇拜的众神的人，而是同意众人关于众神的意见

---

　　① 引自黄楠森、庄福龄主编的《马克思主义哲学史教学资料选编》上册，北京大学出版社1984年版，第159页。

　　② 赫斯：《哲学与社会主义文集》，第228、258、223—224页。转引自侯才的《青年黑格尔派与马克思早期思想的发展》，中国社会科学出版社1994年版，第201、191、196—197页及有关部分。

　　③ 马克思恩格斯的"自由人联合体"思想的另一个理论来源是英国和法国的空想社会主义。圣西门、傅立叶、欧文等人把人的自由而全面发展，同发展实业，消灭私有制，消灭城乡、工农和体脑三大差别，发展教育等联系起来。许多社会主义史对此都有论述。故在此从略。

　　④ 马克思：《关于伊壁鸠鲁哲学的笔记》，《马克思恩格斯全集》第40卷，人民出版社1982年版，第112页。

的人。'"他赞赏普罗米修斯的"我宁肯被缚在崖石上，也不愿作宙斯的忠顺奴仆"的不屈的自由精神。他说："普罗米修斯是哲学日历中最高尚的圣者和殉道者。"①　事实上，马克思本人就是一生为人类自由和人类解放英勇奋斗的普罗米修斯式的斗士。他的哲学是真正的自由哲学。

　　马克思在大学毕业、走向社会后的第一次战斗是反对普鲁士政府的书报检查制度，捍卫出版自由和言论自由。他向普鲁士当局指出："你们赞美大自然悦人心目的千变万化和无穷无尽的丰富宝藏，你们并不要求玫瑰花和紫罗兰散发出同样的芳香，但你们为什么却要世界上最丰富的东西——精神只能有一种存在形式呢？""每一滴露水在太阳的照耀下都闪着无穷无尽的色彩。但是精神的太阳，无论它照耀着多少个体，无论它照耀着什么事物，却只准产生一种色彩，就是官方的色彩。"②　他要求废除书报检查制度。这时他使用的思想武器是黑格尔的精神自由。他指出，自由，"是人的本质"，"是全部精神存在的类本质，因而也就是出版物的类本质"。他进而提出，"法律不是压制自由的手段"，"法典就是人民的圣经"，"出版法就是出版自由在立法上的认可"。"自由出版物是人民精神的慧眼，是人民自我责任的体现，……是人民用来观察自己的一面精神上的镜子。"③　在国家问题上，这一时期的马克思同样受黑格尔影响。他认为，"国家应建立在自由理性的基础上"，国家概念要符合实现理性自由，不实现理性自由的国家就是坏国家，哲学所要求的国家是符合人性的国家。与黑格尔一样，他把国家理解为"自由人的联合体"。④　他对封建专制制度深恶痛绝。他激愤地说："专制制度的唯一原则就是轻视人类，使人不成其为人。""专制制度必然具有兽性，并且和人性是不相容的。"他猛烈抨击普鲁士专制制度。他认为，专制制度之所以能存在，是由于德国人不觉悟，是庸人。"庸人是构成君主制的材料，而君主不过是庸人之王

　　①　马克思：《德谟克利特的自然哲学和伊壁鸠鲁自然哲学的差别》，《马克思恩格斯全集》第 40 卷，人民出版社 1982 年版，第 189—190 页。

　　②　马克思：《评普鲁士最近的书报检查令》，《马克思恩格斯全集》第 1 卷，人民出版社1956 年版，第 7 页。

　　③　马克思：《第六届莱茵省议会的辩论》，《马克思恩格斯全集》第 1 卷，人民出版社 1956年版，第 67、71、74—75 页。

　　④　马克思：《第 179 号"科伦日报"社论》，《马克思恩格斯全集》第 1 卷，人民出版社1956 年版，第 127、118 页。

而已。"他指出，只有丢下这个世界的基础，才能"过渡到民主的人类世界"。他还提出，"必须唤醒这些人的自尊心，即对自由的要求"，才能使社会"成为一个人们为了达到崇高目的而团结在一起的同盟，成为一个民主的国家"。① 为此，他树起了批判的旗帜，对现存的一切进行无情的批判，揭露旧世界，以唤醒人的自觉，实现人的解放，建立自由人的联合体。

正是在对人的自由、人的解放的强烈追求的推动下，马克思由革命民主主义者向共产主义者转变，由唯心主义者向唯物主义者转变，最终创立新的辩证的历史的唯物主义哲学和科学社会主义。在《论犹太人问题》中，马克思批评布鲁诺·鲍威尔把犹太人的解放归结为宗教的解放和把政治解放同人类解放混淆的错误。他在肯定资产阶级革命反对封建主义的积极作用时，指出了资产阶级自由、人权的局限性。他说，法国资产阶级革命所确立的自由、人权，"不是建立在人与人结合起来的基础上，而是建立在人与人分离的基础上"。"这种自由使每个人不是把别人看做自己自由的实现，而是看做自己自由的限制"。② 这种自由、人权在实际应用上就是私有财产这一人权，就是自私自利的权利。这种社会与马克思所追求的自由人的联合体大相径庭。因此，他认为，资产阶级的政治解放还不是人类解放。

马克思继续前进，由政治领域进入到经济领域探讨人的解放。他在《1844年经济学哲学手稿》中提出了劳动异化理论，对共产主义作了初步论证。他指出，"人的类特性恰恰是自由的自觉的活动"，这种人的自由的自觉活动就是人的劳动。人正是通过自觉的有意识的劳动，在改造对象世界中，实现、确证自己的本质，证明自己是类存在物。生产生活就是类生活。但是在现实的资本主义社会中，劳动发生了异化，"把自我活动、自由活动贬低为手段"，反过来成为支配、统治、压迫劳动者自身的工具，导致人同人的异化，一部分人对另一部分人的统治。在这一著作中，马克思对异化劳动与私有制的关系还没有完全厘清。他认为，私有财产是

① 马克思：《摘自"德法年鉴"的书信》，《马克思恩格斯全集》第1卷，人民出版社1956年版，第411、414、409页。
② 马克思：《论犹太人问题》，《马克思恩格斯全集》第1卷，人民出版社1956年版，第438页。

异化劳动的产物，又是劳动借以外化的一种手段和这一外化的实现。他把人类历史过程归结为劳动异化和扬弃这异化的过程，也是人性由异化到复归的过程。他提出，共产主义是私有财产即人的自我异化的积极扬弃，是通过人并且为了人而对人的本质的真正占有，是"人和自然界之间、人和人之间的矛盾的真正解决，是存在和本质、对象化和自我确证、自由和必然、个体和类之间的斗争的真正解决"。在共产主义社会，由于对私有财产的积极扬弃，"人以一种全面的方式，也就是说，作为一个完整的人，占有自己的全面的本质"①，人得到彻底的解放，可以自由而全面发展。《1844 年经济学哲学手稿》是马克思创立新的学说过程中的重要一环，但它还没有完全摆脱费尔巴哈人本主义的影响。

马克思以前的哲学家、思想家有关人的自由全面发展的思想是建立在人是生而自由的抽象人性论的基础上的。他们所追求自由人的联合体的美好理想具有空想的性质。如赫斯虽然把社会主义社会看成是"自由人的联合体"，但他深受费尔巴哈抽象的人类之爱的影响，认为爱可以创造一切，"自由人的联合体"靠爱的力量来实现。马克思恩格斯的功绩是将这一人类美好的理想建立在历史唯物主义基础上，说明这一理想是人类社会发展到现代的一种必然趋势，使之由空想变成为科学。

《德意志意识形态》是马克思、恩格斯第一次较为全面阐述他们所创立的新的历史唯物主义和科学社会主义的著作。在这一著作中，他们从物质生产和现实的社会关系出发，科学地论证了未来共产主义社会是自由人的联合体。资产阶级责难共产党人要消灭个人自由、消灭个性。在《共产党宣言》中，他们在驳斥这种责难时说："在资本主义社会里，资本具有独立性和个性，而活动着的个人却没有独立性和个性。"他们深刻揭露资产阶级所宣扬的自由、个性的实质，指出："在现今的资产阶级生产关系的范围内，所谓自由就是自由贸易，自由买卖。""你们所理解的个性，不外是资产者、资产阶级私有者。这样的个性确实应当被消灭。"② 他们批判、揭露资产阶级个性、自由的实质，不是要否定一般的个性、自由，

---

① 马克思：《1844 年经济学哲学手稿》，《马克思恩格斯全集》第 42 卷，人民出版社 1979 年版，第 96—97、120、123 页。

② 马克思、恩格斯：《共产党宣言》，《马克思恩格斯选集》第 1 卷，人民出版社 1995 年版，第 287—288 页。

恰恰相反，是要通过社会革命，发展生产力，发展教育和科学，消灭私有制，消灭阶级，使个性获得真正的自由发展，建立起新的"自由人的联合体"，以代替存在着阶级和阶级对立的资产阶级旧社会。这就是本节一开头引的那段名言。

我们尚难断定《共产党宣言》的"每个人的自由发展是一切人的自由发展的条件"的表述与费希特《伦理学体系》中的"一个自由存在物的解放就会同时也是所有其他自由存在物的解放"和"一切个体的形式自由是全部理性的一切因果性的唯一条件"的论述是否有直接的关联（有的学者认为两者有直接的关联），但我们完全有理由认为，马克思的"自由人的联合体"、"每个人的自由发展是一切人的自由发展的条件"的思想，同德国古典哲学崇尚人的自由传统、追求建立自由人的联合体的理想是一脉相承的。马克思主义哲学继承了德国古典哲学及整个西方哲学崇尚自由的传统。

（二）自由精神是马克思主义的基本精神

继《共产党宣言》之后，在《经济学手稿》、《资本论》、《反杜林论》和其他的许多著作、通信中，马克思和恩格斯一方面进一步深刻地揭露了资本主义社会的自由，本质上是商品交换的自由、资本的自由，而雇佣劳动者只有出卖劳动力的自由，指出把资本主义自由看成人类自由的终极形式是荒谬的；另一方面，他们进一步阐明了自由是一个历史过程，资本主义社会生产力和教育、科学技术的发展，为人类实现更高的自由发展准备了条件，进一步阐述了未来的共产主义社会是"以每个人的全面而自由的发展为基本原则的社会"[1]，人类社会最终要实现"建立在个人全面发展和他们共同的社会生产能力成为他们的社会财富这一基础上的自由个性"[2]。他们始终认为，只有生产力高度发达、旧式分工消失、阶级消灭、私有制消灭和生产者占有生产资料、教育充分发展、必要劳动时间

---

[1]　马克思：《资本论》第 1 卷，《马克思恩格斯全集》第 23 卷，人民出版社 1972 年版，第 243 页。

[2]　马克思：《经济学手稿》，《马克思恩格斯全集》第 46 卷（上），人民出版社 1979 年版，第 104 页。

大大缩短和自由时间扩大、劳动不再是谋生的手段和负担而是生活的第一需要、人不仅成为自然和社会的主人而且成为自身的主人时，人类社会才从必然王国进入自由王国，人才真正成为自由的人。关于马克思、恩格斯在这方面的理论，国内许多文章、著作均有论述，在此不再展开阐释。

这里需要强调的是：马克思逝世后，恩格斯继续注重"自由人的联合体"的思想。在他逝世前一年，即将在日内瓦创刊的《新纪元》的编辑人员致信恩格斯，请求恩格斯找一段题词，用简短的字句来表达未来的社会主义纪元的基本思想，以别于但丁曾说的"一些人统治，另一些人受苦难"的旧纪元。恩格斯在回信中用《共产党宣言》中"自由人的联合体"的名言作题词，以表示未来新时代的思想，并说，除这一段话外，"我再也找不出合适的了"①。这就充分说明，恩格斯始终与马克思一样，都十分重视"自由人的联合体"的思想。西方某些学者及受西方学者影响的国内少数学者把恩格斯与马克思对立起来是违背历史真实的，恩格斯同样重视人，重视人的自由而全面发展。

总之，"自由人的联合体"的思想不是马克思主义的个别结论、个别原理，而是贯彻马克思主义、社会主义始终的基本思想。自由精神是马克思主义的基本精神之一。

（三） 在自由问题上的深刻教训

马克思和恩格斯逝世后，后继者们对自由思想的理解和运用上出现了严重的分歧。在这方面有深刻的教训，值得我们总结。

伯恩斯坦是恩格斯遗嘱的执行人之一，德国社会民主党的主要领导人。他注重自由思想。他提出，在对于"自由主义"的宣战中，"应当有些分寸"。近代大规模的自由主义运动首先对资本主义的资产阶级有利，以自由命名的政党是资本主义的卫道士，这样说的确是不错的。"但是作为世界历史性运动的自由主义，那末社会主义不仅就时间顺序来说，而且就精神内容来说，都是它的正统的继承者。"对于社会民主党来说，"保障公民自由始终要比实现某种经济要求占更高的地位。自由人格的保障和

---

① 恩格斯：《致朱泽培·卡内帕》（1894 年 1 月 9 日），《马克思恩格斯全集》第 39 卷，人民出版社 1974 年版，第 189 页。

培养是一切社会主义措施的目的，也是那些表面上的强制措施的目的。对于这些措施的比较精确的研究始终表明，这里所涉及的那一种强制，是应当提高社会中的自由的总和的，它所给予的自由应当比它所剥夺的为多，而且是给予比它所剥夺的更为广泛的人群的。"他又认为，自由主义原则的实现"将是社会主义"，"社会主义不会创造任何类型的新的束缚。个人应当是自由的"。① 受新康德主义的影响，伯恩斯坦总的倾向是力图把马克思主义、社会主义伦理化、人道化，消解了马克思主义的革命精神，这当然是错误的。但他上述言论总体上应加以肯定。如前所述，马克思主义确实继承和发展了德国古典哲学的自由传统。后来的批判者在批判他的修正主义时往往没有注意这一点，甚至也把它作为修正主义加以批判。

德国的新康德主义者提出，康德的伦理学奠定了社会主义基础，康德是德国社会主义的真正创始人。他们企图把社会主义伦理化。德国马克思主义者梅林对新康德主义进行了批判。梅林指出，康德的伦理思想，"对于德国社会主义的建立没有丝毫促进作用，但对于自由主义，尤其是反社会主义的自由主义的建立则提供了许多基石"。他们的"回到康德去"的口号是为了"绞杀整个社会主义"② 。但是梅林承认，《共产党宣言》关于"自由人的联合体"的思想与康德伦理学的主要论点（即"人是目的，而不是手段"）"是完全相同的"③ 。当然他也指出两者世界观基础的不同。马克思是依据唯物史观的经济发展进行论证的，而康德则不是。由于对新康德主义和第二国际修正主义的批判，梅林的这一思想没有引起注意，因而也更谈不到去进一步研究马克思主义哲学与德国古典哲学自由传统之间的联系。

俄国马克思主义者普列汉诺夫、列宁在批判第二国际修正主义时对自由、"人的自由而全面发展"等思想没有引起足够的重视。普列汉诺夫主要是从自由与必然的关系论述自由，很少像马克思那样从人的历史发展来论人的自由而全面的发展，几乎没有讲到"自由人的联合体"。普列汉诺

---

① 伯恩斯坦：《社会主义的前提和德国社会民主党的任务》（1899 年），三联书店 1973 年版，第 197、200 页。

② 梅林：《康德和社会主义》（1900 年 4 月 4 日），《保卫马克思主义》，人民出版社 1982 年版，第 113 页。

③ 同上书，第 102、106 页。

夫对马克思主义的思想来源有专门的论著（如《论一元论历史观之发展》）。他以大量的史料说明，马克思主义是现代科学思想发展合乎逻辑的产物，是人类先进思想的继续和完成。他关注的是唯物主义、辩证法和人性论，忽视了马克思主义中的价值论，忽视了有关自由人的联合体的思想及其内含的自由精神。正因如此，他就不会去追溯自由人的联合体思想的渊源。他在论述马克思主义哲学同德国古典哲学关系时只强调了马克思恩格斯对黑格尔唯心辩证法的继承改造和对费尔巴哈唯物论的吸取发展，而没有涉及马克思主义哲学与德国古典哲学自由精神之间的继承的关系。客观地说，普列汉诺夫在这方面的缺点同马克思恩格斯本人不无关系。因为这两位马克思主义创始人在谈到他们与德国古典哲学的关系时主要也是谈对黑格尔辩证法和费尔巴哈唯物论的吸取和改造，而没有论及对自由精神的继承。

　　列宁在论述马克思主义哲学的主要来源时讲的也是对黑格尔的辩证法和费尔巴哈的唯物主义的继承和发展，而没有提到对德国古典哲学的自由精神的吸取。与普列汉诺夫有所不同，列宁多次讲到"自由人联合体"的思想。1902 年，他曾把人的自由而全面的发展写进了俄国社会民主党纲领："工人阶级要获得真正的解放，必须进行由资本主义全部发展所准备起来的社会革命，即消灭生产资料私有制，把它们变为公有财产，组织由整个社会承担的社会主义的产品生产代替资本主义的商品生产，以保证社会全体成员的充分福利和自由的全面发展。"[①] 1918 年制定的俄罗斯苏维埃联邦社会主义共和国宪法宣布："俄罗斯共和国为俄国全体劳动者自由的社会主义社会。"但总起来看，列宁生活在革命的时代，他在同第二国际修正主义斗争中主要是揭露和批判资产阶级自由、民主、平等的虚伪性，强调自由、民主、平等的阶级性，强调阶级斗争和无产阶级专政，而较少从正面论及关于人的自由而全面发展的问题。

　　列宁逝世后，不能说斯大林没有讲过自由，但他对社会主义、阶级斗争和无产阶级专政做了片面的理解。他不重视自由、民主、人权、人道主义等对社会主义的意义。斯大林时期的理论界不讲自由、民主、人权，斯大林时期的哲学教科书不讲自由，不讲人的自由而全面的发展。这种理论

---

　　① 列宁：《俄国社会民主党纲领草案》（1902 年），《列宁全集》第 6 卷，人民出版社 1986 年版，第 193 页。

上的偏差导致实践上的严重错误，肃反严重扩大化，民主、法制不健全，个人的自由受到不应有的限制，发生了许多严重侵犯人权的非人道的事件，极大地损害了社会主义的声誉。出现这种情况，同沙皇俄国是一个缺乏自由、民主传统的专制国家有关。完全可以设想，经历过资产阶级民主制的人（如英国人、法国人、美国人）决不会允许缺乏自由、民主的高度集权的制度存在。

　　20世纪第二次世界大战结束后，针对希特勒的法西斯主义和斯大林的高度集权的社会主义，在西欧出现了强调个人自由和人道主义的思潮，出现了存在主义。法国的萨特甚至企图把存在主义与马克思主义相结合，力图把马克思主义人道主义化。1956年，苏共批判斯大林的错误。苏联政治界、理论界转向重视人，重视人的自由、民主，重视人道主义。在此后，苏联哲学界在对人、人道主义的研究方面取得了重大进展，这是应肯定的。但也要看到，在纠正"左"的教条主义过程中，逐渐出现了另一种倾向，即把马克思主义人道主义化的倾向，抽象人性论的倾向。赫鲁晓夫反复鼓吹，共产主义理想是和平、劳动、自由、平等、博爱和幸福，共产主义思想体系是最人道的思想体系，并提出了"一切为了人，为了人的幸福"的口号。苏联理论家则极力宣扬"一切为了人，为了人的幸福"的口号。他们纷纷注释说："一切为了人，为了人的幸福，这就是共产主义人道主义的真髓，共产主义的目的，共产主义纲领的实质。"和平、劳动、自由、平等、博爱和幸福，"这些共产主义原则和理想是马克思主义世界观的灵魂和实质"。针对把马克思主义人道主义化的思潮，法国的阿尔都塞发表了一系列批判文章。1965年，他把1961—1965年间有关文章结集成《保卫马克思》一书。他认为，在斯大林教条主义影响下，人们把一切哲学都当作政治，对于艺术、文学、哲学或科学，统统用阶级划分这把刀来一刀切，"要么是资产阶级科学，要么是无产阶级科学"。针对这种简单化，他提出，马克思的著作本身是科学，而过去，人们却把它当作一般的意识形态。他认为，青年时代马克思的人道主义是意识形态（1845年前），1845年马克思的思想发生了转变、断裂，由人道主义转变为科学社会主义，成熟了的马克思主义是科学理论，是反人道主义的[1]。

---

[1]　阿尔都塞：《马克思主义和人道主义》（1963年10月），《保卫马克思》，商务印书馆2006年版。

阿尔都塞强调马克思主义理论的客观性、科学性，反对把马克思主义人道主义化，这无疑有合理的因素，但他否认马克思主义是意识形态，否认马克思主义包含人道主义，则是错误的。马克思主义、科学社会主义无疑继承和发展了人类追求自由的价值理想和人道主义思想，但不能把它们归结为自由主义、人道主义。苏联内部的人道主义思潮逐渐演变为戈尔巴乔夫的新思维。戈尔巴乔夫自己明确讲，新思维的核心是"全人类共同价值高于一切"。当今世界，人类有共同利益这是毋庸置疑的，但它是否高于一切，这是大可讨论的。事实上，当今世界是国家利益、民族利益高于一切。苏共解散，苏联崩溃，苏联社会的激变和逆转，宣告了戈尔巴乔夫新思维的破产。苏联在人的问题上的"左"右两方面的错误值得我们反思①。

在对待自由问题上，我国也有与苏联相类似的教训。

我国的马克思主义主要是从俄国（苏联）传入的，我国的马克思主义者是在激烈的阶级斗争中接受马克思主义的，因此，他们关注的重点自然是阶级斗争学说和社会革命理论。我国的马克思主义者从接受马克思主义时起就注重批判修正主义和无政府主义，因此，他们很少涉及民主、自由、人权、个性、人道主义②。根据这种情况，社会上有一些人指责共产党人只讲党性，不讲个性，只讲纪律，不讲自由，抑制了个性自由。针对这种责难和马克思主义者在理论上的缺失，毛泽东在延安时期发表过不少精辟的论述。他指出："被束缚的个性如不解放，就没有民主主义，也没有社会主义。"③ 在 1945 年召开的中共七大上，毛泽东

---

① 弗罗洛夫是苏联时期人道主义思潮的最著名的代表人物，先后任《哲学问题》杂志、《共产党人》杂志和《真理报》主编，戈尔巴乔夫的助理、苏共中央书记处书记、苏共中央政治局委员。他的抽象的人道主义和把马克思主义人道主义化倾向对戈尔巴乔夫的改革有重大影响。他自认为，他参与了戈尔巴乔夫的人道的民主的社会主义和新思维的炮制。安启念的《俄罗斯哲学向何处去——苏联解体后的俄罗斯哲学》（中国人民大学出版社 2003 年版）用一章论说弗罗洛夫与戈尔巴乔夫及苏联改革的关系。安启念把弗罗洛夫的抽象人道主义"视为苏联改革失败的深层原因"，这可能过分夸大了抽象人道主义的作用，但确实应看到抽象人道主义是苏共指导思想背离马克思主义的重要因素。

② 李大钊是一个例外。作为革命民主主义者，他注重个性自由、个性解放。在转变成马克思主义者后，他依然注重自由。针对社会上一些人的社会主义干涉个人自由的误解，他指出："社会主义是保护自由、增加自由者，使农工等人均多得自由。"（《李大钊文集》下卷，人民出版社 1984 年版，第 375 页）

③ 毛泽东：《致秦邦宪》（1943 年 8 月 31 日），《毛泽东书信选集》，人民出版社 1983 年版，第 239 页。

在书面报告和口头讲话中多次讲自由、个性、个性解放、个性与党性的关系。他径直引用《共产党宣言》关于"自由人的联合体"的名言，并指出："不能设想每个人不能发展，而社会有发展，同样不能设想我们党有党性，而每个党员没有个性，都是木头，一百二十万党员就是一百二十万块木头。"① 他把自由、民主不仅看成是手段，更看成是目的。中共七大提出要建设一个"独立的、自由的、民主的、统一的、富强的新中国"，并把这一目标载入党章。自由、民主不是由上帝恩赐的，而是由人民争得的。共产党领导全国人民争自由、争民主。毛泽东在1947年的《新年祝词》的最后写道："在不久的将来，自由的阳光一定要照遍祖国的大地。"② 1950年，《中共中央关于庆祝"五一"劳动节的口号》继续沿用中共七大的提法，把"努力建设独立、自由、民主、统一与富强的新中国"作为奋斗目标③。遗憾的是，到了1957年，毛泽东的思想发生了变化，公开批评把自由、民主视为目的的观点，认为自由、民主只是手段。在此以后，自由、民主不再是党和人民所争取建立的目标。他对阶级斗争、无产阶级专政、社会主义存在着片面的理解。他片面讲阶级斗争、无产阶级专政，忽视了自由、人权、人道、民主和法制，结果同样导致阶级斗争严重扩大化，导致"文化大革命"时期发生大规模的严重违反人道的事件。对自由、民主的忽视同样是我国社会主义事业发生严重曲折的一个重要的理论根源。

"文化大革命"结束以来，我国政治界、理论界对民主的认识有了很大的转变，没有民主，就没有社会主义，没有民主化，就没有社会主义现代化，已成为国人的共识。但对自由还不敢讲。时下的舆论界只讲人的全面发展，不讲人的自由发展。其实，没有自由，同样没有社会主义，同样没有社会主义现代化。马克思、恩格斯讲的是"人的自由而全面发展"，可眼下的时论却只讲"人的全面发展"，删去了"自由"两字。人的全面发展是社会主义的本质要求，人的自由发展同样也是社会主义的本质要求。

---

① 毛泽东：《在中国共产党第七次全国代表大会上的讲话》（1945年5月31日），《毛泽东文集》第3卷，人民出版社1996年版，第416页。

② 《毛泽东文集》第4卷，人民出版社1996年版，第211页。

③ 《中共中央关于庆祝"五一"劳动节的口号》（1950年4月26日）第26条为："全国各民主阶级和各民主党派团结一致，努力建设独立、自由、民主、统一与富强的新中国。"《人民日报》1950年4月27日。

学术界的另一种倾向也值得注意。近年来，有些论者认为，"追求每个人自由而全面的发展，是马克思主义真正的核心和实质"①。"一切人的自由而全面发展是马克思主义的最高命题"，"以人为本"和"人的自由而全面的发展"是同一命题的不同表述②。"以人为本是我们时代的哲学，是我们这个时代精神的精华。"人本主义或以人为本是统领马克思主义创始人著作"全部内容的活的灵魂"。③笔者以为上述说法值得商榷。如前所论：自由人联合体的思想，确实十分重要，是马克思主义的价值理想，体现了时代精神。但它并不是马克思第一次提出，马克思的贡献是将它置于唯物史观的基础，由空想变为科学。自由精神只是马克思主义的基本精神之一，它不能等同于马克思主义的精髓。在马克思主义中有比自由人联合体的思想更为重要的思想、命题，用"核心和实质"、"最高命题"等词句来说明它在马克思主义中的地位是欠妥的。我们在纠正"左"的教条主义时也要防止把马克思主义人道主义化，防止用抽象人性论来读解"以人为本"和"自由人的联合体"的名言，也应记取苏联发生的教训。

（四）哲学是自由之哲学

以上主要说明，马克思主义自由思想是对德国古典哲学自由传统的继承和发展，是建立在唯物史观基础上的；人的自由而全面发展是马克思主义追求的价值指向和理想目标。这就从一个方面表明，马克思主义哲学是自由哲学。笔者提出马克思主义哲学是自由哲学，不仅仅限于此。如本章一开始所言，哲学不仅是智慧之学，而且还是自由之学。在今天提出马克思主义哲学是自由哲学，一方面是现实的需要，另一方面从学术上讲是为了彰显长期被遮蔽了的哲学本性和使命。

哲学是什么？从词源和词义来讲，哲学是爱智之学，智慧之学。这是迄今为止的中外哲学词典、教科书一致公认的，不论其对哲学内涵、哲学

① 孙富林：《关于理解和认识马克思主义的几个问题》，《毛泽东邓小平理论研究》2004年第1期。

② 俞可平：《马克思主义的最高命题》，《理论动态》第1634期，2004年5月10日。

③ 何祚庥、段若非：《关于以人为本的对话》，《当代思潮》2004年第2期。

研究对象和任务的理解有多么的不同。笔者以为，对哲学概念的这种理解是受西方理性主义主导的结果。

哲学是爱智之学、智慧之学，这完全正确。赫拉克利特说："智慧就在于说出真理。"① 柏拉图认为，理念是世界的本质，只有那些一心一意思考事物本质的人才能称为哲学家②。亚里士多德是明确把哲学规定为智慧之学的哲学家。他认为，哲学是一门研究"有（存在）"本身以及"有"凭本性具有的各种属性的学问。人们研究哲学是为了摆脱无知，人们追求智慧是为了求知，并不是为了实用。哲学是要寻找"有"本身的最初原因。智慧就是有关某些原因与原理的知识③。在古希腊，哲学家们的重点是研究世界的本原，即对本体论的研究。但是在古希腊并非所有哲学家都这样看待哲学。苏格拉底所关心的不是自然，而是人事，重点研究的是人，人的伦理。他认为，哲学家的使命是首先要关心改善人的灵魂④。亚里士多德虽然把哲学限于他的第一哲学（即"形而上学"），但在他的整个思想体系中实践知识（伦理学和政治学）占有十分重要的地位。他认为，人所追求的目的是善，伦理学是求善的学问。人的智慧分为思辨智慧和实践智慧。到了近现代，理性主义得到进一步张扬，哲学研究的重点由研究世界的本原转到怎样认识世界，即由本体论转到认识论。但也应看到，随着文艺复兴运动和启蒙运动的相继展开，人从中世纪宗教神学的束缚下解放出来，人本主义、人道主义日益发展，哲学对人性、人权、自由的研究也逐渐加大，人文精神同样得到阐扬。如前所述，对自由的追求和研究成为德国古典哲学的传统。所以到了现代，再把"哲学"囿于"爱智慧"就明显不妥了。这样的界定已容纳不了它所包含的实际内容。哲学既爱智慧，也爱自由，两者不可分。

倘若从中国哲学来看，把哲学仅仅规定为爱智慧更是不妥。"哲"字在中国古代为"智"的意思。《尔雅·释言》："哲者，智也。"《说文解字》说："哲，知（智）也。"孔子自认为"哲人"。因此，日本学者西周用汉语"哲学"来译"philosophy"是合适的。从汉语的词义讲，哲学

① 北京大学哲学系外国哲学史教研室编译：《西方哲学原著选读》上卷，商务印书馆1981年版，第25页。
② 同上书，第90页。
③ 同上书，第122、119页。
④ 同上书，第60—61、69页。

也是爱智之学，智慧之学。但需要说明的是，中国哲学不仅是智慧之学，更是德性之学，求善之学，成圣之学，亦即做人之学。中国哲学研究天道、地道、人道，究天人之际，通古今之变，但重点是在人道。孔子认为：仁者爱人，智者知人（《论语·颜渊》，《荀子·君道》）。孔子学生子贡认为，老师是圣人，"仁且智"（《孟子·公孙丑上》）。《大学》认为："大学之道，在明德，在亲民，在止于至善。"所以，与西方哲学重本体论、认识论不同，中国哲学重人生哲学、价值论。西方哲学推崇理性，认为理性高于德性，知识即美德，无知即罪恶。中国哲学则推崇德性，认为德性高于理性，德成智出，智慧生于仁，崇德以致知。中国哲学所追求的圣人，不仅是智者，更是仁者，是仁且智，是尊德性而道问学。中国古人研究学问旨在提高自己的德性和修养，提高自己的境界，所谓"为己之学"，所谓"修身为本"。西方哲学，尤其是近代以来的西方哲学，求善是为获得自由。中国人同样有追求自由的价值目标[①]。但它的表现形式则是天人合一的境界。中国哲学注重通过个人的修养，克制、节制甚至涤除自己的欲望，以达到天人合一的境界，偏重于消极的自由，而不是通过自己修养，充分发展自己的个性、才能，在改造世界中获得积极的自由。西方哲学追求的理想社会是自由人的联合体，中国哲学所追求的是天下为公的大同世界，两者有相似的价值理想。总之，中国哲学不仅是智慧之学，更是德性之学，是做人之学。

　　从理论上讲，哲学不仅是世界观、认识论、方法论，还是价值观、人生观。

　　人与周围世界的关系，从现今的哲学上讲主要有四重关系：实践关系、认知关系、价值关系、审美关系。在西方传统中，哲学是智慧之学，突出了认知关系，世界是什么，人怎样认识世界，获得真理。这是马克思

　　[①]　由于中国数千年的高度集权的专制制度，中国缺乏自由、民主传统。但这并不是说，中国古代哲学没有自由、民主思想。更不是说中国人不爱自由。中国人酷爱自由，这一点，在中国古代的文艺作品中反映尤其鲜明。笔者从《全唐诗》中检索出含有"自由"的诗共128首。哲学家很少用"自由"二字，但追求自由仍是人生目的。孔子讲"……五十而知天命，六十而耳顺，七十而从心所欲不逾矩。""从心所欲不逾矩"，就是一种积极的自由境界。《庄子·养生主》"庖丁解牛"讲的庖丁经过长期的实践，用心地总结和体悟，掌握了宰牛的道（规律），把宰牛视为艺术，达到精神上"踌躇满志"的享乐。《庄子》一书讲的自由，总体上是无己、无待，与天地并生，与万物为一，达到逍遥游的境界，即消极的精神上的自由。当然，这里所说的"积极自由"和"消极自由"，同伯林所说的不是一个意思。

以前哲学家研究的重点。实践关系是四种关系中最基础、最重要的关系，但在马克思以前，哲学家们轻视物质生产，因而并不重视实践关系。马克思在哲学领域进行了革命，把实践视为人类社会存在和发展的基础，建立了科学实践观，突出了实践关系。在人与周围世界的关系中价值关系是深一层次的关系。人为了生存、发展、享受而要求不断地认识世界，不断地改造世界。人的一切活动，都是为了不断地摆脱自然的束缚、社会的束缚、人自身的束缚，从而不断地扩大自由。人与周围世界的关系，主体与客体的关系，都是一种为我的价值关系。世界永远不能满足人，因而人对世界的认识、改造永远无止境。在人与世界的四重关系中，价值关系起着动力和导向的作用。价值关系出了问题，价值导向出了问题，直接影响着实践关系、认知关系和审美关系。当代世界出现的矛盾、危机、冲突，根本原因是当代世界的经济结构、政治结构有问题，但从精神层面上讲，这与价值观上的问题不无关系。这是 20 世纪价值问题凸显的原因。

价值关系是具体的、历史的，随时代变化而变化，决没有抽象的、永恒的价值关系。价值观也是具体的历史，不同时代有不同时代的价值观。不同阶级、阶层、集团有不同的价值观，甚至根本对立的价值观。不同民族，因历史文化传统的不同，价值观也会有差别。但在这不同之中，变化之中，有没有共同的、相通的东西？我以为是有的，那就是在价值目标、指向上都是为了自由。人类从脱离动物那一时起，就获得了最初的自由。随着生产力的发展、技术的进步、文化教育的发展，人的自由也在不断扩大。在阶级对立的社会，少数统治阶级的自由是以牺牲多数被统治阶级的自由为代价而获得发展的。但从整个人类历史看，确实如黑格尔所说的，由少数人的自由，到多数人的自由，再到所有人的自由，建立"自由人的联合体"。不同时代、不同阶级、不同阶层、不同民族的价值理想与目标都是为了本阶级、本阶层、本民族的自由，尽管对自由的理解是不同的，甚至是对立的。总之，自由是人类的价值目标与理想，哲学是自由之学，马克思的自由哲学是建立在唯物史观基础之上的。

我们常说，真正的哲学是时代精神的精华，民族的活的灵魂。我以为"时代精神的精华"、"民族的活的灵魂"的内涵，不能囿于理性方面，智慧的结晶，还应包括价值方面，人文精神的结晶。事实上，我们通常讲的时代精神、民族精神和民族灵魂更主要是侧重于价值方面。哲学的功能不仅在于给民族提供适合时代的理论思维，更在于给民族提供适合时代的价值观，给民族提供精神动力和精神支柱。一个民族要站立在时代的前列，不仅需要有最进步的理论思维，而且也需要有最进步的价值理念。现时的时代精神包含着自由精神与理性精神。这两者有着内在的联系，如鸟之双羽，车之两轮，缺一不可。哲学还包括人生观，指导如何做人，提高人生境界。在当代，人生的最高境界莫过于对自由的追求，对解放全人类的追求。总之，从价值观、人生观视角看，我们有充分的理由讲，哲学是自由之学，马克思主义哲学应是当代的自由之学。当代中国的马克思主义哲学要充分体现自由精神与理性精神，要引导读者化理论为德性，化理论为方法，帮助读者树立正确的价值观和人生观。

从当代中国现实看，亦有必要讲马克思主义哲学是自由哲学。

社会发展需要自由。社会由个人组成，社会的活力取决于个人的活力，社会的发展最终取决于个人的发展，而社会发展首要的、也是最终的目的，是为了人的自由发展。我们讲解放思想，讲改革，实质上是为了解放人，充分发挥每个人的聪明才智和积极性、主动性、创造性。我们发展生产力，发展教育、科学、文化，发展体育卫生事业，改革束缚人的发展的各种社会关系和制度，进行物质文明、制度文明、精神文明的建设，都是为了不断满足社会成员日益增长的物质文化生活的需求，不断提高人的各种素质，不断促进人的解放和人的发展，不断扩大人的自由，为着实现人的自由而全面发展的理想。自由既是发展的手段，又是发展的目的。坚持以人为本的科学发展观需要自由。

民主政治建设需要自由。自由是民主的前提、基础；自由需要由民主、法制来保障。自由与民主互为条件，但两者相比，自由更为根本。因为，只有国民具有独立自主的人格，能自由地表达自己的意志，民主才有可能。没有自由，就没有民主。没有自由的民主，是形式上的民主，假的民主，甚至成为专制的遮羞布。政治民主化离不开自由，严复的"自由是体，民主是用"的说法不无道理。由于历史和现实的原因，时至今日，我国国民的独立自主人格并没有得到普遍确立，奴化意识普遍存在，只是程度不同而已。因此，今天仍有"必须唤醒这些人的自尊心，即对自由要求"的启蒙任务，开展一个新的个性解放运动。

创新需要个性自由。没有自由就没有创新。一个社会，乃至一个团体，其创新力的强弱、大小，取决于该社会、团体的自由度，取决于其成员的自由个性的发展。创新是人类进步不竭的动力。提高中华民族的创新力，需要从培养独立自主的个性入手，需要在大力提高整个社会的自由度和建构创新制度上下工夫。

社会主义市场经济的发展要求个人有更大的自由。没有劳动力的自由流动，就没有市场经济。市场经济的发展又反过来极大促进个性的独立和人的自由。这更是无须赘言的。

总之，自由是马克思主义题中应有之意，决不是资产阶级的专利。社会主义社会理应比资本主义社会更为自由。没有自由，就没有社会主义。我们所要建立的理想社会，不仅是富强的、民主的、文明的、和谐的，而且是自由的，是个性能得到自由全面发展的社会。我国缺乏自由的传统，国民不同程度存在着奴化意识。我国经济、政治、思想、文化乃至家庭等社会生活的各个领域都需要灌注自由精神，都需要人的自我觉醒和独立自主人格的确立。如同理直气壮地宣传民主一样，我们也应理直气壮地宣传自由。讲自由，不等于自由主义，更不等于资产阶级自由化。我们要警惕西方反动势力企图用资产阶级自由化、民主化来搞垮社会主义的阴谋，要注意划清马克思主义自由观与资产阶级自由观、小资产阶级自由观的界限，反对资产阶级自由化和无政府主义的极端自由化。马克思主义哲学要有助于读者，尤其是广大青年学生，树立正确的自由观。

结束语　中国哲学的第三次大综合

　　真正的哲学是时代精神的精华，民族的灵魂。哲学的变革，既是社会变革的先导，又是社会变革的总结。当前，无论世界，还是中国，都处于深刻的大变革之中。为了适应时代的需要，从马克思主义哲学发展史看，马克思主义哲学处于自我革命之中。从中国哲学史看，当代中国哲学面临着继先秦末期和明清之际的两次大综合之后的第三次大综合。建立适合当代的中国化马克思主义哲学是中国哲学的第三次大综合。

（一）中国哲学的第一、二次大综合

　　中国是历史悠久的文明古国，中华民族是一个富有哲学传统的民族。春秋战国时期，是中国历史上自有文字记载以来第一次最深刻的社会变革时期。与这次社会大变革相适应，思想文化上出现了儒家、道家、墨家、法家、兵家、名家、阴阳家等诸子百家争鸣的繁荣局面。这是中国哲学的奠基时期。这一时期末，国家的统一成了社会发展的趋势。适应这种"一天下"（《荀子》的《非十二子》、《儒效》、《王制》、《王霸》等篇均多次说到）的要求，出现了荀子哲学。荀子总结了社会变革的历史经验和自然科学成果，对先秦各家有所肯定，也有所批评，采百家之长，解百家之蔽，形成了内容丰富的朴素的辩证唯物主义哲学。我国哲学史家普遍认为，荀子是先秦时期唯物主义思想的集大成者。这是中国哲学的第一次大综合。

　　中国哲学经两汉经学、魏晋玄学、隋唐佛学，到了宋明时期，儒、释、道三家融合，形成了道学（程朱理学、陆王心学和张载的气学），中国哲学的发展出现了第二次高潮。明清之际，民族矛盾和阶级矛盾激化，社会动荡，在当时的哲人看来，这简直是"天崩地解"（黄宗羲语）。无论是程朱理学，还是陆王心学都无力应对社会衰颓之势。进步的哲学家、思想家在总结明朝衰亡的历史教训时对心学、理学、道家和佛教唯心主义进行了批判，出现了中国哲学发展史上的第二次综合趋势。方以智十分自觉地认识到，做学问"贵集众长"。他要集历史上众家之长而为一学。他说，生今之世，要"坐集千古之智，折中其间"（《音义杂论考古通说》），要会通"质测"（自然科学）、"宰理"（社会科学）和"通几"（哲学）之学（《物理小识自序》）。他熟悉中国传统的自然科学，关注刚传入的西方近代科学。有的哲学史家称方以智的著作有"百科全书派"的特点。但真正成为中国古代哲学集大成者是方以智的知交——王夫之。王夫之少时就注意调查研究，"喜从人间问四方事"。他学识渊博，不仅精于哲学、经学、史学、文学，而且对天文、历法、数学、地理学也有所研究，对西方文化也有所接触。他痛于明亡的历史教训，对当时颇有影响的形形色色唯心主义和宗教神学进行了深入的揭露和批判，继承和弘扬中国历史上唯物主义和辩证法的传统。十分可贵的是，他的批判并不是简单地全盘否定，而是"入其垒，袭其辐，暴其恃而见其瑕"（《老子衍·序》），即今日之所谓"弃其糟粕，取其精华"。他抱着满腔悲愤，苦心孤诣，历遍经典，取精用宏，参驳古今，意在别开生面。他"虽饥寒交迫，生死当前而不变"（王敔《姜斋公行述》）。王夫之在对中国古代哲学批判、继承、总结的基础上，建立了体系庞大、思想精深、别开生面的新哲学，堪称集中国古代哲学之大成。王夫之哲学是中国哲学第二次大综合的代表者。

把荀子哲学、王夫之哲学视为中国哲学史上第一、二次大综合的成果，这是我国绝大多数哲学史家都公认的不刊之论，而非笔者一人之私见。

（二）20 世纪中国哲学的三次革命

明朝中叶以后，中国封建社会开始走向衰落，而此时的西欧诸国，资本主义迅速发展。17—19 世纪，英、法、德诸国先后发生资产阶级革命。中国因受封建桎梏而日益落后于西方。到了 1840 年鸦片战争后，中国渐渐沦为西方的半殖民地，成了西方列强争夺、瓜分的肥肉。到了 20 世纪前期，中华民族面临灭种亡国的危机。

多难兴邦。中华民族是一个具有自强不息、酷爱独立自由的伟大民族。在 20 世纪，中国人民为了独立、自由、富强，进行了三次社会革命。与此相应，中国哲学也发生了三次革命。第一次是资产阶级旧民主主义革命。这一革命推翻了满清王朝的统治，结束了两千余年的封建专制统治，但它很快就失败了，未能改变中国社会性质。与这次革命相连的是资产阶级哲学革命，传统的封建哲学就此终结。孙中山和胡适、梁漱溟、熊十力、冯友兰、金岳霖、贺麟等人的哲学反映了 20 世纪前期资产阶级的要求。第二次是无产阶级领导的新民主主义革命。这次革命结束了帝国主义、封建主义和官僚资本主义在中国的统治，建立了中华人民共和国，开创了中国历史的新纪元。在这一革命过程中形成了中国无产阶级的哲学——毛泽东哲学。毛泽东哲学的诞生标志着中国哲学进入了一个崭新的历史时期。第三次革命是为建立、完善和巩固社会主义制度而进行的革命。这次革命包括毛泽东对中国社会主义道路的探索、1978 年以来的改革开放。这次革命虽然取得了伟大的成绩，但尚未完成，仍在进行之中。与此相应发生的是马克思主义哲学的自我革命。自我革命主要是革教条主义的命，革从苏联传入的哲学教科书体系的命，以建立反映时代精神和具有中华民族特色的马克思主义哲学新形态、新体系。这一自我革命同样没有完成，仍在进行之中。

　　哲学的发展固然同经济、政治、自然科学等发展的水平密切相关，但也不能机械理解，因为决定哲学发展的因素是多种的。"逆境出哲学。"（毛泽东语）在 20 世纪上半叶，亡国灭种的民族危机，极大地激发了中华民族的智慧。为了救国，无数仁人志士，上下求索，奋斗不已。哲人们殚精竭虑，力图融合中外哲学，构建振兴中华民族的哲学体系。这一时期，中国哲学出现了新的百家争鸣，出现了具有民族特色的诸多哲学体系。但新中国成立后的一段时期里，由于受"左"的教条主义的影响，"百花齐放，百家争鸣"的方针未能得到贯彻，哲学的发展出现了停滞甚至后退。改革开放以来，开展了新的思想解放运动，思想文化界又出现了"百花齐放，百家争鸣"繁荣的新气象，哲学得到新的发展。因此，就整个 20 世纪而言，中国哲学出现了继先秦之后的第二个百家争鸣时期。我们要充分估计在过去的一个世纪里中国社会所发生的翻天覆地的革命变革所取得的伟大成就，要充分肯定在过去的一个世纪里中国哲学所取得的丰硕成果。可以认为，在过去一百年里，中国社会、中国哲学取得的巨大的历史进步要超过过去的上千年。那种"五四新文化运动导致中国思想文化中断"的观点是不符合历史实际的。

20世纪的中国哲学革命是围绕着民族独立和社会现代化两大任务而展开的，其中贯穿着中西古今之争。五四时期，许多人把中西之争归结为古今之争，这在当时有其理由，但从理论上讲是有失偏颇的。在今天，我们应当全面地认识哲学的时代性、民族性和继承性。对哲学上的中西之争、古今之争不能取水火不相容的绝对态度。它们之间既对立又同一，既冲突又融合，既创新又继承。现代中国哲学的发展过程，既是中国哲学现代化的过程，又是外国哲学中国化的过程。

（三）现代中国哲学思想来源上的缺陷

我们在充分肯定20世纪中国哲学所取得的成果的同时，也必须清醒地认识到它的不足。在论及中国现代哲学的不足时，许多论者主要是从现代中国哲学既有的内容、体系来论，本书则从另一视角，即主要是从现代中国哲学思想的来源的视角来论。笔者认为这种不足主要表现为：

第一，对中国古代哲学的继承、吸取不够全面。

如前所述，先秦哲学，诸子百家，流派众多。秦汉以来，则主要有儒、释、道三家，而每家在不同时期又有不同学派。在20世纪上半期，哲学家们一般只对中国古代哲学中自己感兴趣的某一家、某一派加以吸取、继承和发挥，而对整个中国传统哲学，尤其是对中国古代的唯物主义和辩证法，缺乏研究、继承和发挥。现代新儒家自诩为中国哲学的传承者，其实他们所发挥的主要是儒家中的陆王心学，而对程朱理学，尤其是对整个唯物主义哲学则持排斥态度。

对中国古代哲学继承和吸取的不全面，不仅表现在思想渊源流派的编狭上，而且还表现在继承和吸取的内容上。中国现代哲学家大都以当时流行的西方哲学观和西方哲学某一派的框架来吸取中国哲学的资源，建构自己的思想体系，而较少顾及中国哲学自身的特点和优点。因而在他们的哲学体系中国哲学中的许多独有的珍品为现代西方的哲学观所遮蔽而未能被吸收和发挥。以认识论为例，中国哲学中有关认识论与价值论密切关联的思想、重视认识主体修养的思想、知行学说、直觉（体认、顿悟）思想等精华未能为中国现代资产阶级哲学所普遍吸取和发挥。

毛泽东在青年时代就主张中西融合。他在领导中国革命过程中明确提出马克思主义中国化问题。他认为，马克思主义不仅要与中国现实实际相结合，而且还要与中国的历史、文化相结合，要承继从孔夫子到孙中山的丰富宝贵遗产。他提出无论对中国古代的文化，还是外国的文化，都要采取"弃其糟粕、取其精华"的分析态度。他对中国的历史、哲学、文化有精深的理解和把握。毛泽东哲学是中国化的马克思主义哲学。他对中国哲学文化的众多流派自然会有所偏好，但他对中国哲学文化的吸取、继承和发挥，却并不局限于他偏好的某一家、某一派，而是比较全面的。即便是唯心主义哲学，他亦注意吸取其中所包含的片面真理。不过，他不是专门的哲学家。他对中国哲学的吸取、继承带有总体的、宏观的特点，他无暇像专门哲学家那样对中国哲学丰富的遗产进行具体的、仔细的、深入的研究、吸取和总结。李达、艾思奇等专门的马克思主义哲学家，虽然也懂得马克思主义哲学中国化的意义，但由于他们的中国哲学学养不够，因此在中国化方面取得的成效不大，以至在 20 世纪 60 年代，毛泽东称他们的哲学仍为"洋哲学"。

第二，对马克思主义哲学和西方哲学的继承、吸取不够全面。

我国的马克思主义哲学受苏联的影响很大，甚至可以说主要接受的是苏联 30 年代的辩证唯物主义和历史唯物主义。今天看来，苏联 30 年代哲学有其历史意义，基本的方面不能否定，但也确实存在着严重的缺陷，如对实践在马克思主义哲学中的地位没有足够的重视，对异化、人和自由的忽视，对马克思主义的批判精神理解的偏颇以及哲学研究中的教条主义、个人崇拜等。可以说，在 20 世纪 80 年代前，我国哲学界存在着对马克思主义哲学理解不够全面的缺点，存在着对不同于苏联正统哲学之外的马克思主义哲学（如卢卡奇、葛兰西等人的哲学）持盲目排斥的错误态度。同样，由于受苏联"左"的教条主义的影响，我国哲学界全盘否定马克思主义哲学产生后的西方现代哲学，认为它们都是腐朽的、反动的唯心主义和形而上学。这样，就无形之中把马克思主义哲学同现代西方文明隔离开来，导致自身的封闭、僵化和落后。

在 20 世纪 30—40 年代，我国哲学家对西方哲学的了解、接受也是初步的（有的研究者甚至认为是肤浅的），他们往往采用西方现代哲学中的某一流派的哲学（如实用主义、新实在论、新康德主义、新黑格尔主义、柏格森哲学、尼采哲学等）与中国传统哲学相结合，以形成自己的哲学思想。张东荪力图糅合现代西方哲学诸派，建构多元认识论，但并不成功，被当时的人视为折中主义的杂拌。由于中国资产阶级的软弱，他们中多数人对西方哲学中的理性精神、主体性思想、价值观、人的自由等缺乏了解和重视。总起来看，他们对现代西方哲学的吸取带有相当的片面性。受时代哲学主潮的影响，他们中的个别人虽然接受马克思主义哲学中的某些思想，但就整体而言，他们的哲学是同马克思主义哲学相对立的。

第三，缺乏现代自然科学基础。

哲学是自然科学知识和社会科学知识的总结和概括。中国现代哲学家，不论是马克思主义的，还是非马克思主义的，都缺乏现代自然科学知识，因此，他们未能总结和概括现代自然科学的最新成果。出现这种情形，一是当时处于革命时期，首先要解决社会制度和意识形态问题；二是受注重政治哲学、伦理哲学传统的影响；三是中国的自然科学的落后。新中国成立后，这种状况依然存在。时至今日，我国的大多数哲学家对现代科技知识仍缺乏应有的了解，对从哲学上总结和概括现代科技革命成果仍缺乏应有的关注。

从以上三方面看，现代中国哲学家在综合古今中外哲学思想方面不同程度上存在着片面性。这种思想渊源上的偏颇自然会影响到所建构的哲学体系的局限。

当然，近代以来，不乏有哲学家主张中西古今的全面综合。如戊戌变法时期的谭嗣同就提出："凡为仁学者，于佛书当通《华严》及心宗、相宗之书；于西书当通《新约》及算学、格致、社会学之书；于中国书当通《易》、《春秋公羊传》、《论语》、《礼记》、《孟子》、《庄子》、《墨子》、《史记》，及陶渊明、周茂叔、张横渠、陆子静、王阳明、王船山、黄梨洲之书。"（《仁学·仁学界说》）谭嗣同开列的书单表明他想对古今中外学说进行全面综合。由于时代局限，他不可能实现自己的愿望。在20世纪30—40年代，张申府主张列宁、罗素、孔夫子三结合。其胞弟张岱年提出综合创新的观点，构建了"天人五论"，力图创立马克思主义哲学、中国哲学和西方解析哲学三者相结合的新唯物论。同样受主客观条件的限制，"天人五论"的综合还是很初步的，带有机械折中的痕迹。"文化大革命"结束后，他大力阐扬综合创新论，得到理论界的广泛认同，但他毕竟年事已高，无力再去完善自己的哲学体系。同样是在"文化大革命"结束后，冯契沿着实践唯物主义的道路，创立了"智慧说"（《认识世界和认识自己》、《逻辑思维的辩证法》、《人的自由和真善美》），力图融马克思主义哲学、中国哲学、西方哲学和历史经验为一体，成一家之言。"智慧说"是我国哲学家提出的中国化马克思主义哲学的新形态。因是初创，自然也带有不成熟的特点。

总起来看，20世纪中国哲学虽然在综合古今中外思想方面取得了重要成果，但并没到历史上的第一、二次那样的大综合，它只是为新世纪的大综合做了准备。

（四）新的世纪需要新的第三次大综合

面对世界和中国的深刻变革，中国马克思主义哲学既面临着严重的挑战，又遇到发展的机遇。严重的挑战，是指由于长期受教条主义的束缚，我国马克思主义哲学出现了危机。出现危机的原因自然是多方面的，最基本的则是社会主义在实践上的严重失误、挫折。从马克思主义哲学自身来讲，主要是没有能与时俱进，内容陈旧，依然停留在老祖宗讲的范围内，脱离了时代、脱离了生活、脱离了人民。危机孕育着发展，走出危机就是发展。摆脱危机的出路在于自我革命，进行新的综合创新。

第一，加强对马克思主义哲学经典文献和马克思主义哲学发展史的研究，完整、准确地把握马克思主义哲学的本质。

马克思主义"老祖宗"不能丢，这既是世界社会主义的历史经验总结，更是中国革命和建设经验的历史总结。马克思主义哲学的自我革命，旨在新的历史条件下坚持和发展马克思主义哲学。因此，进行马克思主义哲学自我革命的首要理论前提是加强对马克思主义哲学经典文献的研究，完整、准确地把握马克思主义哲学的本质。在马克思主义哲学经典文献的研究上，笔者以为以下几点值得注意：首先，要全面历史地研究马克思的著作，不能仅仅依据《1844年经济学哲学手稿》等一两本著作讲马克思的哲学思想。忽视《1844年经济学哲学手稿》是不对的，但它毕竟是一部未完成的、没有正式出版的未定稿，是马克思新唯物主义哲学形成过程的著作。马克思的主要哲学经典是《关于费尔巴哈提纲》、《德意志意识形态》、《哲学的贫困》、《共产党宣言》、《〈政治经济学批判〉序言》、《资本论》、《法兰西内战》等，离开这些著作而谈马克思哲学是不可取的。马克思是极其严谨的著作家，对发表的著作进行反复修改，力求精当完美，对自觉不成熟的作品不予发表。因此，研究他思想的主要文本依据是他生前发表的论著及通信，未发表的手稿、草稿、笔记等只能是辅助的参考。其次，要重视对恩格斯的《反杜林论》、《自然辩证法》、《费尔巴哈论》和晚年的有关历史唯物主义通信等著作研究。恩格斯是马克思主义哲学的创立者之一，把恩格斯哲学思想与马克思哲学思想对立起来，不管出于何种动机，都是不符合最基本的历史事实，是荒谬的、有害的。再次，要重视列宁、普列汉诺夫基本哲学著作的研究。最后，要重视毛泽东哲学著作的研究，重视中国共产党对发展马克思主义哲学所作贡献的研究。

近半个世纪以来，西方马克思学和西方马克思主义竭力把马克思主义人道主义化。受此影响，现在有相当多的研究者只重视对马克思《1844年经济学哲学手稿》等一两本著作的研究，讲马克思哲学思想主要是依据《1844年经济学哲学手稿》，而很少涉及马克思主要的经典哲学著作。笔者以为，这种做法不可取。马克思主义哲学是完整的世界观、方法论、价值观，马克思主义哲学包含人道主义，但把马克思主义哲学人道主义化则在理论上是错误的，在实践上是有害的。

为了完整准确地把握马克思主义的本质，需要加强对马克思主义哲学史的研究，实事求是地总结其发展过程中的经验教训。对伯恩斯坦、考茨基、布哈林等人的思想也要给予实事求是的历史分析，盲目翻案，全盘肯定，同全盘否定一样，都不可取。马克思主义、社会主义在苏联的兴衰是20世纪的最重大历史事件之一，对人类历史产生了重大的深远的影响。要对马克思主义、社会主义在苏联的兴衰进行全面的深刻的哲学反思。近20年来，我们比较注重对"左"的教条主义的批判，比较注重对斯大林哲学的批判，而较少注意对修正主义的批判，也较少注意对苏联哲学成果的吸取。在当代，坚持和发展马克思主义哲学，不能无视苏联哲学。当代中国化的马克思主义哲学应是马克思主义哲学发展史的总结和概括。

第二，要面向世界，大胆吸取人类文明成果，实现马克思主义哲学的当代化。

首先，要研究世界各国的哲学文化，尤其是研究当代西方哲学文化。马克思主义哲学是西方哲学的总结和概括，但不等于说经典作家的总结是最后的总结，无须我们再去研究、总结。事实上，他们的总结也受到主观的局限。马克思、恩格斯十分重视黑格尔、费尔巴哈的哲学，相比而言，对康德等其他古典哲学家则注意不够。他们在批判康德的不可知论时，对康德的批判精神少有肯定；在批判康德的先验论时，对康德在哲学上的哥白尼革命没有论及；在批判康德的先验道德论时，对"人是目的，而不是手段"命题的合理因素没有注意。对西方哲学的研究、总结和概括是一个永无止境的过程，马克思、恩格斯的工作只是这一过程中的重要环节，为我们奠定了基础。我们要在先辈的基础上不断推进对西方哲学的研究，做出新的概括和总结，借以进一步丰富和发展马克思主义哲学。

要以科学的态度对待马克思主义哲学诞生以后的西方哲学社会科学，大胆吸取现代西方哲学的积极成果，从它们的片面真理中吸取合理成分。如实用主义注重利益、注重行动、注重冒险。唯意志主义提出了意志问题，直觉主义对直觉的重视等。现代西方哲学在人的问题、价值问题、生态问题、可持续发展问题、科技哲学等方面取得的研究成果均值得我们借鉴和吸取。当然我们也不能迷信它们，不能被人牵着鼻子走。西方现代哲学在批判教条主义、独断主义、本质主义、机械决定论时否认客观规律性、必然性、决定论，提倡反本质主义、相对主义、主观主义。应当清醒地认识到，现代西方资产阶级哲学对马克思主义的批判、攻击、污蔑一刻也没有停止过。我们应对它们的批判、攻击、污蔑做出科学的回答。

对西方以外的其他文明、哲学也要加以关注。比如犹太人在全世界总人口中所占比重很小，但犹太人对人类的贡献却很大。有人统计，近百年来，获诺贝尔奖的科学家犹太人达 129 位之多。犹太人中产生了诸如斯宾诺莎、马克思、弗洛伊德、爱因斯坦等对人类发展有重大影响的思想家、科学家。犹太人的精神、犹太人的哲学难道不值得我们研究和吸取吗？①

其次，要对当代世界科学技术革命的成果进行哲学的总结和概括。以信息技术为核心的科学技术革命正在引起生产方式、工作方式、交往方式、生活方式、认识方式、思维方式、价值观等全面的、深刻的变革。据最新报道，现今计算机每秒运算最快的达千万亿次（《参考消息》2008 年 6 月 11 日）。电脑（计算机）是人脑的延伸。计算机和其他信息技术相结合，正引起认识方式的革命。网络技术的迅速发展，网络社会正在到来。随着网络社会的到来，势必引起思维方式的改变。中国的马克思主义哲学

---

① 爱因斯坦在《犹太人的理想》一文中说："为知识而追求知识，几乎狂热地热爱正义，以要求个人独立的愿望——这些都是犹太人的传统特征。"《爱因斯坦文集》第 3 卷，商务印书馆 1979 年版，第 50 页。

家们要改变不重视、不了解现代科学技术的状况，否则马克思主义哲学难以当代化。

再次，要关注当代世界经济、政治、军事、文化的发展，正确认识当代世界的矛盾。当代世界，虽然和平与发展是主题，但矛盾、冲突、局部战争却从未停止过，世界范围的贫富差距随着经济全球化的发展不仅没有缩小，反而在不断扩大。我们切不可把人们的主观的善良愿望当成客观现实，更不能相信某些人美丽动听的好话。和平与发展不会自然实现，而是斗争的结果，决不要以为高调和平、和谐就会有和平、和谐的乐园的出现。在当前要警惕重犯第二国际掩盖矛盾、调和矛盾的错误。

总之，马克思主义哲学是世界历史的产物。在经济全球化、政治多极化、文明多元化的时代，中国的马克思主义哲学家要面向世界，大胆吸取人类文明成果，尤其是当代西方文明成果，实现马克思主义哲学的当代化。

第三，要对中国传统哲学进行总结和概括，推进马克思主义哲学中国化。

马克思主义哲学要在中国生根、开花、结果，就必须与中国实际相结合，必须中国化，这已是大多数人的共识。长期以来，我们比较注重马克思主义哲学与我国革命、建设和改革开放的实践相结合，比较注重对这方面的经验进行总结和概括，而不重视与中国哲学文化相结合，不重视对中国哲学进行总结和概括。在对马克思主义哲学与中国传统哲学关系的理解上也不够正确。马克思、恩格斯、列宁关注中国社会、中国革命，但他们对中国的历史、哲学、文化了解不多。作为马克思主义哲学理论来源的德国古典哲学对中国哲学也不甚了了。马克思主义哲学主要是欧洲哲学史的总结和概括，它并不包含中国传统哲学。这些是基本的历史事实。对中国传统哲学做出总结和概括，主要应由中国哲学家来做，这是中国哲学家义不容辞的职责。

犹如马克思、恩格斯和列宁的哲学主要是欧洲哲学的总结和概括一样，中国化的马克思主义哲学亦应是中国哲学的总结和概括。各民族、国家的哲学既有共性的一面，又有个性的一面。中国哲学与欧洲哲学，各有优长和不足。有些哲学问题，中国哲学讲得比较充分，欧洲哲学则讲得较少；另一些哲学问题则欧洲哲学讲得充分，而中国哲学讲得较少。这种情形也在某种程度上反映在马克思主义哲学与中国哲学的关系上。作为中国的马克思主义哲学家比较容易注意马克思主义哲学与中国哲学两者相契合、相一致的方面的结合，但更为重要的是要总结和概括中国哲学中讲得比较多、比较充分、而马克思主义哲学中讲得较少、甚至没有讲到的那些珍品，以补充、丰富马克思主义哲学。总之，我们要立足当代中国和世界的现实，在马克思主义哲学的指导下，对中国哲学进行概括和总结，继承中国哲学的基本精神、中华民族的智慧和中华民族的血脉，从而形成中国化的马克思主义哲学。要做到这一点，重要的是要研究中国的历史、哲学和文化，懂得中国的历史、哲学和文化。遗憾的是今天马克思主义学者中真正了解、懂得中国的历史、哲学和文化的人并不多。

第四，肩负振兴中华民族的使命，关注当代中国改革开放和现代化建设中的重大问题。

哲学的发展离不开前人提供的思想资料，但哲学的发展最终由现实的时代所决定。对前人的思想资料如何加工，如何吸取，吸取什么，这与哲学家对现实的感悟、认识相关。哲学的命运最终看其满足社会的需要而定。对前人哲学思想进行综合的基础是现实的需要。哲学家当然要认真读书，要吸取前人的成果，具有渊博的知识，但书斋里出不了哲学家，产生不了新理论。哲学家的创新来自社会实践，来自哲学家对社会生活的直接感悟，而不是来自书本。中国哲人有忧国忧民、以天下兴亡为己任的传统。哲学家要十分关注时代的发展、国家的前途、人民的命运，要十分关注改革开放和现代化建设中提出的重大的哲学问题。哲学家若关在书斋里，脱离社会，脱离生活，脱离人民，那就不可能对中外古今的思想资料做出适应时代需要、具有时代精神的综合创新。当然哲学家不同于政治家，其任务不是为改造世界提出具体的方案，他只能以哲学的方式为认识世界、改造世界提供科学的世界观、方法论、人生观和价值观，为社会进步提供精神武器和价值导向。哲学家要高扬马克思主义哲学的科学精神、批判精神和实践精神，要防止把哲学变成辩护现状的工具，防止把人类美好的主观愿望当成现实。

今天，中华民族正在复兴之中，腾飞之中。实现中国哲学第三次大综合的客观条件已基本具备。现在的关键是要有一批坚持马克思主义哲学基本精神，熟悉我国革命和建设的历史经验，懂得中外哲学，了解当代科学技术革命新成果，具有独立自主人格、敢于冒险和富有创新精神的学者。马克思主义哲学的自我革命正在进行之中。笔者有理由相信，在不久的将

来，一定会出现像荀子、王夫之那样的哲学家，建立具有时代精神和民族
精神的中国马克思主义哲学的新体系，为中国哲学的第三次大综合做出贡
献。

后　记

　　2004 年 5 月，《马克思主义哲学自我革命》被批准立为国家社科基金项目。2007 年 6 月，本课题按期完成，向中共中央党校科研部报送了打印稿和课题"结项书"。党校科研部及时聘请五位著名专家进行匿名鉴定。2008 年 1 月，党校科研部将专家匿名鉴定意见如实转告予我。

　　五位专家总体上对本课题给予肯定的评价。

　　有的专家说："课题研究者，以其深厚的哲学素养，试突破马哲原理原有框架，着眼于马哲之'自我革命'——亦即马克思主义哲学的新的综合、新的发展，对论题本身作了深入系统的阐发，对马哲理论建设有重要推进。我认为，这是一项站在学术前沿值得充分肯定的学术成果。""提出马克思主义哲学有发展，有失败，有危机，需要自我革命。提出这样的问题，不仅需要胆识和勇气，更是建立在作者对马克思主义哲学的深刻理解和其社会作用的准确判断基础上的。"

　　"对马哲自我革命的前提和内涵作了深入的论证。……作者认为，马哲自我革命的关键是哲学家的自我革命，哲学家要有独立自主人格，有见地。作者强调，马哲的自我革命，并非建新的体系和理论形式，关键在内容的拓展和丰富，言之成理。""阐述了'马克思主义哲学的自我革命与中国化'的问题，其中多有创见。如作者认为，马克思主义中国化，不仅要与中国具体实践相结合，更要与中国历史文化实际相结合，作了充分的有力的论证；又如，作者对马克思主义哲学与中国哲学相互关系的考察和分析，对中国哲学基本精神的概括，对中国哲学认识主体修养论的汲取，关于警惕中国传统文化消极因素的影响，多有自己独到的见解，说明作者对中国哲学有独到的理解。""对马克思主义哲学的自我革命和现代化进行了有价值的探讨。作者认为，马哲的研究对象不能仅局限于'世界是什么，我们怎么认识世界'上，更要将'世界应是什么，怎么改造世界，从而获得人的自由'纳入研究的范围。从这一论断出发，作者系统讨论了关于实践理论的若干问题、创新问题、情感和意志问题、自由问题，并作了很好的阐发。作者提出：'哲学是爱智之学，也是自由之学'，很有意义。""总起来说，研究成果有多方面的创新，也有自己的理论特色，具有相当高的学术价值和理论价值，对于哲学学科建设有重要意义。"

有的专家认为："该成果的最大亮点是在论述马克思主义哲学自我革命的方法、方向和基本内容时，对马克思主义哲学中国化问题作了系统、全面且有突破性的论述，以比较有力的立论阐述了一个向来被哲学界忽视的问题：马克思主义哲学中国化必须将其与中国的传统哲学相结合，而不仅与中国革命与建设的实践相结合。该成果具体提出了马克思主义哲学与中国的传统哲学相结合的五种途径，提炼出中国传统哲学的基本精神，提炼出中国的传统哲学中可以作为马克思主义哲学理论概念之补充的某些内容。这些思路和观点既有理论创新的气魄，又不失缜密而严密的论证。""该课题对马克思主义哲学自我革命的必要性及自我革命的五项内涵，还有哲学家自我革命，均有精辟的阐述；对当代马克思主义哲学应当进一步承担改造世界的规律研究问题，对马克思主义哲学自我革命中可能涉及的创新问题，以及自由等范畴，都提出了极有见地的观点。""该课题以翔实的资料证实了马克思主义哲学中国化的正确方向和宝贵经验，认为马克思主义哲学的中国化是其自身发展的要求，也是中国哲学现代化的方向。成果对这一问题的解决提供了有力的学理上的支持，对当代马克思主义哲学的学科建设有积极的启示意义和应用价值。"

有的专家则写道："成果对马克思主义哲学中国化，包括对中国传统哲学的继承的阐述，较为深入，有颇为独到的见解。作者对马克思主义哲学自我革命与现代化的论述，涉及了广泛的领域，在一些方面如创新、情感、意志、自由等问题上提出了自己的主张，很富有启发性。许多看法不仅具有理论意义，而且具有实践价值。""相信这一成果会受到学界和社会的重视。"

有的专家则认为："该成果在总体上对马克思主义哲学中国化做了创造性的研究"，"对于有关历史文献和资料的搜集是下了很大工夫的"，"文风朴实，一改哲学著作往往注重概念分析的叙述风格，尽力用比较易懂的语言来阐释哲学道理"。

有的专家则认为，"该成果是对近年来学术界讨论比较热门课题"的研究。"该成果对此可谓前进了一步，有所创新，这是它的优点，也是作者多年研究和积累的成果。"这位专家更多的是指出本成果的不足："作者对马克思主义哲学中国化最为看重的是如何同中国传统哲学的批判继承相结合。成果引证的材料虽多，但梳理结合上还需要下工夫，面貌才能更清晰。""作者的结论似乎钟情于'现代化'和'第三次大综合'，遗憾的是这两部分均比较单薄，还需要进一步加强。"他建议："要注意分寸，掌握对象的度"；"要注意马克思主义哲学的科学性"；"要突出马克思主义哲学史上围绕马克思主义观的斗争"。这位专家似乎对本成果的一些观点持有保留态度，但未明言。

其余四位专家们所提意见主要有："该成果尚有一些问题需要继续深入探讨"，如"自我革命"的含义、"马哲危机的社会原因"、"马克思主义哲学的自我革命与马克思主义哲学的中国化的关系"；下篇"马克思主义哲学自我革命与现代化""比较单薄"，"仅仅阐发了几个相关的概念，对解决问题的原则、思路及理论表现形式等缺乏应有的探索和系统的思考"；"成果中有些内容论证不够充分，全篇结构和叙述不够严谨，有待进一步完善"等等。有的专家对哲学的"现代化"等具体提法提出了自己的见解和建议。

专家们审阅十分认真仔细，鉴定极为严肃负责，其态度令我感动。他们许多肯定的话是对本人的一种鼓励，也是一种期望。许多意见和建议十分宝贵，也十分中肯，对课题提出了很高的要求。笔者在此向五位专家致衷心的感谢。这是笔者在"后记"中要说的第一层意思。

笔者在坚持自己的学术观点和本成果的理论特色的前提下，尽可能地吸取专家们提出的意见，对初稿做了认真修改。同时，下篇增加了"直觉新论"一章。2008 年 6 月，修改稿和"修改说明"一并再经党校科研部报送全国社科规划办公室。10 月，接到全国社科规划办公室的"结项证书"，本课题"准予结项"，"鉴定等级：优秀"。

课题是结项了，评价也可以，但马克思主义哲学自我革命远没有完，还在进行中。本课题仅仅是马克思主义哲学自我革命过程中的一种意见，其缺陷如"自序"中所言是"显而易见的"。我衷心希望，学界同人和广大读者能对本书提出批评、争鸣，犹如本书对诸多不同意见的批评、争鸣一样。倘若学术没有批评与反批评，没有争鸣，那学术就无有发展。这是笔者在"后记"中要说的第二层意思。

本书既着眼于对时代、历史和哲学史的宏观反思，又深入到若干重大哲学理论进行具体研究，力图朝着"致广大而尽精微"方向努力。本书属基础理论研究，力求在若干重要哲学理论上有所前进，以期对同仁有所启迪，为当代中国马克思主义哲学建设尽绵薄之力；本书对若干重大哲学理论（如有关中国哲学基本精神、中国哲学认识主体修养、改造世界规律、创新、直觉、情感、意志、自由等）的具体阐述，通俗易懂，希冀对一般读者提高自身的素养和人格有所助益，以发挥哲学的现实意义，尽力做到"极高明而道中庸"；在文字叙述上，既保持学术性的规范语言，又具有简易的朴实的文风。专家鉴定也肯定课题成果"不仅具有理论意义，而且具有实践价值"。本书的读者对象，不仅是专业的哲学研究者、政治理论教师和哲学爱好者，而且还有广大的实际工作者、理论工作者、科研工作者和青年朋友。这是笔者在"后记"中要说的第三层意思。

本人的科学研究工作一直得到国家社会科学基金的大力支持。在北京大学期间，参与由张岱年教授主持的国家哲学社会科学"七五"科研计划重点项目"中国现代哲学史研究"课题，本人主持完成《中国现代哲学史》教材（北京大学出版社1992年版）和《中国现代哲学史教学资料选辑》（上、下册，北京大学出版社1992年版）、独立完成《李大钊哲学思想研究》（北京大学出版社1989年版）；参与由黄楠森教授等主持的国家"七五"科研计划重点项目"马克思主义哲学史研究"课题中第6卷（北京出版社1989年版）的写作。自1992年调到中共中央党校后，先后获准国家社会科学基金项目三个（均为个人独立承担）："晚年毛泽东"（1992年，成果为《毛泽东晚年的理论与实践》，中国大百科全书出版社1993年版，1999年获国家社科基金优秀成果奖），"毛泽东与孔夫子"（2001年，成果《毛泽东与孔夫子》，人民出版社2003年版，鉴定等级：优秀），再一个是本课题。本人还参与由郑必坚研究员等主持的国家重大项目"三基本、五当代"课题中"毛泽东思想基本问题"子课题的主持与写作。《毛泽东晚年的理论与实践》《毛泽东与孔夫子》两书均由全国哲学社会科学规划办公室向中央有关领导同志作了推介。本人今年六十又七，早已退休，以后不可能再申请国家课题了。趁此机会向支持本人科学研究工作的全国哲学社会科学规划办公室的同志们、中共中央党校科研部的同志们表示由衷的感谢！感谢他们默默无闻的认真热情的工作和付出。这是笔者在"后记"中要说的第四层意思。

　　本书最初打印稿曾送请中共中央党校沈冲教授审阅、提意见。她审读十分认真，提出了不少中肯意见，并加以鼓励。笔者的其他两项国家课题也曾得到她的帮助和支持。她参与《毛泽东晚年的理论与实践》一书的鉴定和《毛泽东与孔夫子》一书初稿的审读。她是我敬重的师长、同事和挚友。在此特向她表示敬意和感谢。这是笔者在"后记"中要说的第五层意思。

　　最后要说的是，本国家课题成果能与读者见面，这同中国社会科学出版社赵剑英、冯春凤等同志的全力支持分不开。在此谨向他们表示衷心感谢。因为在今天，写书难，出版也不易。

许全兴

2008 年 10 月 31 日